개국일등공신

악한군 김인찬

김성태 편저

조선개국의 길을 닦은 영걸

백산자료원

개국일등공신
익화군 김인찬

편저자 | 김성태
펴낸이 | 육락현

인 쇄 | 2015. 9. 25
발 행 | 2015. 10. 8

등록번호 제2-1125호
등록일자 1991. 2. 11

펴낸 곳 | 백산자료원
우) 100-193 서울시 중구 을지로 116
TEL : 02)2267-2090   010-5126-0300
FAX : 02)2267-7710
http://www.paeksan.com
E-mail : gando2090@naver.com

값 13,000원
ISBN 978-89-6194-036-8 03900
파본은 교환하여 드립니다.

익화군 영정

여는 글

역사에 큰 족적을 남겼음에도 그 존재감이 희미하거나 부각되지 않은 인물이 있다. 이런 인물을 발굴하고 그의 공훈을 알리는 노력을 우리는 흔히 '역사 인물의 발굴'이라 한다. 이 책도 그런 목적으로 기획되고 만들어졌다.

조선왕조의 개국은 드라마틱(dramatic)하며 혁명적 사건이다. 그 이전과는 완연히 다른 새로운 왕조가 탄생한 것이다. 조선은 민본과 도덕을 내세운 새로운 개념의 왕조였으며, 뚜렷한 정치 이념을 지닌 신진사대부와 이성계를 중심으로 하는 동북면 출신의 무장 세력이 뜻과 힘을 모아 창건한 나라였다.

이런 조선개국에 실질적인 공헌을 한 인물이 이 책의 주인공인 익화군(益和君) 김인찬(金仁贊)이다. 그는 태조 이성계를 잠저(潛邸)에서부터 시위·보필하여 왕으로 등극시킨 킹메이커였고, 함경도를 중심으로 하는 동북면 무장 세력의 구심점이었으며, 이성계 세력의 역성혁명에 태초부터 참여하여 그것을 구상하고 힘으로 지켜낸 인물이다. 이런 공훈으로 그는 조선개국 일등공신에 책봉되었는데, 공식적으로는 개국공신 10걸에 포함되며, 실질적으로는 정도전, 조준, 이지란, 이방원 등과 어깨를 나란히 할 수 있는 조선개국의 베스트 파이브(best five)이다.

그는 조선이 개국된 지 10여 일밖에 지나지 않은 1392년 7월 28일, 익화군(益和君)에 책봉되고 중추원사(中樞院使, 종2품)라는 중추원의 2인자로 임명되며 이성계의 휘하친병으로 구성된 의흥친군위(義興親軍衛)의 실질적인 책임을 맡게 된다. 그런데 이틀 후인 동년 7월 30일 승하하게 된다. 그의 공신녹권에서는 그의 죽음을 '불행신몰(不幸身沒)'이라 기록하고 있다. 정사(正史)에서 익화군이 '불행(不幸)'에 이른 이유에 대해서는 전혀 언급이 없지만, 앞뒤 정황을 살펴볼 때 그의 죽음에는 세자책봉에 불만을 품은 태종 이방원 추대 세력이 개입되었을 개연성이 높다.

그의 사후 얼마 지나지 않아 조선은 '이방원의 나라'가 된다. 그는 명석한 두뇌를 지닌 치밀하고 냉혹한 인물이었고, 그를 옹호한 세력들은 자신들과 출신 배경과 이념이 다른 익화군에 대한 기록을 말살·왜곡·폄하한다. 그런 까닭에 익화군(益和君)에 대한 정사의 기록은 몇 줄 되지 않는 아주 단편적인 것들이고, 야사의 내용은 부정적(否定的)이고 평가절하(平價切下)되어 있다. 그리고 이런 사료의 부족과 왜곡된 내용은 익화군에 대한 무관심으로 이어졌고, 최근까지 그는 완전히 잊혀진 영웅이 되고 말았다.

이 책은 잊혀진 인물 익화군을 대상으로 그 존재를 드러내고 그의 역사적 공훈을 평가·현양하는 목적으로 저술되었다. 그에 대한 사료가 지극히 부족하고 실질적인 연구가 전무(全無)하기에 그를 연구대상으로 삼아 한 권의 역사책을 저술해 내는 작업은 현실적으로 어려우며 더욱이 필자의 역량으로는 한계가 있는 작업이다. 이런 까닭에 이 책은 편저(編著)의 형식으로 만들어졌다. 그래서 전체 내용에서 이미 알려진 사료에 대한 소개와 기본적 역사지식의 전달이 대부분을 차지하고 필자의 소견은 상대적으로 부족한 편이다. 이 점 양지하기 바란다.

총서(總序)인 1부에서는 익화군 김인찬에 대한 역사적 총평을 10개의 키워드로 제시하였고, 또한 익화군의 일생을 간략하게 정리하였다. 어찌 보면 이 책의 결론 격인 1부만을 읽어도 누구나 익화군의 실체에 쉽게 접근하고 그를 제대로 이해하며 그의 전생(全生)을 단숨에 파악할 수 있게 했다.

이 책의 본론격인 2부에서는 익화군 관련 사료를 원문과 함께 소개하였으며, 그들 사료에 대한 역사학자들이 평가를 비교적 전반적으로 발췌(拔萃)·전재(轉載)하였다. 또한 익화군 관련 사료를 이해하는 데 도움이 되는 역사적 기초지식을 풍부하게 제공했다. 이에 역사적 배경지식이 없는 일반인도 어렵지 않게 익화군을 이해할 수 있게 배려했다.

아울러 익화군 후예 김씨 대종회가 그동안 꾸준히 추진해 온 숭조사업을 자료와 함께 시대 순으로 정리하였고, 익화군 사후 국가적 보훈과 후손에 대한 은전의 내역도 체계적으로 정리·소개했다. 이는 기 발간된 대동보의 축약본이라 할 수 있는데, 대동보에 비하여 익화군 관련 사실(史實)을 중심으로 편집했다. 한편, 1996년 발간된 대동보 이후 추진된 숭조사업을 시대순으로 새롭게 정리했다. 일반독자들은 우리나라에서 숭조사업이 어떻게 추진되고 있는지를 이 3부를 통하게 쉽게 파악할 수 있다.

필자의 부족한 역량에도 불구하고 이 책의 편저를 맡겨주시고 음양으로 지원해주신 익화군 후예 김씨 대종회의 김재현 회장(전 한국토지공사 사장)님과 학문적 조언과 자료 제공을 아끼지 않은 익화군 후예 김한석 옹께도 감사의 마음 전한다.

이 책을 기획하고 자료를 모으고 역사사실을 정리하면서 공부하는 즐거움을 가졌다. 그것들에 역사적 상상력을 더하고 정황판단에 의거하여 나름대로 소견을 피력하면서 소소한 학문적 희열도 느꼈다. 아울러 역사적으로 생소한 인물의 실체에 조금씩 다가가는 재미도 적잖았다. 그러나 늘 그렇듯 두렵고 부끄럽다.

편저자 김성태

차례

제3부 보훈과 숭조

제1부

총서

事金士衡佐命功臣門下侍郎贊成事判八衛上洛君鄭道
傳佐命功臣門下侍郎贊成事義興親軍衛節制使本化君鄭
熙啓佐命功臣門下府事八衛上將軍雞林君李之蘭補
柞功臣僉書中樞院事西原君趙琦補功臣同知
柞功臣僉書中樞院事西原君趙琦補柞功臣同知
義興親軍衛同知節制使銀川君趙仁沃補柞功臣中樞院副
使龍城君黃希碩商議中樞院事南在佐命功臣中樞院學士
柞功臣中樞院使義興親軍衛同知節制使益和君張思吉補
柞功臣知中樞院事義興親軍衛同知節制使和寧君鄭擢補
柞功臣知中樞院事義興親軍衛同知節制使和寧君鄭擢補
功臣判中樞院事義興親軍衛同知節制使宜寧君南誾佐命
功臣判中樞院事義興親軍衛同知節制使青海君南誾佐命
兼司憲府大司憲宜城君○己酉都評議使司請前日
所載流放遊方者分徙武陵楸子島濟州等慶 上曰教書既日
予尚憫之全又分徙諸島是失信也且徒諸無人之地衣食何
得必皆飢寒而死此輩錐居箴內更何爲謀遂令分配諸州於
既而徒檻長興之 命出道傳之誅竟不得行○中樞院事金
仁贊卒 上輟朝三日贈門下侍郎贊成事 命有司禮葬仁
贊楊根人有武才從 上潛邸有侍衛之勞及當開國與推
戴無子○八月庚戌朔 上立受群臣朝○辛亥置功臣都監○
命舉賢良臺諫六曹每一負各薦官四品已下六品已上三
人○定入官補吏法凡初入流品作七科曰文蔭曰文科曰吏
科曰譯科曰醫科吏曹主之其出身文字如前朝初入仕例明寫年甲本貫三代器踁臺束不由

開國 一等功臣

　　익화군(益和君) 김인찬(金仁贊)은 지금까지 잊혀진 역사적 위인이었다. 조선개국을 실질적으로 일궈낸 시대적 영웅임에도 불구하고 그에 대한 소개는 극히 제한적이었다. 이는 익화군에 대한 문헌자료가 매우 소략한 것이 결정적인 이유겠지만, 우리나라 역사학계에서 조선건국에서 이성계와 그를 옹호한 무장세력이 세운 공로를 저평가해 온 연구 풍토와도 무관하지 않다. 이에 익화군을 제대로 이해하기 위해서는, 익화군에 대한 공훈을 정리하고 평가해 보는 것이 급선무라 할 수 있다. 이런 이유로 키워드(keyword) 10개로 그에 대한 정당한 역사적 평가를 우선적으로 정리해 보고자 한다. 아울러 그의 삶과 치적을 연대순에 따라 간략하게 살펴보겠다.

10가지 키워드로 익화군 이해하기

익화군 김인찬은 조선을 개국하는 데에 결정적인 역할을 한 인물이다. 그럼에도 그는 역사학계의 관심은 물론, 정당한 학술적 평가도 받지 못했다. 아마도 대부분의 독자들은 김인찬이라는 생소한 인물과 처음으로 대면하게 될 것이고 첫 대면(對面)만으로도 강한 인상을 받으리라 짐작된다. 그리고 이런 역사적 위인이 지금까지 잊혀진 존재로 묻혀 있었고 아울러 저평가받았다는 사실에 조금은 놀랄 것이다.

킹메이커

조선의 개국은 이성계가 역성혁명으로 왕좌에 오름으로써 시작된다. 이성계가 왕위에 오르는데 공헌한 인물들의 면면을 따로 열거할 필요는 없겠다. '개국공신'이 곧 이성계의 등극에 가장 힘을 더한 사람들이기 때문이다. 이들의 출신과 신분은 다양하며, 그들이 수행한 역할도 각기 다르다. 그 중, 엄밀히 말해서 조선개국의 추동력은 이성계의 군사력이다. 그리고 그 군사력은 동북면에 뿌리를 두고 있고, 동북면 군사력의 중핵은 이성계(李成桂), 이지란(李之蘭), 김인찬(金仁賛)의 휘하친병(麾下親兵)이다. 이성계의 입장에서 볼 때, 이지란과 김인찬의 군사적 도움이 없었다면 조선개국의 험난한 과정에서 최후의 승자가 될 수 없었다. 그만큼 이지란과 김인찬의 군사력은 이성계가 군사적 위훈(偉勳)을 세우고 무수한 정적(政敵)을 물리치는데 결정적인 역할을 하였다.

그럼 이지란과 김인찬 중 누가 이성계를 왕으로 만드는 데에 더 큰 공헌을 했는가? 그 대답은 단연 김인찬이다. 이지란은 여진족으로 영원한 이방인이다. 그런 까닭에 고려 조정의 재추(宰樞, 재신과 추밀의 약칭으로 2품 이상 벼슬의 모임)들과 정치적 결속을 도모하고 그런 결속을 통하여 이성계의 정치력을 강화·향상시키는 데에는 크게 기여하지 못했다. 그가 두각을 나타낸 곳은 싸움터였지 정치판은 아니었다. 요컨대 그는 무재(武才)에는 뛰어났으나 정치적 감각은 부족했고 또한 태생적 한계를 지닌 이방인이었기에 역성혁명에서 실질적인 역량을 발휘할 수도 없었다. 한편으로 그는 이성계와 의형제를 맺어 마음을 주고받을 수 있는 존재였으나 목숨을 건 정쟁(政爭) 속에서 이성계에게 머리를 빌려줄 지략가는 아니었다.

그러나 김인찬은 달랐다. 그의 휘하친병은 지금의 경상도와 경기도에서 이주해 온 고려(高麗) 유민(流民)으로 이루어져 있었으며, 그는 신라 왕족의 피가 흐르는 완전한 고려인이었다. 또한 진사(進士) 시험에 입격한 '문재(文才)'이기도 했다. 이성계의 간과(干戈)와 같은 존재로 그를 최측근에서 시위(侍衛)한 인물이며 이성계에게 정치적, 군사적 지략을 제공한 인물이다. 그러면서도 이성계와 정을 주고 받을 수 있는 의형제였다. 이성계로서는 친구이자, 방패이자, 정책 참모였다.

많은 사람들이 이성계의 킹메이커(kingmaker)로서 정도전(鄭道傳)을 내세운다. 그러나 정도전은 진정한 킹메이커로서 부족한 점이 있다. 그는 이성계에게 정치적 로드맵(road map, 어떤 목표 달성을 위한 종합적인 계획)과 역성혁명(易姓革命)의 논리를 제공했지, 건국의 실질적인 추동력인 군사력을 보태지는 못했다. 엄밀히 말해 그의 공적은 조선건국 이후 조선이 나아가야 할 마스터 플랜(masterplan, 종합기본계획)을 마련하고 전체적인 모양새를 디자인하는 데에 있었을 뿐, 조선건국과정에서 결정적인 역할을 한 것은 아니었다. 이런 판단은 조선건국이전까지의 과정에서 이성계의 정치참모로서 최고의 공헌을 한 인물은 조준(趙浚)이라는 학계 일반의 평가로 쉽게 지지된다. 정도전의 역할은 실제보다 부풀려져 있다. 힘의 논리가 지배하던 고려말기, 김인찬(金仁贊)을 중심으로 하는 동북면(東北面)의 군사력이 부재(不在)했다면, 조준(趙浚)의 전제(田制)개혁(改革)도, 정도전의 건국(建國)이념(理念)도 단지 모양새 좋은 구상(構想)에 그치고 말았을 것이다. 요컨대 이성계의 추종세력

14

들이 자신들의 정치 이념과 포부를 펼칠 수 있는 무대를 마련해 준 것은 김인찬을 중심으로 하는 동북면의 군사력이었고, 익화군은 그 한 축(軸)이었다. 이와 관련하여 조선왕조의 건국에 관한 연구에서 이성계를 비롯한 무장세력들의 역할이 무시된 점을 지적하면서 "그들 무장세력의 활약이 없었다면 조준·정도전 등이 앞장섰던 개혁운동이 과연 성공될 수 있었을까. 따라서 고려말 새로운 사회세력으로서의 이들 무장에 관한 연구가 병행됨으로써 당시의 사회상의 본질에 보다 더 다가설 수 있으며, 아울러 조선왕조 건국의 의미도 정확히 규명될 것이라 기대된다."라는 언급은 매우 적절하다.(정두희, 1977, 135쪽.)

개국10걸

1392년 7월 17일 이성계가 왕위에 등극하고 곧이어 8월 20일 개국공신 44명의 위차를 정하여 책봉한다. 이때 익화군은 사후임에도, 이성계의 특별한 배려로 개국일등공신(開國一等功臣)에 책봉(冊封)된다. 사후(死後)이기 때문에 17명의 일등공신 중에서 맨 뒤에 거명되었다. 그러나 7월 28일 조선개국의 실질적인 공훈자 14명에 포함되지 않았던 이제(李濟)·조박(趙璞)·오몽을(吳蒙乙)·정탁(鄭擢)을 제외하고, 또 익화군보다 하위 차수인 장사길(張思吉), 정총(鄭摠), 조인옥(趙仁沃) 등 3인을 빼고, 거기에 별로 큰 공훈이 없지만 68세의 원로라는 점이 감안된 배려한 배극렴(裴克廉)을 논외로 할 경우, 익화군은 개국공신 10걸에 해당된다. 그렇기에 익화군이 생존했다면 개국공신의 위차를 정할 때 상위에 자리했을 것이 분명하다.

익화군의 실질적인 공훈(功勳)은 결코 10번째일 수 없다. 이 개국공신의 책봉은 이성계가 직접 했는데, 그는 위차를 정함에 있어서 정치적 고려를 하지 않을 수 없었다. 개국에 대한 공훈보다는 앞으로의 새로운 국가건설에 더 방점을 두었던 것이다. 쉽게 말해서 지금까지 그를 시위하고 보좌했던 '주먹'보다는 정치시스템을 마련하고 새로운 정치논리를 만들어낼 '머리'를 더 중시했을 개연성이 크다. 아울러 신진세력의 포섭에 더 무게를 두었을 가능성이 높다. 이는 이성계가 중앙의 정치무대에 등장할 때부터 그를 실질적으로 도왔던 이지란이 8번째 위차를 받은 사실로 쉽게 입증된다. 이런 개국공신 위차 선정의 역사적 배경을 고려할 때 배극렴(裵克廉), 조준(趙浚), 김사형(金士衡), 정도전(鄭道傳), 이제(李濟), 이화(李和), 정희계(鄭熙啓), 남은(南誾) 등이 결코 익화군보다 더 큰 공훈을 세웠다고 볼 수 없다. 어찌 보면 이지란과 함께 이성계의 휘하 친병 중에서 수장(首長) 구실을 했던 익화군의 공훈이 그들보다 더 실질적이고 더 핵심적일 수 있다. 위화도회군에서 조선의 개국까지 그 모든 과정에서 힘의 우위가 정치적 판세를 결정하였던 당시를 감안하면, 이성계의 오른팔 구실을 한 익화군의 무훈(武勳)은 그 어떤 이의 공훈(功勳)보다도 돋보인다.

태조분신

1383년 이성계, 이지란, 김인찬은 석왕사(釋王寺) 앞에서 의형제 결의를 맺는다. 이른바 소도원결의(小桃園結義), 석왕사 결의라 불리는 역사적 만남이다. 이전에 이성계와 이지란이 의형제를 맺었고, 이 때, 김인찬이 합류한 셈이다. 그렇다고 결의 시 세 사람 모두 초면(初面)은 아니었다. 김인찬이 북청천호(北靑千戶)로 재직하면서 선정(善政)을 베풀어 훌륭한 목민관(牧民官)으로 칭송을 받을 때, 이미 이성계는 익화군의 존재를 알고 있었고 그를 의인(義人)이라 칭송까지 하였다. 쌍성총관부(雙城摠管府) 시절부터 익화군의 선조는 함경남도 북부의 북청 일대를 세거지로 삼아 지방 세력으로 자리매김하고 있었고, 이성계의 선조는 함경남도 남부의 함주(咸州, 함흥)·등주(登州, 안변)·화주(和州, 영흥) 등지를 그 세력기반으로 하는 동북면 대토호로 성장해 있었다. 이런 동북면 일대의 당시 세력 판도를 감안할 때, 김인찬과 이성계는 이미 서로의 존재에 대하여 잘 알고 있었고, 적당한 거리를 두면서 견제와 협력을 해 나갔으리라 판단된다. 1383년 의형제 결의는 북청의 익화군과 그 가계가 이성계의 세력 하에 들어갔음을 우회적으로 표시한 것이라 할 수 있다. 익화군의 입장에서는 대세가 완전히 이성계 쪽으로 기움을 예측하고, 이성계와 뜻을 모아 역성혁명을 도모코자 그때를 기하여 이성계 세력과 손을 잡았다고 볼 수 있다. 어쨌든 이때부터 익화군은 이성계의 분신이 되어 그를 최측근에서 보좌한다. 그는 이성계라는 잠룡(潛龍)의 눈이자 발톱이며 철갑(鐵甲)이었다. 특히 이성계의 마음 그 자체였다. 지금으로 보자면, 이성계의 경호실장이자 군사참모장이었고 정보부장이었다. 한마디로 그는 이성계의 분신이었다고 할 수 있다. 1383년부터 1392년까지 10년간의 격동의 정치판에서 이성계의 신변을 보호하고, 그의 눈과 귀가 되어 세상인심과 권력의 동태를 살펴 보고하고, 지략과 용력으로 이성계를 그 누구보다도 가까이에서 도왔다. 그리고 그 험난한 권력 쟁탈의 여정(旅程)을 이성계와 함께 했다. 익화군의 부음(訃音)을 듣고 이성계는 3일간 조회(朝會)를 철회하고 국가장(國家葬)으로 그를 장례케 하였으며, 사후임에도 그를 개국일등공신으로 책봉했다. 이성계가 왕자의 난이라는 골육상잔의 통탄할 일들을 겪었을 때, 가장 먼저 떠오른 사람이 누굴까 생각해 보면, 아마 익화군이 아니었을까 추측한다. 한편으로 익화군이 그때까지 생존했다면 역사의 물줄기는 또한 어떻게 흘렀을까도 생각해 본다.

한편, 익화군은 이성계의 분신이지만, 이성계가 치른 숱한 전투에 함께 참전한 사례가 단 한 건도 사료에서 확인되지 않는다. 익화군의 졸기에 '무재(武才)'가 있다고 언급한 사실을 염두에 둘 때 쉽게 납득하기 힘든 부분이다. 이런 의문점 역시 '태조의 분신'으로서의 익화군의 역할과 무관하지 않다. 이성계와 이지란이 전장에 나갔을 때, 그들의 가족과 토지, 그리고 인민을 지켜낸 인물이 익화군이었을 가능성이 높다. 이성계가 그를 옹립한 동북면 출신의 무장 중에서도, 익화군을 이지란과 함께 최고의 대우를 한 이유도 이런 익화군의 눈에 드러나지 않지만 이성계에 입장에서는 그 무엇보다도 중요한 핵심적 역할을 익화군이 해 준 데에 있지 않나 유추해 본다.

북청천호

익화군은 중앙정계로 진출하기 이전에 북청천호(北靑千戶)를 역임했다. 천호(千戶)직은 지방직이면서도 중앙의 직접적인 지배를 받지 않은 직위이다. 그리고 세습직이다. 이런 분명한 역사적 사실은 익화군의 선조들이 북청지역의 토호세력이었음을 보여준다. 또한 일정한 수준의 경제적 토대를 지녔을 뿐만 아니라 고려 유이민으로 구성된 가별초(家別抄)라고 불리는 가병(家兵)을 거느리고 있었을 것이라 판단케 한다. 아울러 사병화된 자신의 군대를 통솔했을 것이며 북청지역의 인민과 토지를 직접적으로 지배했을 것으로 여겨진다. 더 나아가 그의 선조들도 일찍이 경기도 양평 지역을 떠나 함경도 북청에 정착했을 개연성과, 익화군이 그곳 북청에서 탄생했을 가능성을 높여준다. 한편, 바로 지근의 이지란 가계는 물론 함흥일대의 이성계 세력이 일찍부터 교유(交遊)했을 것이다. 특히 북청을 근거지로 이지란과는 이성계와의 만남 이전부터 친밀한 관계를 유지했을 가능성이 매우 높다. 이는 익화군의 북청 천호직을 이지란이 이어받은 사실로 미루어 쉽게 짐작할 수 있다. 당시 북청지역은 고려의 최북방 국경이었고 과거 원(元)의 쌍성총관부 지역이었다. 그야말로 매우 중요한 군사적 요충지였다. 이런 군사거점에 익화군의 선조가 터전을 마련하고 토호(土豪)로 군림했던 사실은, 강한 군사력을 지녔음을 시사한다. 그리고 이런 군사력은 익화군이 웅지를 펼치는 원동력이 되었을 것임은 자명하다. 요컨대 이성계의 시위부대는 익화군의 가별초 집단이 주축을 이루었을 것이고, 그들의 본거지가 익화군이 천호를 지낸 북청이었을 가능성은 크다. 어쨌든 북청은 익화군의 세력기반이었고, 이성계와 이지란과 결의를 맺을 수 있는 단초를 마련해 준 곳이다. 그러므로 익화군에게 있어서 북청은 그의 모든 것이라 할 수 있다.

밀직사

익화군은 1390년 밀직부사(密直副使)로 재직하였으며 1392년 4월 동지밀직사사(同知密直司事), 1392년 7월 밀직사의 후신인 중추원(中樞院)의 중추원사(中樞院使)에 임명된다. 그가 중앙정계 이후 줄곧 근무한 곳은 밀직사였다. 이 밀직사의 부사(副使) 이상의 고위관리는 국가의 주요 정책 결정을 의논하는 도평의사사(都評議使司)에 참여할 수 있었으며, 부사는 실질적으로 군사를 통제·관리·동원할 수 있는 군사상의 핵심요직이었다. 또한 왕궁을 경호하고 왕을 보호하는 경호부서를 총괄했으며, 군사 기밀을 탐지하여 고급군관의 동태를 살피고 정보를 수집하는 업무도 맡았다. 다시 말해서 군사기무와 군사통제권, 병권(兵權)을 장악한 곳이 밀직사였다고 볼 수 있다. 또한 국왕을 가까이에서 시위하고 보필하는 관부였다. 요컨대 왕권의 보호와 왕권의 강화를 맡은 기구였고, 국왕과 가장 밀접한 관계에 있는 곳이었다. 힘의 논리에 의해 정국의 향방이 결정되는 고려말기의 상황을 고려할 때, 밀직사는 당시 최고의 핵심관청이라 할 수 있다. 이런 밀직사의 핵심요직을 익화군은 줄곧 역임했다. 이는 익화군을 이해하는 중요한 키워드 중의 키워드이다. 왜냐하면 위의 사실을 통하여 익화군에 대한 이성계의 신임이 그 누구보다도 두터웠던 사실, 이성계의 신상과 권력을 보호하고 유지하는 데에 익화군이 크게 기여했던 사실, 그가 밀직사의 임무에 최적화된 능력과 인성을 지녔을 것이라는 사실, 그리고 그가 중앙정계 진출이후에도 사병적 성격이 강한 군사력을 보유하고 있었을 것이라는 사실 등을 유추할 수 있기 때문이다. 이성계는 동시대의 최영(崔瑩), 변안렬(邊安烈), 지용기(池勇奇), 정지(鄭地), 최공철(崔公哲), 왕안득(王安得) 등과 같은 쟁쟁한 무장들을 제거해나가면서 최고의 권력에 올랐다. 이런 정쟁과정에서 이성계를 끝까지 시위하고, 최종적 승리를 쟁취하도록 최측근에서 조력·보필한 인물이 익화군이였던 것이다.

문무겸전

익화군 졸기에는 그가 무재가 있고 이성계를 잠저(潛邸, 국왕이 즉위하기 전에 거주하던 개인저택의 미칭)에서부터 시위했다고 특기하고 있다. 이 기사는 익화군의 한쪽 면만을 부각시켰다. 익화군은 제술업에 능한 진사(進士) 출신으로 1383년 이성계의 안변지책(安邊之策)을 작성했고, 석왕사회맹시(釋王寺會盟詩)도 지었다. 또한 밀직사의 요직에 있을 시에는 군사에 관한 상소문을 올렸다. 이렇듯 그는 정치적, 군사적 지략가였고 뛰어난 문재(文才)를 지닌 인물이었다. 이른바 '출장입상(出將入相)'의 전형이었다. 즉 국가의 환난을 맞이하여서는 전장에서 장수로서 두각을 나타내고 평시에는 조정에서 관리로 국가경영에 중추를 맡았던 문무를 겸한 인물이었다. 이성계가 그를 단순한 호위무사로만 중용했다면, 그에게 밀직부사·중추원사 등과 같은 군사요직을 맡기지 않았을 것이고, 그와 의형제를 맺지도 않았을 터이다. 그는 익화군의 지략이 필요했다. 그에게 정치적·군사적 책략을 제시할 최측근이 필요했고, 그 역할을 익화군이 담당했을 개연성이 크다. 통치논리를 정도전(鄭道傳)과 조준(趙浚)이 보필했다면, 군사지략은 익화군의 도움에 의존했을 것이다. 요컨대 이성계는 군사와 기무에 관한 결정은 그의 '비선라인'을 통하여 결정했을 것이고, 그 비선라인의 관리는 익화군이 도맡았을 것이라 판단된다.

충절지사

충절이란 충성(忠誠)과 절의(節義)를 합한 말이다. 충(忠)은 진심진기(盡心盡己)라고 풀이한다. 즉 몸과 마음을 다한다는 의미이다. 성(誠)은 진실무망(眞實無妄)이라고 풀이된다. 즉 참되고 실재하는 것으로서 망령됨이나 헛됨이 없다는 뜻이다. 한편 절의(節義)는 절개와 의리를 지키는 것이다. 절개란 올바른 법도와 제도를 굳건히 한다는 뜻이다. 의리란 옳은 일을 위하여 행동하는 것이다. 그러므로 절의란 올바른 판단을 바탕으로 세워진 법도와 제도를 지키고 행하기 위하여 올바르게 행동함을 말한다. 익화군의 삶은 충성과 의리 그 자체였다. 이성계에 대한 그의 충심(衷心)은, 이성계가 그의 목숨을 익화군에 담보한 그 사실만으로 입증된다. 이렇게 이성계가 익화군을 신임한 데에는, 익화군이 그를 진심으로 대하고 자기의 모든 것을 받쳐 보위했기 때문일 것이다. 익화군은 세자 책봉과 관련하여 이성계의 의중을 끝까지 받들고 그것을 실행코자 노력했다. 이지란이 이방원과의 관계를 고려하여 중립자적 입장을 취했다면 익화군은 이성계의 뜻을 충실히 받들었다. 그를 죽음에 이르게 한 것으로 볼 수 있는, 책봉문제와 관련하여 끝까지 이성계와의 의리를 지켰다. 그가 얼마나 절의를 중시했는지를 엿볼 수 있는 대목이다.

한편, 익화군은 역성혁명에 적극 동조함으로써 표면적으로는 고려왕실에 불충(不忠)을 한 셈이 된다. 그러나 내면적으로는 민생을 도외시한 부패하고 무능한 국가를 무너뜨리고 민본주의를 기치로 내세운 유능하고 견실한 국가를 건국하는 데에 크게 일조함으로써 국가에 충성을 다했다. 충성의 진정한 의미를 생각할 때, 그는 난적(亂賊)이 아니라 충신(忠臣)으로 보아야 정당하다. 즉 그의 충절은 대승적 차원의 국가에 대한 충성이었다.

주도면밀

주도면밀(周到綿密)이란 주의가 두루 미쳐 세밀하고 빈틈이 없다는 뜻으로 어떤 일을 빈틈없이 처리하는 모습을 가리키는 표현이다. 그가 맡았던 밀직사의 주요업무들이 주도면밀하지 않고서는 수행하기 어려운 것들이었다. 이런 사실만으로 익화군의 성정(性情, 타고난 본성)이 용의주도했을 것이라 일단 추측해 볼 수 있다. 이런 추측은 익화군의 가계가 고려정부에 귀부(歸附)하는 시점이 이성계 가계보다 훨씬 이후인 1376년(우왕 2년)인 사실로 일단 방증(傍證)된다. 당시 고려와 원과의 역학관계를 고려한 다음, 해동청(海東靑)을 공납(貢納)함으로서 귀부의 뜻을 간접적으로 전달한 사실이 위의 추정을 뒷받침해 준다. 고려가 쌍성총관부를 탈환한 1356년(공민왕 5년)으로부터 딱 10년이 지난 후이다. 익화군은 10년의 장고(長考)를 거친 다음 북청지역을 고려정부에 바쳤다. 이런 신중함은 이성계의 정치적 동맹에서도 드러난다. 역사적 정황으로 미루어 익화군은 이성계와 의형제 결의 이전에 이미 이성계를 알고있었을 것이 분명하다. 그러나 익화군과 이성계의 결합은 1383년이 되어서야이루어진다. 익화군은 승승장구하는 이성계를 인지하고 있었음에도 불구하고, 그의 진심·그의 대의·그의 웅지를 면밀히 분석하고 검토한 다음, 그를 통하여역성혁명이라는 민족적 대업을 이룩코자 '안변지책(安邊之策)'을 들고 그에게접근하게 된다. 그가 작성한 것으로 추정되는 '안변지책(安邊之策)'은 이성계의 신임을 얻기 위한 신임장이자 자기소개서였다. 이성계는 결국 그의 지략과충절, 그리고 그의 주도면밀함을 샀다고 볼 수 있다. 그리고 그의 자질과 능력그리고 성정에 가장 맞는 밀직사의 요직을 맡겼고, 그것을 통하여 그의 목숨을담보했던 것이다.

입신양명

경순왕을 시조로 삼는 경주김씨 후손 중에서 역사에 가장 큰 족적을 남긴인물은 익화군임은 그 누구도 부정할 수 없다. 역사학계에서는 익화군을 '한미(寒微)한 가계 출신'이라고 평가하는데, 이는 정당한 역사적 평가는 아니다. 왜냐하면 고조(高祖)까지의 선조들이 벼슬자리를 한 것으로 대동보의 선계보(先系譜)에 기록되어있고, 전술했듯이 익화군의 선조들은 그가 북청천호가 되기 이전부터 그곳의 토호세력이었기 때문이다. 지금과 비교하자면 군수(郡守)정도의 직위를 그의 가계(家系)는 줄곧 유지하였을 것이 분명하다. 어쨌든 고려말기는 권문세족(權門勢族)이 판치는 세상이었다. 그런 현실에서 동북면이라는 변방출신의 익화군이, 재추(宰樞)의 지위에 단숨에 오르고 종국에는 개국일등공신이 된다. 이성계 휘하 친병의 대표적 무장 11인(이화, 이원계, 조온, 조인벽, 조인옥, 이지란, 황희석, 김인찬, 육려, 유만수, 윤호) 중에서 개국 일등공신에 책봉된 4인(이화, 이지란, 조인옥, 김인찬)에 포함되며 이들 4인 중에서 이성계와 친인척 관계가 아닌 유일한 인물이 익화군이다. 또한 위화도 회군시, 이성계의 친인척이 아니면서 그 휘하에서 핵심적인 역할을 했던 4인 방(황희석, 육려, 김인찬, 유만수) 중에서 가장 낮은 지위에 있었지만, 4년 후 인 개국공신 책봉 시에는 유일하게 일등공신이 된 인물이 익화군이다. 그야말 로 가문에 의지하지 않고 자신의 능력과 자질만으로 일구어낸 현달이요 입신 양명(立身揚名)이다. 1388년 위화도회군(威化島回軍)으로 이성계가 정국(政局)의 실질적인 1인자가 된 이후, 익화군은 정3품의 자리를 바로 차지하고 4년 후인 1392년 7월에는 종2품의 중추원사가 된다. 그야말로 가파르게 승진 하였고 요직중의 요직인 중추원의 실질적인 1인자가 되었다. 그의 이런 입신 양명으로 그의 후손들은 음보(蔭補)로 호조참판(戶曹參判) 등의 직위를 얻게 되었으며 군역 면제 등의 특전을 입게 된다. '수양산 그늘이 강동 삼백리'라고 했다. 그는 혈혈단신(孑孑單身)으로 일약 최고의 영광된 자리에 올랐고 그 음 덕은 길이 이어져 후손들의 큰 그늘이 되어주었다.

이방원

김인찬은 1392년 7월 28일 익화군에 봉군되고 종2품의 중추원사에 임명된 다. 그의 나이 57세에 인생 최대의 영광된 순간을 맞이하게 된 것이다. 그러나 그것도 정말 잠시, 단 2일 후인 동년 7월 30일 운명한다. 누구는 쉽게 '하늘의 시샘'이라고 말하고 넘어갈지도 모른다. 그러나 그의 죽음은 이방원(李芳遠) 세력이 개입된 의문사(疑問詞)일 수 있다는 생각을 지울 수 없다. 이는 이방원 추대세력들이 태조실록(太祖實錄)의 익화군 졸기(卒記, 실록에 죽은 뒤에 기 록한 인물평)에서 그에게 자식이 없다고 기록한 사실, 동(同) 태조실록(太祖實錄) 총서(總序)에서 익화군을 빈한한 일개 농사꾼 출신으로 폄하한 사실, 그의 핍박을 피해 익화군의 후예들이 본관(本貫)을 달리하면서까지 전국으로 이산(離散)한 사실, 4자(子) 종남(從南) 공(公)이 태종의 부름에 응하지 않고 북청 땅에서 은거한 사실 등으로 미루어 추측 가능하다. 그럼 이방원 추대세력들이 익화군을 왜 제거코자 했을까? 직접적인 이유로는 익화군이 이성계의 뜻을 받들어 세자책봉에서 이방원의 편이 되지 않은 역사적 사실을 들 수 있다. 그런데 또 다른 근원적인 이유가 있을 수 있다. 위화도회군 이후 정권쟁탈전을 거치면서 조민수(曺敏修), 변안열(邊安烈) 등의 무장 세력은 거의 제거되었으며 심지어는 이성계의 추대를 논의했던 정지(鄭地)도 유배를 당했다. 그리하여 고려말기 무장 중에서 조선개국의 시점에 정치적 생명을 유지한 인물은 김인찬(金仁贊), 조인옥(趙仁沃), 조영무(趙英茂) 등 소수에 불과했다.(김당택, 2011, 427쪽) 또한 조선개국을 기점으로 하여 사병적 군사력을 보유한 사람은 이성계의 종친(宗親)과 인척(姻戚)으로 국한된다. 이런 상황에서 동북면의 막강한 군사력을 보유한 익화군의 존재는 이방원 세력이 그의 야심을 채워나가는 데에 가장 큰 걸림돌이 될 수 있었다. 게다가 익화군의 군사력은 바로 이성계의 친위군이자 시위군이었다. 그리고 당시로서는 최정예병력이었다. 익화군이 버티고 있는 한, 그 누구도 왕권으로의 범접이 실질적으로 불가능했을 것이다. 이른 바 '왕자의 난'이 소수의 종친(宗親)이나 훈척(勳戚)이 실질적으로 지휘·통솔하던 사병화된 시위군(侍衛軍)이 동원된 전투였음을 감안할 때, 이성계의 시위를 도맡았던 익화군이 생존했다면 1차 '왕자의 난'은 이방원 추대세력의 승리로 끝나지 않았을 것이다. 어쨌든 역사는 그의 죽음을 단지 '불행하여 죽었다'라고만 언급할 뿐 침묵하고 있다. 태조실록(太祖實錄)이 이방원 세력의 감시 속에 저술된 만큼, 그 진상은 은폐되었을 가능성을 배제할 수 없다. 역사는 승자의 기록이다. 그러기에 증거는 인멸(湮滅)되고 심증(心證)만 남는다. 어쨌든 익화군의 죽음은 이방원 세력에 의해 이루어졌고, 익화군의 후손들에 대한 핍박이 그들에 의해 지시되었을 것이라는 심증만은 지울 수 없다.

한편, 이방원이 주도한 왕자의 난에 의해 건국주체세력의 핵심인 정도전·남은 등이 제거되면서 권근(權近), 성석린(成石璘) 등의 온건파 신진사대부들이 정권의 전면에 나서게 된다. 그들은 주자학적 이념에 충실하여 정몽주(鄭夢周)·이색(李穡)·길재(吉再) 등 고려왕조를 끝까지 지키고자 했던 인물들을 추숭하는 한편, 역성혁명으로 고려를 전복시킨 정도전, 조준 등을 폄하한다. 그리고 이런 경향은 16세기 사림파가 등장하면서 더욱 본격화되어 조선시대 내내 줄곧 이어진다. 익화군은 이성계의 역성혁명에 주도적인 역할을 수행한 개국의 주역이자 군사력을 기반으로 입신양명한 무신(武臣)이다. 그리고 온건파 신진사대부를 끌어들인 이방원 세력과는 다른 정치적 입장에 서 있었다. 이런 까닭에 조선사회를 이끈 성리학자들이 역성혁명을 기획·실행한 익화군을 매우 부정적으로 기록하거나 무시했을 개연성은 충분하다. 이는 익화군의 기록이 매우 소략하고 그것도 부정적인 또 다른 이유일 수 있다.

익화군 김인찬 선생 약사와 평가

앞 장에서 익화군을 이해하기 위한 키워드 10개를 선정하여, '가로보기' 방식으로 그의 실체를 개괄하였다. 이번 장에서는 익화군의 생애를 연대순으로 정리하여 소개·평가해 보겠다. 익화군 관련 사료가 매우 부족하고 그에 대한 연구도 거의 전무한 까닭에 앞장과 본론에서의 내용을 일부 중언부언(重言復言)하였다. 그러기에 앞장과 본론의 내용을 연대순으로 재편집한 것에 불과할 수도 있다. 그럼에도 익화군을 연대적으로 다시 봄으로써, 앞 장에서 빠진 내용을 보강할 수 있고 또한 그에 대한 이해를 좀더 입체적으로 할 수 있기에, 이 장절에서 '세로보기'를 시도해 본다.

1336년(충숙왕 후 5년) 11월 12일,
함경도 북청에서 출생하시다.

익화군(益和君) 김인찬(金仁贊)의 선계(先系)에 대한 대동보 등의 기록은 다음과 같다. "신라시대의 마지막 국왕인 경순왕(敬順王)을 시조(始祖)로 하는 경주김씨(慶州金氏) 후손으로 대안군(大安君) 휘(諱) 은열(殷說)이 공의 14대조이며, 김녕군(金寧君) 휘(諱) 시흥(時興)이 그의 8대조(代祖)이다. 고조(高祖) 휘(諱) 문제(文齊)는 전라도관찰사(全羅道觀察使), 증조(曾祖) 휘(諱) 일성(鎰成)은 목사(牧使), 조(祖) 휘(諱) 천익(天益)은 화령도상원수(和寧道上元帥)를 역임했다. 아버지는 공민왕(恭愍王) 때 문과급제(文科及第)하여 안변목사(安邊牧使)를 지낸 휘(諱) 존일(存一)이고 어머니는 정부인(貞夫人) 해주오씨(海州吳氏)이다."

그런데 『조선왕조실록(朝鮮王朝實錄)』에서 공에 대하여 양근인(楊根人)이라 기록한 점을 들어, 역대 대동보(大同譜)와 신도비(神道碑) 등에서 공의 출생지를 양근(楊根, 현 양평군)으로 보는 것이 대세이지만, 할아버지와 아버지가 함경도에서 관직을 역임하고 그가 지방토호에게만 제수하는 북청천호(北靑千戶)을 지낸 사실로 미루어 북청(北靑)에서 탄생했을 가능성도 있다. 일단 이 책에서는 그의 탄생지를 북청으로 설정하였다. 익화군은 신라왕족의 후손으로, 현 양평지역에 뿌리를 두고 있으면서 실질적으로는 북청지역을 정치적·경제적 토대로 삼아 입신양명한 위인임은 분명하다.

공의 탄생지가 양근(楊根)이든 북청(北靑)이든 간에, 양근과 북청은 익화군 가계의 정체성과 같은 지역이다. 익화군 생존 당시 그의 가계(家系)는 양평 지역에 뿌리를 두고 북청에서 세거(世居, 한 지역에 대대로 삶)하였다. 그런데 양평과 북청은 천리(千里) 떨어져 있으며, 그 사이에는 태백(太白) 준령(峻嶺)이 가로막고 있다. 익화군의 선조들이 양평 지역을 떠나 북청을 세거지로 삼을 수 밖에 없었던 필연적 이유가 있을 것인 바, 그것은 아마도 1291년 합단적

(哈丹賊, 원의 반란군)에 의한 양근성(楊根城)의 함락과 도륙 때문이 아닌가 추측된다. 한편, 양평을 떠나 북청에 새롭게 정착한 익화군 선조들이 그곳의 지배세력으로 급성장할 수 있었던 이유는, 신라왕족 출신이라는 신분적 배경을 바탕으로 그곳 고려유민들의 구심점이 되었기 때문이라 판단된다. 요컨대 익화군이 태어났을 때, 그의 가계는 이미 북청지역의 실질적 지배세력이었으며 탄탄한 경제적 기반을 구축하고 있었다. 이런 안정된 배경 속에서 익화군은 학문을 수양하고, 경세(經世)와 치민(治民)의 도리를 경험하며, 군사적 지략을 배우고 실전을 쌓아나갔을 것이고, 이는 그가 중앙정계로 진출하고 재추가 될 수 있는 원동력이 되었을 것이 확실하다.

1357년(공민왕 5년), 진사에 입격하시다.

익화군의 신도비(神道碑)와 제단비(祭壇碑) 등에는 익화군이 공민왕조에 진사(進士)에 합격하였다고 기록하였고, 일부 그의 약기(略記)에는 좀더 구체적으로 1357년 22세의 나이로 성균진사(成均進士)가 되었다고 한다.

그런데 1362년(공민왕 11년)에 국자감(國子監)이 성균관(成均館)으로 개칭(改稱)한 점으로 미루어 익화군이 진사로 입격한 시점은 1357년일 수 없고 최소한 그보다 5년 늦은 1362년 이후여야 한다. 그러므로 익화군 약기에서의 성균진사라는 표현은 '향공진사(鄕貢進士)'으로 바꿈이 마땅하다. 그런데 국자감시(國子監試)에 입격한 것을 약기에서 성균관시(成均館試)로 오기했을 수도 있으므로 공의 나이 22세에 국자감시에 합격하여 성균관에 입학하여 수학하였다는 기존의 견해도 무시할 수 없다.

어쨌든 익화군은 빼어난 무재(武才)에 진사입격(進士入格)한 문재(文才)이다. 이에 익화군은 문무겸전(文武兼全), 출장입상(出將入相), 양수겸장(兩手兼將)의 군사전략가로 활약할 수 있었고, 그로 인해 조선개국(朝鮮開國)의 일등공신(一等功臣)이 될 수 있었다. 현재 정사(正史)에는 그의 성균관시 합격에 대한 기록이 없지만 역사적 정황으로 미루어 익화군이 '문재(文才)'였음은 분명하다.

1376(우왕 2년) 12월,
북청 천호로 선정을 펼치면서 해동청을 고려 조정에 헌상하다.

공의 나이 41세가 되는 1376년, 북청천호(北靑千戶)로 재직하면서 사재(私財) 백금(白金) 50양(兩)으로 흉년이 들어 기아에 시달리는 북청의 백성들을 구휼(救恤)하자 그들이 보답의 의미로 북청지역의 특산물인 해동청(海東靑)을 천호부(千戶府)에 바친다. 그리고 그 해동청을 고려 조정에 헌상하고, 우왕(禑王)은 그에 대한 사례로 공에게 백금 50냥을 내려 준다. 공은 이 백금 50냥을 다시 기민을 구휼하는 데에 쓴다. 이런 공의 선정과 구휼은 널리 조야(朝野)에 미담으로 전해지고 종국에는 당시 동북면의 실질적인 지배자였던 이성계의 관심을 끌게 된다.

이상을 『고려사』에서는 '1376년 음력 12월에 북청 천호 김인찬(金仁贊)이 해동청(海東靑)을 바치자 우왕이 백금 50냥을 내려 주었다.'(北靑千戶金仁贊, 獻海東靑, 禑賜白金五十兩.)'라고 간단히 언급하고 있으나, 그 짧은 기사가 지닌 함의(含意)는 실로 크다. 여기서 공이 북청천호로 재직했다는 사실은 그가 함경남도 북부지역을 반(半) 독립적으로 다스리던 토호세력이었고 그의 가계가 북청지역을 정치적·경제적, 세습적으로 지배하였음을 강하게 시사한다. 아울러 이때를 기하여 공이 해동청(海東靑)을 헌상(獻上)했다는 사실은 단순한 특산물의 헌상이 아니라 그를 비롯한 그의 가계가 고려 조정에 귀부하겠다는 의사 타진으로 해석된다.

이때를 기하여 공은 역사의 전면에 등장하고, 고려 조정의 주목을 받게 된다. 특히 이성계의 관심을 끌게 되어, 공이 중앙 정계에 나아가 조선개국의 길을 여는 데에 결정적인 역할을 수행할 수 있는 바탕이 된다.

1383년(우왕 9년) 9월,
이성계와 역사적 만남을 갖고 역성혁명을 꿈꾸다.

공의 나이 48세가 되는 1383년은 그야말로 익화군 개인사에서 역사적인 해
가 된다. 이해 가을 북방의 골칫거리 여진 장수 호발도(胡拔都)를 격퇴하고 돌
아오는 이성계를 만나게 된다. 이 만남을 『조선왕조실록』 총서에서는 공을 시
골의 빈한(貧寒)하고 무지(無知)한 촌부(村夫)로 묘사하고 있지만, 기본적인
서술이 이성계를 영웅시하기 위한 설화인 바, 역사적 사실과는 거리가 멀다.
왜냐하면 1383년 당시 익화군 가계는 북청지역의 세습적 토호세력으로 정치·
경제·사회적 힘을 지니고 있었으며, 익화군 자신은 새로운 세상을 갈망하면서
구체적인 복안(腹案)을 간직하고 있었기 때문이다.

이 역사적 만남은 익화군의 의도로 이루어졌다. 전체적인 정황으로 보아 그
가 동북면의 군사적·경제적 안정을 도모하기 위한 비책인 '안변지책(安邊之
策)'을 작성하여 군사적 위업으로 승승장구하던 이성계에게 접근하였고, 익화
군이 애민(愛民)·구휼(救恤)을 실천한 의인(義人)일 뿐만 아니라 문무를 겸비
한 준걸(俊傑)이라는 사실을 익히 잘 알고 있었던 이성계가 그를 영접함으로
써 둘의 만남이 이루어졌던 것이다. 그리고 이때를 기하여 이성계는 역성혁명
을 기도하게 되고, 익화군은 그를 배후에서 뒷받침하고 추진하게 된다.

이에 이지란이 가세한 3인은 그해에 석왕사(釋王寺) 뜰에서 의형제를 결의
하고 문재(文才)인 공이 회맹시(會盟詩)를 짓게된다. 이 회맹시에는 새로운
시대를 도모했던 강태공(姜太公)과 관우(關羽)·장비(張飛)라는 상징적 인물을
끌어들여 '제세안민(濟世安民)'과 '존군입기(尊君立紀)'라는 의미심장한 기치
를 제시하면서 '청사(靑史)에 남을 공훈(功勳)'을 남기자는 말로 끝맺음을 한
다. 역성혁명(易姓革命)을 통한 새로운 국가의 창건을 이룩하자는 결의임이

분명하다.

이 1383년부터 익화군이 승하하는 1392년까지의 10년 동안, 익화군은 또 다른 이성계가 되어, 그를 최측근에서 시위(侍衛)·보좌(補佐)·자문(諮問)하게 된다. 즉 그의 머리가 되고 팔이 되고 눈과 귀가 된다. 그리고 그의 마음이 되고 손길이 되고 종국에는 그의 모든 것이 된다. 그리고 이성계를 도와 조선개국이라는 역사적 위업을 달성한다. 결국 그는 조선을 개창한 '또 다른 이성계'였다. 이런 점에서 이성계와 익화군이 실질적으로 정치적 손을 잡은 1383년은 익화군 개인사에서 가장 의미 깊은 해였다.

1388년(우왕 14년) 5월, 위화도회군에서 공훈을 세우다.

익화군은 위화도회군 공신, 이른바 무진회군공신(戊辰回軍功臣)에 녹훈된다. 이에 대부분 연구자들은 익화군이 요동정벌 시에 우군도통사(右軍都統使) 이성계(李成桂) 휘하(麾下) 장수(將帥)로 출정했을 것으로 보고 있다. 여러 가지 정황 상 가장 합리적인 판단이라 할 수 있다. 그런데 천호(千戶)에 불과한 익화군이 상만호(上萬戶)였던 황희석(黃希碩)·육려(陸麗)에 비하여 훗날 훨씬 중용되고 이성계의 각별한 은전을 받은 사실에 주목해 볼 필요가 있다. 이에 다른 시각에서 위화도회군 당시 익화군의 활약을 추정해 볼 여지가 있다. 본고에서는 익화군이 요동정벌에 직접 참여하지 않고, 동북면에 남아서 이성계의 본거지를 수호하는 중책을 맡았고, 위화도회군에 맞추어 그의 휘하친병(麾下親兵)을 거느리고 개경전투에 참여함으로써 전세(戰勢) 반전의 결정적인 전공을 세웠을 것이라 추정했다. 그리고 위화도회군이 사전 모의되었던 거사였고, 이 거사를 도모한 사람은 이방원 등 몇 사람에 불과했던 사실을 감안하면, 1383년 이성계와의 만남 이후 익화군은 이성계의 핵심참모로 활약했을 개연성이 높다.

1390년(공양왕 2년) 1월 18일,
밀직부사의 직위로 공양왕 옹립공신에 책봉되다.

바로 한해 전인 1389년에 이성계(李成桂)가 주동이 되어, 이른바 폐가입진 (廢假立眞)을 내세워 우왕(禑王)과 창왕(昌王)을 신돈(辛旽)의 자손이라 폐위 (廢位)하고 정창군 요(定昌君 瑤)를 공양왕(恭讓王)으로 추대하여 즉위시켰다. 이 역사적 사건에서 익화군은 밀직부사의 직위로 옥새를 관수(管守)하였다가 공양왕 즉위 시 전달한 공훈으로 1390년 1월 공양왕 옹립 공신에 책봉된다.

여기서 당시 직함이 밀직부사(密直副使)인 사실은 익화군의 정치생활과 관련하여 매우 주목되는 점이다. 익화군은 위화도회군 시의 무훈으로 중앙정계로 진출하게 되는데 1389년 창왕 폐위 당시 밀직부사였던 점으로 미루어, 위화도 회군 직후부터 밀직부사로 재직했을 가능성이 높다. 그리고 그는 그때부터 1392년 승하할 때까지 줄곧 밀직사에서 일하게 된다. 결국 그의 중앙 정계에서의 정치활동은 밀직사 근무가 전부였다고 볼 수 있다. 전술했듯이 밀직사는 군사를 실질적으로 통제·관리·동원할 수 있는 군사상의 핵심부서이며 부사 (副使) 이상의 고위직은 도평의사사(都評議使司)의 재추(宰樞)가 되어 국가의 주요정책 결정에 참여하였다. 이에 익화군이 중앙정계에 발을 들이면서부터 밀직부사의 중책을 맡았다는 사실은, 그에 대한 이성계의 절대적인 신임을 재차 확인할 수 있으며 또한 그가 이성계 세력이 정권을 장악하고 개국하는데에 공헌한 위업을 가늠케 해 준다.

1390년(공양왕 2년) 4월 9일,
회군공신에 녹훈되다.

이성계 세력은 위화도회군으로 정권을 장악하지만, 완전한 정국의 주도권을 행사하지는 못하였다. 이런 판단은 위화도회군 공신의 녹훈이 2년이 지난 1390년 4월에야 이루어진 사실로 뒷받침된다. 어쨌든 익화군은 54명의 회군공신 중에서 31번째로 '무진회군공신(戊辰回軍功臣)'에 녹훈된다. 그리고 그 다음해인 1391년 2월 1일에 공신전 전(田) 30결을 포상으로 받는다.

1392년(공양왕 4년) 4월 22일, 동지밀직사사(同知密直司事)에 제수되다.

익화군이 중앙정계에 진출한 지 3년이 지난 1392년에 드디어 동지밀직사사 (同知密直司事), 곧 밀직사의 동지사(同知事)가 된다. 이 동지사는 지사(知事)의 보좌역을 맡았던 종2품 관직이므로, 이때부터 익화군은 명실상부 중앙정부의 최고위직, 즉 재추(宰樞)가 된다.

1392년(태조 원년) 7월 17일, 이성계의 왕위 등극에 공헌하다.

고려의 국운이 운명을 다한 1392년 7월 16일, 배극렴(裴克廉)·조준(趙浚)·정도전(鄭道傳)·김사형(金士衡) 등 50여 명의 대소(大小) 신료(臣僚)와 한량(閑良)·기로(耆老) 등이 이성계를 새로운 국왕으로 추대하기 위하여 그의 사저(私邸)로 무리지어 간다. 이성계는 문을 닫고 그들이 들어오지 못하게 한다. 어쩔 수 없이 해가 질 무렵까지 문 밖에서 기다리던 추대(推戴) 세력(勢力)들은 더 이상 참지 못하고 문을 밀치고 내정(內庭)으로 들어가 옥새(玉璽)를 청사(廳事, 마루) 위에 놓고서는 왕위에 오를 것을 이성계에게 간청한다. 이에 이성계는 천명(天命)을 들먹이며 거절한다. 그럼에도 추대세력들은 물러나지 않고 더욱 간절히 권고하니 결국 7월 17일 이성계는 어쩔 수 없이 수창궁(壽昌宮)으로 거동(擧動)하여 왕위에 오른다.

『조선왕조실록』에는 추대세력으로 50명의 이름이 나열되어있는데, 김인찬(金仁贊)은 배극렴(裴克廉)·조준(趙浚)·정도전(鄭道傳)·김사형(金士衡)·이제(李濟)·이화(李和)·정희계(鄭熙啓)·이지란(李之蘭)·남은(南誾)·장사길(張

思吉)·정총(鄭摠)에 이어 12번째로 거론된다. 이는 익화군이 추대세력 중에서 핵심적인 역할을 담당하였음을 의미한다.

이렇듯 조선개국은 익화군을 포함한 추대세력들의 작품이었다. 고려 말기의 정치사회상은 그야말로 세기말(世紀末)적 증세(症勢)을 보이고 있었다. 백성들은 착취와 수탈, 병화와 공포, 인신 구속과 노동착취로부터 벗어나지 못하고 있었다. 이런 총체적 난국을 일소하고 편민(便民, 민생 안정)과 이국(利國, 국가 재정 확충)을 위한 초석이 마련된 결정적 전환점이 조선의 건국이다. 국방의 강화에 따른 병란의 종식, 민본주의 정책에 따른 민생의 안정, 유교이념에 의한 미풍양속의 강화, 사대교린정책에 의한 국정의 안정 등이 이성계의 등장으로 이루어졌다.

익화군의 역사적 평가는 이성계를 보필·추대하여 왕위에 올린 데에 머무르지 않는다. 그가 이룩한 진정한 위훈은 '편민이국(便民利國)'의 새로운 세상으로 가는 길을 개척하는 거사에 공헌한 데에 있다고 보아야 마땅하다.

1392년(태조 원년) 7월 28일,
보조공신 중추원사 의흥친군위 동지절제사 익화군에 제수되다.

태조는 즉위 직후인 7월 28일에 즉위(卽位) 교서(敎書)를 내려서 국가운영의 대(大) 강령(綱領)을 공포(公布)하고 문무백관의 제도를 정한다. 그런 다음 개국공신을 책봉하기에 앞서 개국을 주도한 핵심측근 14명에 대하여 봉작한다. 이 14명 중에 김인찬(金仁贊)이 포함되어 보조공신(補祚功臣)이라는 공신호(功臣號)와 함께 '익화군(益和君)'이라는 군호(君號)를 받는다. 그리고 중추원의 제2인자인 원사(院使)로 승진하고 아울러 이성계의 휘하친병을 개편하여 조직한 의흥친군위(義興親軍衛)의 동지절제사(同知節制事)를 맡는다. 이 즉위교서와 함께 내린 관직 제수에서 익화군은 중추원(中樞院)과 의흥친군위(義興親軍衛)의 핵심요직에 배치된다. 곧 익화군은 이성계 개인의 신변을 보호하고 이성계 세력의 군권을 관리하는 실질적인 책임을 맡게 된 것이다. 익화군이 조선개국에서 이지란과 함께 군사력의 중핵(中核)이었음을 단적으로 보여주는 대목이라 할 수 있다.

1392년(태조 원년) 7월 30일,
익화군 별세하다.

김인찬은 '익화군(益和君)'에 봉군되고 중추원사(中樞院使)에 임명된 날로부터 단 이틀 후에 57세의 나이로 별세한다. 익화군에 대한 개국공신녹권에서 이 죽음에 대하여 '불행신몰(不幸身沒)'이라 기록했듯이 국가적 불행이었다. 이에 이성계는 문하시랑찬성사(門下侍郎贊成事)을 증직하고 3일 동안 조회를 철회하며 국가 차원에서 장례를 치르도록 조치함으로써 그의 죽음을 진심으로 애도한다. 한편 『조선왕조실록』의 익화군(益和君) 졸기(卒記)에서는 '김인찬은 양근(楊根) 사람인데, 무재(武才)가 있었다. 임금을 잠저(潛邸) 때부터 따라 시위(侍衛)의 공로가 있었으며, 개국(開國)할 때에 당하여 임금을 추대하는 데 참여하였다. 아들이 없었다.'라고 그에 대한 총평을 남긴다. 그런데 이 졸기는 이방원 세력이 집권한 시기에 기록된 것이므로 익화군을 평가절하(平價切下)한 부분이 확인된다. 그의 공훈에 대하여 '시위(侍衛)의 공로'만 언급한 점, 그의 능력을 '무재(武才)'에만 국한한 점 등은 익화군의 업적을 의도적으로 축소한 느낌을 지울 수 없다. 특히 그에게 '아들이 없다'라고 한 부분은 명백한 오류이며, 악의(惡意)적 기록이라 할 수 있다.

전술했듯이 익화군은 죽음은 그야말로 '급사(急死)'이며 국가적 불행이다. 이 불행은 태종 이방원을 추대한 세력에 의해 자행되었을 가능성을 배제할 수 없다. 그들은 세자책봉에서 자신을 옹호하지 않은 익화군에 원망의 마음을 품었고, 더불어 군사력을 보위한 익화군을 최대의 정적으로 보았다. 이는 그들이 집권이후 익화군 후손에게 핍박을 가한 사실로 미루어 충분한 설득력을 지녔다고 할 수 있다.

1392년(태조 원년) 8월 20일,
개국일등공신에 책봉되다.

태조 이성계는 개국공신에 대한 책봉을 직접 처리하였는데, 익화군에 대해
서는 사후임에도 특별한 배려하여 "중추원사(中樞院使) 김인찬(金仁贊)은 불
행히 죽었지마는, 일찍이 극렴 등이 의심을 판단하고 계책을 결정하여 과궁을
추대할 때에 마음을 같이하여 서로 도왔으니, 그 공이 매우 크다. 아울러 극렴
(克廉)의 예(例)에 의거하여 시행하라."라고 별도 지시를 내리고, 개국일등공
신에 봉하고 '좌명개국공신(佐命開國功臣)'이란 공신호를 내린다.

이렇게 개국일등공신에 책봉됨으로써 그는 사후임에도 동년 9월 16일 포상
규정이 확정되고 동년 9월 21일 전지(田地) 150결(結)과 노비(奴婢) 15구(口)
를 하사한다는 내용이 담긴 교지(敎旨, 조선 시대에 임금이 사품 이상의 관리
에게 주던 임명이나 해임에 관한 문서)와 녹권(錄券, 이름·직함·훈공 등을 기
록하여 공신으로 책봉된 사람에게 주던 문서)을 받게 된다. 그리하여 그의 초
상이 공신전(功臣殿)에 걸리게 되는 영광을 안게 되었으며, 후손들은 무덤에
신도비를 건립할 수 있게 되었다. 아울러 익화군의 아버지·어머니·아내는 각
각 3등급 오른 봉작(封爵)을 증직(贈職) 받고 직계 아들 10명에게도 3등이나
높여진 음직(蔭職)이 주어졌다. 또한 그의 후손들은 법적으로는 죄를 지어도
사면(赦免)을 받게 되었고 부역(負役)과 군역(軍役)에서도 면제될 수 있었다.

제2부

생애와 평가

臣商議門下府事義興親軍衛節制使義安伯丹虎判三司
事金士衡佐命功臣佐命功臣門下侍郎贊成事判八衛事上洛君鄭道
傳佐命功臣門下侍郎贊成事義興親軍衛節制使奉化君鄭
熙啓佐命功臣叅贊門下府事義興親軍衛節制使青海君南誾佐命
佐命功臣叅贊門下府事義興親軍衛上將軍雞林君李之蘭補
功臣判中樞院事義興親軍衛同知節制使宜寧君金仁贊補
功臣判中樞院事義興親軍衛同知節制使益和君張思吉補
祚功臣中樞院使義興親軍衛同知節制使和寧君鄭摠補
祚功臣知中樞院事義興親軍衛同知節制使和寧君鄭摠補
祚功臣僉書中樞院事西原君趙琦補祚功臣同知中樞院事
義興親軍衛同知節制使銀川君趙仁沃補祚功臣中樞院副
使龍城君黃希碩商議中樞院事南在佐命功臣中樞院副
兼司憲府大司憲宜城君○已酉都評議使司請前日
所載流放遷方者分從武陵枕子島濟州等慶上曰教書既曰
子尚惘之令又分徙諸島是失信也且徙諸無人之地衣食何
得必皆飢寒而死此輩雖居幾內更何爲謀遂命分配諸州
既而從橋長興之○命出道傳之謀竟不得行○中樞院事金
仁贊平 上輟朝三日賻門下侍郎贊成事 命有司禮葬仁
贊楊根人有武才從 上潛邸有侍衛之勞又當開國與推
命衆賢良臺諫六曹每一員各叅數官四品已下六品已上三
戴無子○八月庚戌朔 上立受羣臣朝○辛亥置功臣都監
人○定入官補吏法凡初入流品作七科曰文蔭曰文科曰吏
科曰譯科曰陰陽科曰醫科吏曹主之曰武科兵曹主之共出
身文字知府朝初入 士州月萬平平 本贊三代曆至出

여기서는 익화군(益和君) 김인찬(金仁贊)을 역사적으로 조
명한다. 그의 출생부터 승하까지의 전 생애를 연대순으로 살펴본다. 그
에 관한 정사의 기록이 워낙 소략하기에 대동보와 신도비의 내용들을
적극 활용하겠다. 한편, 익화군이 이룩한 역사적 위훈을 제대로 파악하
고, 그에 대한 이해를 돕기 위하여 역사적 기초지식과 여말선초의 시대
상을 소개한다. 그리고 이런 역사지식에 대한 기존의 연구 성과를 소개
하고 필자의 의견을 덧붙이겠다.

1336년 북청에서 출생하시다

조선왕조실록 익화군 졸기에는 "중추원사(中樞院使) 김인찬(金仁贄)이 졸(卒)하니, 임금이 조회를 3일 동안 폐하고, 문하 시랑찬성사(門下侍郎贊成事)를 증직(贈職)하고 유사(有司)에게 명하여 예장(禮葬)하게 하였다. 인찬은 양근(楊根) 사람인데, 무재(武才)가 있었다."라고 기록하였다. 여기서 익화군의 선향(先鄕, 한 집안의 시조가 태어난 곳)이 양평 지역이라고 기록하고 있다. 이와 함께 1402년(태종 3), 제주도(濟州道)에 입도(入島)한 익화군의 제3남 검룡(劍龍) 공(公)이 양마 여섯 필을 생향(生鄕)인 경기도 오늘날 양평지역의 마유봉에 보내 헌마(獻馬)한 후 같은 해에 제주도 지관(地官)이 되었다는 기록이 가문에 전승되고 있다. 이에 양근은 익화군 후예로 볼 때, 그들의 선조들이 대대로 세거했던 선향이라 할 수 있다. 익화군과 관련하여 양근(楊根)이란 지명은 고려후기에서 조선중기까지 익화군 혹은 익화현으로 개명되어 불렸던 사실만 특기해 둔다.

익화군의 출생지는 북청

익화군 신도비에서 공의 출생에 대하여 "고려(高麗) 충숙왕(忠肅王) 5년 병자(丙子) 11월 12일에 생공어익화현(生公於 益和懸)하다."라고 명기했듯이, 익화군의 출생지를 익화현 즉 지금의 양평으로 보고 있는데, 이런 입장은 해방 이후 발간된 대동보(大同譜)는 물론 신도비(神道碑)와 제단비(祭壇碑)에서도 마찬가지이다.

그런데 익화군의 출생지는 익화현일 가능성보다는 함경남도 지역, 그중에서도 북청(北靑)일 가능성을 배제할 수 없다. 그 이유로는 우선, 조선왕조실록 익화군 졸기에는 '仁贄, 楊根人'이라 하여 그의 선조들이 태어나고 살아온 곳이 양근(楊根)이라고만 했을 뿐 그의 출생지가 양근이라고는 하지 않았기 때문이다. 아울러 그 어떤 정사(正史)에도 출생지를 양근이라 명기한 곳은 없기 때문이다. 이런 추측은 고려말기 동북면에는 이성계처럼 본관은 하삼도(下三道)이면서 거주지는 동북면인 예가 적지 않다는 연구 결과로도 방증된다.(허흥식, 1984, 127쪽)

둘째로, 아래의 표에서 확인할 수 있듯이 익화군의 조부 관직은 화령도상원수(和寧道上元帥)이고 부의 관직은 안변목사(安邊牧使)이다. 안변(安邊)은 함경남도의 남쪽지역이며 화녕도(和寧道)는 쌍성총관부(雙城摠管府)를 관리하던 상급지방행정단위이다. 이들 관직 모두는 고려후기 동북면의 지방행정단위이다. 이런 사실을 감안할 때 익화군의 선조들은 고조부나 증조부 무렵에 함경남도로 이주했을 가능성이 있다. 그의 고조부가 전라도관찰사를 역임한 사실과 증조부의 관직이 정확하게 명기되지 않을 사실을 감안할 때 상기 무렵에 이주했겠다.

이런 추측은 김정호의 『대동지지(大東地志)』에 "고려 고종 40년(1253) 몽고병이 양근성을 포위하자 방호별감(防護別監) 윤춘(尹椿)이 나아가 항복했다. 충렬왕 17년(1291)에 합단병(哈丹兵)이 철령(鐵嶺)을 넘어 교주도(交州道, 현재의 강원도)로 난입하여 양근성을 공격하여 함락시켰다."라는 기사로 뒷받침된다. 이로써 13세기 후엽 외침과 전란으로 익화군의 선조들이 세거지를 떠나 함경도지역으로 옮겨갔을 개연성이 있다. 이런 추측은 충렬왕 시기 유

先系	尊啣	世代	官職
玄祖父	重後	경순왕 11세손	高麗 承旨, 工部侍郎
高祖父	文齊	경순왕 12세손	고려 충숙왕 때 文科及第, 全羅道觀察使
曾祖父	鎰成	경순왕 13세손	고려 공민왕 때 府尹, 牧使
祖父	天益	경순왕 14세손	고려 공민왕 때 文科及第, 都承旨, 工部典書 和寧道上元帥 封開寧君
父	存一	경순왕 15세손	恭愍王 때 文科及第 典書 禑王 때 登州(現 安邊) 牧使, 贈門下侍郎 贊成事

민현상이 가장 최고조에 달했고 당시 유민 지역으로 동북면지역이 절대적이었다는 사실로 잘 뒷받침된다.(양원석, 1956, 295쪽)

셋째로, 익화군의 넷째아들 김종남(金從南)이 북청(北靑)에 은둔하면서 입북시조(入北始祖)가 된 사실도 또 다른 이유로 들 수 있다. 그는 함흥으로 행차한 태조 이성계를 호종(扈從, 임금이 탄 수레를 호위하고 따름)하고 환궁(還宮)을 극간한 인물로 유명한데, 어수선한 시국을 피하여 북청으로 은둔하여 익화군 후예 김해김씨 영상(領相) 종남공파(從南公派)의 입북시조가 된다. 그리고 그의 후손들은 북청에 삼의사(三義祠)와 경화사(景和祠)를 건립하여 숭조(崇祖) 사업을 일제강점기까지 펼친다. 이런 까닭에 근대 이전 익화군에 대한 사우(祠宇)와 사적(史蹟)이 북청군에 집중적으로 분포한다. 여기서 우리는 왜 김종남(金從南)이 북청으로 은둔하였을까 하는 의문을 제시할 수 있고, 그에 대해서는 선조들의 세거지가 그곳에 있기 때문이라고 대답할 수 있다. 또한 북청지역에서 사우건립을 비롯한 숭조사업을 펼칠 수 있었던 것도 북청지역에 선조들이 이룩해 놓은 경제적 토대가 있었기 때문일 것이라 추측해 볼 수 있다.

넷째로, 이와 같은 추측은 익화군이 1376년에 북청천호로 재직한 사실로도 입증된다. 천호(千戶)는 원나라의 관직으로 지금의 군수쯤에 해당되는 지방관직이다. 원나라는 물론 고려에서도 천호는 변방지역의 토호세력을 대상으로 삼았다. 이런 까닭에 천호는 중앙권력의 직접적인 지시를 받지 않고 반독립적으로 지역민을 지배하였고, 조세와 부역의 의무에서도 자유로웠다. 또한 '가별초(家別抄)'를 중심으로 하는 독자적인 군사력을 보유하고 있었다. 익화군과 결의형제를 맺은 이성계는 물론 이지란도 천호출신이다. 특히 이지란은 익화군이 역임한 북청천호 출신이다. 이런 사실을 감안할 때 익화군이 북청의 천호를 맡은 배경에는 그의 선조들이 북청을 중심으로 하는 함경남도 북부지역의 토착지배세력이었을 가능성을 한층 높여준다. 이런 추측이 인정된다면, 익화군은 그의 선조들이 이주하여 새롭게 정착한 북청지역, 더 넓게는 함경남도 지역에서 출생하였을 가능성이 높다고 할 수 있다. 이런 견해는 개국공신에 책봉된 익화군(益和君), 한충(韓忠), 장사길(張思吉) 등을 다른 지방에서 동북면으로 이주해와 그곳에 토착하게 된 세력으로 보는 견해(정두희, 1977, 135쪽)로도 방증된다. 이와 함께 익화군의 출생지와 관련하여, 이성계도 본관은 전주이지만 출생지는 동북면 영흥인 사실을 참고해 봄직하다.

이성계 선조와 고려말의 집단이주

전통시대, 신분과 시기를 막론하고 일가의 경제적·사회적 기반이 있는 본향(本鄕)을 떠나는 것은 꺼리는 일이다. 즉 지배층이든 백성이든 정주의식이 강하여 피치 못할 사정이 없는 한 새로운 터전을 찾아 그들의 고향을 떠나지 않았다. 그럼에도 고려후기 새로운 터전을 찾아 나선 유민(遺民) 집단이 속속 생겨났다. 그 대표적인 사례로 널리 잘 알려진 이성계 선조의 이주 사례를 들어보자.

> 태조 강헌 지인 계운 성문 신무 대왕(太祖康獻至仁啓運聖文神武大王)의 성은 이씨(李氏)요, 휘(諱)는 단(旦)이요, 자(字)는 군진(君晉)이다. 그전의 휘(諱)는 이성계(李成桂)요, 호(號)는 송헌(松軒)이다. 전주(全州)의 대성(大姓)이다. 사공(司空) 휘(諱) 이한(李翰)이 신라(新羅)에 벼슬하여 태종왕(太宗王) 10대(代) 손자인 군윤(軍尹) 김은의(金殷義)의 딸에게 장가들어 시중(侍中) 휘(諱) 이자연(李自延)을 낳았다. 시중이 복야(僕射) 휘(諱) 이천상(李天祥)을 낳고, 복야가 아간(阿干) 휘(諱) 광희(光禧)를 낳고, 아간이 사도(司徒) 삼중 대광(三重大匡) 휘(諱) 입전(立全)을 낳고, 사도가 휘(諱) 이긍휴(李兢休)를 낳고, 이긍휴가 휘(諱) 염순(廉順)을 낳고, 염순이 휘(諱) 이승삭(李承朔)을 낳고, 이승삭이 휘(諱) 충경(充慶)을 낳고, 충경이 휘(諱) 경영(景英)을 낳고, 경영이 휘(諱) 충민(忠敏)을 낳고, 충민이 휘(諱) 화(華)를 낳고, 화가 휘(諱) 진유(珍有)를 낳고, 진유가 휘(諱) 궁진

(宮進)을 낳고, 궁진이 대장군(大將軍) 휘(諱) 용부(勇夫)를 낳고, 대장군이 내시 집주(內侍執奏) 휘(諱) 이인(李隣)을 낳고, 집주가 시중(侍中) 문극겸(文克謙)의 딸에게 장가들어 장군(將軍) 양무(陽茂)를 낳고, 장군이 상장군(上將軍) 이강제(李康濟)의 딸에게 장가들어 휘(諱) 이안사(李安社)를 낳으니, 이 분이 목조(穆祖)이다. 성품이 호방(豪放)하여 사방(四方)을 경략할 뜻이 있었다. 처음에 전주(全州)에 있었는데, 그 때 나이 20여 세로서, 용맹과 지략이 남보다 뛰어났다. 산성 별감(山城別監)이 객관(客館)에 들어왔을 때 관기(官妓)의 사건으로 인하여 주관(州官)과 틈이 생겼다. 주관(州官)이 안렴사(按廉使)와 함께 의논하여 위에 알리고 군사를 내어 도모하려 하므로, 목조(穆祖)가 이 소식을 듣고 드디어 강릉도(江陵道)의 삼척현(三陟縣)으로 옮겨 가서 거주하니, 백성들이 자원하여 따라서 이사한 사람이 1백 70여 가(家)나 되었다. 일찍이 배 15척을 만들어 왜구(倭寇)를 방비했는데, 조금 후에 원(元)나라 야굴대왕(也窟大王)이 군사를 거느리고 여러 고을을 침략하니, 목조는 두타 산성(頭陀山城)을 지켜서 난리를 피하였다. 때마침 전일의 산성 별감(山城別監)이 새로 안렴사(按廉使)에 임명되어 또 장차 이르려고 하니, 목조는 화(禍)가 미칠까 두려워하여 가족을 거느리고 바다로 배를 타고 동북면(東北面)의 의주(宜州)에 이르러 살았는데, 백성 1백 70여 호(戶)가 또한 따라갔고, 동북(東北)의 백성들이 진심으로 사모하여 좇는 사람이 많았다. 이에 고려(高麗)에서는 목조를 의주 병마사(宜州兵馬使)로 삼아 고원(高原)을 지켜 원(元)나라 군사를 방어하게 하였다.　　　　　－『조선왕조실록 태조』총서

이를 통해, 이성계의 가계는 고조부인 이안사(李安社) 대(代)에 전주에서 삼척을 경유하여 동북면의 宜州(선주, 德原)으로 이주했던 사실, 당시 이성계 가계는 대성(大姓)으로 전주의 토착세력이었던 사실, 관기(官妓)와의 갈등이 이주의 직접적인 이유였던 사실, 170여 호가 이안사를 따른 이른바 집단이주라는 사실, 이안사가 동북면에 도착하자 많은 동북면의 백성들이 그에게 복종하

였고 그런 그를 고려정부가 선주병마사(宣州兵馬使)로 임명했다는 사실 등을 알 수 있다. 이런 기사에 대하여 류창규는 "이안사가 동북면으로 옮겨간 시기는 무인정권기로 원의 침입이 있었던 시기이다. 그런데 이안사가 선주로 갈 때까지 170여 호에 달하는 사람들이 함께 따라다녔으며 선주(宣州)에 이르렀을 때는 동북면에 거주하고 있었던 사람들도 이안사에게 의지하였다고 한다. 비록 혼란한 시기라고는 하지만 이안사가 화를 당할까 두려워 도주하는 마당에 170여 호의 사람들이 이안사를 따라갔다고 하는 데에는 의아스러운 점이 있다. 이안사가 주동이 되어 전주에서 동북면까지 그 사람들을 조직적으로 데리고 갔다고 하기는 어렵지 않나 한다. 아마 이안사는 당시 동북면으로 가는 유이민 집단 가운데 끼어 동북면의 선주에 정착하게 되었다고 보는 것이 타당하지 않을까 한다."라고 해석했다. 한편 이주를 떠날 수밖에 없었던 배경에 대하여, 그는 이안사의 이주 이유를 관기를 둘러싼 지방관과의 갈등으로 서술한 것은 후대의 윤색에 불과하고, 정황상 전주의 토착세력이었던 이안사가 중앙에서 파견한 관리와 갈등을 빚어 삼척으로 도망갔다고 보는 것이 합리적일 것이라고 하였다.(류창규, 1995, 10쪽)

이주의 배경

그럼 익화군 선조의 이주 배경은 무엇일까? 앞에서 고조부, 증조부 무렵에 이주를 감행했을 가능성을 제시했다. 그 즈음에 거란족의 일종인 합단적(哈丹賊, 원의 반란군)이 1291년 양근성을 함락시켰다는 역사적 사건을 언급한 바가 있다. 이런 정황으로 미루어 익화군 선조의 이주는 외적의 침입과 일단 연결시켜 볼 수 있다. 여기서 당시 정황을 파악하기 위하여 원의 반란군인 합단적에 의한 양근성 함락 사건을 잠시 살펴보자.

충렬왕 16년(1290)에 만주 지방에서 반란을 일으켰으나, 원나라 장수 내만대(乃

蠻帶)에게 패배한 합단이 무리를 거느리고 두만강을 건너 고려 동북변에 침입하였다. 이에 고려에서는 중군만호(中軍萬戶) 정수기(鄭守琪)를 금기산동(禁忌山洞)에, 좌군만호(左軍萬戶) 박지량(朴之亮)을 이천현계(伊川縣界)에, 한희유(韓希愈)를 쌍성(雙城, 지금의 함경남도 영흥)에, 우군만호(右軍萬戶) 김흔(金忻)을 권가현계(拳猳縣界, 지금의 강원도 고성)에, 나유(羅裕)를 통천지계(通川地界)에 보내어 대비하게 하였다. 고려는 원나라에 구원을 청하고, 부녀·노약자와 함께 태조상(太祖像)·국사(國史)·보문각(寶文閣)과 비서시(秘書寺)의 문적을 강화로 옮기고, 주현(州縣)에 영을 내려 산성과 섬으로 피난하게 하였다. 한편, 고려 동북변에 이르렀던 합단적(哈丹賊)이 원나라의 쌍성총관부(雙城摠管府)가 있는 쌍성을 함락하고, 다시 고려의 등주(登州, 지금의 함경남도 안변)를 함락하자, 왕은 강화로 피난하였다. 이듬해 합단적은 철령(鐵嶺)을 넘어 교주도(交州道, 江原道)에 들어와 양근(楊根, 지금의 경기도 양평)을 점령하고, 원주의 치악성(雉嶽城)을 공격하였다. 이때 원주별초(原州別抄) 소속의 향공진사(鄕貢進士) 원충갑(元冲甲) 등이 힘써 싸워 적을 물리쳤다.   - 『한국민족문화대백과사전』, '합단의 침입'

더하여 합단적(哈丹賊)이 교주도(交州道, 현 강원도)에 침입하자 여러 고을 수령들은 적이 쳐들어온다는 소문만 듣고 모두 도망하고 항쟁하는 자가 없었다고 한다. 더구나 합단적은 함경지방의 영흥과 안변 등 함경남도 지역의 주요 고을을 함락시킨 후 사람들을 살육하여 양식으로 삼았고, 『고려사』에 따르면 부녀자들을 윤간(輪姦)하고 그들을 죽인 다음 포(脯)를 떴을 정도로 정도도 잔인했다고 전한다.

『고려사』에 "哈丹踰鐵嶺, 闌入交州道, 攻陷楊根城(합단유철령 난입교주고 공함양근성)"이라고 기록된 사실로 미루어 강원도의 다른 고을 수령과는 달리 양근성의 성주와 백성들을 결사항전을 했을 것이라 판단된다. 이런 목숨을 건 수성에도 불구하고 결국 양근성은 함락되고, 양근에서는 참혹한 살육과 야수적 만행이 자행되었을 것은 자명하다. 이런 비참한 상황에서, 양근에 뿌리를 내리고 살았던 명문거족이었던 익화군 선조들은 정든 본거지를 떠날 수밖에 없었을 것이다.

한편, 이성계 선조가 전주에서 삼척으로 이주할 때에, 자원하여 따라나선 백성이 1백 70여 가(家)였던 사실로 미루어 볼 때, 양근 지방의 백성들도 익화군의 선조를 따라 함흥지방으로 먼 고난의 피난길을 떠날 것이라 판단된다. 아울러 이안사 가계의 이주를 감안할 때, 익화군 선조들의 피난 과정에 전란으로 터전을 잃은 유이민들이 적지 않게 합류했을 것이라 추측된다. 그리고 그들이 쌍성총관부 지역인 동북면으로 향한 이유는, 충렬왕 당시 쌍성지역이 유민지역으로 각광받았던 점, 원의 지배하에 있었던 쌍성 지역은 과세와 부역이 면제되었던 점, 개척할 수 있는 광대한 토지가 버려진 상태로 있었던 점, 고려유민에 의한 정치적인 세력권이 형성되어 있었던 점 등을 들 수 있다.(양원석, 1956, 221쪽)

이주로

익화군 선조의 이주로(移住路)가 육로였고, 최단거리 경로를 선택했다면 『대동여지도(大東輿地圖)』의 다음과 같은 이동로를 따라 움직였을 것이다.

> 양근楊根 - 건지산乾止山 - 함공령咸公嶺 - 미원迷原 - 우즙산禹楫山 - 노치蘆峙 - 색치色峙 - 가평加平 - 안보역安保驛 - 석파령石破嶺 - 덕도원德道院 - 신연강新淵江 - 춘천春川 - 소양강昭陽江 - 인풍역仁嵐驛 - 마시산馬矢山 - 남강南江 - 낭천狼川 - 생산牲山 - 북평北坪 - 미륵봉彌勒峰 - 산양천山陽川 - 산양역山陽驛 - 주소령注所嶺 - 서운역瑞雲驛 - 금성金城 - 굴파령屈坡峙 - 창도역昌道驛 - 회현灰峴 - 송포진松浦津 - 신안역新安驛 - 남산南山 - 회양淮陽 - 신계역新溪驛 - 철령鐵嶺 - 고산역高山驛 - 용지원龍池院 - 남산역南山驛 - 안변安邊

익화군 선조의 추정 이동로(하단 양평에서 상단 북청까지)

위의 이주로를 지금의 도로망을 따라가 보면 다음과 같다. 우선 양평군 옥천면에서 출발한다. 양근 치소(治所)의 주산(主山)이었던 건지산을 넘어 현 37번 국도를 따라 소구니 서쪽의 농다치고개(옛 함공령)를 넘어 내려가면 설악면 소재지(옛 迷原) 지역에 도착한다. 이곳에서 역시 37번 국도를 따라 북서방향으로 신청평대교 방면으로 간다. 중간에 보납산(옛 우줍산)을 거친다. 그런 다음 신청평대교를 건너게 된다. 이때부터는 46번 국도를 따라 춘천 방향으로 쭉 간다. 청평읍소재지, 빛고개(옛 색치), 가평군소재지에 이른 후 북한강을 따라 동쪽으로 진행한다. 안보리(옛 안보역)을 지난 후 당림초등학교 쪽으로 방향을 바꾸어 산길을 이용한다. 그곳에서 석파령을 넘어 덕두원리(옛 덕도원)에 이른다. 북한강을 건너고 춘천을 경유한 후 403번 지방도를 따라 간다. 평야지대인 우두평을 지나고 용화산 큰 고개를 넘는다. 그곳부터 화천까지 협곡을 따라 간다. 북한강(옛 남강)을 건너 화천군소재지에 도착한다. 이곳부터 5번국도를 타고 화천천을 따라가면 산양초등학교(옛 산양역)에 이른다. 여기에서 5번 국도에서 벗어나 정북쪽으로 나 있는 산길을 이용한다. 화천과 금성의 경계를 이루는 주파령(옛 주소령)을 넘어 김화군 금성면(현 금성) 관내로 들어간 다음 세현리, 방평리를 지나 금성면 상리에서 43번 국도와 만난다. 이 43번 국도는 바로 안변까지 연결되는 간선도로이므로 이 도로를 따라가면 되는데, 굴파령·창도리·성황리를 지나 회양군 관내로 진입한다. 그런 다음 회양군소재지에서 북한강 최상류인 마진천을 따라 쭉 가면 강원도와 함경도의 경계에 자리한 철령을 만난다. 이 철령을 넘으면 남대천 상류가 나오고 이 남대천을 따라 난 도로를 따라가면 안변읍내에 도착한다.

이곳부터는 동해안을 따라 뻗어있는 7번 국도를 따라 북청에 이른다. 안변에서 북청까지의 옛길은 다음과 같다. 지명 뒤의 숫자는 구간거리를 리(里) 단위로 표시한 것이다.

남산역(南山驛) 20, 파발막(擺撥幕) 20, 봉용역(奉龍驛) 30, 덕원철관역(德源鐵
關驛) 20, 문천양기역(文川良驥驛) 30, 箭灘(전탄) 20, 高原(고원) 20, 사박포교
(沙朴浦橋) 20, 영흥(永興) 3, 용흥강(龍興江) 27, 금피령(金彼院) 15, 초원역(草
原驛) 5, 고성현(古城峴) 30, 정평(定平) 5, 봉대역(蓬臺驛) 15, 덕포교(德浦橋)
20, 중천(中川) 성천강(城川江) 만세교(萬歲橋) 10, 함흥(咸興) 30, 덕산역(德山
驛) 20, 임동원(林東院) 15, 함관령(咸關嶺) 5, 함원역(咸原驛) 25, 홍원(洪原)
30, 대문령(大門嶺) 10, 평보역(平浦驛) 20, 상가령(相加嶺) 30, 북청(北靑)

- 『한국사론』 7권, '六鎭地域의 道路'

이상을 간단히 정리하면 다음과 같다. 익화군 선조는 양평에서 안변까지 산
길 520리, 그리고 안변에서 북청가지 해안길 500리를 걸은 셈이다. 한마디로
천리길을 걸어 이주한 것이다. 그들은 안변까지 8곳 이상의 험준한 고개를 넘
었고 6곳 이상의 강을 건넜다. 실로 고난과 역경의 길이었다.

그런데 그들의 이주로는 그들에게 생소한 길이 아니었다. 오히려 익숙한 길
이었을 가능성이 높다. 아주 먼 선조 때부터 자주 왕래하던 친숙한 길, 행로
(行路)가 눈에 선한 길이었을 게다. 그 이유를 설명하기 위하여 고고학적 연구
성과를 소개한다.

(필자가 주장하는) 환동해 문화권(環東海 文化圈)은 지리적으로는 러시아의 연해
주와 중국 길림성 동부지역과 한국의 두만강 유역과 경상남도에 이르는 한반도
동부지역, 그리고 일본을 포함하는 개념으로, 넓게 보면 환태평양권에 속하는 아
시아대륙의 동북부지역에 해당한다. 이러한 지역을 환동해 문화권이라는 하나의
개념으로 묶을 수 있는 것은 이 지역들이 문화적으로 일정한 공통성과 연결성을
보여주기 때문이다. 이러한 공통성과 연결성은 환동해 문화권의 중심지대이며 중
간지역에 해당하는 한반도의 관점에서 볼 때 선사시대의 전 기간에 걸쳐 확인되

고 있다. 소위 신석기시대의 경우 동해안의 평저토기문화 전통이 이에 해당하고, 다음 시기의 소위 청동기시대의 경우 한반도의 여러 무문토기문화 전통가운데 공렬토기문화가 해당한다. 공렬토기문화의 경우, 두만강 유역권으로부터 한반도의 동해안을 따라 내려와서 한반도의 중부와 남부 및 제주도와 일본까지 확산되었음은 주지의 사실이다. 철기문화의 시기에도, 소위 중도식토기문화로 불리우는 '외반단경 평저 무문토기'를 표지로 하는 문화전통이 러시아의 연해주와 중국 길림성의 동부지역으로부터 한반도의 동해안을 거쳐 경북 울진 일원까지 남하하고 있음이 밝혀지고 있다. 이와 같이 한반도 선사문화의 전 기간에 걸쳐서 환동해 문화권 안에서는 반복적인 문화전파가 체계적이고 지속적으로 진행되어왔음을 알 수 있다. 이러한 문화전파는 항상 북에서 남으로 전개되었으며, 현재까지 파악된 최북단지역부터 최남단지역에 이르기까지 동일 계통의 유적들이 지리적으로 연속적으로 발견되고 있기 때문에 해로(海路)보다는 육로(陸路)를 통하여 진행되었음을 알 수 있다. 이러한 현상에 초점을 맞추어서 필자는 그렇게 북에서 남으로 전개된 문화전파루트 가운데 환동해권의 중심지대인 한반도 동해안의 루트를 동로(東路, East Road)로 부르기를 제안한 바 있다. 즉, 환동해권의 모든 문화는 한반도의 동로를 통하여 한반도로 진입하여 한반도 내부와 한반도에 인접한 일본 서부지역으로 확산하였다고 보는 것이다.   - 노혁진, 2010

위의 인용문에서 우리나라 태백산맥 이동의 동해안지역은 물론 북한강과 남한강을 포함하는 한강유역의 선사문화와 철기문화의 원류가 연해주 지역의 선사·고대문화에 있다는 사실을 확인할 수 있다. 그리고 문화전파의 루트(root)는 육로를 통하여 이루어졌으며, 한 갈래는 동해안을 따라 부산경남지역까지 이르는 해안루트, 다른 한 갈래는 태백준령을 넘어 한반도 중서부지역으로 퍼져나간 산간루트였음을 알 수 있다. 위 인용문의 저자인 노혁진은 두 번째 산간루트에 대해서는 현재까지 북한지역의 발굴정보가 거의 전무한 상태에서 확인할 수 없다는 다소 유보적인 입장을 취하지만, 본고에서는 그 루트는 안변(安邊) 철령(鐵嶺)을 넘어 회양(淮陽)에 이르고, 회양에서 북한강 상류를 따라 양평지역까지 남하는 북한강루트일 것이라 판단한다. 그 이유로는 고대까지 관북지역과 강원도지방을 잇는 관애(關隘)는 철령(鐵嶺)이 유일했던 사실, 북한강유역에서 연해주 지역의 유적·유물과 친연성이 강한 중도식토기·철자형 주거지 등이 집중적으로 확인되는 사실, 고구려의 독특한 묘제인 백제식 적석총이 북한강유역에서 확인되어 철기시대에 이미 북한강루트가 개척되어 있었던 사실 등을 들 수 있다. 요컨대 선사시대부터 고려시대까지 관북지역과 영서지역을 잇는 간선도로는 철령을 거치는 길이 유일했고, 이 길을 통하여 연해주를 중심으로 하는 북방의 문물이 철령을 넘어 북한강, 임진강 유역으로 전파했다고 볼 수 있다.

어쨌든 익화군 선조들이 양평에서 북청으로 옮겨간 이주로는 그들에게 익숙한 길이었고, 왕래가 잦았던 길이었다. 이는 그들이 함경남도 지역을 새로운 터전으로 선택한 이유 중의 하나가 될 것이다. 그리고 이 북한강루트를 통한 관북지역으로의 입북은 익화군 선조들의 정치적, 사회적, 경제적 힘을 갖는 데에 결정적인 동인(動因)이 되었다고 판단된다. 이에 대해서는 다음에 상론하겠다.

동북면의 정치사회적 현실

익화군 선조가 지금의 함경남도에 이주했을 때, 그곳은 원의 쌍성총관부(雙城摠管府) 관할에 있었지만 실질적으로는 원과 고려의 정치적 영향력이 동시에 미치는 일종의 중립지대였고 익화군의 선조들이 그곳에 도착했을 때에는 합단적(哈丹賊)을 격퇴시키는 과정에서 고려군이 주둔하게 되면서 고려의 지배력이 더욱 확대되는 곳이었다.(장재성, 1985, 23-27쪽) 이에 익화군 선조는 고려라는 나라를 버리고 이국(異國)으로 밀입국한 것이 아니라 실제상으로는 고려의 최북단 국경지대로 이주한 것이었다. 어쨌든 당시 그곳의 실태를 우선 알아보고자 한다. 이는 익화군 가계가 그곳에서 토호세력으로 성장할 수 있는 하나의 단초(端初)가 될 수 있다. 우선 『고려사』와 『고려사절요』의 문헌기록과, 역사학자들의 연구결과를 소개한다.

> 1) 조돈(趙暾)의 처음 이름은 우(祐)인데 쌍성총관 휘(暉)의 손자이다. 오랫동안 용진(龍津)에 거주하였다. 어린 나이에 충숙왕을 섬겼는데 리(吏)와 백성들이 여진 지역의 홍긍(洪肯), (삼살)三撒, (독로올)禿魯兀, 해양(海陽) 등으로 도망하여 들어가니 왕이 돈을 파견하였다. 돈이 해양에 이르러 60여 호를 찾아 데리고 왔다.   - 『고려사』 권111 열전24 '조돈'
> 2) 쌍성의 땅은 자못 비옥하니 당시 동남지역의 백성 가운데 재산이 없는 자들이 많이 갔다.   - 『고려사절요』 권26 공민왕 4년 12월

이를 통해 동북면 지역으로 유이민들이 많이 이주하였던 사실, 그들 중에는 지방 세력으로 볼 수 있는 자들도 포함되어 있었던 점, 유이민 중에서 다수를 차지하는 사람들은 동남지역에서 온 사람들이였다는 사실 등을 알 수 있다. 이런 사실은 익화군 선조들이 동북면으로 이주했을 때 그곳에 이미 고려 유민이 적지 않게 있었고, 그들의 상당수는 경상도 지역 특히 경북지역출신이었음을 시사해 준다. 후술하겠지만 익화군 선조들의 이주는 이들 고려출신 유이민을 결집시키는 계기가 되었고, 한편으로 익화군의 선조들은 이들 고려 유이민집단을 토대로 하여 동북면에 정착하고, 또한 세력을 확장해 갔을 것이라 파악된다. 이런 세력확장의 바탕에는 익화군 선조들이 경순왕(敬順王)의 후예라는 사실이 큰 몫을 하였을 것이다. 왕족의 후예라는 그 자체만으로 심리적 예속을 이끌어내었을 것이기 때문이다.

3) 동북면은 철령(鐵嶺) 이북~정주(定州) 이남의 화주(和州) 지역과 원래 여진족의 거주지역이었던 함주(咸州, 함흥) 이북지역으로 크게 나눌 수 있는데, 원(元)은 관리를 파견하여 직접 이 지역을 통치한 것이 아니라 토착의 유력자나 원(元)의 정복에 공이 있는 자를 관리로 임명하여 간접지배하였다. 화주(和州)지역에서는 쌍성총관부의 총관(摠管) 및 천호(千戶), 백호(百戶)가 임명되어 실질적으로 주현민을 지배하였다. … 이러한 관직은 세습(世襲)이 원칙이었으므로 이곳의 지방세력은 세습적으로 부세(賦稅)의 징수, 역역(力役)의 징발 등의 제반 행정을 장악하면서 세력기반을 토착화시킬 수 있었다. … 함주 이북에 거주하는 여진 관하민호(管下民戶)는 고려에 투하(投下)한 후에도 일체의 부세(賦稅)를 내지 않고 그들의 추장인 천호와 백호에게 사속(私屬)되어 있었다. 고려 유민집단으로 이루어진 것 같은 가별초(家別抄)도 관하민호처럼 가별촌주에게 사속(私屬)되어 있었고, 관(官)에서 파악하여 역사(役使)할 수 없었다. 이들은 주로 군사로서 종군(從軍)할 의무를 지고 있었고, 고려말에 사병(私兵)으로 기능하였다. 이와는 달리 사점(私占)된 민호(民戶)의 성격도 대강 이들과 비슷했던 듯한데, 이곳의 지방세력은 수십 호(戶)에서 수백 호(戶)에까지 이르는 인민(人民)을 사민(私民)으로 점유(占有)하고 있었다.　　　　- 김순자, 1987, 간추린 글

4) 공민왕 5년(1356년)에 쌍성총관부를 수복할 때 당시대인들은 쌍성총관부의 관할범위를 정주(定州)이남의 12성(城)으로 인식하였으며 함주(咸州) 이북 지역은 '여진(女眞)'의 거주지역이므로 고려인들이 거주하는 쌍성 지역과는 구분된다는 인식이 보편화되어 있었던 것이다. 이들은 종족적으로 구분되고 사회적·경제적 생활방식이 다른 부류의 사람들이었다. - 김순자, 1987, 11쪽

5) 천호(千戶), 백호(百戶)는 만호부(萬戶府)에 형식적으로 분속(分屬)되었지만 직접적인 상하관계로 된 것은 아니고 각기 부족의 추장(酋長)으로서의 종래의 지위를 그대로 유지하였던 것이다.　　　　　　- 김순자, 1987, 11쪽

6) 천호(千戶)는 천인(千人)에 해당되는 군인을 징발할 임무가 있었을 것이나 군

사적 행동이 있을 때의 임무 외에는 일체의 과세(課稅)에서 면제되고 있는 것이 군호제의 특징이다.　　　　　　　　　　　　　　　- 김순자, 1987, 27쪽

7) 고려에서 항산(恒産)이 없어서 쌍성(雙城), 여진(女眞) 지면으로 인민이 유입한 이유는 실은 부세(賦稅) 부담이 가벼운 데서 찾아야 할 것이다. 이러한 호계(戶計) 작성이나 부세(賦稅)의 수취가 원(元)의 관직을 띠게 된 지방세력가에게 일임되어 있었다. 특별한 일이 있기 전에는 지방민에 대한 통치 일반이 이들에 의해서 이루어졌다고 보아야 한다. 관직을 띤 지방세력가들은 1세기 동안 관직체계를 독점하면서 주현(州縣)의 인민(人民)을 지배하게 되었으므로 그들의 독자적 성격과 세력기반을 공고히 할 수 있었을 것이다.

　　　　　　　　　　　　　　　　　　　　　　　　　- 김순자, 1987, 28쪽

8) 이곳 지방세력들의 경제적 기반은 단순한 토지(土地)의 광점(廣占)에 그치지 않았다. 그들은 일반 양민(良民)에 대해서도 강한 지배력을 갖고 있었다. 그들은 백성(百姓)을 노예와 같이 사점(私占)하면서 부자(父子)간에 세전(世傳)시키고 있음을 알 수 있다.　　　　　　　　　　　　- 김순자, 1987, 35쪽

9) 여진인들은 보다 선진적인 농업기술을 익히고 있었던 고려인들이 그들의 영역 안으로 유입(流入)해오는 것을 환영하였다. …생산활동 측면에서 여진족은 불안정하였고, 고려인이 농업생산력에서 상대적 우위에 있었다.

　　　　　　　　　　　　　　　　　　　　　　　　　- 김순자, 1987, 41쪽

10) 여진 관하민호(管下民戶)와 가별초(家別抄) 집단은 고려의 국역(國役) 징발 대상에서 벗어나 있었으며 그들의 주인인 추장(酋長)이나 가별초주(家別抄主)에게 주로 군사적 부담을 지는데 그쳤던 것 같으며, 관하민호(管下民戶)가 세금을 냈다고 해도 전통의 1/100세(稅)에서 크게 상회하지 않았을 것이다. 그 외에 지방세력에 사속된 동북면의 민호(民戶)들의 경우 고려정부의 통치하에 있는 민호(民戶)보다는 나은 상태에 있었던 것으로 추측된다. 법적으로 일정한 제한을 받는 비자유민이었지만 경제적 수취체제에 있어서는 함주(咸州)

이북 지역의 역사적 성격상 대단히 가벼운 부담만을 지고 있었을 것이다.
- 김순자, 1987, 48쪽

　이상을 정리해 보면 다음과 같다. 우선 지금의 함경남도 지방은 함흥·북청을 중심으로 하는 북부권과 안변·영흥을 중심으로 하는 남부권으로 문화적·정치적·사회적·종족적으로 나눌 수 있는데, 북부권은 여진 문화권에 속하며 남부권은 고려 문화권에 포함되었다. 또한 남부권은 구 雙城摠管府 지역인데 비하여 북부권은 공민왕 5년(1356년)의 고토 수복과 함께 새롭게 고려 영토로 편입된 지역이라는 차이도 있다. 둘째로, 이들 지역은 당시 동북면으로 불리었는데 고려의 영토가 된 이후에도 고려의 지방관이 파견되지 않은 지역으로, 실질적인 그곳의 인민과 토지는 토호세력에게 맡겨졌고, 그런 토호세력들은 원의 지방관제를 그대로 답습하여 만호, 천호, 백호 등으로 불렸다. 이들은 국가에 세금을 내지 않았을 뿐만 아니라 자기가 다스리는 지역의 인민들을 사민(私民)처럼 다스렸고 그들을 사병(私兵)으로 이용하였다. 그리고 그들은 지위와 재력을 세습하였다. 그런 까닭에 동북면의 토호세력들은 비교적 안정된 경제적 기반을 배경으로 독자적인 군사력을 지닐 수 있었다. 셋째로, 만호-천호-백호 등의 관계는 상하수직적 위계에 의한 상명하복의 관계가 아니라 '느슨한 연대'였다. 이에 천호나 백호가 단일한 명령체제에 의하여 만호부 휘하에 있었던 것은 아니었다. 넷째로, 동북면은 기본적으로 유목민족의 습속이 강한 곳이라서, 고려에 비하여 세금 부담이 아주 가벼웠고, 이는 유이민 집단을 동북면으로 끌어들이는 유인책이 되었으며, 또한 동북면의 토호세력들이 정치적·경제적으로 성장하는 배경이 되었다. 한편으로 유목적 관습이 여전히 작용하여 토호들은 그들의 생활거점을 상황에 따라 옮겼고, 이런 집단이주에 대하여 서로 배타적이지 않았다. 이런 동북면의 정치적·경제적·문화적 특징은 이성계 선조의 이주와 정착, 그리고 세력 확장에서 잘 확인된다.

이성계 가계의 세력 확대

익화군이 동북면에 뿌리를 내리고 세력을 확장하여 함경남도 북부지역의 토호세력으로 성장하게 된 배경과 과정을 복원하기 위하여, 이성계 가계의 사례를 인용·참고코자 한다.

이성계는 출신지가 동북면 영흥(永興)이었으나, 본관은 전주이씨(全州李氏)였다. 처음에 고조부 이안사(李安社, 穆祖)가 전주에서 170호를 거느리고 삼척을 거쳐 두만강 하류를 거슬러 올라가서, 원(元)의 개원로(開元路)에 소속된 남경(南京, 오늘날의 延吉) 부근의 알동(斡東, 즉 오동)에서 자리를 잡았다. 이안사는 고종 41년(1254) 원으로부터 남경 등지를 지배하던 5,000 호소(戶所)의 수천호(首千戶) 겸 달로화적(達魯花赤, 즉 다루가치) 직위를 받았다. 그가 관할하던 지역은 오늘날 해란하(海蘭河)·포이합도화(布爾合圖河) 유역의 북간도(北間島) 지역으로서 고려 때부터 동여진(東女眞)의 알타리(斡朶里, 즉 오도리)족이 거주하던 지역이었다. 오동에 거주하던 이안사는 5,000 호소의 여러 성을 왕래하면서 다루가치의 역할을 수행하였다. 그러나 그 아들 이행리(李行里, 翼祖)는 다른 여진 천호들과 불화하여 오동의 기반을 상실하고 남하하여, 충렬왕 16년(1290) 쌍성총관부의 등주(登州, 오늘날의 安邊)로 이주하였다. 이 때 오동에 살던 많은 백성들이 뒤따라 남하하여 함주(咸州, 함흥) 평야에 자리잡았다. 함주의 귀주(歸州)·초고대(草古臺)·왕거산(王巨山)·운천(雲天)·송두등(松豆等)·도련포(都連浦)·아적랑이(阿赤郎耳) 등지에 오동의 백성들이 많이 살았기 때문에 함주는 당시 '오동 逸彦'(ilgen)이라고 불렸다. '일언'이란 여진어로 백성을 뜻한다. 이리하여 이행리도 함주로 이주하여 이들을 관할하였는데, 충렬왕 26년 다시 원으로부터 장성 등지의 고려군민(高麗軍民) 다루가치에 임명되었다. 그 뒤를 이은 이춘(李椿) - 이자춘(李子春) - 이성계(李成桂)는 원의 천호(千戶) 겸 다루가치의 지위를 세습하여 함주·등주·화주 등의 고려인과 여진인의 '오동 일언'을 지배하였다. 고려 말엽에 이성계가 거느렸던 사병이 바로 이러한 오동 백성으로 구성되었음은 말할 것도 없다. 오동이란 지명은 오도리족과 관계가 있는데 이성계의 사병은 대다수 이러한 여진족으로 조직되었을 것이라고 생각된다. 고려 말엽에 동북면지역은 이와 같이 여진인과 고려인이 뒤섞여 살고 있었는데, 오히려 여진인들이 다수를 차지하고 있었다. 이씨 일가는 마천령 이남의 오늘날 함경남도 일대의 함주·등주·화주 등지를 그 세력기반으로 하는 동북면 대토호로 성장하여 쌍성총관부의 조씨(趙氏)·탁씨(卓氏) 세력과 대립하였다. 이씨 일가는 공민왕 5년(1356) 고려의 군사를 불러들여 쌍성총관부를 함몰시키고, 조씨·탁씨 세력을 쫓아낸 다음에 마천령 이남의 모든 관하민호(管下民戶)를 차지하였다. 한편 마천령 이북의 오늘날 함경북도 일대를 장악한 여진족 대추장은 삼산(參散, 오늘날의 北靑) 천호(千戶) 이지란(李之蘭, 두란티무르)이었다. 북방의 대토호로서 마천령 이북의 여러 여진족들을 지배하던 이지란은 남방의 대토호 이성계의 집안과 세력다툼을 벌이다가, 마침내 이성계의 휘하로 들어왔다. 그 결과 이성계의 세력은 동북면 전체의 여진족을 지배하게 되었고, 그 군사도 동북면의 여러 여진족들의 추장과 그 관하 민호로 구성되었다. 당시 동북면 토호들에게 예속된 관하 민호를 가별초(家別抄, 加別赤gabechi)라고 불렀다. 이들은 추장에게 군역과 조세를 책임졌을 뿐만 아니라 잡역도 부담하였다. 가별초란 여진어로 활(gabe)을 쏘는 궁사(弓士)를 의미한다. 이처럼 사병이 동북면의 가별초로 구성되었으므로, 이성계는 고려 말엽 왜구와 홍건적을 물리치는 데 여진의 궁술로써 커다란 전과를 거둘 수 있었다고 생각된다. 이씨 일가가 세전하던 동북면의 가별초 5백 호는 이방번(李芳蕃)이 세습하였다가 '왕자의 난' 이후 이방원(李芳遠)이 차지하였다. 이지란의 가별초는 그의 아들 이화영(李和英)이 승계하였는데, 태종이 사병을 혁파할 때 이것을 모두 해체하여 국가의 편맹(編氓, 이주해 온 백성)으로 편입시켰다.

-『신편한국사』 22 : 조선왕조의 성립과 대외관계

앞절에서 동북면의 일반적인 정치사회적 상황을 소개하고, 또 여기서 이성계 가계의 세력 확장을 소개하는 이유는 익화군의 선조도 동일한 과정을 거치서 동북면지역의 토호세력으로 자리매김하였을 것이기 때문이다. 우선, 이성계 선조들은 가별초(家別抄)라는 사병을 거느리고 있었다. 이런 가별초는 개인적인 주종관계를 바탕으로 형성된 무력집단이었다. 그런 까닭에 이성계 가계에 대한 충성심이 철저했고 그들 상호간의 결속력도 강하였다. 이에 비하여 고려 정부군은 만여 명의 군사도 제대로 먹이지 못할 정도로 국방재원이 고갈된 상태였고, 국가로부터 어떤 재정적 지원도 받지 못하고 무거운 군역만을 부담해야 했던 병졸들은 약졸(弱卒) 그 자체였다.(윤훈표, 1999) 또한 최영(崔瑩)을 비롯한 중앙의 장군들은 자신만의 군사를 보유하지 못하고 있었고, 설령 일정의 군사력을 지녔다 하더라도 그들을 지속적으로 유지하고 충성심을 일구어낼 경제적 기반도 가지지 못하였으며 결속력도 상대적으로 약했다. 이런 의미에서 이성계 가계의 가별초 집단은 이성계 가계가 보유했던 군사력의 중핵이 되었고, 동북면의 실질적인 최고지배자가 되는 데에 결정적인 구실을 하였다.

둘째로, 이성계 가계는 중앙 정부의 직접적인 통제에서 벗어나 자신의 세력권 내에 있는 백성들을 독자적으로 지배할 수 있었다. 다시 말해 중앙 정부의 통제력에서 벗어나 반독립적으로 인민을 통제 관리할 수 있었다. 여기서 고려 정부는 동북면 지역의 토착적 지배세력을 인정하고 인민에 대한 통제와 관리 등을 위임시켰다고 볼 수 있다.

셋째로, 이성계 선조들이 지배하였던 인민들은 여진족이 중심을 이루었다고 볼 수 있다. 이는 이성계 선조들이 이주 초기에는 마천령 이북, 곧 함경북도 이북 지역에서 주로 활동하였고 그곳의 여진족들이 계속 이성계 가계를 따라 이주하였던 사실과 이지란 세력이 이성계 휘하로 들어온 사실 등을 통하여 짐작 가능하다. 결국 이성계 가계는 동북면 전체의 여진족을 포섭하여 자기의 세력 하에 두었다고 볼 수 있다.

넷째로, 이성계 가계는 그 휘하의 피지배층을 경제적으로 완전히 예속화시키고 그들을 사적으로 지배하였다. 일반 백성은 중앙 정부가 아니라 이성계 가계에 조세를 바치고 그들 가계를 위하여 군역(軍役)에 참가하였다. 그리고 이런 인민에 대한 강력한 지배를 바탕으로 황무지를 개간하여 경작지를 넓혀가거나 비옥한 토지를 확보해 나갔을 것으로 추측된다. 그리하여 고려말 권문세족(權門世族)의 장원과 필적할 수 있는 경제적 기반을 구축하였을 것으로 파악된다.

다섯째로, 이성계 선계(先系)가 독자적으로 보유했던 군사력과 경제력은 이성계에게로 세습되었고, 그것은 다시 이방원에게로 넘겨졌다. 이는 이성계 가계가 함주 일대의 토지를 장원의 규모에 비견할 만큼 지녔던 대토지소유자였고, 그에 대한 소유 형태는 사적 소유형태 즉 사전이었으며, 그 소유권은 이방원에게까지 이어질 정도로 세습적이었음을 보여준다.

익화군 선조의 동북면 안착과 세력 확장

이성계 가계의 동북면 이주와 세력의 확대 과정은, 익화군 선조의 이주와 안착 그리고 세력 확장을 이해하는 데에 결정적인 도움이 된다. 다음은 당시 동북면의 역사적 정황과 이성계 가계의 사례를 바탕으로 엮어본 역사적 상상이다.

익화군 선조들은 양평을 떠나 강원도를 경유하고 철령을 넘어 함경도 땅에 드디어 첫발을 들여놓는다. 긴 여정의 중간 중간 전란과 폭정으로 삶의 터전을 잃은 고려 유민들이 적지 않게 합류하였다. 족히 그 숫자는 50여 호 이상은 되었다. 이 시기, 함경남도 지역은 원의 쌍성총관부가 설치되어 고려 조정의 통제에서 벗어나 있었다. 그렇다고 원의 지배가 직접적으로 행사되지도 않았다. 직접적인 통치는 지방의 토호세력에 의해 이루어지고 있었다. 그런 상황에 익화군 선조가 이끄는 이들 이주 집단(이하 이주집단)이 철령(鐵嶺)을 넘어 도착한 함흥평야 일대는 원(元)에 부응한 이성계 가계가 충렬왕 16년(1290년)부터 실질적으로 인민과 토지를 장악하고 있었다. 이주 집단은 함흥지방이 토지가 풍부하고 해양성 기후여서 비교적 따뜻하여 살기에 그지없이 좋은 곳이었으나, 그 일대가 이미 이성계 가계의 영향력 내에 들어가 있었기에 그곳에 터전을 마련하는 것은 불가능했다. 그래서 그들은 결국 쌍성총관부의 가장 북단, 함경남도의 최북단, 마천령산맥이 북벽을 이루고 있는 북청에 자리하게 된다. 그곳 북청에는 순수 여진족으로 구성된 선주집단이 있었다. 그런데 그들 여진족은 유목민이라 농지에 대해서는 별반 관심이 없어, 좋은 땅들이 미개간 상태로 그냥 두어져 있었다. 또한 그들은 고려 유민에 대해서도 크게 구애받지 않았다. 이미 이성계 가계와의 연대를 통하여 고려인에 대한 경계심이 허물어진 상태였기 때문이다. 한편 그곳에는 기근, 학정, 전란, 과세 등을 피하여 온 고려유민들이 적지 않게 살고 있었다. 그들은 본거지를 떠난 유이민이었고, 고려 정부의 추쇄(推刷)에 불안감을 지니고 있었으며, 재지의 자치적 정치체를 갈망하던 집단이었다. 이런 그들에게 익화군 선조의 등장은 반가운 일이었고, 이에 그들은 익화군 선조를 중심으로 뭉치게 된다. 그들의 대부분이 고신라(古新羅)의 고토인 소백산맥 이남에서 온 사람들이거나 북한강 수계를 따라 올라온 강원도 영서, 경기도 동부 사람들이었기에 신라 왕족 출신의 명문가문 출신인 익화군 선조의 등장은 한마디로 '반가운 단비'였다. 이런 여러 가지 이유로 익화군 선조는 그들의 이주에 합류한 유이민 집단, 그들보다 먼저 북청지역으로 와 있었던 고려유민 들을 결집하여 황무지를 개간하였고, 그렇게 확보한 농지들은 사적 소유권이 인정되었고 나라에 세금을 내지 않아도 되는 토지였다. (이형우, 2004, 106쪽) 이런 안정된 경제적 토대 위에 양평에서 익힌 선진(先進) 농법(農法)을 적용하여 농업생산력을 높였을 것이라 판단된다. 이런 경제적 기반은 익화군 선조가 북청지역을 반자치적으로 지배할 수 있는 원천이 되었으며, 가병(家兵)의 성격이 강한 가별초를 일정 정도 유지할 수 있는 발판이 되었다. 그리고 이런 경제력과 군사력을 바탕으로 익화군 가계는 북청지역의 인민들을 중앙정부의 수탈이나 외적의 침탈로부터 보호할 수 있었을 것이고,

60

이는 바로 익화군 가계가 세습적으로 북청지역을 지배할 수 있는 초석이 되었을 것이라 판단된다.

공민왕 때에 진사가 되시다_1357년(22세)

고려의 과거제도와 익화군의 진사입격

익화군의 신도비와 제단비 등에는 익화군이 공민왕조에 진사에 합격하였다고 기록하였고, 일부 그의 약기(略記)에는 좀더 구체적으로 1357년 22세의 나이로 '성균진사(成均進士)'가 되었다고 한다. 이런 기록에 대한 이해를 돕기 위하여 『한국민족문화대백과사전』의 과거제도(科擧制度), 성균관, 진사(進士)에 대한 설명을 고려시대를 중심으로 우선 소개한다.

> 고려시대의 과거는 크게 제술과(製述科)·명경과(明經科)·잡과(雜科)로 구분되었다. 그 중에서도 제술과와 명경과는 조선의 문과에 해당하는 것으로서, 합격하면 문관이 될 수 있었기에 가장 중요시되어 흔히 양대업(兩大業)이라 하였다. 제술과는 처음에는 시(詩)·부(賦)·송(頌)·시무책(時務策)이 주요 시험과목으로서 때에 따라 취사되었으나, 1004년(목종 7) 삼장연권법(三場連卷法, 初場에 합격해야 中場에, 중장에 합격해야 終場에 응시할 수 있는 시험제도)의 시행과 함께 초장에 경의(經義), 중장에 시·부, 종장에 시무책을 시험보이는 것으로 바뀌었다. … 과거를 실시함에 있어서 제술업의 급제자 수는 문종 이후 매회마다 대체로 30인 전후이었던 데 비하여, 명경업의 경우 평균 3, 4인에 불과하였고, 그나마도 장기간 뽑지 않고 거르는 일도 있었다. 이러한 까닭에 고려 전시대에 걸쳐 제술업 급제자수는 6,700인이나 되었지만 명경업의 경우 449인에 불과하였다. 고려시대의 과거라 하면 바로 제술과를 의미하는 것이나 다름없었다. … (고려시대) 과거

제가 실시된 지 약 50년 뒤인 1024년(현종 15) 각 지방에서 시행하는 예비시험(1차 시험)인 향시(鄕貢試, 擧子試, 界首官試라고도 함)가 실시되었는데, 그 규정은 다음과 같다. ① 1,000정(丁) 이상의 주현(州縣)에서는 3인, 500정 이상의 주현에서는 2인, 그 이하의 주현에서는 1인의 비율로 해마다 선발한다. ② 계수관(界首官)이 시관(試官)이 되어 제술과는 오언육운시(五言六韻試) 1수, 명경과는 5경(五經) 각 1궤(机, 講籤이라 하여 경서의 제목을 적은 나무꼬챙이를 대롱에 넣어 흔들어 수험생이 그 중에서 하나를 뽑아 講하게 하는 제도)로 시험 보인다. ③ 향시에 합격한 자는 서울의 국자감에서 재시험을 보여, 이에 합격한 자에게 본시험인 예시에 응시할 자격을 준다. 이와 같은 규정의 향시에 합격한 자를 향공진사(鄕貢進士)라 하였다. … 고려시대 과거제가 정비되는 과정에서 조선시대의 소과(小科)에 해당되는 시험이 새로이 실시되기 시작하였다. 1032년(덕종 1)에 생긴 국자감시와 그 100여 년 뒤인 1147년(의종 1)에 생긴 승보시(升補試)가 바로 그것이다. 국자감시는 감시·남성시(南省試)·진사시(進士試)라고도 하였으며, 충렬왕 때 국자감이 성균관으로 개칭된 이후 성균관시라고 하였다. 이 국자감시는 국자감 입학시험으로서 조선시대 소과의 하나인 진사시의 기원이 되는 것이다. … 1367년 성균관제도가 대폭 개편됨에 따라 종래의 국자감시는 조선시대의 소과에 해당하는 진사시로, 승보시도 역시 소과에 해당하는 생원시로 바뀌어 성균관의 입학자격을 인정하는 시험으로 되어버렸다.

위와 함께 '성균관(成均館)'에 대해서는 "한국 최고의 학부기관으로서 '성균'이라는 명칭이 처음 사용된 것은 고려 충렬왕 때인 1289년이다. 그때까지의 최고 교육기관인 국자감(國子監)의 명칭을 '성균(成均)'이라는 말로 바꾸면서부터이다. 1308년(충선왕 1년)에 성균관으로 개칭되었고, 공민왕 초기에는 국자감으로 명칭이 바뀌었다가, 1362년에 다시 성균관이라는 이름을 찾았다."라는 설명도 익화군의 입격(入格, 雜科나 生員進士試 또는 初試의 과거에 합격한 것을 이르는 말)과 관련하여 일단 기억해 둘 필요가 있다. 또한 '진사(進士)'에 대해서도 "조선시대 진사시(進士試, 곧 製述科)에 합격한 사람에게 준 칭호로 중국 수(隋)나라에서 비롯되어 당나라 때는 수재(秀才, 정치학)·명경(明經, 儒學)보다 특히 진사(進士, 문학)가 존중되어 유명한 인물이 많이 나왔다. 고려에서도 광종 9년(958) 과거제도를 시행하면서 1차시험에 합격한 자를 상공(上貢, 중앙) 진사, 향공(鄕貢, 지방)진사, 빈공(賓貢, 외국인) 진사라 하였고 2차시험인 국자감시(國子監試)에 합격한 자를 진사라 하였는데, 이들의 시험과목은 시(詩)·부(賦)·송(頌) 및 시무책(時務策) 등이었다."라는 백과사전식 정의도 참고해 두자.

이상의 인용문을 토대로, 익화군의 입격(入格, 급제와는 구분하여 사용됨) 곧 복시(覆試, 2차시험) 합격과 관련하여 다음과 같은 사실을 추측해 볼 수 있다. 우선 익화군은 동북면에서 1차시험인 향시(鄕試)에 합격하고 2차시험인 복시 즉 성균관 입학자격을 치러 입격함으로써 진사(進士)가 되었을 것이다. 진사(進士)에 입격(入格)했다는 사실은 그가 시(詩)·부(賦)·송(頌)·시무책(時務策)을 주요 시험과목으로 하는 제술과(製述科)을 보았음을 시사한다. 한편, 1362년(공민왕 11년)에 국자감이 성균관으로 개칭한 점으로 미루어 익화군이 진사로 입격한 시점은 1357년일 수 없고 최소한 그보다 5년 늦은 1362년 이후여야 한다. 이럴 경우, 익화군이 진사시험에 합격한 것은 그의 나이 29세 이후로 조정되어야 한다. 한편 공민왕 17년(1368년)부터 우왕 2년(1376년) 동안 국자감시가 시행되지 않아 새로운 진사의 선발이 없었다는 사실은(최종택, 1997, 61쪽)은 익화군이 진사(進士)로 입격한 시기는 1362년부터 1367년 사이일 수밖에 없다.

그런데 그가 '성균진사'가 되었다는 약기(略記)에서의 기록은 국자감시(國子監試)에 입격한 것에 대한 오기일 가능성이 높다. 익화군이 진사에 입격했다는 1357년(공민왕 6년)에 지금의 성균관이 국자감으로 불리었던 사실, 국자감시(國子監試)가 공민왕 17년(1368년)에 폐지된 사실과, 고려시대 진사(進士)는 곧 국자감시에 입격한 자를 뜻한다는 사실 등을 염두에 둘 때, 국자감시(國子監試)에 입격했을 가능성이 높고, 이를 인정할 경우 익화군이 22세에 입격했다는 기록도 인정될 수 있다. 이에 익화군의 약력과 관련하여 22세의 입격과 '성균관시'(혹은 '성균진사')라는 용어는 모순되므로, '성균'과 '진사'(혹은 진사시)를 연결시킨 용어는 사용해서는 안 될 것이다. 그것보다는 익화군이 향리(鄕吏) 출신으로 초시(初試)인 향시(鄕試)에 합격한 다음, 성균관(혹은 국자감) 입학 자격인 국자감시에 합격하였으므로 향공진사(鄕貢進士)로 부르는 것이 가장 적절한 용어 선택이다.

한편, 국자감시와 관련해서는, 응시신분은 양인(良人) 출신 중 상층 향리(鄕吏)의 자손이라는 사실, 응시자격은 지방의 계수관시(界首官試)에서 선발된 향공(鄕貢)에게 주어졌다는 사실, 이 국자감시에 입격하면 고려사회의 상층신분으로 신역(身役)과 군역(軍役)을 면제받는 특전이 주어졌다는 사실 등이 익화군을 이해하는 데에 도움이 된다.(최종택, 1997) 즉 익화군이 가계가 북청지역에서 이미 상층 향리 이상의 신분이었으며, 그가 진사입격으로 신분상 여러 가지 특전을 얻게 되었음을 알 수 있다.

여말선초에 태어나서 사헌지평, 전교부령, 예문제학, 중추원도승지, 참찬문하부사, 대제학, 이조판서, 우의정, 영의정 등을 역임한 이직(李稷, 1362년-1431년)이 북청을 두고 지은 시에 "이 고장 풍속은 용감한 무사를 높여 왔는데, 향학에는 유생들이 번성하구나. 먼 변두리 지방의 풍속을 보지 않고서야 교화의 행하여짐을 어찌 알리오."라는 내용이 있다. 이는 그가 1407년 동북면 도순문찰리사·영흥부윤이 되어 동북면에 재직할 시 직접 보고 느낌 감정을 표현한 것이기에, 북청지역의 향학열(向學熱)은 이미 고려말부터 조성되었을 가능성이 크다. 어쨌든 고려의 최북단 변경에 해당되고 군사적으로 최전방에 해당되며 무인적 기질이 존중되던 북청지방에서 향학(鄕學)이 융성했음은 분명한 역사적 사실이라 할 수 있다.

　　상기 이직(李稷)의 언급은 정사(正史)에 기록되어있지 않는 익화군의 진사 입격이 거짓이 아님을 보여준다. 그리고 그런 심증이 인정받는다면 그가 '문무겸전(文武兼全)'의 인물이라는 신도비의 기록뿐만 아니라 이성계·이지란과 맺은 의형제 결의 시에 석왕사 회맹시를 그가 지었다는 대동보(大同譜)의 기록도 진실일 가능성이 매우 높다. 더 나아가 그가 의흥친군위동지절제사(義興親軍衛同知節制事) 시절에 군사전략에 관하여 올린 상계문도 단지 꾸며낸 이야기가 아님을 알 수 있다. 한편으로 문리(文理)를 제대로 깨우치지 못했던 이성계가 1383년 즈음에 올렸다는 '안변지책(安邊之策)'도 익화군이 초안을 작성한 것일 가능성 높다. 이에 대해서는 나중에 좀더 자세히 검토하겠다. 어쨌든 익화군은 전쟁터에 나가면 군사 전략가이자 장수이고, 조정에 들어오면 재상이었다. 이른바 '출장입상(出將入相)'의 인물이었다. 이런 사실을 가장 단적으로 입증하는 사실이 바로 그가 진사에 입격한 사실이다. 그러므로 위 사실은 익화군을 이해함에 매우 중요한 요체라 할 수 있다.

선정과 구휼_1376년(41세)

『고려사』 권133 열전 권46 우왕 2年 12월 조에 '1376년 음력 12월에 북청 천호 김인찬(金仁贊)이 해동청(海東靑)을 바치자 우왕이 백금 50냥을 내려 주었다.(北靑千戶金仁贊, 獻海東靑, 禑賜白金五十兩.)'라는 기사가 등장한다. 정사에서 확인되는 익화군 관련 첫 기사이다. 아주 짧은 기사이지만 익화군의 진면모와 그의 가계까지 살필 수 있다. 이에 상기 기사가 지닌 역사적 함의를 추출해야 마땅하고 이를 위해서는 북청, 천호, 해동청, 백금 50냥, 공헌(貢獻)과 하사(下賜)의 의미에 대한 사전지식을 갖출 필요가 있다.

附倭寇晉州溟珍縣又焚掠咸安東萊梁州
彦陽機張固城求善等處丙戌霧雨雹震電
倭寇晉州班固城縣又寇寧州會原義昌等縣
焚掠殆盡巳亥附以韓氏倭寇密城郡及東
萊縣十二月同一室附敬孝大王于大廟以忠惠
王毋第一室納哈出遣使遺白金及羊倭焚
合浦營屠燒梁蔚二州及義昌會原咸安鎮
海固城班城東平東萊機張等縣　北青千戶
金仁贊獻海東靑褐賜白金五十兩以池瀉

爲門下贊成事尹邦彦密直提學鄭良生大
司憲金濤左代言金承得右副代言以再
仁烈爲慶尚道都巡問使裴克廉晉州道元
帥憲府劾論判事金禧簪附辛旽稱爲姻婭
多行不義又不告父乃削職歸田里三年
正月倭監會原倉以池湯奇爲楊廣道副元
帥納哈出遣使遣羍馬以卯海爲楊廣道
元帥二月倭寇新平縣揚廣道都巡問使洪
仁桂擊之比元遣翰林承旨宇剌的齎冊合

『고려사』 열전 권46 우왕 2년 12월

북청

순서에 따라 북청에 대해서 알아보자. 먼저 북청의 명칭에 대해서이다.

공민왕 때로부터 우왕 때에 걸쳐 전국 해안지방에는 왜구의 침범이 잦았는데 살인, 방화, 약탈 등이 끊이지 않았다. 북청(北靑)·함주(咸州) 지방의 해안도 여러 차례 왜구의 노략질을 받았으나 그때마다 이성계는 이지란과 협력하여 이를 소탕하였다. 그리하여 북계를 튼튼히 하기 위하여 군량을 비축하고 공민왕 21년 (1372)에는 안변천호방소소(安北千戶防禦所)를 북청으로 개칭하고 안무사(按撫使, 지방에 변란 등 어려운 일이 발생하였을 때 왕명으로 특별히 파견되어 백성들을 위무하는 일을 맡았던 지방관직)를 두어 만호(萬戶)를 겸하게 하였다. 여기에서 처음으로 '북청'이라는 이름이 등장한다. 부족이 모여살던 고려시대의

'삼산촌(三山村)'으로부터 출발하여 발해의 '남해(南海)', 그리고 고려시대에 들어와서 몽고의 지배하에 들면서 삼살(三撒), 공민왕의 반원정책으로 함경도 일대가 수복되면서 천호방호소를 두면서 안북(安北), 여진을 몰아내면서 북청으로 개칭하였다. — 『북청군지』, 1994, 119쪽

여기서 함경남도 최북단에 해당되는 이 지역이, 원의 지배시절에는 삼살(三撒)이었으며 공민왕 대에 고려의 땅으로 수복된 이후에는 안북(安北)으로 잠시 불리다가 1372년에 처음으로 '북청(北靑)'이란 명칭을 얻게 되었음을 알 수 있다. 다음은 북청에 대한 개괄적, 사전적 설명이다.

고려의 건국 직후 골암성(鶻巖城, 지금의 안변 지방) 성주 윤선(尹瑄)이 내부해오자 태조는 920년 이곳에 유금필(庾黔弼)을 보내어 여진족을 회유하거나 토벌하는 등 동북부 변경 지방의 개척에 힘을 썼다. 그 결과 안변 지방은 물론 영흥·함주 방면을 고려 영토로 편입하였으며, 발해가 망한 뒤에는 그 유민을 적극적으로 받아들였다. 고려는 천리장성을 쌓아 거란·여진족의 침입에 대비하였는데, 북청 지방은 장성 밖에 있어서 여진족이 흩어져 살고 있었다. 1107년(예종 2) 12월 윤관(尹瓘)이 기병 중심의 별무반을 조직, 17만 명의 대군을 동원, 수륙양면작전을 펴서 함흥평야를 점령하고 구성(九城)을 쌓았다. 그러나 2년 뒤에 완안부 여진족의 공격과 화평 제의, 화평파 조신들의 윤관에 대한 시기 등이 작용하여 구성 지역을 여진족에게 반환하게 되었다. 오늘날 구성의 전 위치는 연구자에 따라 이론이 있으나, 그중 길주와 복주는 현재의 길주·단천 땅에 위치하고 있었음이 분명하므로 구성의 영역이 함경북도 지역까지 포함되었을 것이므로 이때 북청 지역도 잠시나마 고려의 영토가 되었을 것이다. 그 뒤 금나라가 몽고에게 패망하면서 다시 영흥·함흥 일대가 고려의 영토로 편입되었고, 1258년(고종 45)에 몽고의 쌍성총관부(雙城摠管府)가 설치되어 약 100여 년간 몽고의 지배를 받았다. 북청군은

이때 몽고의 지배하에 들어갔으며, 이 지방의 명칭을 삼살(三撒)이라 칭하였다. 1356년 공민왕의 반원정책으로 화주 일대가 수복되면서 쌍성총관부가 혁파되었고, 더 북진하면서 삼살(북청) 지방이 수복되었다. 이곳을 근거지로 하여 복주·길주 등 함경남도의 대부분 지역을 도로 찾았으며, 이 군에 군현을 설치하였다. 『신증동국여지승람』에 의하면, 수복 지역을 다스리기 위하여 이곳에 안북천호방어소(安北千戶防禦所)를 두었고, 1372년(공민왕 21)에 북청으로 개칭되면서 안무사를 두고 만호를 겸하게 하였다.(그 이후 조선시대인) 1398년(태조 7)에 청주부(淸州府)로 개칭되었으며, 1417년(태종 17)에 충청도의 청주목과 발음이 같다고 하여 다시 북청으로 고쳤으며, 1427년(세종 9)에는 도호부로 승격되었다. 이 군 출신 이지란(李之蘭)은 여진인으로 이성계(李成桂)를 따라 많은 군공을 세우고 조선 건국 뒤 개국공신으로서 벼슬이 문하시랑평장사에 이르렀다. 『세종실록』 지리지에 의하면, 1432년 호구 수 1,539호, 인구 4,459명이었다. 1467년(세조 13) 이시애(李施愛)가 길주를 근거지로 하여 반란을 일으키고 그 여세를 몰아 함경도 일대를 삽시간에 점령하는 등 그 기세가 등등하였다. 그러나 도총관 구성군 준(龜城君 浚)이 이끄는 정부군에게 북청에서 크게 패하여 실패하였다. 반란이 평정된 뒤 귀남도에 따로 절도사를 두었고 이곳에는 그 본영을 두었으며, 또 진관을 설치, 단천군과 홍원현·이성현을 관할하도록 하였다.

- 『한국민족문화대백과사전』 '북청군'

위에서 북청지역은 고려의 국력의 팽창할 때에는 고려의 영토로 편입되었으나 국력이 쇠락할 때에는 이민족의 영토나 점령지가 되었던 사실을 알 수 있다. 또한 그 주민 구성에서 발해유민인 여진족이 차지하는 비중이 매우 높다는 점도 확인할 수 있다. 아울러 이지란과 이시애의 경우를 통해서 북청지역의 토호세력들은 세습적으로 그들의 인민과 토지를 점유하였음도 알 수 있다. 어쨌든 이곳 북청지역은 동북면의 최북단지역으로 군사적 요충지였으며, 다른 지방과는 달리 주민의 구성이나 지방통치방식 등에 있어서 반(半) 독립적 지역이었음을 알 수 있다.

천호

고려후기 동북면 일대는 각 지역의 천호들이 맡아서 다스렸다. 이성계의 선대인 이안사(李安社), 이춘(李椿), 이자춘(李子春) 모두 이 천호출신이고, 이성계도 그들 선조의 천호직을 세습했다. 이렇듯 천호는 동북면의 통치체제를 이해하는 키워드이다. 이 천호는 고려후기 몽고의 지방제의 영향을 받아 생겨났는데, 그 사전적 설명은 다음과 같다.

천호란 명칭은 만호(萬戶)·백호(百戶)와 더불어 관령(管領)하는 민호(民戶)의 수에 따라 붙여졌다. 이러한 관직체계는 원나라에서 특히 발달했다가 고려에도 영향을 주었다. 1258년(고종 45)에 조휘(趙暉)와 함께 화주(和州, 지금의 함경남도 영흥) 이북 땅을 들어 몽고에 투항한 탁청(卓靑)이 고려 사람으로는 처음으로 임명되었다. … 일본정벌이 실패로 돌아간 직후인 1281년 고려에는 만호부가 설치되었다. 이때부터 만호와 함께 임명 사례도 빈번해졌을 것으로 추측되나 확인되지는 않는다. 다만, 1300년에서 1307년 사이에 설치된 순군만호부(巡軍萬戶府)의 직제에서 정원 1인의 관직을 두었다는 것과, 충숙왕 때 강융(姜融)이 천호를 역임한 사실이 발견될 뿐이다. 임명은 고려 국왕이 천거하면 원나라에서 임명하는 절차를 밟았던 것으로 추정된다. 1356년(공민왕 5)의 반원개혁(反元改革) 이후로는 그 성격이 크게 변하여 원나라와 전혀 관계없는 고려의 독자적인 무관직으로 정착되었다. … 1378년(우왕 4)에 서북면(西北面)의 예에 따라 전국에 익군(翼軍)이 조직될 때에는 각 익군을 통솔하는 지휘관으로서 전국에 배치되었다. 이때 품계는 봉익대부(奉翊大夫)로부터 4품 이상이었으며, 1,000명의 군사를 지휘하였다. 그러나 이러한 익군의 확대조치가 곧 철회됨으로써 서북면에서만 익군의 지휘관으로 남게 되었다.   -『한국민족대백과사전』 '천호'

    여기서 천호 직이 원의 영향을 받아 원 간섭기에 처음으로 등장한 후, 원의 지배에서 벗어난 이후 원과는 전혀 관계없는 무관직으로 정착한 사실을 알 수 있다. 아울러 그 관품은 봉익대부(奉翊大夫)로부터 4품 이상이었으며 1,000명의 군사를 지휘할 수 있었음을 알 수 있다. 한편『세종실록』지리지에 1432년 북청군의 호구 수가 1,539호이고 총인구는 4,459명이었다고 기록된 사실로 미루어, 북청군의 천호는 적어도 4,500명의 피지배층에 대한 노동력, 1,500정도의 호에서 거두어들이는 조세권, 1,000명의 군사력을 지녔을 것이라 추측된다. 역사문헌에서 북청천호직을 맡은 인물은 익화군과 이지란만이 확인되는데, 익화군의 북청천호직을 이지란이 잇고 있는 점은 특기해 둘 만하다. 이런 기본지식과 함께 천호(千戶)에 대한 좀더 구체적인 사실을 이해하는 데에 도움이 될 문헌기록을 소개하면 다음과 같다.

> 왜적(倭賊)의 침구(侵寇)가 끝날 때까지 서북면의 전례(前例)에 따라 각 도에 모두 군익(軍翼)을 설치하는데, 청렴결백하고 활쏘기와 말타기에 능숙한 자를 가려 봉익(奉翊)부터 4품까지는 천호(千戶), 5·6품은 백호(百戶), 참외(叅外)는 통주(統主)로 삼고 천호(千戶)는 1천명, 백호는 1백명, 통주(統主)는 열 명을 지휘하게 한 다음 이를 군적에 등록한다. 그 나머지 3품에서 6품까지는 각 익군(各翼)에 나누어 배속해 병기와 갑옷을 갖추게 한다.
>
>   -『고려사』81 병지1 병제 우왕 4년 12월

    위의 기사에서 천호(千戶)는 상비군적 군사조직으로 동북면과 서북면에 설치된 군사조직인 익군(翼軍)의 지역별 지휘관으로, 종2품의 봉익대부(奉翊大夫)부터 4품까지의 품계 중에서 청렴결백하고 기사(騎射)에 능한 인물을 선발

하였다는 사실을 확인할 수 있다. 익화군과 관련해서는 청렴결백한 자를 대상으로 천호를 선발했다는 내용은 매우 주목되는 바로, 대동보 등에서 전하는 익화군의 선정(善政)과 구휼(救恤)의 이야기에 신빙성을 더해 주며, 졸기(卒記)에 무재(武才)가 있었다는 기사와도 잘 맞아떨어진다.

해동청

다음은 주제를 조금 달리하여 해동청(海東靑)에 대한 간략한 소개와 검토이다.

> 우리 나라는 일찍부터 매사냥을 즐겼던 듯 『삼국사기(三國史記)』 김후직조(金后稷條)에는 진평왕이 사냥하기를 즐겨 매나 개를 놓아 돼지·꿩·토끼를 잡으러 다녔다는 기록이 보인다. … 고려시대에는 매사냥의 기관으로 응방(鷹坊)을 전국적으로 설치하기도 하였다. 또, 몽고인들은 고려에서 해동청과 같은 좋은 매가 산출되는 것을 알게 되어 고종 이래로 매를 자주 공납하게 하였다. 이 해동청을 『재물보(才物譜)』에서는 '숑골매'라 하고 요동(遼東)에서 나며 청색이라 하였고, 『물보(物譜)』에서는 해청(海靑)을 '거문나치'라 설명하였다. …『조선어사전』에서는 해동청을 "매의 일종으로 조선의 동북지방에서 나며 8, 9월경에 남쪽에 온다(속칭 보라매)."라 하였다. 이상에서 해동청은 보라매의 한 종류임을 알 수 있다. 우리 나라에서 예로부터 사용해 온 대표적인 꿩사냥 매는 오늘날의 참매이고, 매도 오래 전부터 꿩사냥에 사용하여 왔으므로 해동청은 이 둘 중의 하나에 속하거나 두 가지 모두에 속하리라고 여겨지는데 어느 것이 옳은지 확언하기 어렵다.
>
> – 『한국민족문화대백과사전』 '해동청'

여기서 일단 고려시대에 매사냥이 아주 성행하였고, 매사냥에는 보라매의 일종인 해동청이 가장 애용되었던 사실을 알 수 있다. 또한 보라매의 주산지는 동북지방이며, 그곳에서 난 해동청은 토산물로 고려 조정이나 중국에 공납(貢納)되었음도 확인할 수 있다. 이에 대한 보충설명으로 다음으로 매사냥에 대하여 알아보자.

> 북청지방의 야외유기(野外遊技)중에서 으뜸은 고전적인 냄새가 물씬 풍기는 매사냥이다. 매사냥은 길들인 매로 꿩을 잡는 사냥놀이로 남아의 흥겹고 즐거운 유기이다. 우리나라에서 매사냥은 고대로부터 행하여져 왔다. 삼국, 통일신라, 고려, 조선시대 그 어느 때보다도 성행했으며 그 중 고려조에 있어서 최고조에 달하였다. 고대로부터 인접 각국에 세공(歲貢)으로 매를 보냈으며 백제시대에는 일본에 수출하기도 하였다. 조선조에 들어와 명매(名鷹) 해동청의 공헌으로 명나라와의 곤란한 교섭이 해결된 바도 있다. 국내에서 매사냥은 도별로 볼 때 함경남도가 제일이고 다음 평안북도 순이며 군별로는 북청군과 갑산군이 가장 성행하였다.
> - 『북청군지』, 개정증보판, 1994, 455쪽

여기서도 매사냥이 고대로부터 성행했고 특히 고려시대가 극성기였음을 알 수 있다. 특히 해동청이 국제간의 갈등을 해소할 만큼 공헌품으로 인기가 있었던 사실은 흥미롭다. 한편으로 매사냥이 함경남도에서 가장 성행했고 그중에서도 북청군과 갑산군에서 가장 흥행했던 사실은 주목할 만하다.

백금 50냥

마지막으로 익화군이 해동청을 공헌하고 하사품으로 받은 백금(白金) 50냥에 대한 간단한 소개이다. 일단 백금 50냥이 언급된 역사적 사실들을 『고려사절요』에서 관련기록을 찾아보자.

1) 정지(鄭地, 1347-1391)는 1383년 5월 왜선 120척이 침입해 온다는 급보를

받고 경상도로 가서 합포의 군사를 모아 정비하였다. 이때 왜구는 이미 관음포에 도달하였고 그가 이끄는 군사와 박두양(朴頭洋)에서 대치하였다. 관음포전투에서 그는 선봉대선 17척을 완파하고 적을 크게 무찔렀다. 이에 우왕이 금허리띠 1식(式), 백금(白金) 50냥을 하사하셨다.

2) 곽충보(郭忠輔, ?～1403)는 1383년(우왕 9) 10월에 병마사로서 도원수 이을진(李乙珍), 부원수 권현룡(權玄龍)과 함께 동산현(洞山縣)에 내침한 왜구를 쳐서 20여 명을 베고 말 72필을 노획하였다. 이 공으로 왕으로부터 백금 50냥을 받았으며, 다음 해에 예의판서(禮儀判書)에 올랐다.

3) 배정지(裵廷芝)는 1291년(충렬왕 17)에 별장(別將)으로 만호(萬戶) 인후(印侯)를 따라 합단적(哈丹賊, 원의 반란군)을 충청도 연기(燕岐)에서 크게 무찔렀는데, 이 때 화살이 턱뼈를 관통하는 중상에도 불구하고 분전하여 전과를 거둠으로써 중낭장(中郎將)에 특진하였다. 그 뒤 인후를 따라 원나라에 들어가 원제(元帝)로부터 용사라는 칭찬을 받고 백금 50냥을 하사받았다.

4) 유조언(尹曹彦)이 1385년(우왕 11)에 해도부원수(海道副元帥)로 여주도(汝走島)에서 왜적을 격퇴하고 배 한 척과 포로 3인을 획득하자 백금 50냥을 하사하였다.

5) 이성계가 1385년(우왕 11) 함주(咸州) 홍원(洪原) 북청(北靑) 등에서 왜구를 크게 물리치자 백금 50냥, 비단과 명주 각4필, 안마(鞍馬, 안장 얹은 말) 등을 하사하였다.

6) 충렬왕 2년(1276) 명주의 아전 김천(金遷)이 요양(遼陽)에서 어머니를 찾아 돌아왔다. 과거에 천의 어머니가 고종 46년에 원 나라에 붙들려 가서 모자가 서로 소식을 몰랐는데, 문득 어머니의 편지를 받으니, 어느 집에서 여종이 되었다고 하였다. 천이 통곡하면서 백금 55냥을 빌려서 장사하는 중국 사람을 따라 동경 천로채(東京天老寨)에 가서 만나 돌아왔는데, 그의 남편도 살아있어 드디어 처음처럼 부부가 되었다.

우선 여기서의 백금은 지금의 白金이 아니라 은(銀)임을 미리 알아두어야 하겠다. 이상의 기사에서 당시 은 50냥이 포상의 일정한 기준임을 알 수 있다. 또한 기사 6)에서 은 55냥의 가치가 중국까지의 여비뿐만 아니라 남편과 어머니의 몸값까지 치룰 수 있는 가치를 지녔음을 확인할 수 있다. 그리고 조선 초기『경국대전』에는 1근(斤)은 16양(兩)으로 규정하고 있는데, 고려 충렬왕 시기 은(銀) 1근이 쌀 50여 석(石)의 가치를 지닌 적도 있었다. 이처럼 고려말기 은의 품귀현상으로 은값이 폭등한 사실을 감안할 때, 익화군이 하사받은 은(銀) 50냥의 가치는 대략 100년 전의 그것보다는 훨씬 높았을 가능성이 있다. 한편, 외적의 침입을 격퇴한 장수에게 지급한 포상금이 은 50냥 정도라는 분명한 사실은, 익화군에 대한 포상은 해동청의 그 자체 가치를 훨씬 넘는 함축적 의미가 있다고 볼 수 있다. 즉 익화군의 해동청 헌상은, 고려 조정에서 볼 때 외적의 침입을 물리친 것과 동일한 정도의 가치가 있었던 것이다.

북청천호 김인찬이 토산물인 해동청을 헌상한 일에 대하여 고려 조정이 그렇게 환대한 이유는 무엇일까? 그것은 고려의 가장 변방, 고려 조정의 실질적인 지배가 미치지 않는 곳, 이민족에게 침탈당할 위험성이 가장 높은 곳, 그런 변방 요새의 수장이 토산품을 헌상하였기 때문이라 판단된다. 그 해동청의 단순한 한 마리의 사냥용 매가 아니라 반 독립 상태로 북청지역을 3-4대 이상 지배해 온 익화군 가계가 고려 조정에 귀부하겠다는 의사 타진의 상징이었던 것이다. 그리고 이런 귀부의 배경에는 공민왕 19년(1370년) 이후 구 쌍성총관부 관할의 토호세력이었던 궁대(弓大), 한복(韓復), 이원경(李原景), 이장수(李長壽), 이천우(李天祐), 현다사(玄多士), 김아노정(金阿魯丁), 이지란(李之蘭) 등의 내투(來投)라는(장재성, 1985, 46-47쪽) 시대적 분위기가 한몫을 차지했을 것이 틀림없다. 즉 이성계의 영향력 하에 있던 동북면 지역의 토호세력들이 고려조정으로 귀부하는 시대상황 속에서 현실적 판단에 따른 것이라 할 수 있다.

한편으로 고려 조정이 내린 은 50냥은 단순한 포상금이 아니라, 익화군 가계의 귀부에 대한 고려 조정의 공식적인 화답이자 답례라 할 수 있다. 이성계의 선조인 "도조(度祖) 이춘이 충숙왕(忠肅王)에게 조회하니, 왕이 상으로 내려 준 물품이 매우 많았다. 이는 충성을 권장하기 때문이었다."라는 태조실록 총서 17번째 기사의 내용도 이런 판단을 입증해 준다. 요컨대 익화군의 해동청 공헌으로 익화군 가계는 다시 실질적인 고려의 신민이 되었다고 볼 수 있다. 그리고 이는 익화군이 재추의 지위에까지 오르고 개국일등공신으로 역사의 거대한 족적을 남길 수 있는 발판이 되었다.

북청천호 김인찬의 선정과 규휼

한편, 익화군신도비에는 위의 기사가 좀더 윤색되어 풍부한 내용으로 기록되어 있다.

나이 겨우 약관에 문무를 겸하여 공민왕 때에 과거에 급제하여 북청 천호직에 계실 때에 북방이 흉작으로 농사가 결단나서 굶주린 백성이 속출하고 민심이 소란한지라. 공께서 사재 백금 오십량을 내어 기민을 구제하니 백성들이 그 은혜에 보답하여 송골매 한 마리를 보내어 사례하니 공이 이것을 사유(私有)로 삼지 아니하고 우왕께 진상하니 우왕이 그 정성을 아름답게 여겨 백금 오십량을 포상하였다. 공이 그 아름다운 정성으로 주린 백성을 구제하니 이와 같은 치적이 더욱 빛나고 백성을 사랑한다는 이름이 조야(朝野)에 널리 퍼져 공의 이와 같은 의로운 소식을 들은 조정신하들 중에 특히 이성계 장군이 의인(義人)이라고 높이 칭찬하였더라. 우왕 육년에 북청 천호직을 사임하고 그 아버지 안변목사의 일을 도웁더니…

조선시대 수령(守令)의 근무평가 기준이 되는 7가지 임무를 규정한 '수령 7사'가 있다. 이 수령 7사에 대한 『브리태니커 사전』의 '수령 7사' 항목의 내용

중에서 조선시대 수령 7사의 전신이 되는 고려 후기의 '수령 5사'를 소개하면 다음과 같다. "고려 후기인 1375년(우왕 1) 원나라의 제도를 따라 전야벽(田野闢)·호구증(戶口增)·부역균(賦役均)·사송간(詞訟簡)·도적식(盜賊息) 등의 수령5사(守令五事)를 정했다. 이것은 당시 사회모순이 증대되는 과정에서 수령의 임무와 평가방식을 규정하여 수령의 역할을 강화하고, 수령의 업무수행에 대한 국가의 관리기능을 확대하기 위한 조치였다.…" 위의 수령 5사를 통하여 고려말 지방관의 주요 임무는 농경지를 개간하여 농지를 넓히는 일, 자기가 다스리는 지역의 인구를 늘리는 일, 부역을 고르게 하는 일, 송사를 잘 처리하고 조정하는 일, 도적을 방비하는 일이었음을 잘 알 수 있다. 현재까지의 역사적 정황으로 판단컨대 익화군 가계는 북청지역의 황무지를 개간하여 농지를 넓히고, 빼어난 무재(武才)로 외적을 방어하여 인민의 생명을 잘 보호했으며, 고려 유민을 지속적으로 포섭하여 호구(戶口)를 증대시켜 나갔다. 위의 기사로 미루어 익화군은 수령의 기본적인 임무 이외에도 수령의 덕목인 구휼과 선정에도 빼어난 모범을 보였음을 알 수 있다. 그리고 그의 이런 치적과 선정은 당시 동북면 전체의 실질적인 지배자였던 이성계는 물론 이지란의 관심을 일찍이 끌었을 가능성이 매우 높았을 것이 틀림없다. 이에 이성계, 이지란, 김인찬의 긴밀한 유대는 이미 익화군의 북청천호 시절에 이미 이루어졌음을 알 수 있다.

북청천호로 임명된 시점은?

마지막으로 익화군이 북청 천호로 언제 처음으로 임명되었는가를 간단히 추측해 보고자 한다. 이와 관련하여 다음의 연구결과(오종록, 1991, 231쪽)는 좋은 참고가 된다.

동북면에서도 앞의 함주(咸州)·안북(安北) 등을 중심으로 일부지역은 1378년(우왕 4년) 12월 전국에 익군을 설치하기에 앞서 익군이 조직되어 있었던 것으로 판단되는데, 그 변화가 일어난 시기는 서북면에서와 같이 1369년으로 짐작된다. 구체적 입증 자료는 없지만 1369년 가을부터 겨울까지 서북면만이 아니라 동북면의 요충지에 만호·천호를 많이 설치했다는 『고려사』(권41 세가 공민왕 18년 11월)의 기록이나 이 해에 화주(和州)가 화령부(和寧府)로 승격하면서 토관(土官)을 설치했던 사실들이 이와 관련이 있을 것이다. 이어서 1372년에 안북(安北)을 북청주(北靑州)로 개칭하여 만호부를 설치함으로써 동북면에서도 함주(咸州)·북청주(北靑州) 두 만호부와 뒤에 도순문사영(都巡問使營)이 위치하게 되고 화령부를 중심으로 익군체제가 어느 정도 갖추어진 것으로 판단된다.

이상에서 동북면을 중심으로 1369년에 만호와 천호가 집중적으로 설치되었고, 그 설치 대상은 국방상의 요충지였으며, 그중에서도 북청지역이 군사상 매우 중시되었던 사실을 알 수 있다. 이에 익화군은 1369년부터 1372년까지의 어느 시점에 북청천호로 임명되었을 것으로 판단된다. 어쨌든 30대 중반에 관계에 진출하였음은 분명하다.

이성계와의 역사적 만남_1383년(48세)

이성계, 한충, 김인찬의 역사적 만남

『조선왕조실록』 총서 77번째 기사에는 익화군과 한충이 이성계를 안변에서 처음 만난 기사가 실려 있다. 이것은 익화군 관련 기사 중에서 가장 널리 알려진 것이며 가장 긴 내용이다. 원문과 번역문을 함께 소개한다.

9월, 태조가 동북면으로부터 이르렀다. 이번 행차에 태조가 돌아오다가 안변(安邊)에 이르니, 비둘기 두 마리가 밭 한가운데의 뽕나무에 모여 있는지라, 태조가

太祖為之下箸二人遂從不去皆與開國功臣之列　太祖割

我已過都領矣因　命二人取食之於是二人備粟飯以進

耘一韓忠一金仁贊見之嘆曰善哉　都領之射　太祖笑曰

二鵠集于田中桑樹　太祖射之一發二鵠俱落路邊有二人

捍禦國家九月　太祖至自東北面是行　太祖回至安邊有

廉勤正直者俾之臨民字撫鰥寡又擇堪為將帥者俾之摠戎

職以致軍馘其須民失其業戶口消耗府庫虛竭乙白今公選

怯在於將帥令之為郡縣者出於權幸之門特其勢力不謹其

更定軍戶使有統屬固結其心一民之休戚係於守令軍之勇

恒心又皆雜類彼此觀望惟利之從實為難保乙依丙申之教

益離彼用錢穀餌以招納潛師以來攄掠一界窮民既無

維繫每至徵發散居之民逃竄山谷難以招集今又旱饑民心

番上有事則俱出事悉發家丁誠為良法近來法廢無所

申之教以三家為一戶統以百戶統主隸於帥營無事則三家

達濟時之量仁厚好生之德出於天性勳庸輝赫愈益謙恭且

『조선왕조실록』 권1 총서 70번째 기사

78

이를 쏘니 한 번에 비둘기 두 마리가 함께 떨어졌다. 길가에서 두 사람이 김을 매고 있었으니 한 사람은 한충(韓忠)이요, 한 사람은 김인찬(金仁贊)인데, 이를 보고 탄복하면서 말하기를, "잘도 쏩니다. 도령(都領)의 활솜씨여!"하니, 태조는 웃으면서 말하기를, "나는 벌써 도령(都領)은 지났다."하고는, 이내 두 사람에게 명하여 비둘기를 가져다가 먹게 하였다. 이에 두 사람이 조밥을 준비하여 바치니, 태조가 그 성의를 보아 조밥을 먹었다. 두 사람은 마침내 태조를 따라가 떠나지 않고서 모두 개국 공신(開國功臣)의 반열(班列)에 참여하였다.

- 『조선왕조실록』 총서 77번째 기사

太祖征胡拔都。還至安邊。有二鴿。集于田中桑樹。太祖射之。一發二鴿俱落。路邊有二人耘。一韓忠。一金仁贊見之歎曰。善哉都領之射。太祖笑曰。我已過都領矣。因命二人取食之。二人備粟飯以進。太祖爲之下箸。二人遂從不去。皆與開國功臣之列。

참고로 『용비어천가(龍飛御天歌)』 제57장에서는 위의 기사를 "흔 살로 두 샐 쏘시니 긼 ᄀᆞᆺ샛 百姓(백성)이 큰 功(공)올 일우ᅀᆞᄫᅳ니"(화살 하나로 두 마리의 새를 쏘시니 길 가에 있던 백성이 큰 공을 세우니)라고 아주 축약하여 시적으로 표현했다.

이성계 설화의 기본적 성격

위의 기사는 전체적으로 보아 역사적 사실을 그대로 전한 것이 아니라 실제 사실을 토대로 그것을 분식(粉飾), 윤색(潤色), 미화(美化), 왜곡(歪曲)한 설화 이다. 이런 설화를 이해하기 위해서는 이성계 관련 설화에 대한 기본적 이해가 우선 필요하다.

이성계설화는 조선왕조실록과 『대동야승』, 『동사강목』, 『연려실기술』, 『성호사

설」, 『용비어천가』 등의 자료에 상세하게 전한다. 인물전설의 경우 대체로 언급되는 인물에 대하여 각 편마다 평판이 일치하거나 비슷한 경향을 띠게 되는데, 이성계설화의 경우는 상당히 다른 층위를 가지면서 전개된다. 이성계설화가 전승되는 계층과 지역에 따라 이성계는 신화적 능력을 가진 위대한 인물로 나타나기도 하고, 신하로서 임금을 벤 배격하여야 할 인물로 그려지기도 하며, 민중 영웅을 죽이고 왕이 된 부정적인 인물로 평가되기도 한다. 이성계를 신화적 능력을 갖춘 위대한 인물로 묘사한 설화는 그의 빼어난 능력이 왕조의 창업에 이르게 되었으므로 조선 왕조의 건국이 당연하다는 논리를 펼침으로써 정통성을 확보하자는 정치 선전의 일환으로 창작된 것들이다.

　이와 같은 내용의 설화들은 의도적으로 창작되고 거듭 전승되면서 폭넓게 수용된다. 그리고 건국의 시조들을 찬양하고, 조선왕조의 창업을 합리화하자는 내용의 설화를 노래로 창작한 것이 바로 「용비어천가(龍飛御天歌)」이다. 이성계는 고려의 영웅들처럼 말 잘 타고 활 잘 쏘며, 용맹이 뛰어난 무장이다. 그가 남북 외적과 싸워 나라를 구출한 활약상을 다룬 대목이 상당히 많다. 특히, 왜구를 토벌할 때의 광경을 묘사한 대목이 가장 박진감이 넘치며 흥미롭다. 설화마다 이성계의 용맹성과 뛰어난 활 솜씨, 현명함을 강조한다. 말을 타고 석벽을 올라가 왜구를 무찔렀는데, 다른 사람이라면 말을 몇 번 뛰어오르게 하여도 할 수 없는 일이었다고 한다. 뛰어난 활솜씨를 알리는 여러 각 편들은 주로 왜장 아지발도와의 싸움에서 상세히 묘사된다. '인월'·'피바위' 등의 지명은 이성계의 신통력과 관련되어 있다. 패주하는 적을 끝까지 추적하지 않고 살려 주는 덕장이라는 이야기도 있다. 주로 이성계가 왕이 되기 전의 행적을 다루면서, 외적을 물리치고 민족을 위기에서 구출하였기에 새 왕조의 주인이 될 수 있는 정통성을 확보하였다는 논리를 펴고 있다. 　　　　　　　　　　　－『한국민족문화대백과사전』 '이성계설화'

이 사전적 정리를 통하여 우리는 이성계 설화를 통하여 그가 초인적 능력을 갖춘 위대한 인물인 점, 말 타기 기술과 말위에서 활 쏘는 소위 기사(騎射) 솜씨가 매우 훌륭하다는 점, 지장(智將)·덕장(德將)·용장(勇將)으로 환난(患難)에서 백전백승의 전공을 세웠고 국가와 백성을 외적으로부터 지켰다는 점, 이런 자질과 능력의 소유자이기에 그에 의한 조선 건국은 정당하고 합리적이라는 이념을 심어주고, 그것을 민중들에게 세뇌, 각인시키고 있는 점 등을 확인할 수 있다. 이런 이성계 설화 중에서도 특히 두드러지게 강조되고 있는 것이 그의 활솜씨이다.

1) 태조가 젊을 때, 정안 옹주(定安翁主) 김씨(金氏)가 담 모퉁이에 다섯 마리의 까마귀가 있음을 보고 태조에게 쏘기를 청하므로, 태조가 단 한 번 쏘니 다섯 마리 까마귀의 머리가 모두 떨어졌다. 김씨는 이를 이상히 여겨 태조에게 이르기를, "절대로 이 일을 누설하지 마시오."하였다. 김씨는 환왕(桓王)의 천첩(賤妾)이니, 곧 의안 대군(義安大君) 이화(李和)의 어머니다.

2) 태조가 일찍이 한더위에 냇물에 목욕을 하고 난 후에 냇가 근방의 큰 숲에 앉아 있는데, 한 마리의 담비가 달려 나오므로, 태조는 급히 박두(樸頭)를 뽑아 쏘니, 맞아서 쓰러졌다. 또 한마리의 담비가 달려 나오므로 쇠 화살을 뽑아 쏘니, 이에 잇달아 나왔다. 무릇 20번 쏘아 모두 이를 죽였으므로 도망하는 놈이 없었으니, 그 활쏘는 것의 신묘(神妙)함이 대개 이와 같았다.

3) 태조는 10여 명의 기병을 거느리고 적과 맞붙어 그 비장(裨將) 한 사람을 쏘아 죽였다. 처음에 태조가 이곳에 이르러 여러 장수들에게 여러 번 싸워서 패배(敗北)한 형상을 물으니, 여러 장수들은 말하기를, "매양 싸움이 한창일 때에 적의 장수 한 사람이 쇠갑옷에 붉은 기꼬리로써 장식하고 창을 휘두르면서 갑자기 뛰어나오니, 여러 사람이 무서워 쓰러져서 감히 당적하는 사람이 없었습니다."하였다. 태조는 그 사람을 물색(物色)하여 혼자 이를 당적하기로 하고, 거짓으로 패하여 달아나니, 그 사람이 과연 앞으로 뛰어와서 창을 겨누어

대기를 심히 급하게 하는지라, 태조는 몸을 뒤쳐 말다래에 붙으니, 적의 장수가 헛찌르고 창을 따라 거꾸러지는지라, 태조는 즉시 안장에 걸터앉아 쏘아서 또 이를 죽이니, 이에 적이 낭패(狼狽)하여 도망하였다. … 해가 또한 저물었으므로, 태조는 군사를 지휘하여 물러가는데, 자신이 맨 뒤에 서서 적의 추격을 막았다. 영(嶺)의 길이 몇 층으로 꼬불꼬불한데, 환자(宦者) 이파라실(李波羅實)이 맨 아랫층에 있다가 급히 부르기를, "영공(令公), 사람을 구원해 주시오. 영공, 사람을 구원해 주시오."하매, 태조가 윗층에서 이를 보니, 은갑옷을 입은 두 적장(賊將)이 파라실을 쫓아 창을 겨누어 거의 미치게 되었는지라 태조는 말을 돌려 두 장수를 쏘아 모두 죽이고, 즉시 20여 인을 연달아 죽이고는, 이에 다시 군사를 돌려 쳐서 이들을 달아나게 하였다. 한 적병이 태조를 쫓아 창을 들어 찌르려고 하므로, 태조는 갑자기 몸을 한쪽으로 돌려 떨어지는 것처럼 하면서 그 겨드랑을 쳐다보고 쏘고는 즉시 다시 말을 탔다. 또 한 적병이 앞으로 나와서 태조를 보고 쏘므로, 태조는 즉시 말 위에서 일어나서니, 화살이 사타구니 밑으로 빠져 나가는지라, 태조는 이에 말을 채찍질해 뛰게 하여 적병을 쏘아 그 무릎을 맞혔다. 또 하천 가운데서 한 적장(賊將)을 만났는데, 그 사람의 갑옷과 투구는 목과 얼굴을 둘러싼 갑옷이며, 또 별도로 턱의 갑을 만들어 입을 열기에 편리하게 하였으므로, 두루 감싼 것이 매우 튼튼하여 쏠 만한 틈이 없었다. 태조는 짐짓 그 말을 쏘니, 말이 기운을 내어 뛰게 되므로, 적장이 힘을 내어 고삐를 당기매, 입이 이에 열리는지라, 태조가 그 입을 쏘아 맞혔다. 이미 세 사람을 죽이니 이에 적이 크게 패하여 달아나므로, 태조는 용감한 기병으로써 이를 짓밟으니, 적병이 저희들끼리 서로 밟았으며, 죽이고 사로잡은 것이 매우 많았다.

위의 기사 1)과 2)는 이성계의 타고난 활솜씨를 다소 과장되게 표현한 것이고, 3)은 나하추와의 전투 장면으로 이성계의 말타는 솜씨와 활쏘는 솜씨, 특히 말을 탄 상태에서 활쏘는 솜씨를 소설적 기법으로 표현한 것이다. 가히 무협소설 수준의 무용담이자 영웅담이라 할 수 있다. 특히 기사 3)의 기사(騎射) 능력은 신기에 가깝다고 할 수 있는 것으로, 그것을 영상으로 꾸미면 중국무술영화 그 이상이 될 만하다.

상기 인용문 이외에도 이성계의 선사(善射) 능력은 왜장 아지발도(阿只拔都)와 전투 등 아주 여러 곳에서 매우 다양한 형태로 확인된다. 이처럼 조선왕조실록에서 이성계의 선사 능력 특히 기사 능력을 집중적, 과장적 영웅담으로 표현한 이유는 무엇일까? 그 이유는 북방유목민족을 포함한 고구려, 백제, 고려 등의 고대, 중세사회에서 빼어난 기사(騎射)의 능력은 군왕(君王)의 자질로 인식되고 머리 속에 각인되어 있었기 때문이다. 이는 "주몽(朱蒙)이 날랜 말을 알아보고 적게 먹여 마르게 하고, 둔한 말은 잘 먹여 살찌게 하였다. 왕이 살찐 말은 자신이 타고, 마른 말을 주몽에게 주었다. 후에 들판에서 사냥을 하는데 주몽이 활을 잘 쏘아 화살을 적게 주었으나, 주몽이 잡은 짐승은 매우 많았다. 왕자와 여러 신하들이 또 그를 죽이려고 모의하였다."(『삼국사기(三國史記)』 고구려 본기 '동명성왕')라는 기사에서 출발한다. 이어서 "평원왕(平原王) … 양원왕의 장자이다. 담력이 있고 말타기와 활쏘기를 잘하였다. 양원왕 재위 13년에 책립하여 태자를 삼았고, 15년에 왕이 서거하자 태자가 즉위하였다." (『삼국사기』 고구려본기 '평원왕'), "계왕(契王)은 분서왕의 맏아들이다. 그는 천성이 강직하고 용맹스러웠으며, 말 달리고 활쏘기를 잘하였다. 이전에 분서왕이 사망하였을 때는 계왕이 어려서 왕위에 오를 수 없었는데, 비류왕이 재위 41년에 사망하자 그가 즉위하였다."(『삼국사기』 백제본기 '계왕') 등의 기사에서 확인할 수 있다. 아울러 "백제의 풍속이 기사(騎射)를 좋아한다."라는 『주서(周書)』 '백제전'의 기사는 범(汎) 국가적, 범 사회적으로 기사(騎射)를 즐겨하고 또한 그 능력을 존중하였음을 알게 한다. 고려시대에도 "최우(崔瑀)는 다시 기로(耆老)·재추(宰樞)를 초청하여 격구(擊毬)·농창(弄槍)·기사(騎射)를 사열하고 무예에 능한 자는 그 자리에서 작상(爵賞)을 더 하였다"는 기사를 통하여 선사(善射) 능력을 권장하고 그 능력이 출중한 자에게는 포상하였음을 알 수 있다. 한편, 과거시험이 시행되기 이전 삼국사회에서는 기사(騎射) 능력을 시험하여 인재를 선발하였다. 이런 고대적 전통과 사회적 분위기에서, 신통한 기사 능력을 지닌 이성계는 당시 북방사회에서 무인기질이 매우 빼어난 인물로 인정받았을 것이다. 그리고 이런 선사 능력은 북방유목민의 기질이 농후한 동북면 지역의 여진족을 포섭하는 데에 아주 중요한 요인으로 작용했을 것이다. 이런 단정은, 여진족은 무예가 출중한 사람이면 그의 출신 배경을 불문하고 존경하는 풍습을 지닌 점, 여진족 추장들이 사냥이나 전쟁 과정에서 이성계를 직접보고서는 탄복하여 그를 추종하게 되었다는 『용비어천가』의 기록으로 입증된다. 요컨대 이성계의 기사 능력에 대한 조선왕조실록에서의 윤색, 과장, 분식을 동원한 과찬(過讚)은 다분히 의도적이라 할 수 있다. 이런 맥락에서 익화군과 한충이 이성계의 활솜씨에 감복하여 그를 추종하게 되었다는 상기 '익화군·한충과 이성계의 첫 만남' 기사를 이해해야 할 것이다.

안변

이 설화의 무대는 안변(安邊)이다. 1376년 익화군은 북청천호로 일하고 있었고, 이 기사의 시점인 1383년, 그는 안변에 자리잡고 있었다. 당시 이지란이 상중(喪中)임에도 이성계의 부름을 받고 호발도를 격퇴하기 위하여 출전할 때, 그의 관직은 북청천호였다. 이런 사실은 1383년 이전에 익화군이 북청천호에서 물러났을 가능성을 높여준다. 그런데 위의 설화처럼 관직에서 물러나 한가한 전원생활을 즐기고 있었던 것은 아닐 듯하다. 왜냐하면 익화군의 부친인 김존일(金存一)이 안변목사(혹은 안변부사)를 역임한 사실로 미루어, 익화군이 그의 아버지의 관직을 세습하여 안변지역의 지방관직을 맡았을 것으로 판단되기 때문이다. 이는 이성계의 선계에서 확인할 수 있듯이 당시 동북면의 경우 정치적 상황에 따라 지배거점을 이동하더라도 그의 통치권이 새로운 지역에서 인정받았던 사실(史實)로 뒷받침된다. 즉 만호·천호 등의 관직은 세습직으로 그들의 통치권은 고정된 지역에 대한 통치권이 아니라 부족(즉 인민)에 대한 통치권으로, 부족이 이동하여 새로운 지역에 거주하게 되더라도 그의 통치권은 계속 유효했다.(송기중, 1994) 이에 익화군 일가(一家)도 1380년을 전후하여 북청에서 안변으로 생활거점을 옮겼고, 그곳 안변에서 새로운 통치자로 자리매김하였을 것으로 판단된다. 한편, 이런 거점 이동의 배경에는 외적의 침공으로 북청지방이 정치적으로 불안정했던 사실, 이지란의 등장으로 북청지역의 지배권에 대한 조정이 필요했을 것이라는 점, 구 쌍성총관부의 수복 이후 고려적 색채가 짙은 안변지역을 고려출신의 익화군이 다스리는 것이 효율적일 것이라는 고려 정부의 판단 등이 있었을 것으로 보인다.

한충과 도령

지금 여기서 다루고 있는 '이성계와의 만남' 설화에서 주연(主演)은 이성계, 조연(助演)은 김인찬, 부주연(副助演)은 한충이다. 이에 한충(韓忠)에 대하여 간단히 언급해 두고자 한다. 다음은 태조실록 총서의 내용이다. 최영이 요동 공략에 나선 장수의 가족을 볼모로 삼으려하자, 이방원이 포천의 가족을 피신시킨다.

처음에 신의 왕후(神懿王后)는 포천(抱川) 재벽동(滓甓洞)의 전장(田莊)에 있고, 강비(康妃)는 포천의 철현(鐵峴)의 전장에 있었는데, 전하(殿下, 이방원)가 전리정랑(典理正郎)이 되어 서울에 있으면서 변고가 발생했다는 말을 듣고 사저(私邸)에 들어가지 않고서 곧 말을 달려 포천에 이르니, 간사(幹事)하는 노복(奴僕)들이 이미 다 흩어져 도망하였다. 전하가 왕후(王后)와 강비(康妃)를 모시고 동북면을 향하여 가면서, 말을 탈 때든지 말에서 내릴 때든지 전하께서 모두 친히 부축해 주고, 스스로 허리춤에 불에 익힌 음식을 싸 가지고 봉양하였다. 경신 공주(慶愼公主)·경선 공주(慶善公主)·무안군(撫安君)·소도군(昭悼君)이 모두 나이 어렸으나 또한 따라왔으므로, 전하께서 자기가 안아서 말에 태우고 길이 험하고 물이 깊은 곳에는 전하가 또한 말을 이끌기도 하였다. 가는 길이 매우 험하고 양식이 모자라서 길가의 민가(民家)에서 밥을 얻어먹었다. 철원관(鐵原關)을 지나다가 관리들이 잡고자 한다는 말을 전해 듣고는, 밤을 이용하여 몰래 가면서 감히 남의 집에 들어가지 못하고 들판에 유숙하였다. 이천(伊川)의 한충(韓忠)의 집에 이르러서 가까운 마을의 장정(壯丁) 백여 명을 모아 항오(行伍)를 나누어 변고를 대비(待備)하면서 말하기를, "최영은 일을 환하게 알지 못하는 사람이니 반드시 능히 나를 뒤쫓지는 못할 것이다. 비록 오더라도 나는 두려워하지 않을 것이다." 하였다. 7일 동안을 머물다가 일이 안정된 것을 듣고 돌아왔다. 처음에 최영이 영을 내려 정벌에 나간 여러 장수들의 처자(妻子)를 가두고자 하였으나, 조금 후에 일이 급박하여 과연 시행하지 못하였다.

이 기사에서 한충(韓忠)은 이천(伊川)에 소재한 자기 마을에서 장정 100여 명을 동원할 수 있을 정도의 세력가임을 알 수 있다. 그리고 요동정벌 이전에 이미 이성계 세력에 귀부하였음을 유추해 볼 수 있다. 이와 함께 태종실록 6년 5월 3일 기사에 "한을생(韓乙生)의 직첩을 거두고 먼 지방으로 유배시켰다. 한을생은 개국 공신(開國功臣) 한충(韓忠)의 아들인데, 본디 광망(狂妄)하고 삼가지 못하더니, 사노(私奴) 김철(金哲)의 아내 보패(寶牌)라고 하는 여자를 간통(奸通)하여 아이를 가지게 하였다. 김철이 또 잡아서 형조에 고소하니, 한을생이 본 고향 이천현(伊川縣)으로 도망하였는데, 임금이 외방의 군역(軍役)에 정하도록 명하였다."라는 내용이 있어, 한충이 이천지역의 세습적 토호세력이자, 무인집안임을 알 수 있다. 한편, 그는 1392년 8월 20일에 선포된 개국 공신 44명에는 포함되지 않았다가 9월 27일에야 상장군 조견(上將軍 趙狷,

2등), 한상경(韓尙敬)·임언충(任彦忠)·황거정(黃居正)·장사정(張思靖)·민여익(閔汝翼) 등과 함께 개국공신에 추록(追錄)되는데 그것도 개국 3등공신으로 위차를 받는다.

다음은 도령(都領)에 대한 사전적 정의이다. "도령은 고려시대 전투부대의 최고지휘관으로 5군(五軍, 中·前·後·左·右軍)·별초군(別抄軍)·주진군(州鎭軍)·귀화 여진인의 수령이다. 이 중 주목되는 것은 주진군의 도령으로 1104년(숙종 9) 처음 기록에 나타나며, 각 주진에 1명씩 두는 것이 원칙이었다. 2명이상을 두는 경우도 있었으며, 이때는 전임자와 현임자로 구성된 것으로 보인다. 이는 원래 지방의 토호격으로서 사병적(私兵的)인 군사력을 지휘하고 있었기 때문에 전임자도 군사력을 보유할 수 있었던 것으로 여겨진다."(『두산백과』 '도령') 이처럼 고려 중기 한때 임명되었던 도령이란 군사직위는 13세기 중엽 동북면과 서북면이 원의 지배에 들어가게 되면서 없어지고 만다.

이성계와의 만남 기사에 대한 분석

이상에서 기본적 사실에 대한 검토를 마쳤다. 이제 이 '이성계와의 만남' 기사에 대한 분석을 하고자 한다. 기본적으로 본 기사는 설화이다. 즉 신화나 전설 등을 바탕으로 사실처럼 꾸며낸 이야기이다. 결코 역사적 사실이 아니며 허구(虛構)이다. 이는 다음과 같은 김한석의 견해로 쉽게 확인할 수 있다. 그는 그 내용이 비상식적이며 비현실적인 가설이라고 지적하면서 다음과 같은 의견을 개인 서신으로 알려왔다.

> (이성계와 김인찬과의 만남 설화는) 담론을 담아내기 위한 하나의 설화이다. 첫째로 호발도(胡拔都)와의 7년 전투를 끝내고 개선하는 도중에 익화군과 우연의 만남인 것처럼 방향을 설정하여 저녁에 조밥을 먹으며 지냈다는 이야기는 분명 가설임이 분명하다. 패전한 장수에게도 군량은 필수적인데 하물며 나라의 큰 어른

인 이성계 장군이 개선하는데 대접할 양식이 없어 저녁식사를 조밥으로 대접했다는 것은 있을 수 없는 말이다. 백보를 양보해서 말해도 패전지장도 군대에서 군량미는 절대 필요한 요건이거늘 개선장군이야 말해서 무엇하랴. 또한 전장에서 개선했으면 국왕에게 복명하는 것이 지급지고(至急至高)의 사명(使命)인 것은 삼척동자(三尺童子)도 알 수 있는 일인데 외처(外處)에서 밤을 지새웠다는 것은 아주 큰 그 무엇이 있었음을 알 수 있다.

이런 견해와 함께 김한석은 개선하던 이성계가 익화군의 사저(私邸)로 들려 함께 식사한 사실을 의미심장하게 받아들이면서, '시국대관(時局大觀)에 대한 우국충정(憂國忠情)의 담론(談論)'을 나눈 것으로 보아야 적법하다고 주장했다. 아울러 그는 익화군이 이태조를 지근(至近) 거리에서 항상 시위하면서 구국담론(救國談論)을 펼쳤을 것이라고 보았다. 또한 이성계가 큰 전투 끝에 개선했으니 국왕에게 복명(復命)하는게 급선무인데 도중(途中) 길가 백성을 만나 한가한 이야기나 한다는 것은 있을 수 없는 것이라고 보면서 다음과 같은 소견(所見)을 제시했다. 즉 "용비어천가 제57장 '살로 두샐쏘시니 길ㄱ엣 백성이 큰 공을 일우ㅅㅂ니'에서 익화군을 깊ㄱ샛 백성으로 생각하는 것은 숲을 보지 못하는 오류이며, 익화군이 '조선개국(朝鮮開國)의 단초(端初)'를 제공(提供)했음을 표현한 것이라고 볼 수 있다."고 하였다.

한편, 이성계와 익화군이 만남 설화에는 이미지 조작의 의도가 다분하다. 이에 건국주(建國主)인 이성계의 특출한 능력과 인간적 덕성을 강조하여 대중적 동의를 획득하고 조선건국의 정당성을 부여코자하는 상징조작(象徵造作)이라는 견해는 귀담아 들을 필요가 있다.(문재윤, 2011) 그 상징 조작은 시골 농사꾼에 불과하고 귀한 손님에게도 조밥 정도밖에 대접하지 못할 처지의 김인찬과 한충이 이성계를 잘 모신 덕분에 개국공신까지 되었다는 데에 초점이 맞추어져 있다. 주연을 돋보이게 하기 위하여 조연과 부조연을 완전히 초라한 존재로 격하(格下)시킨 것이다. 앞에서 살폈듯이 두 사람 모두 북청(北靑)과 이천(伊川)의 토호세력이고 최소한 100명 이상의 가병(家兵)을 거느리고 있었고 1000명 이상의 군사를 동원할 수 있는 군사력을 지녔던 무장들이었다. 이들을 한미(寒微, 가난하고 지체가 변변하지 못함)한 존재로 만들어버린 것이다. 이성계를 시혜(施惠)적 군주로 부각시키기 위하여, 그보다 한 등급 낮은 토호세력을 밭이나 매면서 조밥으로 연명하는 보잘 것 없는 존재로 만들어 버린 것이다.

이런 조작의 냄새는 익화군이 이미 한해 전인 1382년 7월부터 동북면도지휘사(東北面都指揮使)의 고위직을 맡고 있는 이성계의 존재를 제대로 알지 못하고, 이미 100여 년 전에 폐지된 '도령(都領)'이란 군사직의 호칭을 사용할 만큼 벽지(僻地)에 틀어박혀 사는 무지(無知)한 존재로 묘사한 사실로도 방증(傍證)된다. 아울러 동북면의 만호(萬戶) 직위를 역임했던 이성계와 그 관내의 북청천호였던 익화군이 안변에서 처음으로 대면했다는 본 기사의 설정 자체도 역사적 사실에 위배되는 바이다. 익화군이 북청천호시절 선정을 베풀어 그 미담이 전국으로 전파되었을 때, 이성계는 그를 의인(義人)이라 칭송한 바 있다. 이런 사실은 본 기사가 조작되었음을 드러내 보여준다. 이에 본 기사의 전체적인 내용은 역사적 사실이 아니다고 할 수 있다.

오히려 본 기사는 1383년을 기점으로 익화군이 이성계의 휘하에 공식적으로 들어간 사실을 설화적으로 표현한 것으로 파악해야 마땅하다. 즉 그때까지 독자적 세력으로 존재하면서 이성계 세력과 일정한 거리를 두었던 익화군 가계들이 이 시점을 기하여 이성계 세력으로 편입된 역사적 사건을 우회적으로 표현한 것이라 할 수 있다. 단지 그런 역사적 사실을 표현함에 있어 익화군의 존재를 형편없이 폄하(貶下)한 점이 이 기사의 문제점이다. 어쨌든 이를 계기로 문무겸전의 인물, 출장입상(出將入相)의 준걸(俊傑)인 익화군이 본격적으로 입신양명(立身揚名)의 길로 나아가게 되며, '이성계(李成桂)의 분신(分身)'과 같은 존재가 되어 그의 자질과 역량을 무한하게 펼치게 된다.

석왕사 회맹_1383년(48세)

석왕사 회맹은 조선개국으로 가는 첫 발

이성계, 이지란, 김인찬이 석왕사 앞에서 형제의 결의를 한 시점은 이성계가 동북면도지휘사(東北面都指揮使)라는 군사고위직으로 호발도(胡拔都)의 침입을 격퇴한 해이자, 정도전이 동북면에 찾아와 그의 대망을 드러난 해이기도 하다. 먼저 정도전(鄭道傳) 졸기(卒記)를 통하여 1383년 이성계와 정도전의 역사적 만남을 들어다보자.

정도전은 타고난 자질이 총명하고 민첩하며, 어릴 때부터 학문을 좋아하여 많은 책을 널리 보아 의논이 해박(該博)하였으며, 항상 후생(後生)을 교훈하고 이단(異端)을 배척하는 일로써 자기의 임무로 삼았다. 일찍이 곤궁하게 거처하면서도 한가하게 처하여 스스로 문무(文武)의 재간이 있다고 생각하였다. 임금을 따라 동북면에 이르렀는데, 도전이 호령이 엄숙하고 군대가 정제(整齊)된 것을 보고 나아와서 비밀히 말하였다. "훌륭합니다. 이 군대로 무슨 일인들 성공하지 못하겠습니까?" 이에 임금이 말하였다. "무엇을 이름인가?" 도전이 대답하였다. "왜구(倭寇)를 동남방에서 치는 것을 이름입니다." 군영(軍營) 앞에 늙은 소나무 한 그루가 있었는데, 도전이 소나무 위에 시(詩)를 남기겠다 하고서 껍질을 벗기고 썼다. 그 시는 이러하였다. "아득한 세월 한 주의 소나무 몇만 겹의 청산에서 생장하였네 다른 해에 서로 볼 수 있을는지 인간은 살다 보면 문득 지난 일이네." 개국(開國)할 즈음에 왕왕 취중(醉中)에 가만히 이야기하였다. "한(漢) 고조(高祖)가 장자방(張子房)을 쓴 것이 아니라, 장자방이 곧 한 고조를 쓴 것이다." 무릇 임금을 도울 만한 것은 모의(謀議)하지 않은 것이 없었으므로, 마침내 큰 공업(功業)을 이루어 진실로 상등의 공훈이 되었던 것이다.   - 태조 7년 '정도전 졸기'

여기서 정도전이 이성계의 군사들이 대오(隊伍, 군대행렬의 줄)가 정연하고 기강(紀綱)이 엄숙한 모습을 보고 "훌륭합니다. 이 군대로 무슨 일인들 성공하지 못하겠습니까?"라고 이성계를 부추긴다. 이에 이성계가 본심을 드러내지 않고 그의 질문에 대해 "그 말이 무슨 뜻인가"라고 대충 둘러댄다. 이에 정도전은 "동남면에서 오는 왜구(倭寇)를 친다는 말이외다."라고 말을 거둔다. 그러면서 군막 앞에 서 있는 노송에 의미심장한 시 한수를 썼다. 이 기사를 통하여 정도전은 이미 이때에 역성혁명을 꿈꾸고 이성계에게 접근하였음을 알 수 있고, 이성계는 그의 의중을 파악했음을 눈치 챌 수 있다. 그리고 그 역시 이때를 즈음하여 역성혁명을 마음속에 다짐했을 가능성도 배제할 수 없다.

이런 정황을 염두에 두고 석왕사 회맹을 해석해야 온당할 것이다. 그것은 단순한 의형제 결의가 아니라, 조선개국을 향한 출정식(出征式)으로 보아야 할 것이다. 익화군의 대동보에 전하는 회맹의 내역은 다음과 같다.

1383년 여조(麗朝) 우왕(禑王) 9년 함경도 단천(咸鏡道 端川)에 칩입한 여진족을 길주(吉州)까지 격퇴(擊退)하고 동북면(東北面)에서 개선(凱旋)하던 이성계(李成桂)와 이지란(李之蘭)은 안변(安邊)에 이르러 지난날 이성계(李成桂)의 일발이합구락(一發二鴿俱落)한 활솜씨로 알게 된 김인찬(金仁贊) 공(公)과 같이 삼인(三人)이 동년(同年) 9월에 석왕사(釋王寺) 앞에 모여 중국(中國) 후한말(後漢末) 유비(劉備) 관우(關羽) 장비(張飛)가 도원삼인결의(桃園三人結義)한 고사(故事)에 따라 김인찬(金仁贊) 공(公)이 회맹시(會盟時)를 지어 서로 맹서(盟誓)하였다. 이후 삼인(三人)은 서로 도와서 조선개국(朝鮮開國)에 공헌(貢獻)하는 지구(支柱)가 되었다.

그리고 회맹시의 원문과 해석은 아래와 같다. 원문 해석과 주석(註釋)은 김한석의 저서인 『김인찬(金仁贊)과 조선개국(朝鮮開國)의 단초(端初)』(아트

21, 2011)를 참고, 발췌했다.

一體三人一世同 (일체삼인일세동)
一生苦樂一心中 (일생고락일심중)
才疎敢望三千弟 (재소감망삼천제)
身老願從八十翁 (신노원종팔십옹)
濟世安民其孰任 (제세안민기숙임)
尊君立紀有吾窮 (존군입기유오궁)
關張之誼皆知已 (관장지의개지이)
豈爲他年竹帛功 (기위타년죽백공)

세 사람이 한 세상에 동맹을 맺으니,
일생 고락이 한 마음 속에 담겼네
재주 없어 공자님 제자만큼 바랄 수는 없으나,
장차 강태공 같은 사람이 되길 원한다.
세상을 가지런히 하고 백성을 편안케 하는 것이 그 누가 할 일인가
임금을 높이 받들고 나라의 기장을 세우는 것은 이 몸이 다 하리라
관우 장비의 정의는 온 세상이 다 아는 일이다.
이와 같은 일들을 하지 않고 어찌 후세의 역사에 큰 공을 남기랴

- 이 시는 价江(개강)이란 韻字를 내는데 따라 익화군이 읊은 遺詩이다.
- 七言詩이며 '同, 中, 翁, 躬, 功'은 平聲 '東'운이다.
- 일부 족보에 '他年'이 '他日'로 되어 있는데 이것은 뜻은 같으나 韻이 맞지 않
  으며 '年'은 평성 '日'은 仄聲(측성)으로 고저가 맞지 않으므로 여기서는 '年'
  이 옳다.

- 삼천제자는 공자의 제자, 팔십옹은 주나라 초기 정치가인 강태공, 죽백공은 역사에 길이 전할 공을 말한다.

이 회맹시에 무왕(武王)을 도와 상(商)나라 주왕(紂王)을 멸망시켜 천하를 평정한 강태공이 등장한다. '제세안민(濟世安民)'이라는 정치적 슬로건을 내세운다. 그러면서 길이 역사에 남을 위대한 업적 즉 사서(史書)에 기록될 족적을 남기자고 다짐한다. 아울러 이런 의중(意中)을 희석(稀釋)시키고 감추기 위하여 존군(尊君)을 표면에 내세운다. 결국 일심동체가 되어 청사(靑史)에 남을 일을 도모하자는 결의라 할 수 있다. 여기에 역성혁명의 의지가 전혀 없다고 어찌 단정하겠는가?

이런 해석은 회맹이 이루어진 장소가 석왕사(釋王寺)라는 사실로도 더 한층 심증을 굳힌다. 참고로 널리 알려진 '석왕사유래담'을 소개해 둔다. 이성계가 조선을 개국하고 왕이 된다는 꿈 해석이 이루어진 장소를 배경으로 회맹(會盟)이 이루어지고 있다. 누가 보아도 회맹이 이루어진 장소가 지닌 상징성이 예사롭지 않다.

어느 날 이성계는 이상한 꿈을 꾸었다. 자신이 곧 쓰러질 듯한 낡은 집에 들어가 서까래 세 개를 등에 지고 나왔으며, 꽃이 떨어지고 거울이 깨졌다. 갑자기 여러 집의 닭들이 합창하듯 울어대기도 했다. 꿈이 불길하다고 여긴 이성계는 안변 설봉산 아래 토굴에 살고 있는 무학을 찾아가 꿈 이야기를 늘어놓고 풀이를 부탁하였다. 무학은 오히려 축하를 올리며 이렇게 말했다. 등에 세 개의 서까래를 진 모습은 왕자(王字)의 형상입니다. "꽃이 떨어지면 열매를 맺고 거울이 깨지면 소리를 냅니다. 닭이 울 때 '꼬끼오'라고 하는 것은 고귀위(高貴位)와 통하는 것입니다." '고귀위'는 높고 귀한 지위에 오른다는 뜻이다. 무학은 꿈을 새 왕조가 열릴 징조라고 풀이한 것이다. 이성계는 이 풀이를 듣고 기쁜 마음으로 돌아왔다. 뒷날 태조는 무학을 왕사로 삼아 받들었고, 그가 머물던 토굴 터에 '왕이 될 꿈을 풀이 해주었다'는 뜻으로 석왕사(釋王寺)라는 절을 지어 보답했다.

- 이이화, 2000, 40쪽

이지란

마지막으로 이 회맹시를 이해함에 있어서 빼질 수 없는 인물, 이지란(李之蘭)에 대한 소개이다.

이지란은 고려 말에서 조선 초의 무신으로 본관은 청해(青海). 초성은 퉁(佟), 초명은 쿠룬투란티무르(古論豆蘭帖木兒)이다. 자는 식형(式馨). 남송 악비(岳飛)의 6대손으로 여진의 금패천호(金牌千戶) 아라부화(阿羅不花)의 아들이며, 화영(和英)의 아버지이다. 이성계와는 결의형제를 맺었고, 출신지는 북청(北青, 青海)이다. 부인은 태조비 신덕왕후 강씨(神德王后康氏)의 조카딸인 혜안택주 윤씨(惠安宅主尹氏)이다. 아버지의 벼슬을 이어받아 천호가 되었으며, 1371년(공민왕 20)에 부하를 이끌고 고려에 귀화하여 북청에서 거주하며 이씨 성과 청해를 본관으로 하사받았다. 1380년(우왕 6) 이성계의 편장으로서 황산에서 아지발도(阿只拔都)가 이끄는 왜구를 무찔렀으며, 1385년 이성계의 휘하로 왜구를 함주에서 격파하여 선력좌명공신(宣力佐命功臣)에 봉해지고 밀직부사에 임명되었다. 1388년 위화도(威化島)의 회군에 참가하여 1390년(공양왕 2) 밀직사가 되었다. 같은 해 서해도에서 왜구를 격파하여 판도평의사사(判都評議司事)·지문하부사(知門下府事)에 임명되었다. … 또 위화도의 회군에 참가한 공훈으로 회군일등공신(回軍一等功臣)에 봉해졌다. 1393년 동북면도안무사, 1397년 등북면도병마사, 1398년 문하시랑찬성사(門下侍郎贊成事)·판형조사의흥삼군부사중군절제사(判刑曹事義興三軍府事中軍節制使)가 되었다. 같은 해 제1차 왕자의 난에서 공을 세워 정사공신(政社功臣) 2등에 봉해지고, 1400년(정종 2) 제2차 왕자의 난 때에도 공을 세워 1401년(태종 1) 익대좌명공신(翊戴佐命功臣) 3등에 봉해졌다. 태조가 영흥으로 은퇴하자 그도 풍양(豊壤)에 은거하면서 남정·북벌에서 많은 살상한 것을 크게 뉘우쳐 불교에 귀의하였다. 태조의 묘정에 배향되었다. 묘소는 함경남도 북청군 신북청읍 안곡리에 있다. 시호는 양렬(襄烈)이다. 『화원악보(花源樂譜)』에 그의 시조 한 수가 전한다.   －『국어국문학자료사전』 '이지란'

　주지하듯이 이지란은 여진족의 추장이다. 그리고 북청에서 태어나 북청천호를 지냈고 북청의 땅에 묻혔다. 일찍이 이성계의 휘하로 들어가 이성계와 함께 숱한 전투에 참전하여 무수한 전공을 세웠다. 이성계의 전공은 바로 그의 전과(戰果)였던 것이다. 일찍이 원(元)나라 지정(至正, 원나라 순제의 연호 1341~1367년) 연간에 개강(价江, 두만강) 가에서 태조와 의형제를 맺었다. 이성계가 "개강(价江)에 활을 잘 쏘는 자 패왕(覇王)을 보필할 사람이다."라는 꿈이야기를 들은 후, 이지란이 개강(价江) 가에서 활을 쏘아 사슴을 잡는 장면을 보고 기이하게 여겨 그와 의형제를 맺었던 것이다. 호발도의 침입 시에는 모친상(母親喪) 중임에서도 이성계의 부름을 받고 전쟁에 참가해 선봉에 설 정도로 이성계에 대한 충성이 절대적이었던 인물이다. 성품은 온화하고 후덕하였다고 전한다. 한마디로 모나지 않은 성격에 자신의 의중을 감추고 처세에 능했던 인물로 볼 수 있다. 이는 그가 이방원 세력에 의해 자행된 두 차례의 왕자의 난에서 공신으로 책봉된 사실을 통하여 미루어 짐작할 수 있는 바이다. 한편 그는 여진족 출신으로 고려에 투항한 인물이었다. 그런 까닭에 여진족의 초유(招誘)를 위해서는 절대적인 존재였기에 조선조정에서 그를 정치적으로 존중했고, 이성계는 그의 군사력을 최대한 활용했다. 그럼에도 그는 영원한 타자였다. 한마디로 정권의 중심에 설 수 없는 존재였다. 이에 여말선초의 정권쟁탈전에서 제3자의 입장일 수밖에 없었고, 그런 까닭에 '정치적 장수(長壽)'를 할 수 있었다.

이런 이지란에 비하여 익화군은 북청을 터전으로 삼아 활약했고 서로 북청천호를 역임했지만, 고려 유민을 근간으로 하는 점, 이성계의 세력에 1383년에야 공식적으로 귀부되는 점, 무재만의 이지란에 비하여 진사(進士) 출신으로 유교적 소양을 갖춘 점, 조선개국과 더불어 요절함으로써 '정치적 장수'를 누리지 못한 점 등에서 대비된다. 특히 이지란의 후예들이 태종의 치세에 영화를 누리지만, 익화군의 후예들은 태종의 핍박을 피하여 전국 각처로 이산하게 된다. 이런 극명한 대조는 이방원, 이지란, 익화군 3자의 관계를 유추하는 단서가 된다. 즉 이지란은 이방원 세력의 야망에 어느 정도 타협했지만, 익화군은 태조 이성계에 대한 충절만을 생각하고 행동했을 개연성이 있다. 더 나아가 세자책봉과 관련하여 익화군은 이성계의 뜻에 헌신(獻身)적이었지만 이지란은 보신(保身)적이었다고 볼 수 있다.

석왕사 회동의 해석과 평가

이상의 기본적 지식을 토대로 석왕사 결의와 회맹시에 대하여 검토해 보자. 일단 이 회맹시를 지은이는 익화군임은 분명하다. 이지란은 여진족 추장으로 유학적 소양이 부족했으리라 판단된다. 그의 학문적 역량을 보여주는 기사가 거의 전무한 사실은 이를 뒷받침해 준다. 이성계도 마찬가지이다. "전 교부령 윤소종(尹紹宗)이 군사 앞에 나와 정지(鄭地)를 통하여 우리 태조를 보기를 청하고 「곽광전(霍光傳)」을 드리었다. 태조가 조인옥(趙仁沃)에게 읽게 하고 들으니…"라는 기사(『고려사절요』 권33 신우 14년 6월)는 이성계의 학문적 수준을 잘 보여준다. 비록 그가 유학에 대한 소양을 갖추고 유학서를 즐겨 읽었다고 해도 문리(文理, 글의 뜻을 깨달아 앎)를 깨우쳤을 수준은 아니었던 듯하다. 그런 형편에서 시를 짓는다는 것은 쉬운 일이 아닐 터이다. 그에 비하여 익화군은 진사 출신으로 시(詩)·부(賦)·송(頌)·시무책(時務策)을 주요 시험과목으로 하는 제술과(製述科)를 통과한 유학자이다. 이에 회맹시의 작자는 익화군임을 다시 확인할 수 있다.

　다음으로 3인의 구성을 통한 익화군의 기질과 성품에 대한 유추이다. 3인 동맹의 주축은 물론 이성계이다. 이에 이성계는 조정자로서의 성격, 리더(leader)로서의 기질, 합리적·계산적·현실적 인물이었을 개연성이 높다. 나머지 이지란과 익화군은 서로 대척점에 있다. 서로 다른 반대적 성격의 사람들이 의기투합하는 경우가 일반적이기 때문이다. 이에 어느 정도 그 기질과 성격이 노출된 이지란을 통하여 익화군의 그것을 유추해 볼 수 있다. 우선 이지란은 세자 책봉과 관련하여 유보적, 보신적 입장을 취한다. 이에 비하여 익화군의 후손들이 당한 박해를 생각할 때, 익화군은 자기 신념이 뚜렷하고 결단성을 지녔을 개연성이 있다. 그의 입장에서 잔혹무도하고 권력에 병적(病的)인 집착력을 지닌 이방원이 못마땅하였을 것이고, 그의 주군(主君)인 이성계의 심중도 그와 다르지 않았을 터이다. 이에 그는 분명히, 그리고 끝까지 세자 책봉에서 이성계의 뜻을 따랐을 것이라 판단된다. 여기서 노회(老獪)하고 우유부단(優柔不斷)한 이지란의 성격과 패기(覇氣) 있고 과단성(果斷性) 있는 익화군이 성격을 유추하고 엿볼 수 있다. 졸기에서 이지란은 순후(純厚)하였다고 한다. 곧 순박하고 후덕한 성격의 소유자임이 분명하다. 이런 순후의 대척적 성격은 영민(英敏)과 냉철(冷徹)일 것이다. 사족으로, 이지란은 우뇌(右腦)적 인간, 익화군은 좌뇌(左腦)적 인간으로 대비할 수 있다. 이지란은 온정적·감성적·종합적 성격을 지녔으리라 생각되며, 익화군은 논리적·분석적·합리적 사고의 소유자였으리라 추측된다. 이는 우뇌적 기질이 북방유목민족에게 강한 반면에 좌뇌적 성격이 남방계에 우세하다는 연구결과와도 일치한다. 이에 세자책봉과 관련하여 이지란은 감성적으로 접근하여 이방원과의 인간관계에 집착하였을 것이다. 그에 비하여 익화군은 건전한 조선이라는 대명제 속에, 나라의 뒷날을 생각하여 이성계의 뜻을 어기고 정몽주를 살해한 이방원을 적극적으로 옹호하지 않았으리라 감히 추측해 본다. 참고로 세자 책봉에 관한 논의는 개국한 지 한 달 쯤 지난 8월 20일에 본격적으로 시작되지만, 그에 관한 물밑에서의 논의는 이성계가 국왕으로 옹립된 7월 17일을 즈음하여 이미 진행되었을 가능성이 높다.

어쨌든 이지란은 영원한 이방인 이었다. 그는 죽음에 즈음하여 자신을 여진족의 풍습대로 화장하여 자신의 고향에 묻어달라고 태종에게 마지막 부탁을 한다. 그는 골수(骨髓)까지 여진족이었다. 이에 비하여 익화군은 신라왕족의 후예라는 자부심을 지니고 살았다. 그는 개국한 조선이 왕도정치와 민본정치를 국시(國是)로 남아 태평성대를 누리길 갈망했을 것이다. 그는 '영원한 삼한인(三韓人)'이었다. 이런 태생적 차이는 기본적인 기질과 함께 세자 책봉과 같이 예민한 사안에 대하여 서로 다른 입장을 취하게 했으리라 추측된다. 한편 익화군이 지녔을 주인 의식과 좌뇌적 성격은 거의 전 생애에 걸쳐 그의 행동의 방향타가 되었을 것이다. 익화군을 이해함에 이런 사실을 유념하고 접근해야 마땅하다.

마지막으로 석왕사 회맹, 소위 소(小) 도원결의(桃園結義)가 지닌 역사적 의의에 대한 검토이다. 소도원결의는 기존의 이성계와 이지란의 의형제 결의에 익화군이 합류함으로써 이루어진다. 익화군은 이성계와 이지란과 이미 잘 알고있는 사이였다. 그런데 굳이 이 시점에 그들과 의기투합(意氣投合)한 이유는 무엇일까? 그것은 익화군의 좌뇌적 성격에 있다고 판단된다. 북청천호로 고려 조정에 귀부할 때와 마찬가지로 그는 시세(時勢)를 관망하였던 것이고, 도도한 역사의 흐름 속에서 철저한 현실파악을 바탕으로, 자신과 가계를 보존하고 자신의 야망을 펼칠 수 있는 의지처를 최종적으로 낙점했던 것이라 판단된다. 즉 당시 새로운 권력으로 급부상하는 이성계에 조력(助力)함으로써 자신의 가계, 자신의 경제적 기반, 자신의 인민과 사병을 온전히 보존하고 이성계를 도와 새로운 세상, 참다운 세상을 만들고자 하였다고 볼 수 있다.

한편, 1383년은 정도전이 이성계를 찾아 역성혁명을 거론한 시점이다. 조선

개국의 맹아가 막 싹을 띄우기 시작한 시기이다. 이 해에 정도전이 이성계의 군막을 찾았고, 익화군이 그와 형제의 우의를 맺었다. 이 둘은 이성계의 머리가 되고 오른팔이 된다. 그리고 이 시점을 기하여 이성계는 익화군이 작성한 안변지책(安邊之策)을 내세우며 정치가의 면모를 보이기 시작한다. 요컨대 이성계와 익화군의 의형제 결의는 단순한 사건이 아니라, 조선 건국으로 가는 거보의 첫발이었던 것이다. 이런 시각에서 위의 회맹시를 이해해야 하고, 회맹시가 지닌 함의를 추출해 내어야 마땅하다.

익화군, 안변지책(安邊之策)의 초안을 마련하다_1383년(48세)

안변지책(安邊之策)

이성계가 호발도를 격퇴한 후, 변방의 방어를 견고하게 할 방책을 내어놓은데, (동북면 지역을) 군정일치의 반독립적인 상태를 인정받을 것을 목표로 삼으면서, 고려정부의 간섭을 해제하고 군사권과 행정권을 독립적으로 스스로 지켜내려는 이성계의 야망이 잘 드러나 있다. 그 내용은 평상시에도 주민을 군졸(軍卒)로 훈련시켜 급격한 노략질을 방비할 것, 승려(僧侶)와 도원수(都元帥)의 침탈을 막고 화령(和寧)을 포함한 모든 지역에 일정한 수세(收稅)로서 군량(軍糧)을 자급(自給)하도록 할 것, 공민왕 5년의 교서(敎書)에 따라 삼가(三家)를 일호(一戶)로 백호(百戶)를 통(統)으로 삼아 수영(帥營)에 속하게 하고 무사시(無事時)에 번상(番上)하고 유사시(有事時)에는 가정(家丁)을 모두 징발하여 생민(生民)을 편하게 하고 군호(軍戶)를 정할 것, 권문(權門) 출신의 수령(守令)과 장수(將帥)가 가렴(加斂)하므로 염륵정직(廉勒正直)한 자를 선발하여 다스릴 것 등이다.(허흥식, 1984, 125-126쪽) 원문에 대한 해석은 다음과 같다.

태조가 군사를 놓아 크게 적군을 쳐부수니, 호발도는 겨우 몸을 피해 도망해 갔다. 태조가 이로 인하여 변방을 편안하게 할 계책을 올렸는데, 그 계책은 이러하였다.

"북계(北界)는 여진(女眞)과 달단(韃靼)과 요동(遼東)·심양(瀋陽)의 경계와 서로 연해 있으므로 실로 국가의 요해지(要害地)가 되니, 비록 아무 일이 없을 시기일지라도 반드시 마땅히 군량을 저축하고 군사를 길러 뜻밖의 변고에 대비해야 될 것입니다. 지금 그 거주하는 백성들이 매양 저들과 무역하여 날로 서로 가까워져서 혼인까지 맺게 되었으나, 그 족속(族屬)이 저쪽에 있으므로 유인해 가기도 하고, 또는 향도(嚮導)가 되어 들어와 침구(侵寇)하기를 그치지 아니하니, 입술이 없으면 이가 시리게 되므로, 동북면 한 방면의 근심에만 그치지 않습니다. 또 전쟁의 이기고 이기지 못한 것은 지리(地利)의 득실에 달려 있는데, 저들 군사의 점거한 바가 우리의 서북쪽에 가까운데도 이를 버리고 도모하지 아니하니, 이에 중한 이익을 가지고 멀리 우리의 오읍초(吾邑草)·갑주(甲州)·해양(海陽)의 백성들에게 주어서 그들을 유인해 가기도 하고, 지금 단주(端州)·독로올(禿魯兀)의 땅에 뛰어들어와서 사람과 짐승을 노략질해 가니, 이로써 본다면 우리 요해지의 지리·형세는 저들도 진실로 이를 알고 있습니다. 신(臣)이 방면(方面)에 임무를 받고 앉아서 보고만 있을 수 없으므로, 삼가 변방의 계책을 계획하여 아뢰옵니다.

1. 외적(外敵)을 방어하는 방법은 군사를 훈련하여 일제히 적군을 공격하는 데 있는데, 지금은 교련(敎鍊)하지 않은 군사로써 먼 땅에 흩어져 있다가 도적이 이르러서야 창황(倉皇)히 불러 모으게 되므로, 군사가 이르렀을 때는 도적은 이미 노략질하고 물러가 버렸으니, 비록 뒤따라가서 싸워도, 그들이 기와 북을 익히지 않았으며 치고 찌르는 것도 연습하지 않았으니, 어떻게 하겠습니까. 원컨대, 지금부터는 군사를 훈련하는 데에 있어 약속(約束)을 엄하게 세우고 호령(號令)을 거듭 밝혀서, 변고를 기다려 군사를 일으켜 일의 기회를 잃지 마옵소서.

1. 군사의 생명은 군량에 매여 있으니, 비록 백만의 군사라도 하루의 양식이 있

어야만 그제야 하루의 군사가 되고, 한 달의 양식이 있어야만 그제야 한 달의 군사가 되니, 이는 하루라도 식량이 없어서는 안되는 것입니다. 이 도(道)의 군사는 예전에는 경상도(慶尙道)·강릉도(江陵道)·교주도(交州道)의 곡식을 운반하여 공급하였으나, 지금은 도내(道內)의 지세(地稅)로써 이를 대체시켰는데, 근년에는 수재(水災)와 한재(旱災)로 인하여 공사(公私)가 모두 고갈되었고, 게다가 놀고 먹는 중과 무뢰인(無賴人)이 불사(佛事)를 핑계하고서 함부로 권세 있는 사람의 서장(書狀)을 받아서 주군(州郡)에 청탁하여, 백성들의 한 말의 쌀과 한 자의 베를 빌린다고 하고는, 섬이나 심장(尋丈)으로써 거둬들이면서 이를 반동(反同)이라 명칭하며 바치지 아니한 빚처럼 징수하여, 백성이 배고프고 추위에 떨게 되었으며, 또 여러 아문(衙門)과 여러 원수(元帥)들이 보낸 사람이 떼를 지어 다니며 기식(寄食)하여 백성의 피부를 벗기고 골수를 쳐부수니, 백성이 고통을 참지 못하여 처소를 잃고 떠돌아다니는 사람이 십상팔구(十常八九)이니, 군량(軍糧)이 나올 곳이 없습니다. 원컨대, 모두 이를 금단(禁斷)하여 백성들을 편안하게 하소서. 또 도내(道內)의 주군(州郡)은 산과 바다 사이에 끼여서 땅이 좁고도 척박한데, 지금 그 지세(地稅)를 징수하는 것이 경지(耕地)의 많고 적은 것은 묻지도 않고 다만 호(戶)의 크고 작은 것만 보게 됩니다. 화령(和寧)은 도내(道內)에서도 땅이 넓고 비옥하여 모두 이민(吏民)의 지록(地祿)인데도, 그 지세(地稅)는 관청에서 거둘 수가 없게 되어, 백성들에게 취하는 것이 균등하지 못하고, 군사를 먹이는 것이 넉넉하지 못하니, 금후(今後)로는 도내(道內)의 여러 주(州)와 화령(和寧)에 한결같이 경지의 많고 적은 것으로써 세(稅)를 부과하여 관청과 민간에 편리하게 하소서.

1. 군사와 백성이 통속(統屬)되는 곳이 없으면 위급한 경우에 서로 보전하기가 어려울 것입니다. 이로써 선왕(先王)의 병신년의 교지(敎旨)에, 3가(家)로써 1호(戶)로 삼아 백호(百戶)로써 통솔하고, 통주(統主)를 수영(帥營)에 예속시켜, 사변이 없으면 3가(家)가 상번(上番)하고, 사변이 있으면 다 함께 나오고, 사변이

급하면 가정(家丁)을 모두 출동시키게 하였으니, 진실로 좋은 법이었습니다. 근래에는 법이 폐지되어 통속된 곳이 없으므로, 매양 군사를 징발할 적엔 흩어져 사는 백성들이 산골짜기로 도망해 숨으므로 불러모으기가 어려우며, 지금 또 가물어 흉년이 들어서 민심이 더욱 이산(離散)되었는데, 저들은 금전과 곡식으로써 미끼를 삼아 불러 들이고, 군사를 몰래 거느리고 와서 노략질하여 돌아가니, 한 지방의 곤궁한 백성이 이미 항심(恒心)도 없는데다가, 또 모두가 잡류(雜類)이므로, 저쪽과 이쪽을 관망하다가 다만 이익만을 따르게 되니, 실로 보전하기가 어렵겠습니다. 원컨대, 병신년의 교지(敎旨)에 의거하여 다시 군호(軍戸)를 정하여, 그들로 하여금 통속(統屬)이 있게 하여 그들의 마음을 단단히 매게 하소서.

1. 백성의 기쁨과 근심은 수령(守令)에게 매여 있고, 군사의 용감함과 겁내는 것은 장수에게 달려 있는데, 지금의 군현(郡縣)을 다스리는 사람은 권세있는 가문에서 나오기 때문에, 그 세력만 믿고 그 직무는 근신하지 아니하여, 군대는 그 물자(物資)가 모자라게 되고, 백성은 그 직업을 잃게 되어, 호구(戸口)가 소모되고 부고(府庫)가 텅 비게 되었습니다. 원컨대, 지금부터는 청렴하고 근실하고 정직한 사람을 공정하게 선출하여, 그 사람으로 하여금 백성을 다스리게 하여 홀아비와 홀어미를 사랑하고 어루만져 주게 하며, 또 능히 장수가 될 만한 사람을 뽑아, 그 사람으로 하여금 군사를 거느려서 국가를 방어하게 하소서."

- 태조실록 총서 69번째 기사

이이화는 그의 책 『이야기 한국사』 8에서 이 상소문의 작성자로 정도전을 지목하고 있으나 네이버 블로그의 다음의 글은 그런 주장을 전면으로 반박하고 있다. 실로 설득력 있는 견해이다. "안변지책(安邊之策)이니 하는 건 훗날 붙여졌고, 당시엔 변방을 안정시킬 계책으로만 일컬어졌던 그 상소의 주된 내용은 거듭 말하지만 '평시에도 백성들에게 군사훈련을 시켜 갑작스런 외인들의 침공에 대비케 해주고, 관할 지역에서 거둔 세금으로 군량을 자급할 수 있게 해줄 것, 세 가구를 일호(一戶), 백호를 일통(一統)으로 삼아 장수의 군영에 속하게 해줄 것, 권문세족 출신 수령과 장수들은 가렴주구가 심하니 청렴한 자를 선발해 보내 줄 것'등이었다. 이 계책이 조정의 재가를 받은 이후 동북면은 군사권과 행정권을 독립적으로 유지할 수 있었다. 하지만 이 계책은 드라마에서처럼 정도전이 작성해 이성계에게 넘겨준 건 아니다. 누가 작성해준 것인지는 알 수 없으나 고려사와 동국통감엔 이성계가 1382년 동북면 일대를 휘저으며 노략질을 하던 여진인 호바투(胡拔都)를 궤멸시켰고 이듬해인 1383년 8월엔 변방을 안정시킬 계책을 올렸다고 돼 있다. 그런데 정도전이 함주 군막으로 이성계를 찾아간 건 그해 11월이었고, 두 사람은 그때 처음 만났으니 안변책의 작성자가 정도전이 아닌 것은 분명하다.('안변책(安邊策) 작성자는 정도전이 아니다' http://56kimy.blog.me/150185711075) 아울러 정도전은 신왕조의 통치이념과 국가체제를 구상하던 사람이다. 한 변방을 다스리는 방책은 그의 관심 밖에 있었을 가능성이 있다. 이 안변책을 정도전의 아이디어로 본다면 그것은 정도전을 폄하하는 단견일 것이다.

그럼, 이 안변지책(安邊之策)을 작성하여 이성계에게 올린 사람은 누구일까? 그 대답은 북청천호를 지낸 김인찬일 가능성이 가장 높다. 상기 안변책의 목표는 변방을 군사적, 경제적, 정치적, 문화적으로 안정시키는 것이다. 그것도 동북면에 대한 방어책이고, 그 중에서도 동북면의 북계에 대한 안정화가 요체(要諦, 핵심)이다. 특히 우왕 이후 조정의 권문세족들이 권력을 이용하여 그곳의 토착세력들의 경제적 수탈을 자행하려는 움직임에 대한 적극적인 대응책이다.(이형우, 2004, 101-102쪽) 그런 반면에 그 내용 중에는 그곳의 토착세력이 사적으로 점유하고 있는 민호(民戶)에 대한 언급은 전혀 없다.(이순자, 1987, 65쪽) 이에 자신의 경제적 기반에 위협을 직접적으로 받을 위기에 처한 인물이 작성했을 가능성이 농후하다. 이런 이유로 그 작성자는 동북면의 실정을 가장 잘 파악하고 있는 자, 인민의 통치와 군사적 통제를 경험하고 개선안을 지속적으로 고민해 온 자, 자신의 생각을 설득력 있고 두서(頭緖, 일의 차례나 갈피) 잡힌 글로 표현할 수 있는 자, 주인의식으로 국가의 안위(安危)를 염려하고 새로운 세상을 꿈꾸던 자일 가능성이 높다. 이런 조건에 맞는 사람은 개국공신을 포함한 이성계 세력의 조력자 중에 딱 한 사람만 존재한다. 바로 익화군 김인찬이다. 이런 추정은 이 시점을 기하여 익화군이 이성계의 휘하로 들어간 사실로도 방증된다. 요컨대 익화군은 안변책을 제시하면서 이성계와의 결탁을 시도하였고, 이성계는 이 안변책을 접하고서 익화군을 자신의 분신으로 생각하게 되었다고 볼 수 있다. 그리고 몇 달 후에 합류한 정도전과 함께 역성혁명을 본격적으로 결심했을 개연성이 높다. 결국 이성계는 1383년 정도전과 익화군을 만나게 되고, 이때를 시점으로 개국을 결심하고, 차근히 때를 기다리고 있었다고 볼 수 있다. 왜냐하면 그의 대망을 뒷받침하고 조력하고 함께 할 '제갈공명·관우·장비'를 비로소 얻었고, 이는 그의 야망을 충동(衝動)했을 것이기 때문이다.

위화도회군에서 공훈을 세우다_1388년(53세)

위화도회군은 이성계세력이 정권을 장악하는 결정적인 계기였으며, 조선 개국으로가는 첫 걸음이기도 했다. 익화군은 위화도회군에서의 공훈으로 1390년에 이른바 '무진회군공신(戊辰回軍功臣)'에 책봉된다. 이때에 책봉된 54명 중에 개국일등공신으로 책봉된 인물은 익화군을 포함하여 배극렴(裵克廉), 이화(李和), 조인옥(趙仁沃), 남은(南誾), 이지란(李之蘭), 장사길(張思吉), 남재(南在) 등 8인에 불과하다. 어찌 보면 이들이 실질적인 조선개국의 원훈이다. 이런 까닭에 위화도회군에 대한 평가는 익화군에 대한 역사적 평가와 다르지 않다. 한편으로 위화도회군으로 익화군은 중앙정계에 본격적으로 등장한다.

그것도 정3품이지만 2품의 대우를 받는 밀직부사(密直副使)로 임명되어 재상(宰相)의 반열에 바로 속하게 된다. 이는 위화도회군에서 그가 큰 무훈을 세웠음을 단적으로 시사한다. 이에 여기서는 위화도회군에 대한 종합적 검토와 그 역사적 사건에서 익화군의 역할에 대하여 살펴보고자 한다.

위화도 회군에 대한 기본적 이해

본격적인 논의를 위하여 위화도회군(威化島回軍)의 사전적 설명을 소개해 둔다.

(前略) 1387년 나하추가 명나라에 항복하면서 명나라는 고려에 대해 직접 압박을 가하기 시작했다. 그리고 1388년(우왕 14) 2월에는 과거 원나라 때 쌍성총관부(雙城摠管府)가 있었던 철령(鐵嶺) 이북의 땅에 철령위(鐵嶺衛)를 설치하겠다며 그 영토의 반환을 요구해왔다. 이 지역은 1356년(공민왕 5) 고려가 탈환하여 화주목(和州牧)을 설치해 통치하고 있던 곳이었다.

이런 명나라의 무리한 요구에 대해 당시 이인임 일파를 몰아내고 고려 조정의 실권을 장악하고 있던 최영(崔瑩)은 명나라가 군사적으로 침략하기 위해 압박하는 것으로 보고 강하게 반발했다. 그래서 명나라의 홍무(洪武) 연호의 사용을 중지했으며, 명나라의 침략에 능동적으로 맞서기 위해 요동에 대한 원정을 준비하였다. 우왕은 서경(西京)에 머무르며 5만 여명의 군사를 징발하여 요동정벌군을 구성하였으며, 최영을 총사령관인 팔도도통사(八道都統使)로 삼고, 조민수(曺敏修)를 좌군 도통사(左軍 都統使), 이성계(李成桂)를 우군 도통사(右軍 都統使)로 삼았다. 그리고 조민수와 이성계가 원정군을 이끌고 출정케 하였다. 음력 4월 18일에 서경을 떠난 원정군은 19일이 지난 음력 5월 7일에 압록강 하류의 위화도(威化島)에 도착했는데, 그곳에서 압록강의 물이 불어나 강을 건너기 어렵다며 진군을 중단하고 14일을 머물렀다. 그리고 이성계는 조민수와 상의하여 "① 작은 나라로 큰 나라를 거스르는 것은 옳지 않다(以小逆大) ② 여름철에 군사를 동원하는 것은 옳지 않다(夏月發兵) ③ 온 나라의 병사를 동원해 원정을 하면 왜적이 그 허술한 틈을 타서 침범할 염려가 있다(擧國遠征, 倭乘其虛) ④ 무덥고 비가 많이 오는 시기이므로 활의 아교가 풀어지고 병사들도 전염병에 시달릴 염려가 있다(時方暑雨, 弓弩膠解, 大軍疾疫)"는 이른바 '4불가론(四不可論)'을 주장하며 요동 정벌을 중단하고 철병(撤兵)할 것을 요구하였다. 그러나 서경에 있던 우왕과 최영은 이를 허락하지 않고 도리어 속히 진군하라는 명령을 내렸다. 그러자 이성계와 조민수는 정변(政變)을 모의하여 음력 5월 22일 회군을 결행하였다. 우왕과 최영은 당황하여 서경을 떠나 수도인 개경으로 급히 돌아가 반격을 준비하였다. 위화도를 떠난 지 9일 만인 음력 6월 1일 이성계와 조민수가 이끈 반란군은 개경 부근까지 진군했으며, 2일 후에는 개경을 함락시키고 우왕과 최영을 사로잡았다. 위화도 회군으로 정권을 장악한 이성계와 조민수는 우왕을 폐위시키고 강화도(江華島)로 유배하였으며, 최영은 고봉(高峰, 지금의 경기도 고양)으로 유배하였다가 처형하였다. 그리고 우왕의 아들인 창왕(昌王)을 왕으로 세웠으며, 조민수는 우시중(右侍中), 이성계는 좌시중(左侍中)의 지위에 올랐다. 그 뒤 조정의 주도권을 둘러싸고 이성계와 조민수가 대립하였으나, 군사력뿐 아니라 신진사대부들을 기반으로 정치적 기반도 튼튼히 확보하고 있었던 이성계가 승리하였다. 이성계는 1389년(창왕 1) 사전(私田) 개혁을 빌미로 조민수를 유배하였고, 조민수와 이색(李穡)의 추대로 왕위에 오른 창왕을 신돈(辛旽)의 후손이라고 주장하며 폐위시키고 공양왕(恭讓王)을 새로 왕으로 세웠다. 이처럼 이성계가 실권을 완전히 장악하게 되면서 조선(朝鮮) 왕조가 창건되는 기초가 마련되었다.

-『두산백과』 '위화도회군'

　　상기 위화도회군과 관련하여 익화군의 공훈을 규명하기 위해서는 이성계가 왜 회군을 할 수 밖에 없었던 이유에 대한 설명과 함께, 회군이 성공적으로 이루어질 수 있었던 이유에 대하여 익화군의 역할과 관련한 논의도 필요하다. 이상의 분석을 토대로 위화도 회군이 지닌 역사적 정당성과 가치에 대한 설명도 빠져서는 안 될 것이다. 위화도회군에 대한 평가는 곧 익화군에 대한 역사적 평가이기도하기 때문이다.

이성계는 왜 위화도회군을 단행할 수밖에 없었던가?

이성계는 위화도회군을 단행함으로써 봉건사회에서 절대 가치로 생각하는 충절(忠節)과 의리(義理)를 저버렸다. 즉 왕명을 거역하였으며 자신의 배후이기도 했던 최영을 배신했다. 그것도 하극상의 군사 쿠데타를 일으켜 왕을 몰아내고 최영을 유배 보냈다. 성리학에서 지선(至善)의 가치로 삼는 명분과 의리를 위배한 것이며, 법적으로는 대역죄를 저지른 것이다. 그러면 왜 이성계는 하극상이라는 극단적 선택을 한 것일까? 가장 큰 이유는 무엇보다도 자신에게 다가오는 위기감이었을 것이다. 다음의 기록은 이성계가 느꼈을 불안감을 잘 표현해 준다.

> 나는 일찍이 비사(祕史)에서 듣기를, "당시 우리 태조(즉 이성계)의 공명(功名)이 날로 왕성해지고, 또 '이씨가 임금이 될 것이다.'라는 풍설이 있었으므로 최영은 아주 그를 꺼렸으나 죄를 씌울 구실이 없었다. 그래서 요동을 치게 하여 명 나라에 죄를 짓게 하고, 그것으로써 제거해 버리려고 하여 마침내 이 계교가 나왔다." 하였는데, 이것은 참으로 큰 잘못이다. 어찌 나라를 비어 놓고 군사를 내주어 남을 해치고 자기의 안전을 도모하고자 하고도 그 화를 입지 않을 수 있겠는가. 어찌 다만 자기의 한 몸을 보존 못하는 데 그치겠는가. 망한 이의 어리석은 짓이 아니랴.
> — 『대동야승(大東野乘)』, 해동악부(海東樂府)

위의 기사를 이해함에 다음과 같은 해석은 참고할 만하다. "신흥사대부와 변방무장세력의 결합, 사병적 성격이 강하고 동북면의 휘하친병을 중핵으로 하는 막강한 군사력을 지닌 이성계가, 중소지주적 경제기반을 바탕으로 과거를 통하여 정계에 진출하여 인민의 입장에서 서서 강력한 개혁정치를 지향하면서 신흥문신집단과의 결합으로 차기 정권으로 등장하였고 이성계를 중심으로 형성되고 있었다."(도현철, 1996, 5쪽) 또한 다음의 해석도 귀담아 들을 만하다. "조민수 휘하의 좌군은 양광도, 경상도, 전라도, 계림, 안동 등지에서 징발된 병력으로 편성되었으며, 이성계 휘하의 우군은 안주도, 동북면, 강원도의 병력으로 구성되었다. 그렇다면 좌군에 비하여 우군은 훨씬 적은 지역에서 많은 병력을 동원했다고 볼 수 있다. 우왕과 최영의 입장에서는 요동공격을 통해 이성계 휘하의 강력한 사병을 합법적으로 제거하는 효과를 거둘 수 있는 계기가 되었다."(이상훈, 2012, 247쪽) 아울러 철령위의 설치에도 불구하고 압록강 이남의 고려 영토가 명에 회수되지도 않았고 철령위(鐵嶺衛)의 철폐를 교섭하려 명나라에 갔던 박의중(朴宜中)이 아직 귀국도 하지도 않았는데 최영이 요동정벌에 적극적이었던 것은 그가 요동정벌을 정치적으로 이용하려 했다는 의문을 받을 수 있다는 지적도(김당택, 2005, 141-142쪽), 요동정벌이 이성계 세력의 제거에 있었다는 추정을 더욱 뒷받침해 준다. 이와 같은 '이성계 제거설'은 다음의 기사로도 입증된다. "결국 최영은 고봉현(高峯縣)으로 유배되었다. 이인임이 언젠가, '판삼사(判三司) 이성계가 필시 나라의 주인이 될 게다.'라고 예언한 적이 있었는데 최영이 듣고 매우 성이 났으나 감히 반박하지 못했는데 상황이 이렇게 되자 탄식하며 '이인임의 말이 정말 옳았다.'고 뇌까렸다."(『고려사』 권137 열전50 신우14년 6월 기사) 한편, 최영의 의도와 관련하여 "요동공략에 참여한 실제군사는 일반 농민 출신으로 구성된 군인이었다. 요동공략군의 편성으로 최영은 이성계를 비롯해 각 지방의 군사를 거느린 장수를 일률적인 지휘체계 아래 묶어 놓을 수 있었던 것이다."(유창규, 1995, 61쪽)라는 견해도 참고가 된다.

이상을 정리하면 다음과 같다. 이성계는 최영과 함께 이인임 정권을 몰아내고 국정의 중심축으로 자리매김했으나 우왕과 최영은 주요 정책의 결정 과정에서 그를 배제시켰다. 이는 우왕이 요동정벌이라는 국책을 최영과 논의하여 결정한 후 이성계에게는 결정사항을 통보만 한 사실에서 단적으로 드러난다. 이렇듯 막강한 군사력을 보유한 이성계가 신흥사대부와 결합하여 새로운 정치세력으로 급부상하자 최영과 우왕은 요동정벌을 계기로 그의 세력을 약화 또는 제거코자 하였다. 이런 저의를 탁월한 정치적 감각을 지닌 이성계가 간파하지 못했을 리 만무하다.

둘째로는 국제정세와 대전국(對戰國)에 대한 이성계의 냉철한 판단이 그를 회군케 했을 것이다. 그는 소국(小國)이 대국(大國)을 치는 것은 도의(道義)에 어긋난다는 주장은 내세웠지만 그것은 명분에 불과했고, 처음부터 요동정벌 자체를 실현 불가능한 계획으로 보았다. 왜냐하면 명은 나라를 세운 지 채 20년 밖에 되지 않은 신흥의 대국이자 강국으로 막강한 군사력을 보유하고 있었기 때문이다. 실제로 당시 요동에는 최소한 15만 명의 군사가 배치되어 있었다. 이런 실정에서 5만 여명의 군사(정병 3만 8천명, 종사원 1만 6천명)로 신흥강국 명나라를 상대로 요동을 공격하는 것은 사실상 승산 없는 전쟁이었으며, 설령 선전공격을 취하여 일회의 승전을 거둔다 할지라도, 당시 고려는 1만 명의 군사를 먹일 수 있는 군량도 제대로 확보해 두지 못한 실정이었으므로 장기전이 될 경우 요동정벌은 이길 확률이 극히 낮은 도박이었다. 전장(戰場)에서 잔뼈가 굵은 이성계로서는 그런 무모한 도박에 자신의 모든 것을 걸 까닭이 없었다. 이와 관련하여 위화도회군의 참된 동기(動機)는 군량미(軍糧米) 부족에 있다고 보면서 회군 자체를 '실리에 기초한 전략적 후퇴'로 파악한 이상백의 견해(한영우, 1977, 8쪽에서 재인용)는 실로 적절한 견해이다.

셋째로는 고려의 군사력에 대한 정확한 진단이다. 1352년 이색은 다음과 같은 상소를 올린다. "(나라가) 태평을 누린지 백년간에 백성이 병화를 알지 못

합니다. … 여러 군대의 직책은 부귀자가 점유한 까닭에 또한 군사가 없으니, … 무를 사용하는 실상은 없습니다. 만약 사변이 갑자기 일어나면 사람이 모두 엎어지고 자빠져서 사직을 지키고 군왕을 돕지 못할 것입니다."(『고려사』 열전 28 이색) 고려 후기 군사력의 실상을 여실히 보여준다. 한편 국제전에서는 장기전을 치를 수 있는 군량이 확보되어야만 승리를 그나마 넘볼 수 있다. 이성계는 요동정벌을 반대하면서 군량 문제를 다음과 같이 언급한다. "게다가 지금은 장맛비에 활줄이 느슨해지고 갑옷이 무거워 군사와 말이 모두 지쳐 있으니 억지로 몰아서 진격시킬 경우 방비태세가 굳건한 성을 아무리 공격해도 함락시키지 못하고 결국 승리를 거두지 못할 것이 뻔합니다. 이러한 때 군량의 보급이 끊어져 오도가도 못 하는 상황이 되면 장차 어떻게 대처하겠습니까? 부디 전하께서는 회군의 특명을 내리시어 온 나라 백성들의 소망에 부응하시기 바랍니다" 우왕이 막무가내로 듣지 않자 태조가 물러 나와 슬피 울었다. 부하가 왜 그리 슬퍼하느냐고 묻자 태조는 "이제부터 백성들의 참화가 시작되기 때문이다."라고 했다"(『고려사』 권137 신우 14년 5월 병술) 이성계는 비록 요동을 점령할지라도 군량 때문에 철수할 수밖에 없고, 그것마저도 무사귀환을 보장할 수 없음을 심히 우려했다. 이런 그의 판단은 역사적으로 입증된다. 당나라가 고구려 원정에서 거듭 실패한 것도 결국 군량 때문이며, 임진왜란에서 왜군이 평양까지 진격했다가 결국 철수할 수밖에 없었던 근본 이유도 이순신에 의해 왜군의 군량보급선이 끊겼기 때문이다. 한편으로 고려 정규군은 이 당시 단일한 군사체제로 조직화되어 있지 않았고 군권은 각도에 파견된 원수(元帥)들에게 분산되어 있었다. 이는 요동정벌 당시 정벌군의 군대편성이 사병적 성격이 강한 원수들의 사적 지휘체계에 바탕을 두고 있었던 사실에서 잘 드러난다. 이렇듯 부족한 군량과 나약한 병졸, 그리고 느슨한 군사조직으로 요동정벌을 성공적으로 마무리한다는 것은 실질적으로 불가능한 모험이었고 국가를 멸망에 이르게 할 수 있는 무모한 짓이었다. 이를 전쟁의 귀재 이성계가 제대로 파악하지 못했을지 없었고, 그런 까닭에 그는 처음부터 요동정벌에 미온적이었다.

넷째로는 우왕 대에 가장 극성을 부린 왜구도 또 다른 걱정거리였다. 요동정벌군이 출정하는 날, 왜구는 기다렸다는 듯이 노략질을 벌린다. "왜적이 초도(椒島, 지금의 황해남도 과일군 초도)를 침구했다. 당시 개경의 장정들은 모두 군사로 징발되고 노약자들만 남아 있었는데 밤마다 여러 차례 봉화가 오르니 도성 안은 텅 비어 버렸으며 민심은 뒤숭숭해 언제 무슨 일이 일어날지 모르는 형편이었다."(『고려사』 권137 신우 14년 5월 임술)라는 기사와 "전라, 경상도는 왜구의 소굴이 되고… (요동정벌을 위하여) 군사를 징발하니 8도가 소연(騷然)하고 백성은 농사 때를 놓치게 되어 안팎에서 원성이 이인임, 임견미, 염흥방 때보다 심하도다."(『고려사』 권137 열전 50 신우 14년 3월 경자조)라는 기사는 위의 우려가 결코 과장이 아님을 보여준다. 한편, "양광도 안렴사(按廉使) 전리(田理)로부터, 왜적이 40여 군(郡)을 침구했는데 현재 잔류 병력이 취약해 적들이 무인지경을 밟는 것같이 횡행하고 있다는 보고가 급히 올라오자 원수(元帥) 도흥(都興)·김주(金湊)·조준(趙浚)·곽선(郭璇)·김종연(金宗衍) 등을 보내 적을 방어하게 했다.(『고려사』 권137 신우 14년 5월 병술)는 기사도 눈여겨 볼 필요가 있다. 이성계는 왜구의 침구를 예상했고, 이런 왜구의 침구를 방어하기 위해서는 요동정벌에 참여하지 않은 잔류 군사가 동원되어야 함을 예견했을 것이다. 이런 상황이 발생 시 정벌군은 지원군이 없는 상태에서 원정을 치룰 수밖에 없다. 이성계가 볼 때, 요동정벌은 전군이 몰살할 수 있는 아주 위험한 군사작전이었던 것이다.

이상의 검토로 이성계의 그 유명한 4불가론은 철저한 '지피지기(知彼知己)'에 의거한 올바른 판단이었으며, 풍부한 실전경험에 기초한 정확한 진단이었다. 요컨대 이성계로는 승률 제로의 도박판에 자기의 모든 것을 걸 수가 없었다. 그가 우국충절의 마음으로 회군을 감행했는지는 그 자신만이 알겠지만…

사전 모의

이상으로 이성계는 요동정벌 그 자체를 처음으로 반대했고, 그 실현가능성을 전면적으로 의심했다. 아울러 요동정벌로 인해 자신이 그동안 이룩한 모든 것이 한순간에 수포로 돌아갈 수 있는 절체절명의 위기감도 가졌다. 이에 그는 출정 이전부터 회군을 마음에 두었을 가능성이 높다. 그리고 출정에 앞서 회군을 그의 핵심참모들과 사전에 논의하고 구체적인 전략을 짜놓았을 것이라 짐작된다. 다음의 기사는 그런 심정을 뒷받침해 준다.

> 태조는 본디부터 유술(儒術)을 존중하여, 비록 군중(軍中)에 있더라도 매양 창을 던지고 휴식할 동안에는 유사(儒士) 유경(劉敬) 등을 인접(引接)하여 경사(經史)를 토론(討論)하였으며, 더욱이 진덕수(眞德秀)의 『대학연의(大學衍義)』 보기를 좋아하여 혹은 밤중에 이르도록 자지 않았으며, 개연(慨然)히 세상의 도의(道義)를 만회(挽回)할 뜻을 가졌었다.　　　　　　　　　　－ 태조실록 총서 80번째 기사

이 기사는 위화도회군과 직접적인 관계가 없지만, 이성계가 단순한 무장이 아니라 경세에 관심을 늘 가지고 있었음을 직접적으로 보여주고 있다. 1383년 이후 이성계는 야심을 이루기 위한 준비를 차근차근 진행하고 있었고, 요동정벌은 이성계에게 위기이자 기회를 제공한 셈이다. "조선 건국 주체 세력 중에서 핵심 인물로 지칭되는 정도전이 이성계와 교분을 시작한 것이 이때부터 약 5년 전이라고 추정되고 있는데, 아마도 이 사이에 새 왕조를 세우는 구상이 어느 정도 갖추어졌고 그 실현에 착수할 기회가 요동 공격을 위한 출병 때 찾아왔던 것이다."(오종록, 2004)라는 학계 일각의 지적은 적절하다. 다음의 기사는 그가 회군을 미리 계획하고 가족의 안전을 위한 사전 조치를 해 두었을 가능성을 보여준다.

조전사(漕轉使) 최유경(崔有慶)이 대군(大軍)이 돌아온다는 소식을 듣고 달려가 우왕에게 알렸다. 이날 밤에 상왕(上王)이 그 형 방우(芳雨)와 이두란(李豆蘭)의 아들 화상(和尙) 등과 함께 성주(成州)의 우왕의 처소로부터 태조의 군대 앞으로 도망해 갔으나, 우왕은 해가 정오(正午)가 되어도 오히려 알지 못하였다. 길에서 대접하는 수령(守令)들을 만나 그들의 말을 다 빼앗아 타고 갔다.

- 『고려사』 권137 열전 50 신우 14년 5월 丁酉

위의 기사는 우왕은 이성계 등 정벌에 참가한 장수들의 이반(離叛)을 미연에 방지하기 위하여 그들의 가족들을 인질로 삼아두었는데, 회군 소식을 접한 이방과가 그의 형 이방우, 이지란의 아들 이화상 등과 우왕의 손아귀에서 벗어나 태조의 회군부대에 합류하였던 사실을 전한다. 이성계의 반역을 접한 최영이 우선적으로 인질들을 단속했을 터인데, 그렇게 신속하게 도망쳐 나왔다는 것은 미리 짜 놓은 각본에 따른 것일 가능성이 높다. '길에서 대접하는 수령들을 만나 그들의 말을 빼앗아 타고 갔다.'라는 것도 이미 이성계세력에 포섭된 지방관들이 있었음을 보여준다. 이런 사실과 함께 재인용되는 다음의 기사는 회군이 사전에 계획된 바임을 더욱 잘 암시해 준다.

처음에 신의 왕후(神懿王后)는 포천(抱川)재벽동(滓甓洞)의 전장(田莊)에 있고, 강비(康妃)는 포천의 철현(鐵峴)의 전장에 있었는데, 전하(殿下)가 전리 정랑(典理正郎)이 되어 서울에 있으면서 변고가 발생했다는 말을 듣고 사제(私第)에 들어가지 않고서 곧 말을 달려 포천에 이르니, 간사(幹事)하는 노복(奴僕)들이 이미 다 흩어져 도망하였다. 전하가 왕후(王后)와 강비(康妃)를 모시고 동북면을 향하여 가면서, 말을 탈 때든지 말에서 내릴 때든지 전하께서 모두 친히 부축해 주고, 스스로 허리춤에 불에 익힌 음식을 싸 가지고 봉양하였다. 경신 공주(慶愼公主)·경선 공주(慶善公主)·무안군(撫安君)·소도군(昭悼君)이 모두 나이 어렸으나 또한 따라왔으므로, 전하께서 자기가 안아서 말에 태우고 길이 험하고 물이 깊은 곳에는 전하가 또한 말을 이끌기도 하였다. 가는 길이 매우 험하고 양식이 모자라서 길가의 민가(民家)에서 밥을 얻어먹었다. 철원관(鐵原關)을 지나다가 관리들이 잡고자 한다는 말을 전해 듣고는, 밤을 이용하여 몰래 가면서 감히 남의 집에 들어가지 못하고 들판에 유숙하였다. 이천(伊川)의 한충(韓忠)의 집에 이르러서 가까운 마을의 장정(壯丁) 백여 명을 모아 항오(行伍)를 나누어 변고를 대비(待備)하면서 말하기를, "최영은 일을 환하게 알지 못하는 사람이니 반드시 능히 나를 뒤쫓지는 못할 것이다. 비록 오더라도 나는 두려워하지 않을 것이다."하였다. 7일 동안을 머물다가 일이 안정된 것을 듣고 돌아왔다. 처음에 최영이 영을 내려 정벌에 나간 여러 장수들의 처자(妻子)를 가두고자 하였으나, 조금 후에 일이 급박하여 과연 시행하지 못하였다.　　　　　　　　　　　- 태조실록 총서 89번째기사

　여기서 전하(殿下)는 이방원을 말한다. 이 기사의 주인공은 이방원으로, 그가 회군 소식을 듣고 포천으로 달려가, 그곳 이성계의 전장(田莊)에 있던 향처 한씨와 경처 강씨를 비롯하여 그들의 딸과 방번, 방석 등을 온갖 고초를 겪으면서 동북면으로 피신시켰다는 내용이다. 이 기사에 대하여 이덕일은 다음과 같은 해석을 더한다. "이방원의 이런 행동은 이성계가 위화도에서 회군할 것을 미리 알았다는 식의 행보이다. 이성계가 압록강을 건너 요동으로 들어간다면 가족이 인질이 될 것을 걱정할 필요가 없었다. 이 기사는 이성계가 요동으로 떠나기 전에 이미 회군을 계획한 것이 아닌가하는 생각이 들게 한다. 회군 소식이 들리면 최영이 가족을 억류할 것을 우려해서 방원이 급히 피신시켰다는 추론이 가능하다."(이덕일, 2014) 설득력 있는 추측이다. 한편으로 이방원이 포천으로 바로 달려갔다는 사실 그 자체만으로 이미 이성계가 이방원에게 사전 당부를 해 두었음을 암시해준다. 이 역시 사전 각본에 따라 이방원이 움직였다고 볼 수 있다. 사전 모의가 없었다면 이방원은 자신의 사병을 거느리고

회군하는 이성계의 본진으로 합류해야 마땅하다. 이번에는 진군시와 회군시의 행군속도에 대한 분석을 통하여 회군이 이미 사전에 계획된 것임을 주장한 연구결과를 소개한다.

> 진군시 평양에서 신의주까지 약 200km(약 500리)를 가는 데에 20일이나 걸렸는데 비하여 회군시 신의주에서 개성까지 약 400km(약 1,000리)를 오는 데에는 10일밖에 걸리지 않았다. 회군시의 행군거리가 진군시의 그것보다 2배가 긴데 비하여 소요기간은 1/2이나 단축했다. 이는 곧 진군시보다 회군시 4배나 빠른 속도로 행군했음을 보여준다.   - 이상훈, 2012, 249쪽

이성계는 진군 속도를 비정상적으로 하면서 회군의 명분을 찾고자 했고, 또한 기회를 엿보았던 것으로 추측된다. 이런 추측은 다음의 연구결과로 어느 정도 뒷받침된다.

> 여기에서 이성계가 요동원정 철회를 요청한 날짜가 5월 13일과 5월 22일이었던 점을 상기할 필요가 있다. 5월 13일은 양광도에 왜적이 침입해오자 이성계는 1차 회군허가 요청을 했고 5월 22일 왕경방어군 주력이 남하하였을 무렵에 2차 회군허가 요청을 한 사실이다. 그리고 22일 회군 허가 요청 직후 바로 급속도로 남하하였던 것이다. 이는 이성계의 회군 병력이 그 이전에 이미 회군 준비를 완벽히 준비해 두지 않으면 어려운 일정이다.   - 이상훈, 2012, 260쪽

이상에서 위화도 회군은 멀게는 5년 전, 가까이는 요동정벌이 결정되면서 치밀하게 사전에 준비되었음을 알 수 있다. 그럼 이러한 치밀한 사전 계획 하에서, 익화군은 어떤 역할을 담당했을까?

그가 어떤 중책을 맡았기에, 단순한 무장에 불과한 그가 회군공신에 책봉되

고, 위화도 회군 이후 출세가도를 달려, 개국일등공신에 책봉되었던 것인가? 그것도 태조의 별도의 어명에 의해 사후에..., 어쨌든 범상치 않은 역할을 수행했을 것이라.

익화군의 역할

회군은 이성계의 휘하친병인 이화(李和), 이원계(李元桂), 조온(趙溫), 조인벽(趙仁壁), 조인옥(趙仁沃), 이지란(李之蘭), 황희석(黃希碩), 김인찬(金仁賛), 육려(陸麗), 유만수(柳曼殊) 윤호(尹虎) 등에 의해 이루어지고, 나머지 원수들은 동조한 데에 불과하다는 의견이 학계의 일반적인 의견이다. 이들 중에서 이성계와 친인척 관계가 아닌 사람은 황희석(黃希碩), 김인찬(金仁賛), 육려(陸麗), 유만수(柳曼殊), 윤호(尹虎) 등 5인에 불과하다. 그리고 그중에서 개국일등공신은 익화군 단 한 사람뿐이다. 그가 회군에서 어떤 결정적인 군공을 세웠었기에, 무진회군공신 54인에 포함되었을까? 또한 요동정벌에서 조전원수(助戰元帥)로 참전했던 최공철(崔公鐵)·왕빈(王賓)·김천장(金天莊)·이원계(李元桂)·안경(安慶)·김실(金實) 등보다 더 높은 31번째의 위차를 받았을까? 이런 물음에 답하기 위하여 우선 이성계 군사세력의 성격에 대하여 알아보자.

1) 이성계의 군대는 여진족과 몽고족의 다민족군대이며, 가별초라는 전사집단과 일반백성이 사적인 유대를 바탕으로 수직계열화한 군대로 다른 무장들의 군대와는 근본적인 조직구성과 성격에서 차이가 난다.　　　　- 박천식, 1979
2) 이들 가별초는 국가에 역을 바치지 않았으며 개인의 가병으로 활동하였는데, 정부군보다도 강한 군사력을 지녔다.　　　　- 유창규, 1984, 6쪽
3) 이들 휘하무장들은 오로지 이성계에게만 개인적 충성을 바치는 사병화된 집단으로서 이성계 군사기반의 충핵을 이루었고 이들의 강한 결속력을 배경으로

회군이 성공을 거둘 수 있었던 것이다. 황희석(黃希碩)과 육려(陸麗)는 각기 단주(端州)와 청주(靑州)의 상만호로 있다가 이성계의 휘하에 편입되었다. 이것은 당시 호발도, 왜, 초적 등의 빈번한 침략을 받고 있었던 동북면의 군사적 책임을 이성계가 맡고 있었기 때문에 그 과정에서 이성계와 연결되어 휘하에 들어가게 된 것으로 여겨진다.   - 강지언, 1993, 72쪽

4) 원수직을 띠지 않고 회군(回軍)에 동도(同道)한 인물들에 주의할 필요가 있다. 그리고 그들 중에서도 군직을 지니고 종사하였으나 전적으로 이성계와의 개인적 유대관계가 중요하였던 휘하의 중추적 인물들이다. 또한 회군에 당하여 북방지역에서 만호(萬戶), 천호(千戶) 등의 지역담당 군직을 지닌 자로서 회군에 동조 편승하게 되는 경우이다. 이에 속하는 인물로는 조인옥(趙仁沃), 남은(南誾), 육려(陸麗), 정요(鄭曜), 황희석(黃希碩), 조온(趙溫), 김인찬(金仁贊) 등으로 이들은 이성계 휘하의 장군으로 이성계 병원의 주요 막료들이었다.

- 박천식, 1979, 84쪽

여기서 이성계의 군사력은 개인적 유대에 근거한 사병화된 집단이라는 사실, 그런 한편으로 그 구성원에 여진족과 몽고족이 포함된 다민족군대라는 사실, 강한 결속력을 배경으로 삼고 있다는 사실, 그들 중에서 일부는 이성계가 동북면의 군사책임을 맡으면서 인연을 맺게 되었다는 사실, 그들의 전투력은 정부군을 능가했던 사실 등을 알 수 있다. 다음으로 회군 관련 익화군의 역할에 대한 언급들을 정리해 보자.

1) 김인찬은 일찍이 북청천호로서 변지에 있어 군권을 지닌 무장인데 태조의 휘하가 된다. 개별적으로는 김인찬은 병원(兵員)의 통수권자일 것임으로 또한 그의 휘하사(麾下士)를 다소간 거느렸을 것이다.   - 박천식, 1979, 73쪽

2) 당시 국제정세는 중국 중원에서 새로 일어난 명나라는 만주방향에 대하여 일

대경략(一帶經略)을 행(行)하여 그간 만주(滿洲)를 풍비(風靡)하던 원(元)의 유장(遺將) 나하추(納哈出)의 항복(降伏)을 받고 국경이 고려와 맞닿음에 자연(自然)히 충돌(衝突)이 일어나게 되었으니 철령위 설치문제(鐵嶺衛 設置問題)가 그 것이다. 이와 같은 문제로 고려는 명나라와 전쟁과 평화의 갈림길에 놓이게 되었다. 이에 우왕(禑王)과 최영(崔瑩)장군은 요동(遼東)을 치고자 미리 계획하고 우왕14년(1388) 4월 1일 최영, 이성계 장군을 불러 놓고 과인(寡人)이 요동을 치고자 하니 경(卿) 등은 마땅히 힘을 다하라고 하니 이성계가 지금 출사(出師)하면 네 가지 불가함이 있다고 말하였다. … 이윽고 우왕은 동년 4월 3일 평양에 이르고 최영(崔瑩) 장군을 팔도도총사(八道都統使) 조민수(曹敏修)를 좌군도총사(左軍都統使), 이성계(李成桂)를 우군도총사(右軍都統使)로 삼았다. 이때에 익화군(益和君)은 우군(右軍)인 이성계(李成桂) 휘하(麾下)에 장수(將帥)로 출사하였다.　　　　　- 김한석, 2011, 116쪽

　이들 연구는 일단 익화군이 요동정벌군에 자신의 휘하병력을 거느리고 참전했을 것이라 가정하고 있다. 그리고 일부 학자는 우군도총사 이성계 휘하 도진무(都鎭撫)의 군직으로 출정했을 가능성이 있다는 의견을 제시한다. 그런데 이런 학계의 일반적 견해로는 천호에 불과한 익화군이 위화도회군 직후 일약 밀직부사(密直副使)라는 재추에 바로 임용되고, 이후 상만호(上萬戶)였던 황희석(黃希碩), 육려(陸麗)에 비하여 훨씬 중용되며, 개국일등공신에 책봉되는 이유를 잘 설명할 수 없다. 위화도 회군과 이어지는 개경전투에서 아주 탁월한 전공을 세웠을 가능성을 염두에 두고 익화군의 역할을 추정해 봄이 옳을 듯하다. 그런 시각에서 다음의 사료에 주목해 보자.

　우왕은 대군(大軍)이 돌아와 안주(安州)에 이르렀음을 알고 말을 달려 서울로 돌아왔다. 군사를 돌이킨 여러 장수들이 급히 추격하기를 청하니, 태조는 말하기를,

"속히 행진하면 반드시 싸우게 되므로 사람을 많이 죽이게 될 것이다."하였다. 매양 군사들을 경계하기를, "너희들이 만약 승여(乘輿)를 범한다면 나는 너희들을 용서하지 않을 것이며, 백성의 오이 한 개만 빼앗아도 또한 마땅히 죄의 경중에 따라 처벌하겠다." 하였다. 연로(沿路)에서 사냥하면서 짐짓 느리게 행군하니, 서경(西京)에서 서울에 이르는 수백 리 사이에 우왕을 좇던 신료(臣僚)와 서울 사람과 이웃 고을 백성들이 술과 음료(飮料)로써 영접하여 뵙는 사람이 끊이지 아니하였다. 동북면의 인민과 여진(女眞)으로서 본디 종군(從軍)하지 않던 사람까지도, 태조가 군사를 돌이켰다는 소식을 듣고는 다투어 서로 모여 밤낮으로 달려서 이르게 된 사람이 천여 명이나 되었다. 우왕은 도망해 돌아와 화원(花園)으로 돌아갔다. 최영이 막아 싸우고자 하여 백관(百官)에게 명하여 무기를 가지고 시위(侍衛)하게 하고 수레를 모아 골목 입구를 막았다.　　　　　 – 태조실록 총서 84번째 기사

　이 기사에서 회군하는 이성계가 그 긴박한 상황에서 행군 속도를 의도적으로 늦추었던 사실과 요동정벌에 참여하지 않았던 동북면의 인민 1000여 명이 본진에 합류하였던 사실을 확인할 수 있다. 이들 1000여 명은 단순한 백성들이 아니라, 지휘체계를 갖춘 군사집단이었으며, 개경전투라는 급박한 상황에 투입된 지원군이었음을 다음의 사실로 알 수 있다.

"여기서 종군에 참가하지 않았다는 '不從軍子 千餘人'는 회군 당시 익화군의 공훈을 유추하는 결정적인 사료이다. 이에 대한 분석은 다음과 같다.
(이기사는) 동북면에는 본래부터 종군(從軍)하지 않았던 백성(百姓)과 여진인(女眞人)이 있었다는 것이다. 이점은 반대로 동북면에는 본래부터 종군해왔던 백성들과 여진인이 존재했었다는 것을 알려주는 것이다. … 둘째로, 동북면의 본래 종군하지 않았던 백성과 여진인이 서로 무리를 지어 급히 달려갔다는 점에서이다. … (이는) 그들이 무리를 지울 수 있는 집단적 성격을 갖고 있었음을 나타내 준다

고 보여진다. 그들이 이성계가 회군하였다는 소식을 듣고 급하게 달려갔던 것으로 보아 어떤 군사적 필요에 의한 것이라고 생각되는 바, 단순히 명령체계 없이 갔다고 할 수는 없다. 셋째로, 동북면의 가별초집단의 구성원 가운데 군인으로 활동하지 않은 사람들도 필요할 때는 군인(軍人)으로 충원되었다는 점이다. 동북면의 본래 종군하지 않았던 백성들과 여진인이 이성계가 회군했다는 소식을 듣고 달려간 것은 이성계가 자신의 휘하친병 이외에 더 많은 군사(軍士)들을 필요로 했기 때문으로 생각된다. 이성계는 최영과의 불가피한 대결을 벌여야 했으며, 그 같은 급박한 상황에서 동북면의 종군하지 않았던 백성과 여진인을 군사로 동원해야 할 필요가 있었던 것이라 하겠다." — 유창규, 1984, 14-15쪽

그리고 본격적인 개경 전투가 펼쳐진다. 한편 개경전투에서 이성계가 이끄는 군사력에 비하여 친왕군의 병력은 아주 미약했을 것이라는 일반적인 생각과는 달리, 수성군의 병력이 만만치 않았을 것이라는 연구 성과가 있다. 위화도회군과 관련하여 익화군의 역할을 추정해 보는 데에 도움이 될 수 있기에 소개한다.

개경전투 당시 최영은 휘하의 군사력 일부가 요동의 정벌에 출전한 관계로 전력이 약화되어 있었다는 견해가 일반적이나, 대략 8,400명 정도의 주력부대를 보유하고 있었으며 서해도 등 회군에 참여하지 않은 최영 진영의 경기 지역의 군사들도 동원할 수 있었다. 개경전투 당시 이성계의 직속 병력이 최영의 그것보다 대략 2배 정도 많은 2만 여명 정도였다는 사실과, 공성병력이 방어병력의 3배 이상이어야 한다는 일반적인 공식을 고려한다면, 회군세력이 개경을 쉽게 함락시킬 수 있는 상황은 아니었다. — 이상훈, 2012, 253-258쪽

이런 주장은 유만수(柳曼殊)가 나성(羅城)의 동문인 숭인문(崇仁門) 공격에

실패한 사실과, 나성으로 진입한 조민수(曺敏修)를 영의서교(永義署橋)에서 최영이 격퇴시켰던 전투 상황을 통해서도 어느 정도 방증된다.

　이상의 사료와 연구를 토대로, 익화군의 역할을 추정해 보고자 한다. 결론부터 말하자면 익화군은 요동정벌군에 참여하지 않았고, 그가 동북면의 잔류병력을 이끌고 개경전투에 참여하여 전쟁의 판도를 바꾸는 데에 혁혁한 전공을 세웠을 것이라는 소견이다. 역사적 상상력을 동원하여 위화도 회군 당시의 익화군의 역할을 추적해 보면 다음과 같다. 1383년 본격적으로 이성계의 휘하에 합류한 익화군은 정도전과 함께 이성계를 추대하여 새로운 왕조의 개창을 도모하였다. 적절한 기회를 엿보던 그들에게 찾아온 대전환의 계기는 요동정벌 계획이었다. 전술했던 이유로 이성계는 요동정벌 자체를 부정하고 출정에 앞서 이미 회군을 결심하고, 회군과 함께 우왕과 최영을 제거할 계획을 도모해 두었다. 이처럼 목숨을 담보로 한 회군계획에는 극소수의 혈육과 심복만이 사전에 참여했을 것이다. 그들은 이방과, 이방우, 이방원, 이지란, 김인찬 정도였다. 이들 5인 중에서 혈육인 이방과와 이방우는 인질로 묶여 있었기에 회군시 적절한 시점을 정하여 탈출을 미리 지시해 두었을 것이다. 이방원은 전술했듯이 가족의 호위를 맡았다. 이로써 이성계로서는 자신의 가족을 보호할 수 있는 조치가 된 셈이다. 그러면 그의 친인척을 포함한 가계에 대한 보호책임은 누구에게 맡겼을까? 그 책임자는 익화군이었을 것이다. 익화군은 이성계의 생거지이자 그의 추종세력들의 본거지인 동북면 수호를 책임졌던 것이라 판단된다. 특히 이성계는 당시 극성을 부렸던 왜구의 침구로 동북면이 약탈당하는 것을 막기 위하여 그의 핵심 병력의 일부를 현지에 남게 두었다고 볼 수 있다. 그런 한편으로 이성계는 회군을 감행하게 되면, 동북면 잔류 휘하친병의 합류를 사전에 지시해 두었던 것으로 추측된다. 이는 회군시 이성계가 행군 속도를 의도적으로 늦춘 사실과 잘 들어맞는다. 이성계는 익화군이 이끄는 동북면의 휘하친병이 본진에 합류하는 시점을 기다렸던 것이다. 이미 요동정벌 자체를 부정했던 이성계로서는 최정예 병력으로 구성된 휘하친병 1,000여 명을 동북면에 미리 잔류시켜 두었고, 회군이 시점에 맞추어 개경부근에서 합류할 것을 사전에 지시해 두었다고 볼 수 있다. 그리고 이들 최정예부대를 이끈 무장은 익화군일 가능성이 짙고, 기록에는 전하지 않지만 그들이 개경전투에서 결정적인 전공을 세웠던 것으로 추측된다. 이상과 같은 정황판단에 의거하지 않고서는 최상급무장이 아니었던 김인찬이 회군공신에 책봉된 사실, 회군 이후 밀직부사라는 중앙정계의 요직에 등용된 소이(所以), 개국일등공신에 책봉되는 이유 등이 설득력 있게 설명되지 않는다.

역사적 정당성과 의의

익화군은 1390년 위화도회군공신으로 녹훈된다. 이에 위화도회군에 대한 역사적 평가는 곧 익화군에 대한 간접적인 평가일 수 있다. 여기서는 위화도 회군의 역사적 정당성과 의의를 살펴보고자 한다. 이는 조선건국의 의의와 함께, 익화군의 공적을 이해하기 위해서는 한번은 꼭 집고 넘어가야 할 논의 대상이다.

먼저 우왕대는 정치, 사회, 문화 전반에 걸친 총체적 난국이었음을 인지해야 한다. 다음의 언급은 그 실상을 서술한 것이다.

> 정치적으로는 우왕의 방탕과 집정권신들의 타락상, 전횡으로 말미암아 우왕 13년 대의 정국이 정치적 파국에 이르렀으며 경제적으로도 집정권신들의 부정, 광범위한 농장의 확대로 인하여 토지의 문란이 가속화되어 농촌이 점차 황폐화되었다. 게다가 명의 요동진출로 인한 국경에서의 잦은 침략과 왜구의 빈번한 침입은 국고를 고갈시키고 국가행정을 파국으로 몰아갔다. 이렇듯 고려의 정치적 국면이 내외에 걸쳐 어떤 돌파구의 모색이 부득이한 극한 상황으로 도달하고 있었다.
>
> — 강지언, 1993, 55쪽

이렇듯 우왕대의 정치는 폭군과 권신들이 각각 사리사욕을 자기 멋대로 채우면서 그들만의 평온을 유지했던 '탐욕과 갈취의 시대'였고 공민왕의 개혁정치를 원점으로 돌려놓은 '보수 반동의 정치'가 행해졌던 시기였다. 아울러 국고는 텅 비고 국력은 쇠약해졌으며, 내란과 수탈에 피폐해진 병약한 사회였다. 그야말로 새로운 세력의 등장이 갈구되는 시대였으며, 정치적으로 국면 쇄신이 매우 요구되는 시대였다. 이에 그 실상을 생생히 인지함이 필요하겠다. 그 실정을 '부정부패의 종합세트'라 할 수 있는 이인임을 통해 알아보자.

1) 당시 이인임(李仁任)·지윤(池奫)·임견미(林堅味)가 정방의 제조로 있으면서 권세를 잡고 자기 사람을 요직에 심으니 온 나라 사람이 좇아가 빌붙었다. 관리를 임명할 때는 뇌물이 얼마나 많은가를 보고, 또 얼마나 자주 문안하러 왔는가에 따라 관직을 주거나 내쫓았다. 혹 자리가 부족하면 무제한으로 첨설(添設)하였고, 때로는 수십 일간 비목(批目)을 내리지 않으면서 뇌물이 올라오기를 기다렸다. 하루에 재추(宰樞)를 59명이나 임명하기도 했으며, 대간(臺諫)·장수(將帥)·수령(守令)은 모두 자신의 인척을 뽑고, 심지어 저잣거리 공장(工匠)이라도 연줄만 타면 벼슬을 받으니 당시 사람들이 이를 '연호정(烟戶政)'이라고 불렀다. 홍산(鴻山)전투에서 전공(戰功)을 세운 사람에게 대해 논공행상할 때 전쟁터에 나가지도 않고 벼슬을 얻은 자가 대단히 많았다.

- 『고려사』 열전 39 李仁任

2) 벼슬을 팔고 뇌물로 옥사를 해결해주니 그 문전(門前)이 마치 물 끓듯 하였습니다. 뇌물을 주어 청탁하는 자는 어진 인재가 되고, 절조와 염치를 갖춘 사람은 불초한 자가 되었으며 그가 한번 웃으면 공신이 탄생하고 그가 한번 찡그리면 사람이 처형당했습니다. 양부(兩府)와 모든 관청, 변방의 장수와 고을의 수령들이 모두 그 휘하에서 났으며 언관(言官)과 요직에는 그와 개인적인 친분을 가진 자가 포진했습니다. 밑바닥을 알 수 없는 탐욕으로, 각 도마다 농장을

소유했으며 늘어선 집에는 금은보화가 가득 찼습니다. 부잣집 늙은이를 봉군(封君)으로 꾀었으며, 친척집 어린아이와 공장이·상인 및 천한 노예는 아무 일도 않고 봉록을 먹게 만든 반면 임금을 숙위하던 신하와 전쟁터를 휩쓸던 용사들은 쌀 한 됫박을 먹지 못했습니다.　　　　-『고려사』 열전 39 李仁任

3) 이에 온 나라 사람들이 벼슬 다툼질로 덕행을 삼고 뇌물로써 공적 조서를 삼으니 관료들은 직무를 비우면서 권세가만 알고 왕실의 존재를 망각해버렸습니다. 사방에 우환이 생기고 전투가 막 벌어지고 있는데도 이인임은 나라 걱정은 전혀 없이 패배한 장수라도 뇌물만 바치면 책임을 묻지 않으며 승리한 장수라도 뇌물을 주지 않으면 상을 주지 않았습니다. 국내 장정(壯丁)들은 모두 악당들에게 청탁해 징집을 면제받고 약골만이 수비병으로 징발되니 마구 날뛰는 왜놈 앞에는 거리낄 것이 없었습니다. 바닷가의 옥토 5~6천 리가 백골이 깔린 폐허로 변했으며 내륙의 고을들은 깡그리 싸움터로 변했으니, 온 나라가 이렇게 처참하게 된 것은 이인임이 올바른 군사행정을 무너뜨린 때문입니다.
　　　　-『고려사』 열전 39 李仁任

이상으로 당시 이인임을 중심으로 하는 소수의 권력 최상층부가 얼마나 탐욕적이었으며, 그 부패가 막심 했는지를 알 수 있다. 관직의 매점매석, 토지의 강탈과 농장의 확대, 뇌물에 의한 군역의 면제와 군사력의 쇠약, 왜구의 침입으로 인한 국토의 황폐화와 민생의 피폐, 탐욕을 견제할 수 있는 반대세력의 부재 등등 그야말로 세기말적 기운이 감도는 사회였다. 이른바 '조반(趙胖)의 옥(獄)'이라 불리는 다음의 사건은 그 일면을 잘 보여준다.

(임경복은) 이인임의 심복 임견미(林堅味) 등과 함께 많은 문신을 모함해 축출하고 매관매직을 자행하였다. 또한 백성의 토지와 노비는 물론 국유지까지 강점하는 등 비행을 일삼아 백성들의 원성이 자자했다. 연락(宴樂)에 빠져 있던 우왕을

충동해 음행을 일삼도록 부추겨 국정이 더욱 문란해지게 하였다. 1387년에는 그의 종 이광(李光)을 시켜 전 밀직부사 조반(趙胖)의 토지를 강탈하자 이에 분개한 조반이 이광을 잡아 죽이는 일이 벌어졌다. 이에 그는 조반이 반란을 꾀한다고 무고해 조반과 그 가족을 잡아 순군옥(巡軍獄)에 가두고, 상만호(上萬戶)의 지위를 이용해 혹독하게 심문하였다."

   – 『고려사절요』 권 32, 신우 13년 12월 및 권 33 신우 14년 정월

 여기서 인용한 '조반(趙胖)의 옥' 사건은 권력실세의 종인 이광이, 밀직부사(密直副使)라는 고위관직을 지낸 조반(趙胖)의 토지를 강탈한 것이 그 발단이 되었는데, 지배층의 토지를 강제로 빼앗을 정도로 당시 토지의 강탈이 공공연하게 이루어지고 있었음을 보여준다. 또한 그들은 염흥방(廉興邦)의 악행에 실력행사로 대응하는 조반(趙胖)을 반란을 꾀한다고 무고(誣告)하고 순군을 시켜 조반의 어머니와 아내를 붙잡고 그를 감옥에 가두어 고문을 가하기까지 하였다. 이는 당시 법치가 완전히 붕괴되었음을 단적으로 보여준다. 그야말로 무법천지의 세상이었다고 할 수 있다. 이런 그들에 대하여 조반(趙胖)은 "6, 7명의 탐욕스런 재상들이 사방에 종을 놓아 남의 토지와 노비를 빼앗고, 백성들을 해치며 학대하니 이들은 큰 도적이다. 지금 이광(李光)을 벤 것은 오직 국가를 돕고 민적을 제거하려 하는 것인데, 어째서 반란을 꾀한다고 하는가"라고 강변한다. 이를 통해 극소수의 상층권력에 의해 전민(佃民)의 탈점(奪占)과 농장(農莊)의 확대(擴大)가 얼마나 심각하게 이루어졌는가를 알 수 있으며, 이런 과정에서 얼마나 무고한 사람들이 핍박을 받았는지를 파악할 수 있다. 또한 사회적으로 도덕적 문란이 극에 달했으며 사회적 기강이 얼마나 해이(解弛)했는가를 짐작할 수 있다.

 이런 총체적 난국의 시점에 등장한 인물이 최영(崔瑩)이다. 그러면 그는 과연 이런 난국을 타개할 수 있는 인물이었을까? 그에 대한 다음의 인물평은 그

답을 제시한다.

> 그는 이 시대가 배출한 가장 뛰어난 충신이지만 동시에 우왕과 이인임같이 부패한 권력의 군사적 수호자이기도 했다. 그는 상황에 영합하는 인물은 아니었지만 새로운 가치를 창조하기보다 주어진 가치를 수호하는 데에 적절한 인물이었다. 그러나 그 가치들이 대립될 때 그것을 다른 방식으로 이해할 수 있는 상상력이 빈곤했다. 그렇기 때문에 그의 인격을 이루는 두 요소, 즉 왕에 대한 '충성'과 국가에 대한 '우려'가 충돌했을 때, 그는 해결책을 발견할 수 없었다. … 외적인 측면만 놓고 볼 때 그는 고려말의 정치적 부패를 개혁하고 국가를 일신할 수 있는 가장 유력한 인물이었지만 자신의 울타리에 갇혀 역사적 대안으로 성장하지는 못했다. 그러나 최영은 고려의 전통적인 세력들을 제거함으로써 그 대안으로 향한 길을 열어 놓았다. 이성계와 그의 지지자들은 그 길을 따라 새로운 국가와 문명을 건설했다. 따라서 회군의 정치적 의미는 대단히 협소했으나 그 의미는 점점 확대되어 가장 높은 단계까지 이르렀다. 회군 후의 정치과정은 치열한 권력투쟁을 수반했으나, 그것은 동시에 회군의 역사적·정치적 의미에 대한 경쟁이기도 했다.
>
> - 김영수, 1999, 38쪽

한마디로 최영(崔瑩)은 새로운 정치적 대안이 부재한 인물, 중세 봉건적 프레임(frame)에 갇힌 인물, 대의(大義)보다는 개인적 정리(情理)에 이끌린 인물, 미래에 대한 로드맵(road map) 자체가 없는 인물, 기득권(旣得權) 세력의 한계를 벗어나지 못한 인물, 청렴·결백·충절·의리 등의 상징적 인물로 각인될 만큼 자기관리에는 철저했지만 참다운 국가 관리를 위한 구상이 없었던 인물, 새로운 이념을 모색하고 그것을 실현할 인물을 포섭할 의지가 없었던 인물, 무엇보다도 명분에 치우쳐 실리(實利) 외교를 거부했던 인물이었다. 결국 구체제(舊體制)를 옹호하고 그것을 수선(修繕)하여 개선(改善)할 수 있는 인물이기는 했지만, 병약하고 의지박약한 사회에 신선한 기운을 불어놓고 새로운 가치를 창출할 수 있는 위인은 아니었다. 결국 새로운 세상은 이성계를 선택했고, 위화도회군은 이성계에게 건전하고 정의로우며 참다운 세상을 창출할 수 있는 기회를 제공하고 토대를 마련해준 계기였다고 볼 수 있다. 이에 위화도회군에 박수를 보내는 것이 정당한 역사적 평가이며, 그 위대한 위업에 중추적 역할을 담당했던 익화군은 역사적 위인으로 추앙해도 마땅할 것이다.

객관적 역사 평가

마지막으로 위화도 회군에 대한 역사적 평가를 들어보자.

1) 이성계 일파에 의한 위화도회군은 조선의 건국을 낳게 한 중요한 정치적인 사건으로 이해되고 있다. 즉 위화도회군은 이성계 세력이 정국 운영을 장악할 수 있게 하여 이후 그들의 주도 아래 제반 개혁을 추진할 수 있게 하는 결정적인 계기가 되었다는 것이다. 그리고 그 과정에서 이성계를 중심으로 하는 무장 세력과 개혁을 추진하는 신흥사대부가 서로 결합하여 조선의 개창으로 이어지게 되었다.   - 강지언, 1993

2) 위화도 회군은 조선왕조 성립의 전제로서, 군령을 어기고 하급자가 상급자를 저버리는 하극상이며 명백히 지배질서를 위협하는 반역이다. 그러나 회군은 사회변화에 부응해서 낡은 제도를 고치고 민의 요구를 반영해나갈 수 있었으며 상대적이지만 혈연보다는 능력을 중시하고 지배세력이 확대되는 결과를 가져오기도 했다.   - 도현철, 1996

이들 역사학자들의 평가는 정당하므로 사족(蛇足)을 더할 필요는 없겠다. 다만 위의 평가에서 빠진 부분을 보충하면 다음과 같다. 이를 위하여 회군 당시의 사례를 먼저 소개한다.

1) 회군하는 군사가 서경에서 개경으로 진군하자 우왕을 따르던 신료와 백성들이 술을 준비해와 연도에 늘어서서 맞이했다.

-『고려사』권137 신우 14년 5월 무술

2) 태조가 숭인문을 통해 도성으로 들어가 좌군과 서로 협격해 나아가자 성을 지키는 군사들이 아무도 막지 않았다. 도성의 남녀백성들이 다투어 술을 가지고 나와 군사를 영접하고 장애물로 설치했던 수레를 치워 길을 틔워 주었으며 노약자들은 성에 올라가 그 광경을 바라보면서 기뻐 날뛰었다.

-『고려사』권137 신우 14년 6월 기사일

3) 이같은 사변은 나의 본심이 아니나 다만 대의를 거역하고 국가가 편안하지 못하며 인민이 노곤하여 원통한 원망이 하늘에 사무친 고로 부득이 한 일이니 잘 가시오　　　　　-『고려사』권 137 열전50 신우 14년 6월 기사

1)과 2)는 회군이 민의에 부응한 거사였음을 직접적으로 보여주는 기사이고, 3)은 이성계가 최영에게 마지막으로 건넨 말로 회군은 대의에 따른 결정이며 국가의 평안과 인생의 안정을 위한 것임을 천명한 내용이다. 이에 회군은 민의에 부응한 것이며, 국가보존이라는 대의에 따른 것임을 알 수 있다. 우리는 이 대목에 주목해야 마땅하다.

다시 말해서 특정 정치세력의 역사적 평가는 '사직(社稷)의 보존(保存)'과 '민생(民生)의 안정(安定)'이라는 절대 가치에 의해 평가되어야 한다고 믿는다. 이런 입장에 설 때 다음의 기사와 그에 대한 해석은 위화도 회군의 평가에 대한 잣대가 될 수 있을 것이다.

이때 전라도(全羅道)와 경상도(慶尙道)는 왜구(倭寇)의 소굴이 되고 동북면(東北面)·서북면(西北面)은 바야흐로 땅이 나뉠 것을 걱정하고 있었으며, 경기도(京畿道)·교주도(交州道)·양광도(楊廣道)는 성을 수리하느라 곤궁하였고 서해도와 평

양(平壤)은 사신(使臣)을 영접하는 일로 지쳐있었는데, 여기에 더하여 군사를 징발하니 8도가 시끌벅적해지고 민(民)들은 농사를 짓지 못하게 되어 안팎으로 원망하였다.   - 『고려사절요』 33 우왕 14년 3월

이 기록에 대한 다음의 평가는 본고의 입장을 대변해 준다. "요동공략군(遼東攻略軍)으로 동원되는 것 자체가 일반 농민 출신 군사에게는 부담스럽게 여겨졌으리라 것을 추측케 해 준다. 당시 일반 농민은 불법적인 수탈로 말미암아 불만을 가지고 있었으며 왜구의 침략에 많은 힘을 쏟고 난 후였다. … (또한 정부 차원의) 일반 농민에 대한 경제적 침탈을 방지할 수 있는 근본적인 대책이 마련되지는 못했다. 따라서 일반 농민은 최영의 정책을 적극 지지할 만한 입장이 아니었으며, 요동공략의 필요성도 절실하게 느끼지는 못했을 것이다. 이러한 상태에서 차출된 농민 출신 군사는 적극 싸울 의사를 갖지 못하고 위화도에 이르니 도망가는 병사가 길을 이룰 지경이 되었다."(유창규, 1995, 60-61쪽) 여기서 요동공략 자체가 일반 농민의 뜻과는 완전히 위배되는 최영을 중심으로 하는 일부 집권층에 의해 추진된 사실과, 또한 일반 농민들은 정부의 수탈과 왜구의 침구로 매우 곤궁한 상태였던 사실을 알 수 있다. 그러므로 요동정벌은 '민생을 저버린', '민의를 도외시한' 세력에 의해 추진된, 현실적으로 실현 불가능한 결정이었고, 민생을 더욱 도탄으로 빠뜨릴 위험한 도박이었다는 사실은 분명하다. 이에 이를 전면 부정한 위화도 회군은, 민의에 부응한 올바른 결정이며, 국가를 안위를 위한 현실적 결단이었으며, 편민이국(便民利國)을 위한 디딤돌을 마련한 거사라고 봄이 마땅하다. 그런데 이런 위화도회군을 다음과 같은 이유로 부정적으로 보는 견해도 있다.

최대한의 군사력이 결집된 상태에서 군 통수권을 장악할 수 있는 좋은 기회를 포착한 탁월한 정치적 안목의 소유자였던 이성계는 오랜 전란을 통하여 원수(元帥)

의 지위에 올랐던 무장(武將)들의 동조를 책동하여 정략적인 회군을 단행함으로써 정치권력을 주도할 수 있는 전기를 마련하였던 것이다. … (위화도 회군으로 공신에 책봉된) 회군공신은 고려왕조의 번병(藩屏, 방패)이기는커녕, 대다수가 이성계의 정치적 하수인(下手人)으로서 그 대립되는 정치세력을 도태하는 행동대이거나 개인적 영달과 안일을 구하여 시세에 편승한 부류의 인물이었다. 설령 소수의 비협조적인 인물이 반드시 없었던 것은 아니지만, 이들은 잔혹한 태형(笞刑)과 유형(流刑)을 통하여 타협적인 추종자로 허명(虛名)을 보존할 뿐이며, 이런 경우라 하더라도 그 이전에 이성계와의 개인적 지면과 전장을 통하여 맺어진 전우애를 지닐 수 있었던 무공동지(武貢同志)였던 경우가 태반이었던 것이다. 결국, 정치권력을 장악하기 위한 구심체로서 이성계를 추종한 집단체를 이루게 된다는 말이 된다.   - 박천식, 1979, 66-67쪽

위의 역사적 평가는 위화도회군을 정권탈취를 위한 쿠데타로 간주하면서, 그 추진세력을 기회주의자로 폄하하고 그들의 행동을 집단이기주의로 보고 있다. 특히 개인적 영달과 정치적 야욕을 위하여 위화도 회군을 단행한 것으로 규정하고 있다. 그러나 위화도 회군은 바로 위에서 살핀 바와 같이 민생을 고려한 결정이었고 국가를 보존하기 위한 고육지책(苦肉之策)이었다. 그리고 무엇보다도 정벌에 참전한 일반 농민의 동조(同調)와 지지(支持)가 있었기에 가능했다. 대의를 위해서는 정치적 권도(權道)도 필요하며 소인(小人)적 명분과 개인적 의리를 저버려도 무방하다고 생각된다. 어찌 구폐(舊弊)를 일소하고 구습(舊習)을 혁신하는 데에 '아름답고 도덕적인 방식'으로 가능하겠는가. 인류 역사에서 그런 경우는 지극히 드물다.

한편 일각에서는 위화도회군을 강행한 이성계를 친명사대주의, 혹은 반민족주의자로 평가한다. 이는 지극히 감상적인 견해이다. 태조 이성계는 그의 즉위 초기부터 요동정벌 계획을 세우고 군사적 준비를 자신의 주도하에 적극적으로

추진한다.(최승희, 1987, 153-159쪽) 여기서 그가 위화도 회군을 감행한 것이 단순히 사대주의적 입장 때문이 아님을 파악할 수 있다. 이에 이성계 세력의 위화도 회군은 냉철한 현실적 판단에 입각한 올바른 결정이고 그것이 국가를 보위하는 방안이었음을 간파할 수 있다. 이런 본고의 견해와 관련하여 친명 사대외교를 사대주의와 구분하여 이성계 일파의 친명정책을 주체적, 발전적, 능동적이라 파악한 이상백(李相佰)의 다음의 견해는 좋은 방증자료이다. "요동출병이 사원반명(事元反明)에서 나왔고, 이성계의 위화회군(威化回軍)이 친명사대사상에서 나왔다고 하는 것은 너무도 단순한 피상적(皮相的) 관찰이다. 유래(由來)로 우리나라 외교정책상 사대(事大)라는 것은 어느 때나 가장 실리(實利)를 취하는 수단으로 하는 것이요 공허한 형식론(形式論)으로 왕조의 운명을 희생하면서 모행(冒行)한 일은 없다. … 이성계가 위화회군(威化回軍)한 것도 단순한 사대사상(事大思想)으로 건곤일척(乾坤一擲)의 모험을 한 것은 아니다."(한영우, 1977, 12쪽에서 재인용)

위화도 회군에 대한 평가는 정도(正道)라는 잣대, 도덕적 기준, 국가적 자존심 등으로 평가함은 시의(時宜)적이지 못하고 지극히 감상적이다. 그러므로 정당한 역사적 심판이라 할 수 없다. 어쨌든 정치의 근본은 백성을 '등 따시고 배 부르게 함'에 있다. 즉 백성의 '후생(厚生)과 복리(福利)'에 그 가치가 두어져야 한다. 그 어떤 가치도 이를 압도할 수 없다. 회군은 민의를 따르는 결정이었고 국가를 보존하는 최선책이었다. 그리고 평화롭고 안정된 국제관계 속에서 왕도정치와 민본정치로 갈 수 있는 길을 마련한 역사적 사건이었다. 이런 관점에서 위화도 회군은 평가되어야 할 것이고, 익화군의 공훈에 대한 가치도 매겨져야 할 터이다.

공양왕 옹립 공신과 밀직부사_1390년 1월 18일(55세)

밀직부사라는 요직에 임명

1390년 익화군은 공양왕 옹립 공신으로 책봉되는데, 이때에 관직이 밀직부사(密直副使)였다. 이 시기 회군시의 공훈으로 중앙정계에 드디어 진출하여 요직에 배치된다. 중앙정계에 진출하면서 바로 재상(宰相)의 반열에 오른 것이다.

애초에 우왕을 강릉(江陵, 지금의 강원도 강릉시)으로 이배할 때 문하평리 윤호(尹虎)·유만수(柳曼殊), 첨서밀직사사 우홍수(禹洪壽), 동지밀직사사(同知密直司事) 유광우(兪光祐) 등이 호송했다. 또 창왕을 폐위할 때 상의문하부사(商議門下府事) 최원지(崔元沚)와 밀직부사 유용생(柳龍生)은 궁궐 문을 지키고, 판자혜부사(判慈惠府事) 정희계(鄭熙啓), 자혜부윤(慈惠府尹) 이방과(李芳果, 조선 정종), 밀직부사 김인찬(金仁贊), 지신사(知申事) 이행(李行) 등은 국보(國寶)의 전달을 감시하고, 밀직사(密直使) 강회백(姜淮伯)과 지밀직사사(知密直司事) 윤사덕(尹師德)은 창고를 봉함했기에, 왕이 그 공을 따져 윤호 등에게 공신호(功臣號)를 내려주었다. 윤소종 등이 아뢰기를, "상벌은 나라의 큰 권병이니, 남용해서는 아니 되옵니다. 태조 때에 김낙(金樂)과 김철(金哲)도 오히려 6공신의 반열에 참여하지 못하였습니다. 지금 전하께서 화령백(和寧伯, 이성계) 이하 9명을 종묘에 고하고 상을 시행하였는데, 윤호 등의 공은 사람들이 듣지 못한 바이오니, 이를 삭제하소서." 하였으나 듣지 않았다.   - 『고려사』 卷120 列傳 33 윤소종

初禑之移江陵也, 門下評理尹虎·柳曼殊, 簽書密直禹洪壽, 同知密直兪光祐等押行, 又廢昌之日, 商議門下府事崔元沚, 密直副使柳龍生守宮門, 判慈惠府事鄭熙啓, 慈惠府尹李恭靖王舊諱, 密直副使金仁贊·知申事李行等守傳國

寶, 密直使姜淮伯, 知密直尹師德封府庫, 王論其功, 賜虎等爲功臣. 紹宗言,

"賞罰國之大柄, 不可濫也. 我太祖征伐四十年, 稱功臣者止六人, 金樂·金哲

代太祖而死, 尙不與六功臣之列. 今殿下旣以和寧伯等九人, 告廟行賞. 虎等

之功, 人所未聞, 請削之." 不聽, 復上疏爭之, 竟不從.

    1389년에 이성계(李成桂)가 주동이 되어, 이른바 폐가입진(廢假立眞)을 내세워 우왕과 창왕을 신돈의 자손이라 폐위하고 신종의 7세손인 정창군 요(定昌君 瑤)를 공양왕으로 추대하여 즉위시켰다. 이렇게 즉위한 공양왕은 그의 즉위 원년인 1389년 11월에 흥왕사에 모여 공양왕 추대하기로 결의한 이성계(李成桂)·정몽주(鄭夢周)·심덕부(沈德符)·지용기(池湧奇)·설장수(偰長壽)·성석린(成石璘)·박위(朴葳)·조준(趙浚)·정도전(鄭道傳) 등 9사람을 공신으로 책봉하고 녹권을 하사한다. 그리고 1390년 1월에 윤호(尹虎) 등 공양왕 옹립에 실질적인 업무를 수행한 12명을 공양왕 옹립 공신으로 추가로 녹훈하고 공신호(功臣號)를 내린다. 위의 기사는 그 내용을 기록한 것이다. 여기서 1390년 1월 공신호를 받을 당시 익화군의 관직이 밀직부사(密直副使)인 사실을 알 수 있고, 또한 그가 창왕 폐위 시 옥새를 관수하였다가 공양왕 즉위 시 전달하였음을 확인할 수 있다. 이들에 대하여 공신호를 내리는 것에 대하여 윤소종(尹紹宗)이 강력 반대하지만, 이성계는 결국 그의 반대에도 불구하고 공신호를 내린다. 익화군을 포함한 이들 12인에 대한 이성계의 신임을 확인할 수 있는 대목이다.

창왕 폐위와 공양왕 옹립의 사건 전개

    이에 앞서 전개된 창왕(昌王)의 폐위와 공양왕(恭讓王)의 옹립의 과정을 기록한 사료를 인용·소개하면 다음과 같다.

창왕 원년 11월 정축일에 대호군(大護軍) 김저(金佇)가 우왕과 함께 반란을 꾀하다가 일이 발각되어 김저(金佇)는 옥에 수감되었다. 무인일에 우왕을 강릉부(江陵府 : 지금의 강원도 강릉시)로 옮겼다. 우리 태조(太祖, 이성계)가 판삼사사(判三司事) 심덕부(沈德符), 찬성사(贊成事) 지용기(池湧奇)·정몽주(鄭夢周), 정당문학(政堂文學) 설장수(偰長壽), 평리(評理) 성석린(成石璘), 지문하부사(知門下府事) 조준(趙浚), 판자혜부사(判慈惠府事) 박위(朴葳), 밀직부사(密直副使) 정도전(鄭道傳)과 함께 흥국사(興國寺)에 모여서 삼엄한 경계를 펴놓고 다음과 같이 의논했다. "우와 창은 본래 왕씨가 아니니 가히 종묘제향을 받들 수 없다. 게다가 천자의 명령까지 내렸으니 가짜 왕을 끌어내리고 진짜 왕을 세워야 마땅하다. 정창군(定昌君) 왕요(王瑤)가 신종(神宗)의 7대 손으로 족보상 가장 가까운 친속이니 그를 옹립하는 것이 옳다." 그러나 조준(趙浚)은, "정창군(定昌君)은 부귀한 환경에서 생장해 재산 모으는 것만 알 뿐 나라를 다스리는 방도는 알지 못하니 그를 왕으로 세울 수는 없습니다."라고 반대했으며 성석린(成石璘)도, "왕을 세울 때는 마땅히 어진 이를 가려야 하는 것이지, 족보상의 친소관계를 굳이 따질 필요는 없습니다."고 말했다. 이에 종실(宗室) 사람 여러 명의 이름을 써서 심덕부(沈德符)·성석린(成石璘)·조준(趙浚)을 계명전(啓明殿)으로 보내 고려 태조의 영전에 고한 다음 탐주(探籌)하니, 과연 정창군의 이름이 뽑혔다. 다음날 새벽 우리 태조가 심덕부(沈德符) 등 여덟 명과 함께 공민왕 정비(定妃)의 궁궐을 찾아가 군사들로 호위하게 하니 종친과 백관들이 모두 따랐다. 정비(定妃, 공민왕의 제4비 안씨)의 교지(敎旨)를 받들어 창왕을 강화부(江華府, 지금의 인천광역시 강화군)로 추방하고 공양왕을 맞아다가 왕으로 옹립했다. 왕이 놀라고 두려워서 사양하니 정비가 손수 국왕의 인(印)을 건네주었다   - 『고려사』 공양왕 총서

창왕 폐위의 직접적인 이유는 이성계 암살 모의에서 시작된다. 1389년 김저는 최영의 측근인 정득후(鄭得厚)와 함께 여주로 가서 폐위된 우왕을 만나 이

성계(李成桂)를 살해하라는 부탁을 받고 돌아와서 곽충보(郭忠輔)와 모의하여 팔관일(八關日)에 거사할 것을 결정하였다. 이에 곽충보는 거짓으로 승낙하고는 이성계에게 그 사실을 밀고하였다. 이 사실을 알게 된 이성계가 팔관회에 참여하지 않고 집에 있자, 정득후와 함께 이성계의 집으로 잠입하였다가 문객에게 잡혀 순군옥(巡軍獄)에 갇혔다. 대간의 문책에 따라 변안열(邊安烈)·이림(李琳)·우현보(禹玄寶)·우인열(禹仁烈)·왕안덕(王安德)·우홍수(禹洪壽) 등과 공모하여 우왕을 복위하기로 하였다고 자백하였다. 이 사건으로 인하여 우왕은 강릉으로 옮겨지고, 다시 창왕(昌王)도 폐위되어 강화로 추방되었다. 이른바 '김저(金佇)의 옥(獄)'으로 불리는 이 사건으로 이성계을 비롯한 전술한 9명의 재추가 흥왕사에서 모여 창왕을 폐위하고 새로운 왕으로 옹립할 것을 결의한다. 참석자 대부분은 정창군(定昌君) 왕요(王瑤)가 신종(神宗)의 7대 손으로 족보상 가장 가까운 친족임을 들어 그를 옹립코자 한다. 그러나 조준(趙浚)은 왕요가 부귀한 환경에서 성장하여 치부에는 능하나 나라를 다스릴 방도를 알지 못함을 들어 반대한다. 성석린(成石璘)도 군왕의 자질로 촌수보다는 능력이 중요하다는 의견을 내어 조준을 거든다. 이에 참석자들은 결론을 내리지 못하고 대상자 몇 명을 선정한 후, 제비뽑기를 하여 새로운 왕을 정하게 된다. 그렇게 옹립된 왕이 공양왕이다. 이런 공양왕의 옹립 과정에서 익화군은 밀직부사의 직으로 국새를 보관했다가 공민왕의 제4비였던 정비(定妃)에게 건네는 소임을 맡았다. 이때부터 익화군은 개국으로 가는 역사적 사건마다 중추적인 소임을 맡는다.

여기서 익화군에 대한 역사적 평가를 위해서는 창왕 폐위에 대한 역사적 논평이 필요하겠다. 이 역시 익화군에 대한 후대의 평가와 직결되기 때문이다. 창왕은 조민수와 이색이 추대하여 왕에 오른 인물이다. 그런데 조민수와 이색은 새로운 정치를 꿈꾸던 개혁적 인물이 아니었다. 그들은 소수가 권력을 과점(寡占)하던 구체제를 옹호하고 이인임 등 부패권력을 청산하기에 주저하던 인물들이다. 이른바 기득권세력이었고 그것을 기존의 기득권을 수호코자했던 인물들이었다. 요컨대 그들은 복고적이었고 반개혁적이었다. 익화군이 포함된 이성계 세력에 의한 창왕의 폐위는 '구폐(舊弊)의 일소'의 완결이며, 이어지는 '민생 개혁'으로 가는 정지작업 그 자체였다.

밀직사와 밀직부사

공양왕 옹립 공신호를 받을 당시 익화군의 직위는 밀직부사였다. 이에 밀직사와 밀직부사에 대한 이해가 필요하겠다. 먼저 밀직사(密直司)에 대한 연혁이다.

고려 시대 정령(政令)의 출납(出納)·궁중의 숙위(宿衛)·군기(軍機) 등에 관한 일을 맡아보던 관아이다. 성종 10년(991)에 송(宋)나라의 추밀원(樞密院)을 모방하여 중추원(中樞院)을 설치하였는데, 현종이 처음 즉위하여 중추원(中樞院) 및 은대(銀臺)·남북원(南北院)을 혁파하고 중대성(中臺省)을 두어 삼관(三官)의 기무(機務)를 관장케 하였다. 동왕 2년(1011)에 중대성을 혁파하고 다시 중추원을 두었다. 헌종 원년(1095)에 추밀원(樞密院)으로 고침. 충렬왕 원년(1275)에 밀직사로 고치고 동왕 24년(1298)에 광정원(光政院)이라 고쳤다. 충선왕 2년에 밀직사의 관질(官秩)을 높여서 첨의부(僉議府)와 함께 양부(兩府)라 칭하였다. 공민왕 5년(1356)에 추밀원(樞密院)으로 고쳤다가 동왕 11년(1362)에 다시 밀직사로 고쳤다. - 『한국고전용어사전』 '밀직사'

이상에서 밀직사는 중추원, 추밀원, 광정원 등으로도 불렸던 사실과, 그 주요 직무는 정령(政令)의 출납(出納), 궁중의 숙위(宿衛), 군기(軍機)의 사찰(査察) 등이었음을 알 수 있다. 아울러 1362년(공민왕 11)에 밀직사로 부리다가 조선시대로 이어졌음을 확인할 수 있다. 다음은 그 당시 품계와 직위에 대

136

한 사료의 기록이다.

> 11년에 다시 밀직사(密直司)라 고쳐 판사사(判司事)·사사(司使)·지사사(知司事)·첨서사사(簽書司事)·동지사사(同知司事)는 모두 종2품(從二品)으로 하고, 부사(副使)·제학(提學)·지신사(知申事)·좌우대언(右左代言)·좌우부대언(右·左副代言)을 모두 정3품으로 하고 당후관(堂後官)을 계제 정7품(階梯正七品)으로 하였다. 18년에 첨서(簽書)를 낮추어 정3품으로 하였으며, 제학(提學)을 고쳐 학사(學士)라 하고, 대언(代言)을 승선(承宣)이라 하였으며, 뒤에 다시 학사(學士)를 고쳐 제학(提學)이라 하였고, 승선(承宣)을 대언(代言)이라 하였다.
>
> － 『고려사』 고려사 권제76, 지 30 백관1 밀직사

위의 기록에서 밀직부사(密直副使)는 정3품이며, 정3품 중에서도 최상위 관직임을 확인할 수 있다. 이 정3품의 밀직부사는 이른바 재추(宰樞)의 일원으로 국가의 주요결정에 참석할 수 있는 직위였다. 현재 우리나라의 직급으로 비유하자면 1급 공무원에 해당되며, 직위로는 법원장, 검사장, 차관보, 대장, 치안총감 등에 준한다. 어쨌든 왕명의 출납과 왕실의 호위, 그리고 군사 기무를 맡은 곳이 밀직사이고, 그곳의 실무 책임이 밀직부사인 사실로 미루어 익화군은 당시 요직 중의 요직을 맡아, 이성계의 분신으로 그의 뜻을 받들고 그의 신변을 보호하여 군권을 관리했음을 알 수 있다. 이런 기본적인 사실을 이해하고 밀직부사에 대하여 좀 더 구체적으로 알아보자. 익화군이 위화도회군 이후 줄곧 밀직사에 근무하였기 때문에 밀직사와 밀직부사에 대한 이해는 곧 관료로서 익화군을 이해하는 첩경(捷徑)일 수 있다. 일단 중추원(中樞院)에 대한 박용운의 연구 결과(박용운, 1976)를 소개하면 다음과 같다.

1) 성종10년에 중추원을 설치한 후 곧 사(使)·부사(副使)·승선(承宣) 등의 직제

가 마련되어 당대에 이미 골격이 갖추어 졌으며 현종대의 정비를 거쳐 문종조에 이르러 완성을 보게 되었다.

2) 둘째로 중추원은 상하의 이중구조로 조직이 되어 상층부는 7추(樞)로 구성되어 있었으며 하층부에는 5승선(承宣)이 있었다. 이 조직은 시대에 따라 크고 작은 변화과정을 거치었으나 기본구조에는 변함이 없었다,

3) 중추원이 상하층의 이중조직으로 되어 있었으므로 그 지위에 따라서 각각이 맡고 있는 임무도 달랐다. 즉 상층부의 추밀(樞密)은 재상으로서 중서문하성의 재신과 더불어 도병마사(都兵馬使)나 식목도감(式目都監) 등에 합좌(合坐)하여 군국(軍國)의 중사(重事)를 의논 처리하였던데 비하여 하층부의 승선(承宣)은 왕명의 출납을 관장하였다. 중추원 자체로서는 궐내(闕內)의 직숙(直宿)을 총괄하고 의례(儀禮)와 궁중서무(宮中庶務)를 관장하는 직능을 띠고 있었다.

4) 상기한 바와 같은 고려전기의 중추원 직능은 후기사회가 되면서 크게 변모하였다. 먼저 그들이 맡고 있던 의례와 궁중서무의 주관업무를 버리고 대신에 군기지정(軍機之政)을 관장하게 되어 첨의부(僉議部)와 함께 새로이 양부라 불리우게 된 것은 무엇보다 큰 변화였다. 물론 이 같은 변화는 추밀에 해당하는 것이었으며 그 시기는 충선왕 2년이었다.

5) 중추원제의 운용은 왕권의 안정에 기여하는 바가 컸다. 중서문하성의 재신(宰臣)과 밀직(密直) 재상의 병치, 양자의 합좌와 만장일치제, 병권의 분산 등 여러 방면의 제도적 조처는 모두 왕권에 유리한 요소들이었다. 요컨대 이 제도가 갖는 기능상의 공통점은 역시 왕권의 안정에 있었다고 생각된다. 고려와 송의 경우에 있어서는 이러한 경향이 더욱 뚜렷이 나타나고 있었다 할 것이다.

위의 중추원(中樞院)은 밀직사(密直司)의 전신이다. 이에 중추원은 밀직사로 보아도 무방하다. 이하 중추원은 밀직사로 서술하겠다. 1), 2), 3)에서 밀직

사의 직제는 사(使)·부사(副使)·승선(承宣)으로 골격이 이루어져 있으며, 7명의 추밀(樞密)로 구성된 상층부인 추부(樞部)와 5명의 승선(承宣)으로 이루어진 하층부인 승지방(承旨房)는 그 업무와 직급에서 이중구조를 지녔음을 알 수 있다. 즉 추부는 군사상의 주요업무를 관장할 뿐만 아니라, 그에 속한 사(使)·부사(副使) 등은 재추(宰樞)로 이루어진 도평의사사(都評議使司)에 속하여 주요 국정을 의결하는 데에 참여하였음을 확인할 수 있다. 이는 왕명의 출납만을 담당한 하층부의 승지방(承旨房)의 관원과는 엄격하게 구분되는 바이다. 4)에서 중추원은 고려후기 밀직사로 바뀌면서 군사기밀에 관한 업무를 전담하다시피 하였음을 알 수 있다. 구체적으로 전쟁 전략의 구상, 군사상의 기밀, 상장군·대장군의 지휘와 통제, 군사 동원과 발병 등의 군사상의 중책을 담당하였음을 확인할 수 있다. 그 외에도 왕궁의 숙위(宿衛)와 경비(警備) 등도 밀직사에서 당당했던 것으로 기록되어 있다. 이에 5)에서 확인할 수 있듯이 밀직사는 왕권 강화를 위한 부서라 할 수 있다.

이 밀직사에서 익화군이 맡았던 밀직부사(密直副使)는 밀직사의 실질적인 실무총괄담당이라 할 수 있다. 그는 정3품이지만 국가의 주요 정책 결정을 의논하는 도평의사사에 참여할 수 있었으며, 실질적으로 군사를 통제, 관리, 동원할 수 있는 군사상의 핵심요직을 담당하였다. 또한 왕궁을 경호하고 왕을 보호하는 경호부서를 총괄했으며, 군사 기밀을 탐지하여 고급군관직의 동태를 살피고 정보를 수집하는 업무도 맡았다. 이를 통하여 익화군은 위화도회군 이후의 정국에서 군의 요직 중의 요직인 밀직부사로 근무하면서 이성계의 군권 장악과 정적 제거에 일익을 담당하였으며, 이성계의 신변을 보호하는 일을 전담했음을 확인할 수 있다. 이성계에 있어서 익화군은 가장 믿을 수 있는 심복 중의 심복이었다고 할 수 있다. 비유하자면 익화군은 지금의 중앙정보부장, 기무사령관, 청와대 경호실장, 합동참모차장 등에 준하는 중책을 맡아서 이성계 세력을 군사적으로 보호하고, 그들의 정책 노선을 군사력으로 충실히 뒷받침하는 역할을 담당했으리라 판단된다. 신구 세력 간의 정권 쟁탈전이 극심했던 위화도회군에서 조선의 건국까지의 시기, 정권의 향방이 힘의 논리에 의해 정해지던 시절, 정치세력들이 사병에 가까운 자기들의 군사력을 보유하고 있던 시절, 익화군은 밀직사의 요직에 재위하면서 이성계의 눈과 귀, 그리고 간성(干城)이 되어 이성계의 혁명적 개혁 작업을 충실히 보좌하고 뒷받침하였다고 평가할 수 있다. 이런 그의 공훈이 그가 개국일등공신으로 책봉된 결정적인 배경이 되었음은 의심할 바 없다.

회군공신에 책봉되다_1390년 4월 9일(55세)

회군공신의 책봉과정

공양왕은 위화도회군이 거행된 지 무려 2년이나 지난 1390년에 회군공신 54명의 공훈을 다음과 같이 교서를 내려 기록으로 남긴다.

가짜 임금 신우(辛禑)가 제멋대로 불법을 행하다가 무진년(戊辰, 1388)에는 최영(崔瑩)과 함께 요양(遼陽)을 침범하려고 하는 바람에, 장차 우리나라는 명나라 조정으로부터 죄를 얻게 되어 사직(社稷)의 존망이 매우 위태로운 처지에 놓이게 되었다. 그때 수문하시중(守門下侍中) 이성계가 전 시중 조민수(曹敏修)와 함께 앞장서 대의를 내걸고 장수들을 설득해 회군의 결정을 내림으로써 사직을 안정시켰으므로 그 큰 공로는 산하가 마르고 닳도록 잊기 어렵다.

그와 마음을 같이 해 협력한 문하시중(門下侍中) 심덕부(沈德符), 전 판삼사사(判三司事) 왕안덕(王安德), 문하찬성사(門下贊成事) 지용기(池湧奇), 평리(評理) 배극렴(裴克廉)·윤호(尹虎), 전 평리(評理) 정지(鄭地), 평리상의(評理商議) 유만수(柳曼殊), 지문하부사(知門下府事) 박위(朴葳), 상의지문하부사(商議知門

下府事) 최윤지(崔允沚), 평양윤(平壤尹) 황보림(皇甫琳), 전 밀직사사(密直司事) 이무(李茂)와 이빈(李彬), 우대언(右代言) 조인옥(趙仁沃), 응양군(鷹揚軍) 상호군(上護軍) 남은(南誾), 봉복군(奉福君) 승(僧) 신조(神照), 판자혜부사(判慈惠府事) 경보(慶補), 전 황주목사(黃州牧使) 조희고(趙希古), 전 원주등처병마절제사(原州等處兵馬節制使) 경의(慶儀), 판의덕부사(判懿德府事) 이화(李和), 판자혜부사(判慈惠府事) 최단(崔鄲), 광주등처병마절제사(廣州等處兵馬節制使) 최운해(崔雲海), 지밀직사사(知密直司事) 이두란(李豆蘭)과 육려(陸麗), 개성윤(開城尹) 이승원(李承源), 지밀직사사(知密直司事) 윤사덕(尹師德), 경상도도절제사(慶尙道都節制使) 구성로(具成老), 동지밀직사사(同知密直司事)(同知密直司事) 박영충(朴永忠), 화령윤(和寧尹) 정요(鄭曜), 동지밀직사사(同知密直司事)(同知密直司事) 황희석(黃希碩)(黃希碩)과 유광우(兪光祐), <u>밀직부사(密直副使) 김인찬(金仁贊)</u>과 장사길(張思吉), 전 충주등처병마절제사(忠州等處兵馬節制使) 최공철(崔公哲), 전 강릉등처병마절제사(江陵等處兵馬節制使) 왕빈(王賓), 전 계림윤(鷄林尹) 박가실(朴可實), 전 밀직부사(密直副使) 김천장(金天莊), 진주등처병마절제사(晉州等處兵馬節制使) 정자의(鄭子義), 전 개성윤(開城尹) 이백(李伯), 이조판서(吏曹判書) 조온(趙溫), 전 의주목사(義州牧使) 정송(鄭松), 전 판서(判書) 이덕림(李德林), 전 의주만호(義州萬戶) 백영우(白英祐), 천호(千戶) 장철(張哲) 등 45명을 모두 공신으로 임명하노니 해당 관청에서는 포상의 의전을 절차대로 시행하도록 하라. 죽은 영삼사사(領三司事) 변안열(邊安烈), 삼사좌사(三司左使) 조인벽(趙仁璧), 완산군(完山君) 이원계(李元桂), 지신사(知申事) 박총(朴叢), 판자혜부사(判慈惠府事) 안경(安慶), 진주등처 병마절제사(晉州等處兵馬節制使) 김상(金賞), 한양윤(漢陽尹) 김백흥(金伯興) 등은 비록 이미 몸은 죽었으나 공(功)은 가히 잊을 수 없다. 예조판서(禮曹判書) 윤소종(尹紹宗), 판전교시사(判典校寺事) 남재(南在) 등은 회군할 당시 전례(前例)에 비추어 사직의 대계를 수립하는 데 도움을 주었으니 역시 그 공이 가상하다. 해당

관청에서는 포상의 의전을 빠짐없이 시행하도록 하라.

- 『고려사』 卷四十五 世家 卷第四十五 恭讓王 2年 4월 壬寅

壬寅 錄回軍諸臣功, 下敎曰, "僞主辛禑, 恣行不道, 歲戊辰, 乃與崔瑩, 欲犯遼陽, 將使國家, 得罪天朝, 社稷存亡, 間不容髮. 守門下侍中李太祖舊諱與前侍中曹敏修, 首倡大義, 諭諸將, 定策回軍, 以安社稷, 功勞重大, 帶礪難忘. 其同心協力者, 門下侍中沈德符, 前判三司事王安德, 門下贊成事池湧奇, 評理裵克廉·尹虎, 前評理鄭地, 評理商議柳曼殊, 知門下府事朴葳, 商議知門下府事崔允沚, 平壤尹皇甫琳, 前密直司事李茂·李彬, 右代言趙仁沃, 鷹揚軍上護軍南誾, 奉福君僧神照, 判慈惠府事慶補, 前黃州牧使趙希古, 前原州等處兵馬節制使慶儀, 判懿德府事李和, 判慈惠府事崔鄲, 廣州等處兵馬節制使崔雲海, 知密直司事李豆蘭·陸麗, 開城尹李承源, 知密直司事尹師德, 慶尙道都節制使具成老, 同知密直司事朴永忠, 和寧尹鄭曜, 同知密直司事黃希碩·兪光祐, 密直副使金仁贊·張思吉, 前忠州等處兵馬節制使崔公哲, 前江陵等處兵馬節制使王賓, 前雞林尹朴可實, 前密直副使金天莊, 晋州等處兵馬節制使鄭子義, 前開城尹李伯, 吏曹判書趙溫, 前義州牧使鄭松, 前判書李德林, 前義州萬戶白英祐, 千戶張哲等四十五人, 皆賜功臣, 有司啓聞施行. 故領三司事邊安烈, 三司左使趙仁璧, 完山君李元桂, 知申事朴蕤, 判慈惠府事安慶, 晋州等處兵馬節制使金賞, 漢陽尹金伯興等, 雖已身死, 功不可忘. 禮曹判書尹紹宗·判典校寺事南在等於回軍之際, 以社稷大計, 援古贊計, 亦可嘉也. 褒賞之典有司一一擧行."

이때에 회군공신으로 녹훈된 인물들을 학계에서는 '무진회군공신(戊辰回軍功臣)'이라하는데 그 대상 인원은 원정군으로 종사한 원수들과 최영과 군사적으로 대치한 상황에서 회군의 주장에 동조한 고위관원 일부가 포함되어있다.

그 수에 있어서는 생존한 45인과 사후인 7명을 더하고 특히 회군을 현장에서 모의하고 계략을 짠 윤소종(尹紹宗)과 남재(南在)를 더하여 총원 54명에 달하고 있다. 독자의 이해를 돕기 위하여 무진회군공신에 대한 연구성과의 일부를 그대로 인용하여 소개한다.(박천식, 1979)

1) 이 논공대상자의 배열순서는 세가지 특징이 있음을 볼 수 있다. 관직(官職) 등차(等差)에 따라 순서대로 된 점과, 생존자와 사망자를 구분하고 있는 점, 계책(計策)을 결정하는 후반 단계에서 참여한 공로를 인정하여 말미에 첨가한 윤소종과 남재의 경우가 그것이다. 사자(死者)에 대하여 공신을 추서하는 경우에 상당히 관용을 베푸는 것은 일반적인 현상이다.   - 박천식, 1979, 79쪽

2) 이성계에 있어서 회군공신은 단순히 회군참가자에 대한 포상만을 의미하는 것은 아니었다. 무진회군의 정당성을 합리화하고 나아가서는 권력을 쟁탈하는 초석을 다지는 명분을 세움에 보다 큰 목적이 있기 때문이다. 후술하다시피 논상(論賞)을 통하여 측근의 인사와, 생사(生死)를 같이하여 정부군과의 결전을 각오하고 개인적 충성을 보여준 휘하(麾下) 군관(軍官)에게 그 정치적 지위를 확보케 할 중요한 단서를 마련하려는 것이었다.   - 박천식, 1979, 81쪽

3) 원수(元帥)직을 띠지 않고 회군에 동조한 인물들에 주의할 필요가 있다. 그리고 그들 중에서도 군직을 지니고 종사하였으나 전적으로 이성계와의 개인적 유대관계가 중요하였던 휘하의 중추적 인물들이다. 또한 회군에 당하여 북방지역에서 만호(萬戶), 천호(千戶) 등의 지역담당 군직을 지닌 자로서 회군(回軍)에 동조 편승하게 되는 경우이다. 전자는 조인옥(趙仁沃), 남은(南誾), 육려(陸麗), 정요(鄭曜), 황희석(黃希碩), 조온(趙溫), 김인찬(金仁贊) 등으로 이들은 이성계 휘하의 장군으로 이성계 병력의 주요 막료들이었다.
         - 박천식, 1979, 84쪽

이상에서 무진회군공신(戊辰回軍功臣)의 책봉은 회군의 정당성을 확보하여 정국의 주도권을 확보하고 이성계를 추종하는 일파에게 정치적 위상을 마련해 주는 데에 그 목적이 있었음을 알 수 있다. 익화군과 관련해서는 그가 아직 최고위직에 임명되지 않은 까닭에 31번째에 위치하고 있는 점도 간과할 수 없다. 여기서 회군공신에 대한 녹훈이 회군 직후가 아닌 2년 후인 1390년이 이루어지고 이성계의 최측근들이 상위(上位)에 포진되지 않은 사실에 주목할 필요가 있다. 이는 아직 이성계 세력이 국정의 주도권을 완전히 장악하지 못하였음을 시사해 준다. 다음으로 요동정벌 당시 조전원수(助戰元帥)였던 최공철(崔公哲), 왕빈(王賓) 등보다 익화군이 등급(等級)에서 더 높은 점도 눈여겨 볼 필요가 있다. 이는 회군 당시 익화군이 그들보다 더 중요한 역할을 수행했음을 간접적으로 증명해 준다. 마지막으로 동북면 군사력의 한 축을 이루었던 청주상만호(青州上萬戶) 황희석(黃希碩)이 무진회군공신에서는 익화군보다 상위인 29번째에 기록되었으나, 후에 이루어지는 개국공신 책봉에서는 개국 이등공신으로 추가 책봉되는 점도 간과할 수 없다. 이는 이 회군공신의 책봉 이후 익화군이 괄목할 만한 공훈을 세웠음을 단적으로 보여주는 증거이다. 요컨대 위의 기사를 통하여 익화군은 1390년 4월부터 1392년 7월까지의 기간 동안 밀직사의 요직에 있으면서 조선개국에 결정적인 공헌을 하였음을 분명히 할 수 있다. 이는 회군공신 중에서 개국공신으로 책봉된 사람은 단 10명이고 그중에서 일등공신은 배극렴, 조인옥, 남은, 이화, 이지란, 김인찬, 장사길, 남재 등 단 8명뿐인 사실로 확실히 입증된다.

회군공신으로 포상을 받다_1391년 2월 1일(56세)

공양왕은 무진회군공신(戊辰回軍功臣)을 녹훈(錄勳)한 다음 해인 1391년,

회군공신에게 토지를 하사하는데, 그 내용은 다음과 같다.

> 1391년 2월 1등공신 이성계(李成桂)에게는 전(田) 100결(結), 2등공신 심덕부
> (沈德符) 등 17인에게는 50결, 3등공신 최단(崔鄲) 등 30인에게는 30결의 공신
> 전을 하사했다.　　　　　　 -『고려사』권 46 세가 46 공양왕 3년 2월 1일

> 二月 戊午朔 賜回軍一等功臣我太祖田百結, 二等前侍中沈德符等十七人五
> 十結, 三等前判慈惠府事崔鄲等三十人三十結

　이 때에 익화군이 받은 공신전은 전(田) 30결(結)이다. 여기서 전30결의 하
사는 토지 30결을 하사 받은 것이 아니라 전30결에서 나오는 수확을 수조(收
租)하게 되었다는 의미이다. 당시 사전의 경우 수조량이 대략 1/10이며 1결당
수확량이 20석일 것이라는 연구결과를 참조하면, 익화군은 매년 60석을 국가
로부터 받게 된 셈이다. 최근 쌀 1섬의 가격이 40만 원 정도로 추산할 때 매년
2천 4백만원 (400,000*60석) 정도의 수입을 국가로부터 하사받았다고 볼 수
있다. 물론 단순한 산술적 계산이며 대략적인 추정치이다. 본봉(本俸) 이외에
매년 그 정도의 가욋돈이라면 결코 적은 금액은 아니다.

동지밀직사사(同知密直司事)에 제수되다
_1392년 4월 22일(57세)

동지밀직사사(同知密直司事)에 제수

　1392년 조선개국 바로 직전인 4월 22일에 익화군은 밀직사 동지사의 관직
에 제수(除授, 천거에 의하지 않고 임금이 직접 벼슬을 내림)된다. 역문과 원

문은 다음과 같다.

> 계유일. 심덕부(沈德符)를 판문하부사(判門下府事)로, 우리 태조를 문하시중(門下侍中)으로, 이원굉(李元紘)을 정당문학(政堂文學)으로, 정희계(鄭熙啓)를 판개성부사(判開城府事)로, 민제(閔霽)를 개성윤(開城尹)으로, 최을의(崔乙義)를 밀직사(密直使)로, 이빈(李彬)·장사길(張思吉)·김인찬(金仁贊)을 함께 동지밀직사사(同知密直司事)로, 우리 태종을 기복해 밀직제학(密直提學)으로, 이행(李行)·조인옥(趙仁沃)을 함께 이조판서(吏曹判書)로, 이근(李懃)·유량(柳亮)을 호조판서(戶曹判書)로, 이직(李稷)을 형조판서(刑曹判書)로, 안원(安瑗)을 지신사(知申事)로, 안경공(安景恭)·박석명(朴錫命)을 좌·우부대언(左右副代言)으로, 김자수(金子粹)·김희선(金希善)을 좌·우상시(左右常侍)로, 조박(趙璞)을 삼사우윤(三司右尹)으로, 김약항(金若恒)을 사헌집의(司憲執義)로, 이흥(李興)을 지평(持平)으로 각각 임명했다. — 『고려사』 卷46 世家 卷46 공양왕 4년 4월 癸酉

> 癸酉 以沈德符判門下府事, 我太祖爲門下侍中, 李元紘爲政堂文學, 鄭熙啓判開城府事, 閔霽爲開城尹, 崔乙義爲密直使, 李彬·張思吉·金仁贊並同知密直司事, 起復我太宗, 爲密直提學, 李行·趙仁沃, 並爲吏曹判書, 李懃·柳亮爲戶曹判書, 李稷爲刑曹判書, 安瑗知申事, 安景恭·朴錫命爲左右副代言, 金子粹·金希善爲左右常侍, 趙璞爲三司右尹, 金若恒爲司憲執義, 李興爲持平.

동지사(同知事)는 "조선시대 지사(知事)의 보좌역을 맡았던 종2품 관직으로 돈녕부에 1인, 의금부에 1~2인, 경연에 3인, 성균관에 2인, 춘추관에 2인, 중추부에 8인을 두었다. 직함은 돈녕부의 동지사일 경우 동지돈녕부사(同知敦寧府事)라고 표기하였다."라고 사전적으로 정리된다. 여기서 동지사가 종2품의 관직인 사실은 익화군의 사적(事績)과 관련하여 중요한 의미를 지닌다. 즉 익화군이 동지사에 제수됨으로써 비로소 정3품에서 종2품으로 직급이 한 단계 승급하여 명실상부 중앙정부의 최고위직, 즉 재추(宰樞)가 되었기 때문이다. 참고로 전통시대 직위를 표시할 때에는 '밀직사동지사(密直司同知事)'라 하지 않고 가운데 관부(官府)를 두고 앞뒤로 관직(官職)을 표기한다. 그래서 심덕부(沈德符)의 경우, '문하부 판사(門下府判事)'라 명기하지 않고 '판문하부사(判門下府事)'로 표기하였다. 만약 경기도지사를 조선식으로 표기한다면 '知京畿道事'가 될 것이다.

한편, 위 기사에서 익화군과 함께 동지밀직사사(同知密直司事)로 임명된 인물이 이빈(李彬)과 장사길(張思吉)인 점도 간과할 수 없다. 이빈은 요동정벌 당시 동북면부원수(東北面副元帥)였으며, 장사길은 의주만호(義州萬戶)였다. 위화도 회군 이후 만 4년이 지난 1392년 4월 현재, 익화군은 그들과 동일한 직위를 받게 되었다. 회군에서 개국으로 가는 정국에서 익화군이 남다른 공적을 세웠음을 간접적으로 입증해 주는 기록이다.

조선개국의 정당성과 필연성

1388년 위화도회군으로 이성계 세력은 정치의 주도권을 장악하고, 개혁정책을 펼치는 한편 반개혁적 정적들을 차례차례 제거하고, 1392년 7월 마침내 조선을 개국한다. 우리나라 정치사에서 가장 변혁기인 이 4년 동안 익화군은 이른바 '고속승진'을 하고, 개국과 동시에 개국일등공신에 책봉된다. 이에 이성계세력에 의해 추진된 4년간의 개혁정치는, 익화군의 역사적 평가라고도 할 수 있다. 왜냐하면 익화군은 밀직사의 요직에 있으면서 이성계 세력의 간성이자 버팀목 역할을 했기 때문이다.

다시 강조하지만 정치세력의 치적에 대한 평가는 '편민(便民)'과 '이국(利國)'이어야 한다. 백성을 편안하게 하고, 나라를 부강하게 하는 정치는 올바르고 잘한 정치이며, 백성을 곤궁하게 하고 나라를 허약하게 하는 정치는 그릇되고 잘못한 정치이다. 이 기준으로 고려말 이성계 집권 4년에 대한 평가를 해야 마땅하고 또 정당할 것이다. 그럼 고려후기 '나라꼴'이 얼마나 엉망이었는지 역사적 사료와 근래의 연구 성과를 통해서 자세히 살펴보자. 그 참담함이 애절하면 할수록 이성계 세력의 정치적 위업이 부각될 것이며, 익화군의 역사적 존재감도 여실히 다가올 것이다. 어쨌든 고려후기 사회의 실정을 제대로 이해하고, 그런 이해를 바탕으로 이성계 세력이 추진한 정책들이 결국은 '편민(便民)'과 '이국(利國)'을 위한 것임을 분명히 해 둘 필요가 있다.

> 신우(辛禑) 6년(1380) 경신 8월, 왜적의 배 5백 척이 진포(鎭浦)에 배를 매어 두고 하삼도(下三道)에 들어와 침구(侵寇)하여 연해(沿海)의 주군(州郡)을 도륙하고 불살라서 거의 다 없어지고, 인민을 죽이고 사로잡은 것도 이루 다 헤아릴 수 없었다. 시체가 산과 들판을 덮게 되고, 곡식을 그 배에 운반하느라고 쌀이 땅에 버려진 것이 두껍기가 한 자 정도이며, 포로한 자녀(子女)를 베어 죽인 것이 산더미처럼 많이 쌓여서 지나간 곳에 피바다를 이루었다. 2, 3세 되는 계집아이를 사로잡아 머리를 깎고 배를 쪼개어 깨끗이 씻어서 쌀·술과 함께 하늘에 제사지내니, 삼도(三道) 연해(沿海) 지방이 쓸쓸하게 텅 비게 되었다. 왜적의 침구(侵寇) 이후로 이와 같은 일은 일찍이 없었다. ─ 『조선왕조실록』 태조 1권 총서 66번째기사

고려 후기는 내우외환의 시기이다. 특히 왜구의 침구는 큰 골칫거리였다. 민생은 파탄에 이르렀고, 백성들은 고향을 떠나 유이민이 되었다. 우왕 시절 왜구의 침구는 최고조에 달했다. 이런 시대적 상황에서 이성계 세력의 등장은 외환을 잠재우는 직접적인 계기가 된다. 즉 왜구라는 골칫거리를 해소함으로써 '편민이국(便民利國)'으로 가는 길을 열고 닦게 된다. 더 나아가 이성계 세력은 왜구를 발본색원(拔本塞源)함으로써 당분간 후환을 제거한다. 이성계의 집권기인 공양왕 원년 2월에 당시 경상도 원수이던 박위는 병선 100척으로 대

마도를 정벌하여 왜선 300척과 연해 가옥을 모두 없앴으며, 원수 김종연(金宗衍)·최칠석(崔七夕)·박자안(朴子安) 등이 잇따라 이르러 본국 포로 남녀 100여 인을 데려왔다. 이렇게 왜구의 본거지인 대마도를 정벌함으로써 왜구의 침구는 잠잠해지고 백성은 왜구의 공포로부터 벗어날 수 있게 되었다. 이는 이성계 휘하의 장군들이 이성계와 함께 지리산전투, 황산대첩 등 여러 차례 왜구를 토벌한 경험이 있었기에 가능했다. 한편으로는 이성계의 집권 이후 제반 개혁적 작업들이 수반되었기에 가능했던 일이다.

> 토지제도가 무너지면서 호강자(豪强者)가 남의 토지를 겸병하여 부자는 밭두둑이 잇닿을 만큼 토지가 많아지고 가난한 사람은 송곳 꽂을 땅도 없게 되었다. 그래서 가난한 사람은 부자의 토지를 차경(借耕)하여 일년 내내 부지런히 고생하여도 식량은 오히려 부족하였고 부자는 편안히 앉아서 손수 농사를 짓지 않고 용전인(傭田人)을 부려도 그 소출의 태반을 먹었다. … 그러나 힘이 약한 사람은 또 세력이 강하고 힘이 센 사람을 따라가서 그의 토지를 빌어 경작하여 그 소출을 반으로 나누었으니 이것은 경작하는 사람은 하나인데 먹는 사람은 둘이 되는 셈이다.
>
> – 『조선경국전』 부전 '경리'

위는 정도전의 『조선경국전(朝鮮經國典)』에 실린 글이다. 권문세족에 의한 토지 겸병과 그에 따른 민생고를 간략하게 표현하였다. 그 구체적인 실상은 다음의 장문으로 실감할 수 있다. 이를 통해 이성계 세력이 그 무엇보다도 사전혁파를 강력하게 추진하고, 그 반대 세력을 왜 그토록 무참히 숙청해 나갔는지를 잘 알 수 있다. 아울러 수구세력의 제거가 단순히 정권쟁탈이 아니라 '편민이국(便民利國)'을 위한 불가피한 선택임을 확인할 수 있다. 다음은 조준이 올린 상소이다. 아주 장문이지만 당시 실상을 극명하게 보여주는 시국책(時局策)이므로 그대로 옮긴다.

1) 조종(祖宗)께서 정하신 토지를 주고받는 법은 이미 붕괴되고 겸병하는 문이 한 번 열리자, 토지 3백결을 받아야 할 재상이 오히려 송곳을 꽂을 만한 땅도 가지지 못하게 되었고, 360석의 녹봉을 받아야 할 재상이 되레 20석도 못 받는 일이 벌어지게 되었습니다. 군인은 왕실을 호위하고, 변방의 적을 막기 위해 필수적인 존재이므로, 나라에서는 비옥한 땅을 떼내 42도 부(都府)의 갑사(甲士) 10만 여 명의 녹봉으로 충당한 바, 그 군복·군량·무기 따위가 모두 그 토지에서 나오게 되어 있습니다. … 그러나 지금은 군사와 토지가 함께 없어져 버린 결과 위급한 상황을 당할 때마다 농부를 몰아다가 군사로 충당하니 결국 군사가 약해져서 적의 먹잇감이 되는 실정입니다. 또 농민이 먹을 양식을 떼내어 군량으로 삼으니 호(戶)가 줄어들어 고을은 사라지고 말았습니다.

2) 조종께서 지극히 공정하게 나누어 주신 토지는 한 집안 아비와 아들의 사적인 것이 되었습니다. 한 번도 가문을 벗어나 벼슬한 적도 없고, 한 번도 군문(軍門)에 들어가 보지도 않은 자가 비단옷을 입고 좋은 음식을 먹으며 토지에서 나는 이익을 고스란히 누리면서 공경과 제후를 깔보고 있습니다. 반대로, 개국 공신의 후손과 밤낮으로 임금을 모시는 신하와 수많은 전투에서 힘써 싸운 군사들은 도리어 부모처자를 양육할 작은 땅 뙈기 하나도 얻지 못하고 있으니 어찌 충의를 권유해 업무의 책임을 막아내게 할 수 있겠습니까?

3) 안으로는 판도사(版圖司)와 전법사(典法司), 밖으로는 수령(守令)과 안렴사(安廉使)가 본래의 직무도 팽개친 채 날마다 토지에 관련한 소송을 듣느라 추위와 더위를 무릅쓰고 진땀을 흘리고 언 붓을 불어대며 소송 문권을 철저히 조사하고 증거를 따지고 또 따져서 전호(佃戶)들과 고로(故老)들로부터 증언을 듣고 있습니다. 소송 관련자가 감옥과 재판정을 가득 채운 채 농사를 작파하고 판결을 기다리고 있으며, 몇 달을 미룬 재판이 산처럼 쌓이고 사소한 토지 분쟁이 수십 년 동안 이어집니다. 관리들이 침식을 잊은 채 재판에 힘써도 제때 판결을 내리지 못하는 것은, 사전(私田)이 분쟁의 단초가 되어 소송이 매우 복

잡하기 때문입니다. 자식이 부모에게 1무(畝)를 요구하다가 제 뜻대로 되지 않으면 원한을 품고 제 부모를 길 가는 사람 바라보듯이 하며, 심지어는 상복을 벗자마자 부모의 병수발을 든 노비를 마구 채찍질 하면서 어떤 토지의 문서를 찾아내라고 닦달하기도 합니다. 친부모에 대해서도 이런 짓을 하는데 하물며 형제에 대해서는 어떠하겠습니까! 이는 사전(私田)이 인륜을 짐승으로 만든 격입니다. 조정의 사대부들이 겉으로는 서로 잘 지내는 척 하면서도 내심 서로 시기하고 몰래 중상까지 하니, 이것은 사전이 우리나 함정이 된 꼴입니다.

4) 근년에 이르러서는 겸병이 더욱 심해져 간교하고 흉악한 무리들이 주·군을 깔고 앉은 채 산과 강을 경계로 삼고는 이를 죄다 조업전(祖業田)이라 내세우면서 서로 훔치고 서로 빼앗으니 1무의 주인이 대여섯 명을 넘기기도 하며 1년에 가져가는 조(租)가 여덟아홉 차례에 이르기도 합니다. 위로는 어분(御分)으로부터 종실(宗室)·공신(功臣)·조종의 문무양반의 토지까지 차지했으며 나아가 외역(外役)·진(津)·역(驛)·원(院)·관(館)의 토지와 남들이 자손대대로 심은 뽕나무와 지어둔 집까지도 모조리 빼앗아 차지해 버리니 불쌍하고 죄 없는 백성들은 사방으로 흩어져 유랑하여 고랑과 골짜기를 메우고 있습니다. 조정께서 나누어 주신 토지는 신민의 삶을 윤택하게 하기 위한 것인데, 이제는 신민을 해치기에 알맞게 되어 버렸으니 이는 사전(私田)이 난리의 괴수가 된 격입니다.

5) 겸병을 일삼는 집안의 조(租)를 거두어들이는 자들은 병마사(兵馬使)·부사(副使)·판관(判官)이나 별좌(別坐)라고 자칭하면서 수십 명의 종자를 거느리고 말 수십 필을 타고서 수령을 욕보이고 안렴사의 기를 꺾으며 먹고 마시느라 엄청난 비용을 허비합니다. 가을부터 여름까지 떼를 지어 고을을 휩쓸고 다니면서 제멋대로 횡포를 부리고 침탈하는 것이 도적보다 더 심하니 지방 고을들은 이 때문에 완전히 피폐해 졌습니다. 전호(佃戶)에 들어가서는 질리도록 술과 음식을 들이키고 또 질리도록 말에게 곡식을 먹입니다. 햅쌀을 먼저 거두어들이는 것은 물론이고 수송비조로 받은 면과 마, 그 외 개암·밤·대추·포와 심

지어 강매하여 걷은 것이 조(租)의 10배에 이르니, 조를 채 납부하기도 전에 농민의 재산은 벌써 동이 납니다. 그들은 농토를 직접 답험하여 그 결(結)의 높고 낮음을 제멋대로 결정하기 때문에 1결의 토지가 3,4결이 되기도 하며, 큰 말로 조를 받을 경우 1석 받을 것을 2석이나 받아 액수를 채웁니다.

6) 옛날 조종께서는 민들로부터 생산량의 1/10만 받았는데 지금 권세가에서는 그 열배, 천배를 거두어들이고 있으니 하늘에 계신 조종의 영령은 어떠실 것이며, 국가의 어진 정치는 어떻게 되어 버렸습니까? 토지는 인민을 양육하는 것인데도 도리어 인민을 해치고 있으니 어찌 비통하지 않겠습니까? 인민들이 바쳐야 할 사전(私田)의 조는 남에게서 꾸어도 다 충당할 수 없으며 그 꾼 돈은 처와 자식을 팔아도 다 갚을 수 없을 지경입니다. 부모가 굶주림과 추위에 시달려도 봉양할 수 없으니 원망하는 울부짖음이 하늘까지 꿰뚫어 자연의 조화가 깨트려져 홍수와 가뭄이 닥쳐옵니다. 호구는 이 때문에 텅 비고, 왜적은 이 틈을 타 내륙 깊이 침구해 천리에 시체를 깔려도 말아낼 자가 없습니다. 탐욕을 부리는 자들에 관한 소문이 중구에까지 들리는 바람에 종묘사직은 누란의 위기에 처했습니다.

   - 『高麗史』 권 78, 志 32, 食貨 1, 田制 祿科田 신우 14년 7월 大司憲 趙浚等 上書

그야말로 '정치의 실종'이라 아니할 수 없으며, '탐욕의 극치'라 할 수 있다. 이에 대한 후대 학자의 역사적 평가는 다음과 같다. 위의 문헌들을 제대로 이해할 수 있을 뿐만 아니라 보다 더 쉽게 파악할 수 있게 해 준다. "14세기에 이르면 고려왕조(高麗王朝)의 초기체제는 거의 붕괴되고 그에 따라 사회적 모순이 격화되어 고려는 피할 수 없는 위기에 직면한다. 이 시기의 사회적 모순은 기본적으로 귀족(貴族)·관료(官僚)·사원(寺院) 및 호세가(豪勢家)들에 의한 토지겸병(土地兼倂)의 진전, 즉 농장(農莊)의 확대로 빚어진 것으로서, 이로 인하여 밑으로는 농민경제(農民經濟)의 파탄을 초래하여 농민과 지주 및 통치계급과의 계급적 알력을 격화시켰으며, 위로는 국가 재정수입을 감소시키고 고려정부의 중앙집권을 약화시켜 그 정치·경제·군사력을 극도로 허약하게 만들었다. 농장(農莊)의 주인들은 국가에 대한 제반부담(諸般負擔)을 회피하고 그 대신 양민(良民)을 그들의 농장에 끌어들여 사민화(私民化)시키며, 경작농민(耕作農民)에 대하여는 지대(地代)=조곡(租穀)을 징수하는 이외에 각종 잡물(雜物)과 인력(人力)을 임의로 수탈하여, 농민은 그가 신분적으로 良民이든지 노비(奴婢)든지 상관없이 사회경제적으로는 농노적(農奴的)인 처지에서 농장주(農莊主)의 무제한한 경제적 수탈과 압박에 신음하고 있었던 것이다. … 14세기 중엽의 공민왕대 이후로 농장의 확대는 더욱 촉진되었다. 공민왕대에는 홍건적(紅巾賊)의 침구(侵寇)로, 다음 우왕대에는 왜구(倭寇)의 침구로 전란이 계속되고, 그에 따라 전공자(戰功者)들에게 대량의 공신전(功臣田)이 지급되어 공민왕 일대(一代)에 지급된 공신전(功臣田)만도 약 2만7천결(結)이나 되었다. 전란의 계속은 농촌의 황폐와 농민의 유망(流亡)을 초래하고 유민(流民)들은 다시금 세가(勢家)의 농장(農莊)에 흡수됨으로써 농장의 발달을 더욱 촉진시켜 주었다.”(한국사9 : 양반관료국가의 성립)

　정말 참담하고 서글픈 현실이다. 그러면 고통으로 신음하는 중생을 구제하고 위무할 불교는 ‘편민(便民)’을 위하여 어떤 종교적 역할을 수행했을까? 그야말로 실망 그 자체이다. 권문세족의 탐욕과 수탈을 그대로 답습하고 있다. 국가의 안위를 좀먹는 또 다른 존재에 불과하다. 다음은 그 실태에 대한 연구 성과이다.

　　1) 고려시대에는 불교가 더욱 성하여짐에 따라서 사원전의 양적 규모도 크게 팽창하였다. 고려시대의 사원전은 그 성격에 따라 국왕·귀족 기타 인민들이 기진한 시납전(施納田)과 국가가 공적으로 사원에 절급한 수조지(收租地), 그리

고 사원이 본래부터 소유하던 사유지 등 세 유형으로 대별할 수 있는데, 이 중에서도 시납전은 가장 비중이 큰 편이었다. … 고려 말기에 이르러 사원전의 수조지의 면적은 대략 10만결 정도로 추산되는데, 가령 이 전면적이 모두 실전(實田, 또는 正田)이었다면 이 당시 전국 실전의 총결수가 62만여 결이었으므로 대체로 전국 토지의 실전결수의 6분의 1정도가 사원전이었다는 셈이 된다. - 한국민족문화대백과사전, '사원전'

2) 고려시대의 사원노비는 공노비·사노비 그리고 양민의 사원노비화에 의해서 증가되었다. 이리하여 고려 후기의 사원은 명실공히 대지주가 되었는데 그러면 과연 그 수는 얼마나 되었을까? 불행하게도 우리는 고려시대에 있어서 사원노비의 총 수라든가 사원별 사원노비의 수를 알 수 있는 자료를 구해 볼 수가 없다. 그러나 첫째로 왕이나 왕실에서 노비를 사급(賜給)해 줄 때에 귀족이나 고관들에게 사급시에는 기록상 가장 많았던 것이 20명이었는데 비해 사원에 사급해준 경우에는 앞에서 그 예를 든 바와 같이 50명, 100명 또는 46명씩이나 되었다는 점, 둘째로 조선 성종조의 성현(成俔)이 「고려 때 사원은 모두 노비를 가지고 있었는데 많은 것은 천, 백에 이르며, 승려들의 호화롭고 부귀함은 고관들보다도 더 하다」고 한 점, 그리고 셋째로 조선 초기의 사사개혁(寺社改革) 때 전국 각 사원의 속전(屬田)과 노비수를 제한하고 사원에서 제거된 노비가 군기감(軍器監)에 이속된 구수(口數)가 4,000구, 내자(內資)·내첨(內瞻) 양사(兩寺)에 각 2,000구, 예빈시(禮賓寺)와 복흥고(福興庫)에 각 300구, 도합 8,600구에 달하고 있는 것 등을 보면 간접적으로나마 고려시대 사원노비의 수가 어느 정도이었는가를 짐작할 수가 있다고 본다.

3) 이미 고려 성종 때 최승로(崔承老)가 당시의 여러가지 폐단을 논한 것 가운데 불보전곡(佛寶錢穀)에 있어서 여러 사원의 승려들이 매년 장리(長利)를 취득함으로써 백성들을 괴롭히고 있다고 한 것을 보면 사원의 식리(殖利) 행위는 일찍부터 폐단을 일으켰던 모양이다. 고려조는 공사간(公私間)을 막론하고 대

차(貸借) 관계에 있어서의 취식율(取息律)을 일정하게 정해 놓았으나 실제로 그 취식율은 잘 지켜지지 않았던 것 같다. 특히 중엽 이후 사회가 혼란해지자 그 도는 매우 심했던 모양으로 혹은 임의로 취식하거나 혹은 고리(高利)를 과하여 백성들에게 괴로움을 주고 사원은 그들로부터 원성을 듣게 되었으니, 예컨대 공민왕 원년 (1352)에, 사원에서 부과하는 이율은 높고 임의적이어서 빈민(貧民)들은 그것에 견디다 못해 자녀를 일정기간 사원에 들여보내 노동력으로 보상케 하였으나 3년이 지나도 돌려보내지 않는다 하여 감찰사(監察司)의 안렴사(按廉使)로 하여금 엄하게 다스리라는 영을 내린 것을 보면 그 사정을 짐작할 만하다고 하겠다.

4) 우선 승려들의 수익성 사업으로는 술·마늘·기와·직물 등의 제조 생산을 들 수 있다. 특히 양주(釀酒)에 대해서는 이미 현종 원년(1010)에 승니의 양주를 금한다는 영이 내려지고 있으므로 고려 초기부터의 현상이라고 하겠다. 그러나 그러한 금령(禁令)도 별로 효과가 없었던 것은 동왕 12년 6월 다시 사원의 양주를 금한 것, 그리고 인종 9년(1131) 6월에 '내외의 사원승도들이 술과 마늘 등을 팔고 있다'는 등의 기록으로 보아도 알 수가 있다. 이와 같은 사원 내에서의 양주는 고려말로 내려올수록 심해졌으리라는 것은 추측하기에 어렵지 않은데, 이런 것이 가능할 수 있었던 것은 사원 소유 토지로부터의 잉여곡물이 있었기 때문임은 말할 것도 없다. … 당시 승려들의 상행위(商行爲)는 단순히 상행위에 그치는 것이 아니라 시정에서 속인들과 어울려 혹은 취흥에 잠기기도 하고 혹은 길 가는 사람들과 다투기도 하는 등 그 폐해가 적지 않았으므로 고려조는 승려들의 상행위를 금지하였던 것이나 사회질서가 문란해지자 승려들의 상행위는 더욱 성하여졌던 것이다. 사실 어떤 폐해를 주지 않는다고 하더라도 출가수행자로서 상행위에 뛰어든다는 것은 그 본분을 망각한 것일 뿐더러 더욱이 술을 사원 내에서 빚고 승려된 자가 그것을 내다 판다고 하는 것은 언어도단(言語道斷)도 이만저만이 아닌 것이다. 왜냐하면 술을 만들지 말라, 팔

지 말라, 마시지 말라고 하는 것은 재가(在家)의 신도들에게도 금하고 있는 원초적인 계율 항목이기 때문이다.

5) 고려 전시대를 통하여 수없이 많이 거행되었던 각종 불사(佛事)의 비용은 왕실이나 조정의 부담이었었다. 팔관회(八關會)니 연등회(燃燈會)니 하는 거국적인 행사의 경우는 말할 것도 없지만 거의 대부분의 법회(法會)·의식(儀式) 등의 불사는 호국안민(護國安民)과 밀접한 관계가 있었으므로 해서 전부 국가기관의 부담이었다. 이는 국고의 고갈을 초래한다는 점에서 심각한 문제가 아닐 수 없었다. 어떻든 제 불사의 비용을 국가기관에서 부담하였다는 것은 사원 측으로 볼 때에는 그 이상의 다행한 일도 없었을 것이다. 이렇게 하여 사원은 순조롭게 부를 축적할 수가 있었고 나아가 축적된 부를 다시 상업자본 또는 고리대 자본으로 회전시켜 부를 더욱 증대시킬 수가 있었던 것이다.

- 이상 한국사 6 : 고려귀족사회의 문화

위에서 확인할 수 있듯이 고려의 사원은 소유 토지를 확대하여 대토지소유자가 되었으며 그것을 경작할 수 있는 노비를 불법·탈법을 통해서 확보하였다. 전통시대 치부의 원천은 토지와 노비인 바, 불교사원은 당시 귀족이자 거부이었다. 치부의 속성은 그 끝없는 탐욕이다. 사원은 장원수준의 토지의 소유와, 그에 따른 수입에 만족하지 못하여 각종 수익성(收益性) 사업에도 눈길을 돌려 부를 더욱 축척했다. 불교 사원에 의해 자행되었다고는 믿겨지지 않는 양조(釀造)사업을 장기적 대대적으로 하고, 고리대금업도 마다하지 않았다. 불교의 핵심적 교리인 '하화중생(下化衆生)', '중생구제(衆生救濟)'를 전면으로 위배하고 중생을 생지옥으로 내몰았다.

결국, 고려후기는 참신하고 올바른 정치세력을 필요로 했고, 새로운 정치이념의 정립이 절실히 요구되었다. 무엇보다도 토지제도의 개혁을 통한 민생의 안정과 국가재정의 내실화가 급선무였으며, 건전한 사회풍토의 조성도 불가피했다. 구체적으로 국가로부터 가혹한 착취와 억압을 받았던 백성들의 고통을 들어주기 위한 토지제도의 혁신, 억불책의 시행과 민본주의에 입각한 유교정치의 구현, 친명사대에 의한 국가적 실리 추구, 군제의 개혁을 통한 국력의 강화 등이 시대적으로 요구되었다. 요컨대 '편민이국(便民利國)'을 담당할 정치주체를 시대는 절실히 필요로 했고, 그 부응에 화답한 것이 바로 조선의 개국이라 할 수 있다. 이런 의미에서 조선 개국이 지니는 역사적 함의는 실로 지대하다.

이성계의 등극에 일조하다 _1392년 7월 17일(57세)

이성계의 등극

김인찬은 조선 개국이 얼마 지나지 않은 1392년 7월 28일에 개국을 도운 공훈으로 보조공신(補祚功臣) 익화군(益和君)으로 봉군되고, 그의 사후인 동년(同年) 8월 20일 개국일등공신에 책봉되며, 9월 21일 공신교서(功臣敎書)와 녹권(錄券, 고려·조선 시대 공신(功臣)에 책봉된 사람에게 지급한 문서)을 각각 받는다. 이렇듯 김인찬은 조선개국에 지극한 공헌을 하였다. 이에 익화군이 직접 주도하고 참여한 이성계의 등극 과정을 통하여 익화군의 치적에 다가서고자 한다.

태조가 수창궁(壽昌宮)에서 왕위에 올랐다. 이보다 먼저 이달 12일에 공양왕(恭讓王)이 장차 태조의 사제(私第)로 거둥하여 술자리를 베풀고 태조와 더불어 동맹(同盟)하려고 하여 의장(儀仗)이 이미 늘어섰는데, 시중(侍中) 배극렴(裵克廉) 등이 왕대비(王大妃)에게 아뢰었다. "지금 왕이 혼암(昏暗)하여 임금의 도리를 이미 잃고 인심도 이미 떠나갔으므로, 사직(社稷)과 백성의 주재자(主宰者)가 될 수 없으니 이를 폐하기를 청합니다." 마침내 왕대비의 교지를 받들어 공양왕을 폐하기로 일이 이미 결정되었는데, 남은(南誾)이 드디어 문하 평리(門下評理) 정희계(鄭熙啓)와 함께 교지를 가지고 북천동(北泉洞)의 시좌궁(時坐宮)에 이르러 교지를 선포하니, … 마침내 왕위를 물려주고 원주(原州)로 가니, 백관(百官)이 국새(國璽)를 봉전(奉傳)하여 왕대비전(王大妃殿)에 두고 모든 정무(政務)를 나아가 품명(稟命)하여 재결(裁決)하였다. 13일(임진)에 대비(大妃)가 교지를 선포하여 태조로 하여금 국사(國事)를 감록(監錄)하게 하였다. 16일(을미)에 배극렴과 조준이 정도전·김사형(金士衡)·이제(李濟)·이화(李和)·정희계(鄭熙啓)·이지란(李之蘭)·남은(南誾)·장사길(張思吉)·정총(鄭摠)·김인찬(金仁贊) … 등 대소신료(大小臣僚)와 한량(閑良)·기로(耆老) 등이 국새(國璽)를 받들고 태조의 저택(邸宅)에 나아가니 사람들이 마을의 골목에 꽉 메어 있었다. … 이날 마침 족친(族親)의 여러 부인들이 태조와 강비를 알현(謁見)하고, 물에 만 밥을 먹는데, 여러 부인들이 모두 놀라 두려워하여 북문(北門)으로 흩어져 가버렸다. 태조는 문을 닫고 들어오지 못하게 했는데, 해 질 무렵에 이르러 극렴(克廉) 등이 문을 밀치고 바로 내정(內庭)으로 들어와서 국새(國璽)를 청사(廳事) 위에 놓으니, 태조가 두려워하여 거조(擧措)를 잃었다. 이천우(李天祐)를 붙잡고 겨우 침문(寢門) 밖으로 나오니 백관(百官)이 늘어서서 절하고 북을 치면서 만세(萬歲)를 불렀다. 태조가 매우 두려워하면서 스스로 용납할 곳이 없는 듯하니, 극렴 등이 합사(合辭)하여 왕위에 오르기를 권고하였다. … 태조는 굳이 거절하면서 말하기를, "예로부터 제왕(帝王)의 일어남은 천명(天命)이 있지 않으면 되지 않는다. 나는 실로 덕(德)이 없는 사람인데 어찌 감히 이를 감당하겠는가?"하면서, 마침내 응답하지 아니하였다. 대소 신료(大小臣僚)와 한량(閑良)·기로(耆老) 등이 부축하여 호위하고 물러가지 않으면서 왕위에 오르기를 권고함이 더욱 간절하니, 이날에 이르러 태조가 마지 못하여 수창궁(壽昌宮)으로 거둥하게 되었다. 백관(百官)들이 궁문(宮門) 서쪽에서 줄을 지어 영접하니, 태조는 말에서 내려 걸어서 전(殿)으로 들어가 왕위에 오르는데, 어좌(御座)를 피하고, 영내(楹內)에 서서 여러 신하들의 조하(朝賀)를 받았다. 육조(六曹)의 판서(判書) 이상의 관원에게 명하여 전상(殿上)에 오르게 하고는 이르기를, "내가 수상(首相)이 되어서도 오히려 두려워하는 생각을 가지고 항상 직책을 다하지 못할까 두려워하였는데, 어찌 오늘날 이 일을 볼 것이라 생각했겠는가? 내가 만약 몸만 건강하다면 필마(匹馬)를 타고도 적봉(賊鋒)을 피할 수 있지마는, 마침 지금은 병에 걸려 손·발을 제대로 쓸 수 없는데 이 지경에 이르렀으니, 경(卿)들은 마땅히 각자가 마음과 힘을 합하여 덕이 적은 사람을 보좌하라." 하였다.

　　　　　　　　　　　　　　　　　　- 『조선왕조실록』 太祖 1卷, 1年 7月 丙申

공양왕은 그의 마지막 의지처였던 정몽주가 이방원에 의해 살해되자 왕위 보존에 위협을 느껴 이성계와 더불어 동맹을 맺고자 하였다. 그리하여 그는 7월 12일 이성계를 회유하기 위해 이성계의 저택으로 갈 준비를 하였다. 한편 이 때에 배극렴 등은 고려 조정의 최고어른인 왕대비(王大妃, 공민왕비 安氏)에게 주청하여 공양왕 폐위 교서(恭讓王 廢位 敎書)를 받아냈다. 이에 남은(南誾)은 폐위교서를 가지고 공양왕이 있는 궁궐로 가서 그의 폐위를 선포하였고 공양왕은 원주(原州)로 추방된다. 이처럼 왕대비에게서는 폐위교서를 받아서 공양왕을 축출한 것은 공양왕 폐출의 정당성을 얻기 위한 절차이자 명분 쌓기였다. 아울러 공양왕을 폐위한 다음, 이성계 옹립세력은 국새를 일단 왕대비에게 맡기고 여러 방면의 정사를 왕대비에게 여쭈어 결재를 받는 형식을 취하였는데 이 역시 이성계정권의 명분을 위한 것이었다. 그리고 7월 16일, 김인찬을 포함한 배극렴·조준·정도전 등 50여 명의 대소신료와 한량(閑良)·기로(耆老) 등이 국보(國寶)를 가지고 이성계의 잠저로 몰려간다. 그를 왕으로 추대하기 위해서다. 이성계는 문을 걸어 잠구고 그들을 들이지 않는다. 해질 무렵까지 기다리던 그들은 어쩔 수 없이 문을 밀치고 들어가 옥새를 청사 위에 놓고서는 왕위에 등극하길 간곡히 청한다. 그러나 이성계가 천명(天命)을 들먹이면서 군이 거절한다. 그럼에도 대소신료와 한량·기로 등도 물러서지 않고 더더욱 간절히 권한다. 결국 7월 17일 이성계는 어쩔 수 없이 수창궁(壽昌宮)에 나아가 즉위하였다.

이 시점에 이성계가 몇 달 전에 있었던 사냥 중 낙마로 인하여 몸이 운신이 자유롭지 못한 상황이었던 점, 공양왕이 이미 왕위를 보존하는 것이 어려울 것이라 판단하고 이성계와 동맹을 맺고자 한 점, 이성계를 겸손과 무욕의 인물로 이미지(image)화하고 있는 점, 이성계가 왕권을 찬탈하지 않고 선양의 형식으로 왕위를 물려받은 점, 그것도 이성계의 왕위 등극이 자신의 뜻이 아니라 대소신료와 한량기로의 추대에 의한 것임을 강조하고 있는 점, 이를 통하여 조선 개국의 명분을 내세우고 있는 점 등은 주목할 만하다. 이미지 조작의 혐의가 짙고 고도의 정치적 술수가 엿보이는 대목이다.

어쨌든 이성계가 공양왕을 폐하고 왕위에 등귀하면서 조선은 실질적으로 개국되었다. 이런 등극의 과장에 대한 역사적 평가 중에서 가장 합리적이고 중립적이며 설득력 있는 평가는 한영우 논평이다. "조선왕조(朝鮮王朝)의 건국(建國) 방식은 이렇듯 군신(群臣)에 의한 추대(推戴) 형식을 통하여 이루어진 것이 특징이다. 이것은 무력정복(武力征服)의 과정을 통하여 정치적·지역적 통일을 이룩하는 왕조교체(王朝交替)의 일반적 방식과는 매우 대조적이다. 이것은 신왕조건국(新王朝建國)의 주체세력(主體勢力)이 평화적이며, 문치주의적(文治主義的)인 유교(儒敎)의 왕도정치(王道政治) 이념에 고도로 세련된 학자관리(學者官吏)들이었다는 점과, 그들이 구체제(舊體制)·구세력(舊勢力)을 무너뜨리고 개혁을 추진시켜 나가며 권력을 집중해 간 방법이 면밀 주도하고 단계적이어서 무력(武力)을 쓰지 않더라도 왕조교체(王朝交替)가 가능한 시기에 이르러 이성계(李成桂)를 추대하였기 때문이었다. 이것은 개혁파문신(改革派文臣)과 이성계(李成桂)의 체질이 그만큼 진보적이며, 그들의 정략(政略)이 매우 탁월하였음을 뜻하는 것이다. 그러나 한편 개혁파 세력의 승리는 그들

160

을 추종한 농민군사의 지지와 협조를 얻어서 가능하였음을 잊어서는 안 되겠다. 실로 이성계(李成桂) 권력의 기초는 군사력에 있었으며, 그를 추종하던 군사는 구체제(舊體制)·구세력(舊勢力)에 의해서 고난을 당하던 농민출신인 것이었다. 그리고 고려 후기 이래의 줄기찬 농민봉기가 개혁을 유도한 근본요인의 하나가 되기도 한 것이다. 그러므로 개혁파의 승리와 신왕조의 건국은 동시에 농민대중의 일정한 승리를 의미하는 것이기도 하다. 여기에 조선왕조 건국의 역사적 의의가 있는 것이다."(한국사 9 : 양반관료국가의 성립)

조선개국의 역사적 의미

조선개국의 역사적 평가와 관련해서는, "그 주역이 무장(武將)으로 화가위국(化家爲國, 집안이 변하여 나라가 됨)한 태조 이성계인가 또는 정도전으로 대표되는 문신 중심의 신흥사대부인가. 궁극적으로는 이 왕조 교체가 왕조와 왕실을 바꾼 정치적 변화에 그치는 것인가 또는 사회적 변화를 수반하는 획기적 변혁인가"(민현구, 2007, 125쪽)라는 질문이 가장 핵심적이다. 이글에서는 조선건국을 혁명적 사건으로 보고자 한다. 그리고 그 주역은 이성계를 중심으로 하는 무장세력이며, 그들 중에서도 동북면의 군사력이었다고 주장하고 싶다. 이하는 이런 필자의 주장에 대한 학술적 근거들이다.

태조 이성계의 건원릉신도비(健元陵神道碑)에서는 조선개국의 역사적 의의에 대하여 다음과 같이 요약하였다. 이성계의 무덤 앞에 세운 신도비에 적힌 조선개국의 역사적 의의이지만, 진실한 사실을 명기한 것이라 할 수 있다.

예악(禮樂)을 정리하여 제사(祭祀)를 정비(整備)하고, 복장(服裝)을 정하여 등급(等級)과 위엄(威嚴)을 분변(分辨)하고, 학교(學校)를 일으켜 인재(人才)를 육성(育成)하고, 녹봉(祿俸)을 후하게 하여 선비를 권장하였다. 송사(訟事)를 밝게 분변(分辨)하여 바르게 판단하고 수령(守令)을 뽑는 데 신중(愼重)하였으며, 나쁜

정치를 모두 고치므로 여러 가지 공적(功績)이 함께 빛났으며, 해구(海寇)가 와서 복종(服從)하므로 온 나라가 편안(便安)하게 되었다.

위의 총론적 자평(自評)을 염두에 두고 조선개국의 역사적 의미를 좀더 구체적으로 검토해 보자. 거듭 말하지만, 조선개국은 곧 익화군의 치적이고, 조선개국에 대한 평가는 곧 익화군의 공훈에 대한 평가이기도 하다. 이에 익화군에 대한 역사적 평가를 위해서는 조선 개국에 대한 의의에 대한 검토는 불가피하다. 먼저 태조의 즉위교서를 소개하여 조선의 건국이념과 통치원리를 살펴보자.

태조 원년 7월 28일 태조는 온 국민에게 교서를 반포하였다. 이 교서에서 태조는 그가 왕위에 오르게 된 경위를 밝히고 우선 급격한 변혁으로 초래될 정치적·사회적 불안을 줄이기 위하여 "국호(國號)는 그대로 고려(高麗)라 하고 의장(儀章)과 법제(法制)는 전조(前朝)의 것을 모두 그대로 따른다"라고 선언하고, 구체적으로 정치·사회의 현안문제 해결과 백성들의 고통을 덜어줄 것을 선언하고 있다. 그 내용을 보면, ① 종묘(宗廟)·사직(社稷)제도를 정하는 일, ② 왕족·왕씨에 대한 처리문제, ③ 문무과의 실시, ④ 관혼상제(冠婚喪祭)를 정하는 일, ⑤ 수령(守令)의 엄선(嚴選), ⑥ 충·효·의·열(忠·孝·義·烈)의 정려(旌閭), ⑦ 환·과·고·독(鰥·寡·孤·獨)에 대한 구휼·제역(賑恤·除役), ⑧ 외리(外吏)의 상경종역(上京從役) 폐지, ⑨ 궁중(宮中) 창고(倉庫)의 회계 출납에 대한 감찰, ⑩ 역관(驛館)의 사사로운 이용 금지, ⑪ 기선군(騎船軍)의 부담감축, ⑫ 호포(戶布) 폐지, ⑬ 국둔제(國屯田) 폐지, ⑭ 형률은 대명률(大明律)을 적용, ⑮ 토지제도는 과전법에 의함, ⑯ 경상도 재선공물(載船貢物)의 폐지, ⑰ 우현보(禹玄寶)·이색(李穡) 등 반이성계세력에 대한 징계, ⑱ 범죄자에 대한 사면령 등으로 되어 있다. 이 내용은 다시 정리하면, 국가와 왕실의 위상정립(①), 민심의 안정(②), 인사제도의 확립(③·⑤), 유교윤리의 수립(④·⑥), 피지배층에게 고통과 부담을 주었던 각종 제도의 폐지(⑧·⑪·⑫·⑬·⑯), 형률의 일원화(⑭), 토지·재정제도의 정립(⑨·⑮), 반이성계파의 제거(⑰) 등으로 크게 분류되며, 새 왕조의 정치방향을 보여주고 있다. 이 즉위교서를 지은 사람은 정도전으로서 개혁파유신들의 개혁정치의 방향을 엿볼 수 있다.   - 신편 한국사 22 : 조선왕조의 성립과 대외관계

   정도전은 그의 저서 『조선경국전』에서 "국가를 바르게 하려면 무엇보다 백성을 사랑하는 마음으로 다스려야 하고, 생활을 안정시키고, 백성의 뜻에 따라 정책을 결정해야 한다. 만약 임금이 백성의 뜻을 어기면 백성은 임금을 버린다. 나라의 주인은 임금이 아니라 백성이고, 백성을 주인으로 모시는 정치가 곧 민본정치(民本政治)다."라고 하면서 민본주의를 천명한다. 위의 즉위교서에도 민본정치를 실현코자 하는 노력이 강하게 엿보인다. 특히 '환과고독(鰥·寡·孤·獨, 홀아비·과부, 어리고 부모 없는 사람, 늙고 자식이 없는 사람)에 대한 구휼·제역(賑恤·除役)'은 민본정치의 극치라 할 수 있다. 현대 복지개념으로 보자면 사회적 약자에 대한 구제 방안과 복지제도의 실시로 볼 수 있다. 아울러 '형률은 대명률(大明律)을 적용한다'라는 교시도 법치국가를 표방하여 법률이라는 울타리를 만들어 백성들의 억울함을 없애고자 하는 노력의 일면이 보인다. '수령(守令)의 엄선(嚴選)' 역시 선정을 펼칠 수 있는 목민관을 선발하여 민생의 안정을 도모코자 한 의지의 표명이라 할 수 있다.

   둘째로 이 즉위교서에는 언급되지 않았지만 조선의 건국세력은 사대교린(事大交隣)의 외교정책을 표방하여 병란을 종식시켰는데, 이 역시 조선건국의 또 다른 긍정적 의미라 할 수 있다. 즉 신흥강국 명(明)나라에 대해서는 천자국의 명분을 살려주면서 경제적·문화적 실리를 취하고, 왜와 여진에 대해서는 교린(交隣)을 내세워 우호관계를 유지하였다. 이는 조선의 국방의 안정과 평화의 유지를 가져왔다. 왜구의 침략이 일소되었다는 것만으로도 조선건국은 민생 안정의 분기점이었다.

셋째로, 문화정책으로서 억불숭유(抑佛崇儒)정책을 내세워 불교를 배척하고 유교를 정치·문화·사상계의 지도적 근본이념으로 삼았다. '관혼상제(冠婚喪祭)를 정하는 일', '충·효·의·열(忠·孝·義·烈)의 정려(旌閭)' 등이 그것이다. 유교적 이상정치를 내세워 풍속(風俗)을 바로잡고 명분(名分)과 의리(義理)에 기초한 건전한 사회분위기를 조성코자했다. 한편, 고려시대 국가재정을 좀먹게 했던 불교사원의 철폐와 그 재산의 몰수는 국가경제를 튼튼하게 만들어 부국강병의 초석이 되었다.

넷째로, 조선 초기의 경제적 기반은 과전법(科田法)에 기초했다. 과전법의 실시는 권문세족의 탈세지였던 농장·토지를 과세지로 개편하는 계기가 되었으며, 고려후기 문란해진 경제 질서를 바로잡아 국가 재정을 충실히 하고, 위로는 신진 관료의 경제 기반을 보장하며, 아래로는 도탄에 빠진 농민의 생활을 안정시킬 수 있었다. 즉 신진 관료에게는 사전(私田)이 분배되었으며, 농민에게는 소경전(所耕田)의 소유권이 보장됨으로써 민생의 안정에 크게 기여하였다. 이로써 조선 초기에 토지소유를 소유한 농민이 7할이나 되었다고 한다.

다섯째로, 법률과 시스템에 의한 국가운영을 시행함으로써 피지배층의 고통과 부담을 덜어준 점이다. 형률은 대명률(大明律)을 적용, 기선군(騎船軍)의 부담감축, 호포(戶布) 폐지, 국둔제(國屯田) 폐지, 경상도(慶尙道) 재선공물(載船貢物)의 폐지, 외리(外吏)의 상경종역(上京從役) 폐지 등이 그것이다. 고려말기 인민은 '수탈(收奪)의 대상(對象)'이었지만 조선시대 백성은 '시혜(施惠)의 대상(對象)'이었다. 국가가 제도와 법률로써 백성들의 권리와 재산을 보호코자 하는 노력이 엿보인다.

이런 건국세력의 국정의 기본 방침은 1398년 태묘(太廟)에 고유제(告由祭, 사삿집이나 나라에서 어떠한 일이 생겼을 때 가묘(家廟)나 종묘(宗廟)에 그 사유를 고하는 의식)를 지내고 정전으로 돌아와 내린 교지에도 확인할 수 있다. 이 교지를 통하여 조선의 건국세력이 국가는 백성을 위하여 존재하고 백성은 국가의 중심이라는 민본주의(民本主義), 사치풍조를 금지하고 검약청렴(儉約淸廉)을 강조하는 유교의 실천윤리, 법령과 시스템에 의한 국가통치를 내세우는 법치주의(法治主義), 농업으로 부강한 나라를 꿈꾸는 농본주의(農本主義)를 천명하고 있음을 알 수 있다. 그리고 무엇보다도 백성들의 생계를 안정시키고, 신역(身役)과 군역(軍役), 공납(貢納) 등의 폐해를 받지 않도록 노력하는 모습이 역력히 보인다.

1. 하늘의 보고 듣는 것은 실상 백성에게 있으니, 그 백성에게 불편한 것이 있으면 그것을 빨리 제거하여, 내가 하늘을 공경하고 백성을 위로하는 뜻에 부합하게 할 것이다.

1. 임금과 신하는 한 몸이니 의리상 기쁨과 근심을 같이하게 된다. 대소신료(大小臣僚)들은 시정(時政)의 잘되고 잘못된 점과 민생(民生)의 이롭고 해되는 점에 있어서 할 말을 다하여 숨기지 말며, 소민(小民)의 원통하고 억울하여 풀리지 못한 것은 또한 나아와서 고하게 할 것이다.

1. 검소함을 숭상하고 사치함을 버리는 것은 정치하는 근본이니, 궁중(宮中)의 의장(儀仗)과 의복·기명(器皿)은 검소함을 따르게 할 것이며, 그 사치로써 아첨을 하는 사람이 있으면 사헌부에서 이를 처벌하게 할 것이다.

1. 요사이 도읍을 옮겨 궁궐을 건축함으로 인하여 백성의 생계가 진실로 고생이 되니, 무릇 중앙과 지방의 토목(土木)의 역사는 일체 모두 정지시키어 백성들로 하여금 휴식하게 할 것이다.

1. 금년은 봄과 여름에 한재(旱災)와 황재(蝗災)가 서로 잇달아 바닷가의 주군(州郡)에는 더욱 그 재해를 입었으니, 내가 심히 상심(傷心)된다. 창고를 열고 곡식을 옮겨 진제(賑濟)를 시행하되, 혹시 더디어 늦추지 말고 백성들로 하여금 도랑과 골짜기에서 죽게 됨을 면하게 할 것이며, 조세(租稅)는 그 손상(損傷)의 많고 적은 것에 따라서 그 수량을 감면하게 할 것이다.

1. 『육전(六典)』은 정치하는 법령이니, 마땅히 육조(六曹)로 하여금 관직을 임명하는 뜻을 강구(講求)하게 하여, 각기 그 직책을 다하여 감히 혹시라도 태만함이 없게 할 것이다.

1. 배 타는 군사는 나라를 위하여 외모(外侮)를 막아 물 위에서 목숨을 붙이고 있으므로 고생이 더욱 심하니, 병조(兵曹)에서 마땅히 각도의 군호(軍戶)와 인구의 많고 적은 것을 상고하여 매 3정(丁)에 군인 1명을 세워 두 번(番)으로 나누어 윤번(輪番)으로 교대(交代)하게 하고, 그 집은 다른 요역(徭役)은 면제하게 할 것이다.

1. 화통군(火㷁軍)과 기인(其人)의 역(役)도 또한 고생이 되니, 호조(戶曹)에서 마땅히 각 고을 향리(鄕吏)의 명수(名數)와 관시(官寺)·노비의 명수를 상고하여 그 많고 적은 것에 따라서 그 정원을 다시 정하여, 그 수고와 편안함을 균등하게 할 것이다.

1. 둔전(屯田)의 법은 변새에 군사를 주둔시킨 것으로부터 시작한 것이고 평민(平民)을 노역시킨 것은 아니니, 수상(水上)과 육지(陸地)에서 주둔하는 군사가 경작하면서 전쟁하기도 하는 사람을 제외하고는, 평민(平民)을 역사(役事)시키면서 둔전(屯田)한다고 칭호하는 것은 일체 모두 이를 폐지하게 할 것이다.

1. 부역(賦役)이 고르지 못한 것은 매우 백성에게 해로우니, 지금부터는 부득이한 일이 있으면 도평의사사(都評議使司)를 시켜 여러 도(道)의 토지의 넓고 좁음과 인구의 많고 적은 것을 조사하여 차등이 있게 나누어 정하게 하고, 여러 도(道)의 감사(監司)는 주·부·군·현(州府郡縣)의 토지와 인구의 넓고 좁음과 많고 적은 것으로써 차등이 있게 나누어 정하게 하며, 수령(守令)들은 각호(各戶)의 토지와 인구로써 차등이 있게 나누어 정하게 한다면, 균등하지 않다는 탄식은 없게 될 것이며, 그 늙어서 아내가 없는 사람이나 늙어서 남편이 없는 사람, 어려서 부모가 없는 사람, 늙어서 자식이 없는 사람과 노쇠하여 느른한 사람, 폐질(廢疾)이 있는 사람으로서 동거(同居)하는 사람이 없는 자는 전체를 면제하게 할 것이다.

166

1. 농업과 양잠은 의식(衣食)의 근원이고 백성의 생명에 관계되는 것이니, 그 여러 도(道)의 감사(監司)들로 하여금 군현(郡縣)을 나누어 독려하여 초겨울에는 제방(堤防)을 쌓고 화재(火災)를 금하게 할 것이며, 첫 봄에는 뽕나무를 심고, 5월 달에는 뽕나무의 열매를 심게 하여 감히 혹시라도 태만하지 말게 할 것이다.

1. 백성의 잘살고 못사는 것은 수령(守令)의 유능과 무능에 매여 있으니, 조관(朝官)의 6품(品) 이상은 각기 아는 사람을 천거하여 그 출신 내력(出身來歷)을 갖추어 도평의사사(都評議使司)를 시켜 상세히 고찰(考察)하게 하여, 이에 그 임무를 맡기게 하고, 감사(監司)는 무능한 사람을 물리치고 유능한 사람을 등용하는 일을 엄격히 시행하여, 천거한 사람이 적임자가 아니면 죄를 천거한 사람에게 미치게 할 것이다.

1. 가난한 백성의 부채(負債)는 베『布』와 곡식을 논할 것 없이 본전(本錢) 하나에 이식(利息) 하나를 계산하여 더 징수하지 못하게 하고, 이를 어긴 사람은 본전과 이식은 관청에 몰수하고 죄를 논단(論斷)하게 할 것이다.

1. 고려 왕조의 말기에는 풍속이 사치를 숭상하여 연향(宴享)과 재회(齋會)에는 반드시 먼 지방의 이어 쓰기 어려운 물건을 쓰게 되어서 지금까지 이르고 남아 있는 풍습(風習)이 없어지지 않았으니, 그 금은(金銀)·주옥(珠玉)·진채사(眞彩絲)·화단자(花段子) 등 물건은 일체 모두 금단(禁斷)하게 할 것이다.

1. 선공감(繕工監)과 사수감(司水監)에 바치는 시탄(柴炭)과 사복시(司僕寺)에 바치는 곡초(穀草)는 백성이 이를 심히 괴롭게 여기니, 마땅히 맡은 관사(官司)로 하여금 다시 소비하는 것을 정하여 전일과 같은 폐단이 없게 할 것이다.

1. 관청에 소속된 노비(奴婢)는 사람마다 역(役)을 서서 그들로 하여금 배고프고 춥게 하여 도망해 숨게 됨을 면치 못하게 하니, 지금부터는 매 2인에 1인을 사역시키어 안정된 처소를 잃지 말게 하며, 그 자신이 죽은 사람은 본주인에게 충당해 세우지 말게 하고, 나이 만 60세가 된 사람은 역(役)에서 방면(放免)하게 하며, 매 10인에 1인을 뽑아 나누어 두목(頭目)으로 삼아 그들로 하여금 소속을 관장하

게 하되, 만약 도망하는 사람이 있으면 그 두목(頭目)을 책망하게 할 것이다.

1. 평민(平民)이 심은 과실과 대나무를 관사(官司)에서 그 대금을 주지 않고 공공연히 가져다 쓰는 것은 일체 모두 금단(禁斷)하고, 각 관사(官司)에서 모두 과원(菓園)을 설치하고 심어서 용도에 공급하게 할 것이다.

1. 70세 이상 되는 늙은이는 정조(正朝)와 탄일(誕日) 등 경사(慶事)에 관계되는 외에는 조반(朝班)을 따라 조알(朝謁)하는 것은 면하도록 하여, 나의 노인을 공경하는 뜻에 부응하게 할 것이다.

1. 군현(郡縣)의 공물(貢物)은 그 토지의 생산에 따라 다시 그 액수(額數)를 정하고, 그 생산되지 않는 물건은 수납(收納)을 면제하게 할 것이다.

1. 쓸데없는 관원은 도태시키지 않을 수가 없으니, 도평의사사(都評議使司)에 명하여 상세히 의논하고 신문(申聞)하여 실제의 효과를 찾도록 할 것이다.

이상으로 조선의 건국은 편민(便民)과 이국(利國)을 위한 초석이 마련된 결정적 전환점이라 할 수 있다. 무엇보다도 국가의 강화에 따른 병란의 불식, 민본주의 정책에 따른 민생의 안정, 유교이념에 의한 미풍양속의 강화, 사대교린 정책에 의한 국정의 안정 등은 유교적 이상사회에 근접했다고 볼 수 있다. 모든 정치는 백성을 근본으로 삼는다는 절대가치로 평가해 볼 때, 조선의 건국으로 백성들은 착취와 수탈, 병화와 공포, 인신 구속과 노동착취로부터 벗어날 수 있었다. 또한 자신이 노력한 만큼 풍성한 미래를 약속받을 수 있고, 자신의 능력을 발휘할 수 있는 최소한의 기회도 제공받았다. 한마디로 백성이 국가의 수단에서 국가의 목적으로 그 존재감이 바뀐 것이다.

위와 같은 사실을 근거로 할 때, 조선의 건국은 사회경제적 대변혁을 가져온 혁명적 사건임에 분명하다. 새로운 왕조는 "민을 존중하고 민을 배려했으며 이를 실제의 법과 제도에 반영하기도 했다. 조세제도를 정비하고 전민변정사업(田民辨正事業)을 통하여 사민화(私民化)된 양인을 해방시켰다. 또한 능력을 중시한 인재등용을 통하여 지배층의 폭을 넓혀갔고 낡은 법과 제도를 새로운 법으로 대치하는 개혁정치를 펼쳤다."(도현철, 1996, 4쪽) 단순한 정치 담당자의 교체, 동질(同質)적 사회의 재편성(再編成), 미완(未完)의 전제개혁에 불과한 왕조교체가 아니었다. 정치담당자, 토지제도, 인재등용, 수취제도, 국가이념 등 제도 전반에 대한 근본적인 변혁이 이루어진 시기였다. 따라서 조선개국은 혁명적 사건으로 평가되어야 마땅하다.

한편, 조선개국은 이성계세력과 신흥사대부세력의 결합으로 이루어질 수 있었다. 즉 구체제에서 소외받은 양측의 정치적 결합이 있었기에 가능했고 또한 혁명적일 수 있었다. 그러나 양 세력이 동등한 지분으로 결합한 것이 아니었다. 정치적 제휴의 주체는 이성계를 중심으로 하는 동북면의 군사력이었다. 고려후기 사회를 통째로 뒤흔든 외적의 격퇴, 무장세력 중심의 구체제의 발본(拔本), 권문세족의 색원(塞源), 부정과 탐욕적 사회분위기의 일신 등에는 무력이 절실했고 그런 핵심적 과업을 수행한 것은 신흥사대부가 아니라 신흥(新興)의 무장세력(武將勢力)이었다. 이에 조선개국으로의 길을 닦고 기초를 마련한 것은 신흥무장세력이라 봄이 온전하며, 또한 정당한 역사적 평가이다. 그런데 조선의 개국과 더불어 신진사대부를 중심으로 하는 유신(儒臣)들이 정권을 담당하게 되었고, 그로 인하여 조선개국에 있어서의 무신의 공헌이 폄하되었다.

또한 한국현대사의 질곡 속에서 '군사혁명'과 '영웅주의'는 금기어가 되었고, 그에 기초한 역사적 평가는 홀대받았다. 그런 분위기 속에서 조선건국 과정에서의 이성계의 영웅적 행위와 무력적 위업이 저평가 받거나 무시되었다. '사실 그대로의 역사'를 지향한다면 조선개국은 이성계를 중심으로 결집된 신흥의 무장세력, 변방의 무신세력에 의하여 그 단초가 마련되었다고 보아야 옳다. 요컨대 역성혁명으로 가는 물꼬를 뜬 것은 이성계이고, 조선개국에 이르는 물길을 마련한 것은 신흥무장세력이었다.

보조공신 중추원사 익화군(補祚功臣 中樞院使 益和君)에 제수되다_1392년 7월 28일

익화군에 봉군

익화군의 봉군 과정과 그 역사적 의미는 다음과 같다. "태조 즉위 3일 후인 7월 20일 사헌부(司憲府)에서는 시무책(時務策) 10개 조를 상소하였는데 그 중에 상벌(賞罰)을 바르게 하여야 한다는 것이 있는데, 비록 공신책봉을 직접적으로 언급하지는 않았지만 그 상소를 읽고 태조가 건국 유공자들의 포상(褒賞)에 대하여 생각하였을 것이라 쉽게 추측할 수 있다. 하여튼 이 상소가 있는 얼마 후인 7월 28일에 신왕조의 시정방침(施政方針)을 반포함과 동시에 17명의 고위 관료에게 관직을 임명하였고, 이들 중 14명에게는 관직 이외에 또한 공신호(功臣號)가 주어지고 아울러 봉작(封爵)되었다. 이것은 공신을 책봉한 최초의 사실(史實)로서 조선 개국공신 책봉의 선구(先驅)가 되었다. 이들 공신 14명 중 13명은 뒤에 개국일등공신(開國一等功臣)으로 다시 책봉(冊封)되어진 점으로 보아 개국(開國)의 원훈(元勳)이었음을 알 수 있다." (박천식, 1977, 169-170쪽) 이들 조선개국의 원훈(元勳) 14명 중에 익화군이 11번째에 위차하고 있다. 그 내용은 다음과 같다.

> 문하부(門下府)에 교지를 내려 홍영통(洪永通)을 판문하부사(判門下府事)로, 안종원(安宗源)을 영삼사사(領三司事)로, 배극렴(裵克廉)을 익대 보조 공신 문하좌시중 성산백(翊戴補祚功臣門下左侍中星山伯)으로, 조준(趙浚)을 좌명 개국 공신 문하 우시중 평양백(佐命開國功臣門下右侍中平壤伯)으로, 서제(庶弟) 이화(李和)를 좌명 개국 공신(佐命開國功臣) 상의문하부사(商議門下府事) 의흥친군위(義興親軍衛) 도절제사(都節制使) 의안백(義安伯)으로, 윤호(尹虎)를 판삼사사(判三司事)로, 김사형(金士衡)을 좌명 공신 문하 시랑찬성사 판팔위사 상락

臣商議門下府事義興親軍衛都節制使義安伯尹虎判三司

事金士衡佐命功臣門下侍郎贊成事判八衛事上洛君鄭道

傳佐命功臣門下侍郎贊成事義興親軍衛節制使奉化君鄭

熙啓佐命功臣叅贊門下府事義興親軍衛節制使青海君南閤佐命

祚功臣叅贊門下府事八衛上將軍雞林君李之蘭補

功臣判中樞院事義興親軍衛同知節制使宜寧君金仁贊補

祚功臣中樞院使義興親軍衛同知節制使益和君張思吉補

祚功臣知中樞院事義興親軍衛同知節制使和寧君鄭摠補

祚功臣僉書中樞院事西原君趙琦補祚功臣同知中樞院事

義興親軍同知節制使銀川君趙仁沃補祚功臣中樞院副

使龍城君黃希碩商議中樞院事南在佐命功臣中樞院學士

薦司憲府大司憲商議宜城君○己酉都評議使司請前日教書

所載流放遼方者分徙武陵子島濟州等處 上曰教書既曰

予尚憫之今又分徙諸島是失信也且徙諸無人之地衣食何

得必皆飢寒而死此輩雖居畿內更何爲謀遂令分配諸州於

『조선왕조실록』 태조 1년 7월 28일 기사

군(佐命功臣門下侍郞贊成事判八衛事上洛君)으로, 정도전(鄭道傳)을 좌명 공신 문하 시랑찬성사 의흥친군위 절제사 봉화군(佐命功臣門下侍郞贊成事義興親軍衛節制使奉化君)으로, 정희계(鄭熙啓)를 좌명 공신(佐命功臣) 참찬문하부사(參贊門下府事) 팔위 상장군(八衛上將軍) 계림군(雞林君)으로, 이지란(李之蘭)을 보조 공신(補祚功臣) 참찬문하부사 의흥친군위 절제사(節制使) 청해군(靑海君)으로, 남은(南誾)을 좌명 공신 판중추원사 의흥친군위 동지절제사 의령군(佐命功臣判中樞院事義興親軍衛同知節制使宜寧君)으로, **김인찬(金仁贊)을 보조 공신 중추원사 의흥친군위 동지절제사 익화군(補祚功臣中樞院使義興親軍衛同知節制使益和君)으로,** 장사길(張士吉)을 보조 공신 지중추원사 의흥친군위 동지절제사 화령군(補祚功臣知中樞院使義興親軍衛同知節制使和寧君)으로, 정총(鄭摠)을 보조 공신 첨서중추원사 서원군(補祚功臣僉書中樞院事西原君)으로, 조기(趙琦)를 보조 공신 동지중추원사 의흥친군위 동지절제사 은천군(補祚功臣同知中樞院事義興親軍衛同知節制使銀川君)으로, 조인옥(趙仁沃)을 보조 공신 중추원 부사 용성군(補祚功臣中樞院副使龍城君)으로, 황희석(黃希碩)(黃希碩)을 상의중추원사(商議中樞院事)로, 남재(南在)를 좌명 공신 중추원 학사(中樞院學士) 겸 사헌부 대사헌(司憲府大司憲) 의성군(宜城君)으로 삼았다.

－『조선왕조실록』태조 1년 7월 28일

이때에 비로소 김인찬은 익화군에 봉군(封君)된다. 익화군으로는 가장 영광스러운 순간으로 개인사로 볼 때 가장 의미 있는 순간이다. 그것도 그의 사망 이틀 전에 봉군의 영예를 안았다. 익화군의 선조들이 세거했던 현재 양평지역은 삼국시대부터 주로 양근(楊根)으로 불려졌으나 1269년(원종 10) 위사공신(衛社功臣) 김자정(金自廷)의 고향이라 하여 익화현(益和縣)으로 승격시키고 현령을 둔 적이 있다. 이에 인찬공의 선향을 따라 익화군(益和君)으로 봉군하였던 것이다. 참고로 왕자·외척·공신에게 공(公)·후(侯)·백(伯)·자(子)·남(男)

의 작위를 내리는 것을 봉작이라 하고, 작위가 아니라 '○○君'으로 봉해주는 것을 봉군(封君)이라 한다. 고려가 자주성을 내세울 때에는 봉작제(封爵制)를 실시하고, 스스로 제후국으로 자세를 낮출 때에는 봉군제(封君制)를 실시했다. 조선은 친명(親明) 사대외교(事大外交)를 국시로 삼은 까닭에 봉군제를 따랐고, 이에 '익화백(益和伯)'이 아니라 '익화군(益和君)'으로 봉군된 것은 당연하다.

위의 기사에서 첫번째인 익대보조공신(翊戴補祚功臣)은 배극렴 단 한명이다. 사실 위화도회군에서 조선개국에 이르는 험난한 정치 여정에서 배극렴(裵克廉)은 별로 큰 공훈이 없지만 68세라는 원로라서 태조가 배려하였다고 볼 수 있다. 두번째인 좌명개국공신(佐命開國功臣)은 두 명으로, 조준(趙浚)과 태조의 이복동생인 이화(李和)이다. 세 번째인 좌명공신(佐命功臣)은 정희계(鄭熙啓), 남은(南誾), 김사형(金士衡), 정도전(鄭道傳), 남재(南在) 등 다섯 명이다. 마지막 네 번째인 보조공신(補祚功臣)은 이지란(李之蘭), 김인찬(金仁贊), 장사길(張思吉), 정총(鄭摠), 조인옥(趙仁沃), 조기(趙琦) 등 여섯 명이다. 도합 14명으로 개국특등공신(開國特等功臣)이라 할 수 있다. 결국 이 14명이 조선개국의 실질적인 주역(主役)이라고 보아도 무방하다.

태조는 자신의 휘하(麾下)의 친병(親兵)을 개국과 더불어 의흥친군위(義興親軍衛)로 고쳐 편성한다. 태조의 직위 바로 다음날인 7월 18일에 이 의흥친군위를 설치한 사실로 미루어 이 군부(軍部)의 위상과 역할을 명확하게 알 수 있다. 태조는 위흥친군위를 중심으로 군권(軍權)을 장악함으로써 정적으로부터 왕실을 지키고 정권을 유지코자 하였던 것이다. 그리고 그 요직에는 자신이 가장 신임하는 종친(宗親)이나 훈신(勳臣)들을 임명하였다. 총사령관 격인 의흥친군위(義興親軍衛) 도절제사(都節制使)는 종친인 이화(李和)에게 맡겼으며 부사령관 격인 의흥친군위(義興親軍衛) 절제사(節制使)에는 정도전(鄭道傳)과 이지란(李之蘭)을 임명했다. 그리고 그 아래에 남은(南誾), 김인찬(金仁

贊), 장사길(張思吉), 조기(趙琦) 등을 배치하여 실무를 장악하게 하였다. 결국 이성계(李成桂)는 익화군을 친위부대의 가장 핵심요직에 앉혀서 왕실 보호의 실질적인 임무를 부여했던 것이다. 참고로 익화군(益和君)이 맡은 동지절제사(同知節制事)는 종2품의 군직이다.

이에 더하여 다음과 같은 유창규의 연구논문(柳昌圭, 1985)은 당시 익화군의 정치적 위상을 파악하는 데에 일조하기에 일단 소개해 본다.

1) 친군위는 최정예 직업군인인 갑사(甲士)로 구성되었으며, 갑사는 외갑사와 내갑사로 구분된다. 이중에서 궁중의 숙위와 시위는 내갑사가 맡았고 그들은 거의 동북면의 가별초 출신이었다.

2) 이성계와 이지란 이외에도 동북면 출신의 의흥친군위(義興親軍衛)의 절제사(節制使)들은 대체로 동북면의 가별초집단에 기반을 둔 군사를 거느렸을 것이며 이들 또한 갑사로 진출하였을 것으로 짐작된다.

3) 의흥친군위 소속 군사가 지방의 토착적 세력에 기반을 두고 형성된 만큼 정도전·남은·이제 등은 의흥친군위의 절제사로 임명되었지만 실제로 의흥친군위의 군사를 장악하기는 힘들었을 것이다.

4) 건국 초 공신으로서 의흥친군위의 절제사를 담당한 인물들이 거느린 군사가 사병이 아니었나 짐작할 수 있다. … 이처럼 사병(私兵)적 성격을 띤 의흥친군위의 갑사는 왕과 친군위 각 책임자에 의해 사적으로 장악되어 왕실과 중앙의 시위를 담당하고 또 각 책임자의 사적 군인으로서의 역할을 해냈던 것이다. … 이에 중앙 왕실의 시위를 맡은 갑사(甲士)가 사병과 같은 성격을 띠고 존속한다면 언제라도 국가의 존립을 위태롭게 할 소지가 있기 때문에, 동북면에 군사적 기반을 두지 않은 관료들에게 있어서 갑사의 군사력은 경계의 대상이었다고 하겠다.

5) 태조의 재위 기간 동안 동북면 출신의 군사에 대한 장악을 둘러싸고 대립이

계속되어 왔다. 이러한 군사적 상황은 동북면 출신 친군위 갑사의 책임자와 이방원이 결탁하여 정도전(鄭道傳)·이방번(李芳蕃)·이방석(李芳碩) 등의 측근을 제거한 소위 1차 왕자난을 발생시킨 하나의 요인이 되었다. … 친군위 군사가 대개 이방원의 측근에 가담한 것은 의흥삼군부(義興三軍府)를 통해 자기들의 세력을 약화시키려 한 정도전의 측근에 불만을 갖고 있었기 때문이다.

이상의 내용을 통하여 조선개국을 전후로 한 익화군의 정치적 기반을 알 수 있다. 우선 당시 개국 조선의 군사력을 장악한 의흥친군위의 7인의 절제사 중에서 실제적으로 군사력을 가진 사람은 정도전과 남은을 제외한 5인에 불과했고, 그 중에서 동북면 출신은 이화, 이지란, 김인찬 뿐이었다. 이에 익화군은 이화(李和), 이지란(李之蘭)과 함께 이성계 군사력의 중핵이었음을 알 수 있다. 둘째로 익화군은 북청의 가별초집단에서 발전한 의흥친군위의 갑사를 사적으로 지배하고 있었으며, 그들은 이성계를 숙위·시위하는 최정예 전문군인이었다. 결국 익화군은 이성계·이지란과 더불어 당시로서는 가장 뛰어난 군사력을 지닌 인물이었다고 할 수 있다. 셋째로, 익화군이 이성계의 목숨을 담보하는 측근 중의 최측근이었고, 그가 당시로는 다른 정치세력을 압도할 만한 군사력을 지니고 있었던 점은 이방원을 중심으로 하는 이성계의 인척집단과 정도전이 주축을 이룬 고위관료집단에 큰 위협이 아니 수 없었다. 후술하겠지만, 이러한 그의 정치적 위상이 갑작스러운 운명의 결정적인 이유가 아니었나 판단된다.

한편, 이 때를 기하여 익화군은 동지밀직사사(同知密直司事)에서 한 단계 승진하여 중추원사(中樞院使)로 임명된다.

중추원(中樞院)은 계복(啓復)·출납(出納)과 병기(兵機)·군정(軍政)·숙위(宿衛)·

경비(警備)·차섭(差攝, 인사) 등의 일을 관장하는데, 판사(判事) 1명 정2품이고, 사(使) 1명, 지사(知事) 2명, 동지사(同知事) 4명, 첨서(僉書) 1명, 부사(副使) 6명, 학사(學士) 1명, 상의원사(商議院事) 3명, 이상은 종2품이고, 도승지(都承旨) 1명, 좌승지(左承旨) 1명, 우승지(右承旨) 1명, 좌부승지(左副承旨) 1명, 우부승지(右副承旨) 1명, 이상은 정3품이고, 당후관(堂後官) 2명 정7품이고, 연리(掾吏) 6명 7품인데, 거관(去官)하더라도 관리의 늠봉(廩俸)은 타게 하고, 그 나머지는 권지(權知)로 한다.

- 태조 1年(1392) 7월 28일 정미 4번째기사

여기서 익화군은 이 때를 기하여 중추원에서 서열(序列) 2번이 된 사실과 그의 임무는 왕명의 출납은 물론, 병기(兵機)·군정(軍政)·숙위(宿衛)·경비(警備) 등에 관한 업무등을 총괄하였음을 알 수 있다. 단 3개월 만에 동지밀직사사(同知密直司事)에서 지중추원사(知中樞院事)를 거치지 않고 2단계 승진하여 중추원사(中樞院使)가 되어 막 출발한 조선의 군권(軍權)을 도맡았음을 확인할 수 있다. 태조 이성계는 개국 초기의 국정을 소수(小數)의 재추(宰樞)를 중심으로 강력한 왕권을 펼쳐 나갔는데,(최승희, 1987, 150-153쪽) 익화군이 그런 극소수의 추요(樞要)에 포함되어 이성계가 왕권이 발휘하는 데에 일익을 맡았을 것은 틀림없다.

군사전략에 관한 상계문

이 시기 익화군은 의흥친군위(義興親軍衛)의 실질적인 책임자로 있으면서 군사전략에 대한 건의문을 태조에게 올린다. 군사전략가이며 경세가(經世家)다운 진면목을 엿볼 수 있는 귀중한 자료이다.

도총제의흥친군위사사(都總制義興親軍衛司事) 김인찬이 아뢰기를 "문교(文敎)

로써 정치를 극진(極盡)이 하고, 무예(武藝)로써 험난한 일을 평정(平定)함은 사람의 양 어깨와 같아 가볍게 여기거나 편벽(偏僻)되게 한쪽 편만을 버릴 수가 없습니다. 생각하건대 나라에는 친위병(近衛兵) 이외에는 다른 군호(軍號)가 없으니 이게 어찌 완전한 계책이 되겠습니까! 북쪽으로는 요동(遼東)이 있고, 동쪽으로는 여진(女眞)이 있으며, 남쪽으로는 일본(日本)이 변경을 침탈함이 있으며, 또 초적(草賊)이 이따금 도적질을 하니 그 무리가 작을 경우에는 중랑장(中郎將)이, 클 경우에는 대장군(大將軍)이 방어하다가 어쩔 수 없게 된 연휴에야 군현(郡縣)의 병사(兵士)를 모집하여 보내니 백성(百姓)들의 마음이 크게 동요되어 밖으로는 적을 공격하고 안으로는 나라를 지키기가 극히 온전하지 못한 실정입니다. 그러니 먼저 군과 현에 병제(兵制)를 설치하고 항시 병법을 실습토록하며 훈련(訓練)을 제대로 통달(通達)하여야 합니다. 그래야만 위급(危急)한 때를 당하여 군대를 내보내면 안팎으로 전쟁의 준비가 되어 있기에 시위(侍衛)하고 방어(防禦)함이 제대로 되어 장구(長久)토록 평안함은 물론 화난(禍難)의 어려움도 저절로 사라질 것입니다. 이에 의흥위(義興衛) 충좌위(忠佐衛) 웅무위(雄武衛) 신무위(神武衛)를 설치하여 시위사(侍衛司)로 삼고, 용양위(龍驤衛) 용기위(龍騎衛) 용무위(龍武衛) 호분위(虎賁衛) 호익위(虎翼衛) 호용위(虎勇衛)를 두어 순위사(巡衛司)를 삼으소서."하니 가상하게 받아들여 시위사(侍衛司)와 순위사(巡衛司)를 설치하였다.

都摠制親軍衛同知節制使金仁贊啓曰
文以致治 武以勘艱 如人兩肩 不可輕視 偏廢惟旺家 府兵之外 無他軍號 時豈爲萬全之策乎 北有大遼 東有女眞之族 南有日本 侵掠于邊 又有草賊 往往竊發於中 小則中郎 長大則大將軍 禦之至於不得已後 發郡縣之兵募集 至難民心大撓 外攻內守 甚爲不完 先設郡縣兵制 常時肄習兵法 精通訓練 有事而出軍則內外兵備侍衛防禦 長治久安 禍難自消 置義興忠佐雄武神武爲侍衛司 龍驤龍騎龍武及虎賁虎翼虎勇爲巡衛司 嘉納置衛

湖南地方 前賊嘯聚五六百人 屯山自固 按廉使 金仁賛 盛粉威儀 單騎馳入賊
穴 諭之以禍福 衆賊一見神彩威和感服 飮泣聽命 誅其首惡 餘皆赦之 闔境晏
然 上特加正憲 賜弓矢寶劍一座

이 상계문(上啓文)은 군사제도에 관한 건의문의 성격을 지닌 전반(前半)과,
안렴사(按廉使)로 있으면서 무용(武勇)을 발휘한 후반(後半)으로 이루어져 있
다. 의흥친군위(義興親軍衛)의 동지절제사(同知節制使)로 임명받고 작성한
것으로, 군직(軍職)이 당시 그에게 주어진 동지절제사가 아닌 점으로 미루어
사후에 발견된 것이라 판단된다. 군사(軍事)에 관한 건의문에서는 고려의 최
변방 동북면에서 체득한 외적 방어의 경험이 녹아있는데, 익화군이 군사(軍
事)와 기무(機務)에 정통하였던 사실을 잘 보여준다. 또한 그가 밀직사(密直
司)의 요직을 두루 거치고 군사전문가로서 급부상한 이유를 이 상계문으로 감
지할 수 있다. 어쨌든 이 상계문을 통하여 익화군이 밀직사에서 시위(侍衛)와
숙위(宿衛)를 주로 담당했음을 알 수 있다.

이 상계문으로 익화군은 정헌대부(正憲大夫)라는 품계를 받는다. 정헌대부
는 조선시대 정이품(正二品) 동서반(東西班) 문무관(文武官)에게 주던 품계
(品階)로 같은 정이품의 자헌대부(資憲大夫)보다 한 단계 높은 윗자리이다.

채단을 입었다는 역사적 누명을 쓰다

_1392년 7월 29일(57세)

김인찬과 허구의 '채단 옷 사건'

우선 역문과 원문을 소개한다. 『지봉유설(芝峯類說)』의 기사를 『연려실기술
(燃藜室記述)』별집 제13권 「정교전고(政敎典故)」 '관복(冠服)' 조에 옮겨 놓

은 것이다.

태조조에 상장군(上將軍) 김인찬(金仁贊)이 채단옷을 입으니 특히 명하여 가두고 심문하게 하였다. 제도의 엄함이 이와 같았는데 근래에는 나라 금령이 해이하여져서 사(士)·서인(庶人)이면서도 엷은 비단 옷을 껴입고 창기(娼妓)·천인이면서도 채색 비단을 입는다. 마음대로 방자하게 행하여 법을 두려워하지 않으니 역시 세상이 변한 것을 알 수 있다.

太祖朝 上將軍 金仁贊 衣彩段 特命囚訊 其立制之嚴如此 近來國禁解弛 士庶而襲紗羅 娼賤而服彩錦 任情恣行 人不畏法 亦可見世襲矣

위의 『연려실기술』 「정교전고」에는 "태조가 채단(彩段) 옷 입는 것을 금하였다. 관복(冠服)조에 상세하다."라는 내용이 있고, '관복' 조에 위의 익화군 관련 기사가 실려 있다. 아울러 동(同) 「정교전고」에는 다음과 같은 '채단(綵緞)' 관련 기사도 있어 참고할 만하다. 역시 『지봉유설(芝峯類說)』의 내용을 옮겨온 것이다.

이수광(李晬光)이 젊을 때 보니, 그 선친(先親)이 평상시에 언제나 베옷을 입고 비록 조복(朝服)일지라도 일찍이 비단으로 장식한 것이 없었다. 장성하여 승문원에 벼슬할 때에도 보면 많은 제조(提調)들 중에 황정욱(黃廷彧)·윤탁연(尹卓然)만이 비단 답호를 입었는데, 지금에는 겨우 당상관만 되면 겉옷과 속옷 할 것 없이 모두 채단(彩緞)을 입으며, 혹은 흰 무늬 있는 비단으로 상·하의를 만들고, 시정 하천(下賤)까지도 복식(服飾)의 화려하고 사치한 것이 이루 말할 수 없다. 우리나라가 있은 이후로 사치한 풍속이 오늘보다 심한 때는 없었다.

이상에서 채단은 사치의 상징이었음을 알 수 있다. 아울러 다음의 인용문은 채단이 고려전기부터 최고가의 옷감이고 국제무역에서 가장 인기 있는 상품임을 알 수 있다.

다음 거란의 회사품 가운에 하나인 능라채단(綾羅彩段)에 대하여 살펴보자. 이 능라는 고려측 사신이 공식적으로 받는 회사품에도 있었으며, 또 헌종 원년 5월에 온 거란 동경회례사 고수(高邃)가 사헌(私獻)한 예물에도 들어있다. 또 성종때 최승로가 민간인들의 사치스러운 생활태도를 지적하면서 특히 능라는 토산(土産)이 아닌데도 모두 돈만 있으며 수입해서 입고 있다고 비난하였을 정도로 거란과의 무역에서 가장 인기있는 제품이었다.
  - 『신편 한국사 15 : 고려 전기의 사회와 대외관계』, 국사편찬위원회, 2002

이에 고려 조정은 물론, 조선에서도 사치풍조를 막기 위한 금령을 내릴 때나 그런 금령 실시를 상소할 때에 어김없이 채단(綵緞) 착용을 금지하자는 의견이 제시되었다.

3년 3월. 중랑장(中郎將) 방사량(房士良)이 다음과 같이 상소했다. 『서경(書經)』에 이르기를 '이역의 진기한 물건을 귀하게 여기지 않고 일상 쓰는 물건을 천하게 여기지 않으면 백성들의 살림이 풍족해진다'라고 하였습니다. 우리 나라에서는 오랜 세월에 걸쳐 토산물인 고운 모시와 고운 삼베만을 사용했기 때문에 그 동안 온 나라가 풍족하게 살아왔습니다. 그런데 지금은 귀천을 가리지 않고 다른 나라의 물건을 다투어 사들이는 통에, 길에는 많은 남자 종들이 제왕이 입는 것같은 진귀한 의복을 입고 거리에는 후비(后妃)가 걸치는 것같은 화려한 장식을 한 여자 종들이 널렸습니다. 금후로 사서(士庶), 공상(工商), 천예(賤隷)가 비단 종류로 만든 의복을 입거나 금·은·주옥으로 치장하는 일을 일절 금지시켜,

사치 풍조를 막고 귀천의 구분을 엄격하게 하십시오.

-『고려사』권85 志 제39 형법2 '금령'

한편, 조선개국 사흘째 되던 7월 20일 사헌부에서는 기강 확립과 승려의 정리 등에 관한 10개 조목의 상소문을 올렸다. 그중에 '절약(節約)과 검소(儉素)'를 숭상할 것을 건의한 내용이 있다.

일곱째는 절약과 검소를 숭상하는 일입니다. 궁실을 낮게 짓고 의복을 검소하게 한 것은 하(夏)나라 우왕(禹王)의 성덕(盛德)이요, 백금(百金)을 아끼고 검은 명주로 옷을 지은 것은 한(漢)나라 문제(文帝)의 아름다운 행실입니다. 그들은 귀(貴)하기로는 천자(天子)가 되었고, 부(富)하기로는 천하를 차지했는데도 오히려 절약하고 검소함이 이와 같았는데, 하물며, 동한(東韓)의 땅은 산과 바다 사이에 끼여 있어 인민(人民)의 수효와 재부(財賦)의 액수도 얼마 안 되니, 어찌 그 지출과 수입을 헤아리지 않고서 함부로 소비하겠습니까? 고려 왕조에서는 조금만 재변(災變)이 있으면 두려워하고 반성할 줄은 알지 못하고서, 오직 부처를 섬기고 귀신을 섬기는 데만 힘써서 소비한 비용이 이루 다 기록할 수가 없었으니, 이것은 전하께서 환하게 아시는 바입니다. 원하옵건대, 지금부터는 하(夏)나라 우왕(禹王)과 한(漢)나라 문제(文帝)의 검소한 덕(德)을 본받아 모든 복식(服飾)·기용(器用)·연향(宴享)·상사(賞賜)를 한결같이 검약(儉約)한 데에 따르고 부처와 귀신에게 쓰는 급하지 않은 비용은 모두 다 제거하게 하소서. 모든 하는 일을 방종 사치하지 아니하게 한다면, 백성들이 눈으로 보고 감동하여 또한 풍속이 후하게 될 것입니다." -『조선왕조실록』태조 1년(1392) 7월 20일 기해 3번째 기사

마지막으로 채단(綵緞)은 단자(緞子)의 일종이다. 이해를 돕기 위하여 단자의 사전적 설명을 소개한다. 아래에서 단자(緞子)는 부드럽고 광택이 있는 직

물로 견직물의 일반적인 명칭임을 알 수 있다. 한편으로 채단은 백단(白段)·금단(金段) 등과 함께 단자의 일종임도 확인할 수 있다.

> (단자는) 광택이 풍부하고 부드러운 질감의 직물이다. 씨실과 날실의 교차점을 일정한 간격으로 배치시켜 씨실이나 날실 어느 한쪽이 많이 노출되도록 짜서 만든다. 단독으로 사용되어 견직물 일반의 명칭으로 사용된 경우도 있다. 단은 문헌에 단(緞)·단(段) 등으로 기록되었으며, 무늬가 있는 경우는 단자(段子, 緞子)로 명명되기도 하였다. 단은 조직(組織)·색·문양·산지·섬유 등에 따라서 다양한 명칭으로 명명되었다. … 송(宋)·원(元)·명(明) 나라에서 단(段)·단자(段子) 등으로 명명된 직물을 다량으로 수입한 사실이 『고려사』 등 많은 문헌에 기록되어 있다. 백단(白段)·색단(色段)·수단(繡段)·금단(金段)·채단(綵段)·잡색필단(雜色匹段) 등의 단들도 기록되어 있다. 조선시대에 이르러서는 일본인에게 하사품으로 내린 기록도 보인다.
> ─ 『한국민족문화대백과사전』 '단자(段子)'

한편, 익화군 후예들은 '채단 옷 사건'을 '홍포(紅袍)사건'으로 부르고 있는데, 이에 대한 검토를 위하여 태조 즉위 시점의 '홍포(紅袍)'에 대한 문헌기록을 먼저 소개한다.

> 도평의사사에서 아뢰기를. "명년 원정부터 비로소 조정에서 제정한 관복을 입게 하고 예조로 하여금 상심하여 정하게 하니, 예조에서 보고하기를, '1품은 홍포·서대요, 2품에서 판각문 이상은 홍포·예지금대요, 3·4품은 청포·흑각·혁대·상홀이요, 5·6품은 청포·흑각혁대·목홀이요, 7품 이하는 녹포요, 대와 홀은 5·6품과 같고, 신은 모두 검은 빛깔로 사용하게 할 것입니다.' 하였습니다." 하였다.
> ─ 『조선왕조실록』 태조 1년 12월 12일 2번째 기사

都評議使司啓 自明年元正 始服朝制冠服 許令禮曹詳定禮曹啓 一品紅袍犀
帶 二品至判閣門以上紅袍荔枝金帶 三四品靑袍黑角革帶象笏 五六品靑袍黑
角草帶木笏 七品以下綠袍 帶笏 與五六品同 靴皆用皁色

아울러 홍포(紅袍)는 '강사포(絳紗袍)이며, 정3품 이상의 관원이 입는 붉은
빛깔의 도포나 예복'인 사실, 왕의 곤룡포(袞龍袍)의 경우 그 옷감은 여름에는
사(紗), 겨울에는 단(緞)을 사용하였던 사실, 강사포(絳紗袍)에서의 '사(紗)'라
는 것이 '명주실로 바탕을 거칠게 짠 무늬없는 비단'인 사실 등도 참고가 된다.
이에 홍포는 붉은 색을 띠며 성기게 짠 무늬가 들어가지 않은 조복임을 알 수
있다. 아주 다양한 색채를 띠며 조밀하게 짠 '능라채단'과는 옷감 자체가 완전
히 다른 것이다. 따라서 '채단'을 '홍포'라 달리 부르는 것은 잘못되었다고 할
수 있다.

그야말로 픽션(fiction)인 '채단 옷 사건'

작가 유현종은 『연려실기술』의 기사를 인정하는 입장에다 역사적 상상력을
보태어 '채단 옷 사건'을 소설로 재구성하였다.

김인찬은 맡고 있는 일이 일찍 끝나서 퇴청하여 집으로 돌아왔다. 그런데 환관이
입시하란 임금의 명을 가지고 찾아왔다. 대궐로 들어갔다.(그곳에서 이지란을 만
나 함께 임금을 만난다) … 임금이 두 형제를 맞이하면서 입시해 있던 환관을 부
르며 하사품을 가져오라 한다. "며칠 전에 자기 나라로 돌아간 명나라 사신이 가
져온 비단일세. 마침 세 필을 가져왔기로 아우들을 부른 거야. 한 필은 내가 받았
으니 두 필 중 한 필씩 받게." … (세자) 책봉일에 맞춰 김인찬은 새 조복을 지어
입었다. 임금이 하사했던 최고급 홍비단으로 조복을 해 입은 것이다. 새 조복을
입고 어전 회의에 나가자 모든 대신들이 놀라 바라보았다. … 정도전이 한마디

했다. "상감과 같은 비단으로 옷을 해 입으시면 불충이라 합니다. 모르시진 않겠지요?" 도당 안이 긴장했다. 하필이면 임금도 그 명나라의 비단으로 곤룡포를 새로 지어 입고 있었던 것이다. 자리가 어색해지자 임금이 빙그레 웃었다. "평소 입고 있는 중추원사의 조복이 낡아 보여서 과인도 새로 하나 지어 입을 테니 중추원사 대감도 해 입으라 한 거요. 보기만 좋구먼 뭘 그러시오? 허허허." 임금은 호탕하게 웃었다. … (임금이 적극적으로 김인찬을 변호했음에도) 정도전 일파의 사주를 받은 간언(諫言) 송재호가 상소를 올려 김인찬의 조복 비례에 대해 불충하니 벌을 내려야 한다고 주장했다. … 한두 명이 상소를 올리는 게 아니었다. 임금으로서도 입장 정리를 하고 결론을 내려야 할 만큼 벼랑 끝으로 몰고 있었다.(이때에 이지란은 이방원에 그의 구명을 요청했으나 이방원의 세자 책봉에서 김인찬이 적극적으로 그를 추천하지 않았기에 소극적이었다.) … (며칠 후) 김인찬 문제는 어전 회의에서 거론되고 어떤 결론이든 나게 되어 있었다. 김인찬은 결과를 기다렸다. … (금부도사가 김인찬의 집에 당도하고) 김인찬이 나가 섬돌 밑에 섰다. 금부도사는 두루마리를 펼쳐 들고 어명을 읽었다. "전 중추원사 김인찬은 지엄한 주상을 능멸한 참람한 죄인이므로 관직을 삭탈하고 금부 뇌옥(牢獄)에 구금하랍신 어명이다. 어명을 받아라!" … 김인찬은 금부에 압송되어 뇌옥에 갇히게 되었다

- 유현종, 2012, 306-322쪽

여기서 작가 유현종은 『지봉유설』에 실린 익화군의 '채단 옷 사건'을 역사적(歷史的) 사실(事實)로 받아들이고 이야기를 꾸려나갔음을 알 수 있다. 또한 태조 이성계(李成桂)의 진심어린 배려가 오히려 익화군을 삭탈관직(削奪官職), 뇌옥구금(牢獄拘禁)이라는 불운(不運)을 불러오고, 더 나아가 그의 죽음으로까지 이어졌다고 보고 있다. 한편으로 정도전 일파의 정적을 제거코자 하는 음모와 이방원의 소극적 변호가 익화군을 구금과 죽음으로 몰아갔다고 추정했다.

'채단 옷 사건'은 역사적 사실이 아니다.

이제, 익화군의 '채단 옷 사건'을 검토해보자. 만약 이 사건이 발생했다면 그 날짜는 7월 29일 수밖에 없다. 그 이유는 7월 28일 김인찬은 익화군에 봉군되었다. 만약 그 이전에 '채단 옷 사건'이 있었다면 그에게 봉군을 하고 의흥친군위(義興親軍衛) 동지절제사(同知節制事)로 승진시켰을 리가 만무하기 때문이다. 국령을 어긴 자를 봉군하고 군 최고의 요직에 배치하지 않았을 것이 자명하다. 주지하듯이 7월 30일 익화군은 세상을 떠난다. 이에 '채단 옷 사건'이 있었다면 7월 29일 단 하루일 수밖에 없다.

이상의 기본적인 지식과 검토를 바탕으로 본 사건에 대하여 본격적으로 논의해 보자. 『지봉유설(芝峯類說)』의 내용을 그대로 믿는다면, 익화군은 대대적인 '사치풍조 금지령'에도 불구하고 채단으로 지은 옷을 입었고, 그것이 문제가 되어 신문(訊問)을 당하는 고초를 겪었다고 볼 수 있다. 한마디로 금령 발효 후 '시범 케이스(示範 case)'에 걸려 수모를 당한 셈이다. 그리고 이 내용은 '신상필벌(信賞必罰)'의 대표적 사례가 되어 조선조의 여러 문헌에서 확인된다. 이에 이 '채단 옷 사건'은 익화군의 입장에서 볼 때 최대의 오점이자 씻을 수 없는 치욕이 될 수 있다. 그런데 이 기사는 몇 가지 문제를 내포하고 있어서 그대로 받아들일 수 없다. 그 이유는 다음과 같다.

우선, 익화군을 상장군(上將軍)이라 지칭한 점이다. 먼저 상장군(上將軍)에 주목해 보자. 상장군(上將軍)은 8위(衛) 즉 2군 6위를 맡은 정3품 군관직이다. 그런데 7월 28일 익화군은 바로 앞에서 언급했듯이 종2품의 의흥친군위(義興親軍衛)의 동지절제사(同知節制事)로 임명되었다. 그리고 당시 팔위(八衛)의 상장군(上將軍)은 익화군이 아니라 정희계(鄭熙啓)였다. 기본적인 사실을 잘못기록하고 있다. 이 기사의 진실성을 의심케 한다.

둘째로, 처음으로 '채단 옷 사건'을 업급한 『지봉유설(芝峯類說)』 권29 복용부(服用部) 의복(衣服) 조(條)의 원문은 '嘗見實錄。太祖朝上將軍金仁賛

衣綵段'으로 시작되는데, 번역되어 널리 알려진『연려실기술』에 없는 '상견실록(嘗見實錄)'이란 네 글자가, 원본인『지봉유설』에서는 확인된다. 여기서 이수광(李睟光)은 '일찍이 실록을 보니'라고 말했는데, 여기서 '실록(實錄)'은 조선왕조실록(朝鮮王朝實錄)을 말함이 분명한데, 주지하듯이 조선왕조실록에는 '채단 옷 사건'이 한 줄도 기록되어있지 않다. '채단 옷 사건'이 후대에 조작된 허위 사실(史實)임을 단적으로 보여주는 증거이다.

셋째로, 상기 기사가 개국일등공신 익화군에 관한 기록이고, 국가적 사건임에도 불구하고 정사(正史)에 기록되지 않은 점이다. 만약 개국과 더불어 사회 풍조에 대한 금지를 법령으로 내리고, 조선개국 10걸에 속하는 익화군이 그 법령을 어기고, 그 대가로 신문(訊問)을 받았다면 당연히 정사에 기록되고, 그에 대한 논죄과정이 조정에서 거론되어야 마땅하다. 그럼에도 정사에는 단 한 줄의 기사도 확인되지 않는다.

넷째로, 이성계는 익화군이 승하했음에도 불구하고 개국일등공신에 책봉하라는 특명을 내린다. 그가 금령(禁令)을 어겼다면 그런 배려를 할 수 있겠는가? 당시는 사회 정화, 풍토 쇄신의 기운이 왕성하던 시점이다. 왕조시대 역성혁명으로 왕위를 거머쥔 이성계가 그 정당성을 확보하기 위하여 민심에 촉각을 곤두세웠던 때이다. 그 시점에 만약 익화군이 채단을 있고 거들먹거렸다면 이성계가 자기 이미지 관리를 위해서라도 그에게 그처럼 지극한 배려를 하지 않았을 것이다. 또한 공명정대(公明正大), 일벌백계(一罰百戒)를 내세웠던 정도전을 중심으로 하는 신진사대부들이 그의 개국일등공신 책봉을 그대로 봐 넘기지 않았을 터이다. 어쨌든 정사(正史) 어디에도 이미 승하한 익화군을 개국일등공신으로 책봉하고 그에게 푸짐한 포상(褒賞)을 하는 것을 문제 삼았다는 내용이 없다. 이런 정황으로도『지봉유설(芝峯類說)』의 내용은 진실을 그대로 담은 것이 아님을 알 수 있다.

다섯째로, 익화군은 이성계의 마음 그 자체이다. 그가 이성계가 가장 심려를 기울어서 추진하는 '민심 얻기'에 역주행했을 리가 만무하다. 만약 익화군이 그렇게 경거망동한 인물, 사치와 향락을 일삼는 인물, 시세(時勢)를 감지하지 못하는 천박한 인물, 대세(大勢)를 거역하는 우둔한 인물이었다면 그를 이성계가 그렇게 적극 후원하고, 또한 그를 그렇게 중용(重用)시켰겠는가? 또한 그에게 회군공신, 공양왕 옹립공신, 태조 추대 보익공신, 개국일등공신에 봉했겠는가? 한편, 익화군은 변방(邊方)에서 오로지 자신의 능력 하나만으로 재추에 오른 인물이다. 그런 인물은 자기관리에 철저한 것이 일반적이다. 그런 그가 사치금지령이 내려진 엄중한 시대 분위기에서 그처럼 터무니없는 실수를 할 가능성은 희박하다. 이런 추측 역시 '채단 옷 사건'이 허구요 모함이었음을 시사해 준다.

여섯째로, 개국공신의 책봉 시, 수봉대상자(受封對象者) 개개인의 적정(適正)여부를 사헌부 등 유관기관에 지시하여 검증토록 하였는데, 익화군이 개국일등공신으로 책봉된 엄연한 사실은 『지봉유설(芝峯類說)』의 야사(野史)적 한계를 드러낸 것이고, '채단 옷 사건'의 진실성을 또 다시 의심케 한다.

일곱째로, 위화도 회군에서 조선의 개국까지의 정치적 소용돌이 속에서도, 정적의 제거는 특별한 경우를 제외하고는 탄핵을 거쳐 파면·유배되는 경우가 일반적이다. 특히 정치적 문제가 아니라 도덕적 문제로 벌을 받을 경우에는 탄핵이 먼저 이루어지고 그에 따라 징벌이 가해진다. 이는 위화도회군에서 공훈을 세운 유만수(柳曼殊)가 불효(不孝)했다는 명분상의 이유로 탄핵을 받고 그 다음에 유배 조치가 이루어진 사례에서 단적으로 확인된다.(김당택, 2011, 411쪽) 정말 익화군이 채단옷을 입은 불경을 범했다면 간관(諫官)의 탄핵이 있어야 당연하다. 그런데 익화군의 경우에는 『조선왕조실록』이나 『고려사』 어디에도 채단옷을 입어 탄핵을 받았다는 기사가 없다. 이에 『지봉유설』의 익화군 관련 부정기사는 허구임을 다시 확인할 수 있다.

여덟째로, 이성계는 자기 휘하의 부하들을 끔찍하게 아끼고 그들의 큰 잘못에 대해서도 매우 너그러운 것으로 유명하다. 또한 사적인 온정에 매우 치우치는 인물로 정평이 나 있다. 또한 자신의 최측근에 대하여 비판적인 사람에 대해서는 "그들은 나의 수족과 같은 신하들로 모두 한결 같은 마음을 지녔으니, 어찌 그들을 의심할 수 있겠는가?"(太祖 3年 11月 4日 2번째 기사)하면서 절대적인 신임을 보여준다. 그런 이성계가 익화군이 '만에 하나' 과오를 범했다고 해서, 그가 가장 아꼈던 심복인 익화군을 바로 구금을 했을 리가 없다. 이 역시 '채단 옷 사건'이 실제 있었던 사건이 아닐 가능성을 한층 높여준다.

아홉째로, 채단은 화려한 문양이 들어간 고급 옷감으로 조복(朝服)에 사용되지 않는 옷감이다. 한편 곤룡포의 옷감으로 여름에는 사(紗), 겨울에는 단(緞)을 사용했다. 이런 사실들을 염두에 둘 때, 익화군이 '7월 무더위에 동복(冬服)에 사용하는 채단으로 만든 옷을 입고 조회에 참석했다'는 것은 비상식적일 수밖에 없다.

열째로, 한영우를 비롯한 박천식·허흥식·정두희 등 우리나라 개국공신에 대한 연구자들이 익화군 김인찬을 소개·논평하면서 소위 '채단 옷 사건' 자체를 전혀 언급하지 않는 점은 주목할 필요가 있다. 특히 나말여초 연구의 우리나라 최고 권위자이자 국사학계를 대표하는 한영우 교수는 김인찬에 대한 별도의 인물평에서 이성계와의 만남에 대해서는 번역문을 그대로 소개하면서도 '채단 옷 사건'에 대해서는 한마디의 언급도 하지 않았다.(한영우, 1983) 이런 사실들은 『지봉유설』를 비롯한 야사에서의 '채단 옷 사건'이 사료로서의 가치를 전혀 인정받지 못함을 단적으로 보여준다.

이렇듯 익화군이 채단을 입은 죄로 신문(訊問)을 당했다는 『지봉유설(芝峯類說)』의 기사는 여러 가지 정황으로 미루어 그 진실성이 의심된다. 그런데 이 기사에서 '특명수신(特命囚訊)'이란 기사는 그냥 지나칠 수 없다. 왜냐하면 익화군에 대한 인신 구속이 있은 바로 다음날, 익화군이 승하했기 때문이다. '수신(囚迅)과 승하(昇遐)' 뭔가 연결고리가 있다는 느낌을 지울 수 없다. 이 연결고리 역시 정황판단에 의하여 탐색되어야 할 것이다. 그런 탐색작업은 익화군에 대한 신원(伸寃, 원통한 일이나 억울하게 뒤집어쓴 죄를 풀어 버림)작업일 수 있다. 중차대한 사안이므로 장을 달리하여 다음에 논의코자 한다.

개국 조선의 큰별 떨어지다_1392년 7월 30일(57세)

익화군 졸기

익화군(益和君)은 일생 최대의 꿈을 이루고 영광을 얻은 바로 그 시점에 승하한다. 다음은 『조선왕조실록』에 실린 익화군 졸기(卒記)이다. 익화군에 대한 총체적 평가이자 공인된 평가이다.

> 중추원사(中樞院使) 김인찬(金仁贊)이 졸(卒)하니, 임금이 조회를 3일 동안 폐하고, 문하시랑찬성사(門下侍郎贊成事)를 증직(贈職)하고 유사(有司)에게 명하여 예장(禮葬)하게 하였다. 인찬은 양근(楊根) 사람인데, 무재(武才)가 있었다. 임금을 잠저(潛邸) 때부터 따라 시위(侍衛)의 공로가 있었으며, 개국(開國)할 때에 당하여 임금을 추대하는 데 참예하였다. 아들이 없었다.
>
> － 『조선왕조실록』 태조 1年(1392) 7月 30日(己酉) 2번째기사
>
> 中樞院事金仁贊卒 上輟朝三日 贈門下侍郎贊成事 命有司禮葬 仁贊 楊根人 有武才 從上潛邸 有侍衛之勞 及當開國 與於推戴 無子

이와 함께 『한국민족문화대백과사전』에서 '김인찬' 항목으로 정리된 서울대 한영우 교수의 글을 소개한다. 이글은 익화군에 대한 우리나라 역사학계의 연구 성과를 집약한 것이라 할 수 있다. 그런데 이글에서 김인찬이 죽은 뒤에 익화군에 추봉되었다고 하였으나 이는 사실과 다르다. 전술했듯이 승하 이틀 전인 7월 28일 봉군되었음이 조선왕조실록에 엄연히 기록되어있다.

是禹玄寶徙海陽李穡徙長興府僕長壽徙長鬐其餘皆徙沿
邊州縣遣使各道杖禹洪壽已下有差楊廣道上將軍金輅慶
尚道上將軍孫興宗全羅道判軍器監事黃居正西海道西北
面判軍資監事張湛交州江陵道禮賓卿田易　教書初降鄭
道傳欲以穡放于紫燕島使京畿計程使許周押送周以紫燕
無人難之問其區處道傳各曰旣以配島者直使擒之於海耳
既而徙穡長興之　命出道傳之謀竟不得行○中樞院事金
仁贊卒　上輟朝三日贈門下侍郎贊成事　命有司禮葬仁
贊楊根人有武才從　上潛邸有侍衛之勞及當開國與於推
戴無子○八月庚戌朔　上立受羣臣朝○辛亥置功臣都監○
命舉賢良臺諫六曹每一負各舉敞官四品已下六品已上三
人○定入官補吏法凡初入流品作七科日文科日吏
科日譯科日醫科日陰陽科日醫科吏曹主之曰武科兵曹主之其出
身文字如前朝初入仕例明寫年甲本貫三代署經臺諫不由
七科出者不許入流品每除拜所司考其出身文字方許署謝

『조선왕조실록』 태조 1년 7월 30일 기사

… 조상과 가계가 불분명하나, 1376년(우왕 2)에 북청천호(北靑千戶)이었던 점으로 보아 북청지방의 토호이었던 것 같다. 1383년 이성계(李成桂)가 동북면에서 안변으로 오던 중 밭 가운데 있는 뽕나무 위의 새 두마리를 활로 쏘아 떨어뜨리자, 밭에서 김을 매던 그는 이를 보고 감탄하여 한충(韓忠)과 함께 이성계의 부하가 되었다. 무재(武才)가 있었으며, 1388년 이성계를 따라 위화도에서 회군한 뒤 1390년(공양왕 2) 밀직부사(密直副使)가 되고 1392년에는 동지밀직사사(同知密直司事)에 올랐다. 조선 개국 후 중추원사(中樞院使)·의흥친군위동지절제사(義興親軍衛同知節制使)로서 태조의 친병을 통솔하는 책임을 맡았으나 곧 죽었다. 죽은 뒤 개국공신 일등으로 익화군(益和君)에 추봉되고 문하시랑찬성사(門下侍郞贊成事)에 추증되었다. 시호는 충민(忠愍)이다.

익화군 김인찬에 대한 본격적인 논의에 앞서 몇 가지 간단한 예비지식이다. 졸기(卒記)는 죽은 이에 대한 기록으로 그의 생애와 공적에 대한 총평이라 할 수 있다. '예장(禮葬)'이란 국가에서 예(禮)를 갖추어 장사(葬事)하는 것으로 왕비(王妃)의 부모(父母)·빈(嬪)·귀인(貴人)·대군(大君)·왕자(王者) 군(君) 및 부인(夫人)·공주(公主)·옹주(翁主)·의빈(儀賓)·종친(宗親)의 종2품 이상, 문무관 종1품 이상 및 공신에 대한 국장(國葬) 다음가는 국가장(國家葬)이다. 잠저(潛邸)는 국왕이 즉위하기 전에 거주하던 사저(私邸)에 대한 미칭(美稱)으로 『주역(周易)』의 "잠룡(潛龍)은 쓰지 말라."는 말에서 유래하였다고 한다. 문하시랑찬성사(門下侍郞贊成事)는 '중서문하성(中書門下省)의 시랑찬성사(侍郞贊成事)'의 준말이다. 문하부(門下府)는 백규(百揆)의 서무(庶務)를 총괄하는 최고 아문으로 문하시랑은 문하부의 종1품 관직이다.

다음으로 익화군이 받은 시호 '충민(忠愍)'에 대해서는 조금 상세하게 알아보자. 시호(諡號)는 국가에서 정하는 것이 원칙이며, 시호를 붙이는 것은 개인의 이름이 함부로 불리는 것을 꺼려하던 유교적 관습, 즉 피휘(避諱)에 의하여 생겨났다. 우리 나라 시법(諡法)은 조선 초까지는 왕과 왕비, 종친(宗親), 실직(實職)에 있었던 정2품 이상의 문무관과 공신에게만 '시호'가 주어졌다. 시호에 쓰인 글자는 모두 301자였으나 실제로 자주 사용된 글자는 문(文), 정(貞), 공(恭), 양(襄), 정(靖), 양(良), 효(孝), 충(忠) 등 120자 정도였다. 그리고 글자 한 자의 뜻도 여러 가지로 풀이되었다. 익화군이 받은 시호의 '충(忠)'은 위신봉상(危身奉上, 자기 몸이 위태로우면서도 임금을 받든다), 사군진절(事君盡節, 임금을 섬김에 충절을 다한다), 성쇠순고(盛衰純固, 번성하거나 쇠퇴함에 상관 없이 충절을 지킨다), 여국망가(廬國忘家, 나라를 걱정하여 집안 일을 잊는다), 추현진충(推賢盡忠, 어진 사람을 추대하고 충성을 다한다), 추능진충(推能盡忠, 능력 있는 사람을 추대하고 충성을 다한다), 염방공정(廉方公正, 청렴하고 방정하며 공정하고 바르다), 임난불망국(臨亂不忘國, 난세를 맞이하여 나라를 잊지 않다), 임환불망국(臨患不忘國, 환란을 맞이하여 나라를 잊지 않다) 등의 의미를 함축하고 있다. 그리고 '민(愍)'은 재국조간(在國遭艱, 나라가 근심을 만나게 하다), 재국봉란(在國逢亂, 나라가 반란을 맞이하게 하다), 재국봉난(在國逢難, 나라가 어려움을 만나게 하다), 사민비상(使民悲傷, 백성들로 하여금 슬프고 마음 상하게 하다), 사인비상(使人悲傷, 사람들로 하여금 슬프고 마음 상하게 하다), 재국봉간(在國逢艱, 나라에 있으면서 환란을 맞이하다), 재국조우(在國遭憂, 나라에 있으면서 근심을 맞이하다) 등의 다양한 의미를 지닌다.

졸기에 대한 분석

위의 졸기(卒記)에서 익화군은 잠저(潛邸)에서부터 이성계를 시위(侍衛)하였으며 무재(武才)가 있다고 명기하였다. 이 기사는 아주 짧지만, 익화군이 일찍부터 이성계와 인연을 맺었던 사실, 익화군이 이성계의 시위(侍衛)를 거의 전담하였던 사실, 한편으로 무재(武才)가 뛰어났던 사실 등을 전한다. 무재가

192

뛰어났기에 이성계에게 일찍이 발탁되어 그의 신변을 보호하는 일을 도맡았음을 확인해 주는 기사이다. 이 기사는 익화군이 밀직사(密直司)의 요직을 계속해서 맡았고, 이성계의 친위부대인 의흥친군위의 동지절제사를 역임한 사실과도 합치된다. 이로 미루어 밀직사의 여러 가지 업무 중에서 익화군은 이성계의 '시위(侍衛)' 업무를 전담했을 것이 확실시된다. 한편 무재에 뛰어났다고 했으나, 그가 안변지책(安邊之策)을 실질적으로 작성한 인물인 사실을 감안한다면, 그는 무재만이 아니라 문재(文才)였을 것이라 판단된다. 다만 그의 문무겸전의 능력 중에서 무재에 탁월했던 점이 부각되었기에 졸기에는 단순히 무재가 있었다는 정도로만 그의 능력을 평가한 것이 아닌가 한다.

아울러 한영우는 "(그 선조는) 1376년(우왕 2)에 북청천호(北青千戶)이었던 점으로 보아 북청지방의 토호이었던 것 같다."라고 익화군의 선계에 대하여 언급하였다. 한영우의 견해는 우리나라 역사학계 일반의 주장이다. 한편 박천식을 비롯한 여말선초를 전공하는 학자들의 대부분은 '한미(寒微)한 가계에서 태어나 자신의 능력만으로 출세한 인물'로 익화군을 묘사하였다. 어쨌든 익화군의 가계가 북청지방의 토호세력이었음은 분명한 사실이라 인정할 수 있다. 그러므로 '한미한 가계'로 보는 학계일반의 견해는 익화군의 선조를 평가절하한 처사라 아니할 수 없다. 이지란도 북청천호 출신이며, 이성계 가문도 동북면의 천호를 역임했다. 권문세족으로 볼 수는 없지만, 결코 한미(寒微)한 가문은 아니라 할 수 있다. 익화군이 북청천호(北青千戶)를 역임했고, 그의 고조(高祖)가 전라도관찰사(全羅道觀察使), 조(祖)가 화령도상원수(和寧道上元帥), 고(考)가 안변목사(安邊牧使)를 지낸 사실을 감안할 때, 동북면에 거점을 둔 지방세력임은 분명하다.

실록에서는 '익화군에게 자식이 없다'라고 기록하고 있다. 즉 '무자(無子)'라고 명기하면서 졸기를 마친다. 그런데 대동보에는 '配貞敬夫人密陽朴氏요 配貞敬夫人波平尹氏也라. 有十男하니 長曰貴龍이니…'이라 기록하고 있다. 두

명의 부인에게서 10명의 자식이 태어났음을 분명히 하고 있다. 이에 무자란 기록에 대한 해명이 필요한데, 필자는 '무자(無子)'가 오기(誤記)임을 주장한다.

우선 선조 때 회맹을 기하여 김이갱(金以鏗)을 김인찬(金仁贊)의 적장자라 하여 회맹(會盟)에 참가할 것을 권하고 있다. 이는 조선 조정이 귀룡(貴龍) 공의 후손 김이갱(金以鏗)을 적손(嫡孫)으로 인정한 기사이며, '무자(無子)'를 전면 부정할 수 있는 기사이다. 이 하나만으로 실록의 '무자(無子)' 기록은 오기임을 분명히 알 수 있다. 이런 판단은 성종 2년(1471년) 8공신 회맹에 김효충(金孝忠), 선조23년(1590년) 11공신 회맹에 김영(金瑛), 인조1년(1623년) 16공신 회맹에 김득성(金得成), 숙종 6년(1680년) 20공신 회맹에 김만석(金萬碩)이 적장자로 인정받아 참석하여 회맹록에 기록되어 있는 사실(박천식, 1984, 81쪽)로도 충분히 입증된다. 또한 조선 조정에서 익화군의 후예들에게 계하사목문(啓下事目文)을 내려 공신의 자손으로 인정하여 특권을 부여하고 있는 점, 익화군의 사당과 서원을 건립하고자 하는 후손들의 청을 받아들이고 있는 점 등으로도 분명히 입증된다.

그러면 왜 '無子'로 기록되었는지가 숙제로 남는다. 이글에서는 그 실마리를 익화군의 세손 김승구(金承九)의 주장에서 찾고자 한다.

익화군 할아버지의 후손들은 남으로는 제주도로부터 북은 함경도까지 전국각지에 산재하고 있는데 그 자손의 수가 많기 때문도 아니요 생존의 목적이나 기타 이해관계에 의한 택지(擇地)의 결과로 남북간 최원격지(最遠隔地)에까지 이주한 것이 아니요 당시 집권자였던 태종(太宗)의 비도덕적 횡포의 희생물로서의 필연적인 결과였던 것이다. 태종은 익화군 자손들을 정적으로 보았기 때문에 익화군 할아버지의 작위마저 일등개국공신의 '일등(一等)'을 마음대로 삭탈하여 평개국공신(平開國功臣)으로 하였고 권위(權威)를 자랑한다고 억설(抑說)을 자행하여 분산이주(分散移住)를 시켰던 것도 첫째는 같은 형제간이라는 것과 둘째는 각자의 신분을 감추기 위하여 여러 형제분들은 각기 개별의 관향(貫鄕)을 가졌던 것이다. 이때 관향은 물론 임시적인 것이었을 것이다.

- 『익화김씨대동보(益和金氏大同譜)』 1, 1975, 39-40쪽

주지하듯이 '태조실록'은 이방원 즉 태종이 편찬하였다. 『한국민족문화대백과사전』의 다음과 같은 기술은 그 실상을 잘 보여준다. 즉 "태조가 재위 7년만에 정종에게 양위한 뒤 상왕(上王)·태상왕(太上王)의 지위에 있다가 1408년(태종 8) 5월에 죽자 이듬 해 8월에 태종이 영춘추관사(領春秋館事) 하륜(河崙) 등에 『태조실록』을 편찬하게 하였다. 이에 춘추관기사관(春秋館記事官) 송포(宋褒) 등이 조선에 있어서 실록 편찬이 처음일 뿐만 아니라 시대가 멀지 않고, 또 당시에 활동했던 인물들이 대부분 살아 있으므로 지금 『태조실록』을 찬수(撰修)하는 것은 시기상조라 하여 후일을 기다리자고 건의하였다. 그러나 태종은 찬수의 뜻을 굽히지 않고 태조 원년부터 정종 2년까지의 사초(史草)를 제출하도록 각 사관(史官)에게 명하였다. 그러나 서울거주자 10월 15일, 지방거주자 11월 1일로 정해진 제출기한이 지나도록 사초가 잘 들어오지 않자, 사초를 제출하지 않은 자에 대해 자손을 금고(禁錮)하고 은 20냥의 벌금을 징수하도록 하는 처벌규정을 만들어 사초 제출을 독려하였다."라고 명기하고 있다. 태종이 실록편찬의 기본 원칙을 어기고 자기의 입장에서 실록을 편찬했던 것이다. 이를 통하여 태종이 익화군 관련 기사를 축소·왜곡했을 가능성을 엿볼 수 있다. 이는 앞에서 소개한 일부 후손들의 주장 즉 '태종이 익화군 자손들을 정적'으로 보았다는 주장과 일치한다. 아울러 익화군의 후예들이 제주도를 포함하여 동서남북 전국 각지로 이산한 분명한 사실로도 방증된다. 또한 "수세 동안 가문이 쇠퇴하고 자손이 영체(零替, 곧 빈한)하며 덕망 있는 후손이 나지 않고 벼슬하는 일가가 또한 적어서 선조의 훈충(勳忠)과 위적(偉績)이 세상에 많이 없어졌다."는 「양근김씨정묘보(楊根金氏丁卯譜) 서문(序

文)」의 언급과도 연결된다. 요컨대 익화군은 이방원 세력에 적극적으로 협력하지 않았고, 그로 인하여 태종이 집권하면서 그의 후손들을 핍박했을 것이라는 추측이 가능해진다. 이에 '무자(無子)'기록은 이방원 추대세력에 의한 만행이라 할 수 있다. 이런 추측은 『조선왕조실록』의 졸기에 나타난 개인 행장(行狀)은 개국공신의 경우 편협(偏狹)한 평가가 많다는 지적(박천식, 1984, 58쪽)으로도 방증된다.

졸기와 관련하여 다음의 연구결과는 눈여겨 볼 필요가 있다. "『고려사』는 여러 차례의 개정을 거쳐 간행되었는데 서술에 완벽을 기하려는 의도도 있었겠지만, 기왕의 서술에 불만을 품은 인물들이 있었기 때문이다. … 고려말의 문신들은 무신들의 권력 장악을 비난함과 아울러, 이를 가능케 했던 무신들의 전공을 낮게 평가하기 위해 노력했다."(김당택, 2007) 이런 견해에 입각할 때, 익화군의 졸기에서 익화군의 공훈(功勳)이 제대로 기록되지 않는 점, 그의 능력이 축소되어 기록된 점, 무자(無子)와 같은 잘못된 내용이 실려 있는 점 등이 이해된다. 아울러 이런 전반적인 정황과 함께 태종 대 집권세력의 입김이 강하게 작용하였을 것은 물론이다.

세자책봉과 익화군

그러면 이방원의 추대세력들이 익화군의 후손을 왜 그토록 심하게 홀대하고 핍박했을까? 무엇이 그들로 하여금 그토록 원한을 품게 했을까? 이에 대한 대답은 결국 이방원에게 천추의 한이 되었던 '세자책봉(世子冊封)'에 둘 수밖에 없다. 한편 세자책봉은 익화군이 승하한 다음 달인 8월 20일에 이루어지지만 세자책봉에 대한 논의는 이성계의 즉위와 함께 진행되었을 가능성이 높다. 따라서 익화군이 세자책봉에 깊이 관여했을 개연성은 충분하다. 이런 전제하에서 논의를 진행코자 한다.

그런데 세자책봉에 앞서 이성계·이지란·김인찬 3인과 이방원 사이에 틈새가 생겨난 근원적인 사건이 있었으니, 그것은 바로 '정몽주 제거 사건'이다. 이방원은 정몽주를 타살할 것을 결심하고, 그 거사를 처음에 이지란에게 부탁했는데 이지란은 이성계가 모르는 사실이라 하여 거절한다. 이에 이방원은 조영규(趙英珪)를 차선책으로 선택하여 정몽주를 격살한다. 그리고 이 사건을 계기로 하여, 이방원은 아버지 이성계로부터 미움을 받게 되고, 그것은 세자책봉에서 이방원이 배제되는 하나의 요인으로 작용한다. 어쨌든 '정몽주 제거 사건'을 기점으로 이방원과 이성계 사이의 불화가 시작되었고, 이는 곧 이방원 추대세력과 익화군의 반목(反目)으로 이어졌다고 볼 수 있다.

이제 본격적으로 조선의 개국과 함께 이루어진 '세자책봉'에 대하여 살펴보자. 우선 태조실록의 내용이다. 태조가 두 번째 부인 강씨(康氏)의 뜻을 존중하여 그녀가 낳은 막내 아들 방석을 세자로 책봉했다는 기사이다. 여기서 '장자(長子)로써 세워야만 되고, 공로가 있는 사람으로 세워야만 된다고 간절히 말하는 사람이 없었다.'는 내용을 무엇보다도 주목해야 한다. 짧지만 이방원의 통탄할 마음이 적절히 표현된 것이라 할 수 있다.

> 어린 서자(庶子) 이방석(李芳碩)을 세워서 왕세자로 삼았다. 처음에 공신(功臣) 배극렴(裵克廉)·조준(趙浚)·정도전(鄭道傳)이 세자를 세울 것을 청하면서, 나이와 공로로써 청하고자 하니, 임금이 강씨(康氏)를 존중하여 뜻이 이방번(李芳蕃)에 있었으나, 이방번은 광망(狂妄)하고 경솔하여 볼품이 없으므로, 공신들이 이를 어렵게 여겨, 사적으로 서로 이르기를, "만약에 반드시 강씨(康氏)가 낳은 아들을 세우려 한다면, 막내 아들이 조금 낫겠다."고 하더니, 이때에 이르러 임금이, "누가 세자가 될 만한 사람인가?"라고 물으니, 장자(長子)로써 세워야만 되고, 공로가 있는 사람으로써 세워야만 된다고 간절히 말하는 사람이 없었다. 극렴이 말하기를, "막내 아들이 좋습니다."하니, 임금이 드디어 뜻을 결정하여 세자로 세웠다.
> ― 태조 1년(1392) 8월 20일 기사

이 세자책봉의 역사적 배경과 평가를 알기 위하여 역사교양서적 중에서 최고의 베스트셀러로 손꼽히는 『한권으로 읽는 조선왕조실록』에서 발췌한 내용을 소개하면 다음과 같다.

태조는 둘째 부인 강씨를 총애했다. 강씨는 젊고 총명했으며 친정이 권문세가였기에 태조에게 힘이 되어주기도 했다. 그 때문에 태조는 많은 부분을 그녀에게 의존했으며, 그녀 또한 태조의 집권 거사에 직접 참여하여 막후에서 대단한 영향력을 행사하고 있었다. 더군다나 그녀는 정도전 등 신진사대부 출신의 개국 공신들과도 친밀한 관계를 맺고 있었다. 그러한 강씨의 영향력은 마침내 세자 책봉에까지 미치게 된다. 태조는 첫째부인 한씨 소생의 장성한 왕자들의 반발에도 불구하고 강씨 소생인 여덟째 아들 방석을 세자에 책봉했다. 1392년 8월, 그때 방석의 나이 불과 11세였다. 혈기왕성했던 한씨 소생의 아들들은 아버지의 처사에 분개했지만 어쩔 수 없는 노릇이었다. 1392년 7월, 태조가 조선을 개국하고 한 달 뒤에 소년 방석을 세자로 책봉했을 때 장남 방우의 나이는 이미 불혹을 바라보는 39세였고, 방석의 세자 책봉에 대해 가장 불만이 많았던 정안군 방원의 나이는 26세였다. 방원은 맏형인 방우를 세자로 책봉해야 한다고 주장했지만 태조는 단호하게 거부했다. 방원은 위화도에서 회군한 이성계에게 개경의 최영 부대를 쳐야 한다고 주장했으며, 정몽주를 살해해 개국 반대 세력을 제거했는가 하면, 왕대비 안씨를 강압하여 공양왕을 폐위시키고 이성계를 등위시킨 주인공이었다. 따라서 공적을 따진다면 세자 자리는 당연히 방원에게 돌아가야 했지만, 조선 개국 후 그에게 돌아온 것은 아무것도 없었다. 오히려 왕후 강씨와 정도전 등 개혁파의 배척으로 군권을 상실하고 개국 공신 책록에서도 제외당하는 굴욕을 맛보아야 했다. 그런 가운데 세자 자리마저 강비의 소생인 방석에게 돌아갔던 것이다.

                                                                    - 박영규, 2004, 57-58쪽

이방원의 입장에서 볼 때 방석의 세자책봉은 도저히 용납할 수 없는 사건이었다. 조선개국에서 누구보다도 가장 큰 공적을 세운 자신을 배제한 것도 억울한데, 장성한 적장자로서 왕위세습의 영순위인 동복형제 방우를 제치고, 아직은 아이에 불과한 이복형제인 방석이 세자로 책봉되었기 때문이다. 이와 함께 자신들의 일족이 목숨을 담보하여 개국한 조선을, 정도전을 중심으로 하는 재상들이 '그들의 나라'로 만들고자 하는 정치적 의도에 분개했을 터이다. 이에 이방원 추대세력은 방석을 세자책봉한 데에 적극 동조한 재상들에게 크게 실망했을 것이 틀림없다. 이방원이 어떤 인물인가? 그의 성품은 '잔학무도'의 전형이다. 비상한 머리를 지닌 냉혈한이자 과격한 성질을 지닌 인물이다. 고려말의 충신이자 이성계의 마지막 정적이었던 정몽주를 암살하고, 재상 정치를 주창한 정도전을 타살하였으며, 왕권강화를 위하여 자신의 처가 일족 4명을 죽이고, 자신의 장인(丈人)인 심온(沈溫, 미상-1418년)을 말도 안 되는 반역죄를 적용하여 죽인 인물이다. 그런 그가 세자책봉에서 당한 소외감, 억울함, 부당함을 그냥 간과하지 않았을 것이 분명하다. '왕자의 난'의 참혹함이 그것을 잘 대변해 준다. 그 앙심의 칼날에 정도전과 남은이 죽어갔고, 그의 이복형제들이 처참히 살육 당했다. 한편, 이방원은 사건 조작에 능숙했다. 자신의 왕권에 도전하거나 도전할 여지가 있는 세력이라면 일가친척, 원로중신 그 누구를 불문하고 숙청하거나 주살했다. 그리고 그 과정에서 그는 사건의 조작과 허위자백을 만들어내기를 서슴치 않았다.

이런 이방원의 성격과, 세자책봉으로 인한 반목, 그리고 익화군의 죽음을 상호연결해 볼 때, 과연 익화군이 자연사(自然死)했을까 하는 의문이 든다. 더 나아가 이방원 세력에 의해 의문의 죽음을 당한 게 아닐까 상상케 한다. 익화군은 이성계의 마음이자 분신이었다. 정치적 이해관계로 서로 의기투합한 것이 아니라 오랫동안의 정리(情理)와 신뢰(信賴)를 바탕으로 의형제를 맺은 관계이다. 이성계가 사적인 마음을 떨어놓고 허심탄회하게 의논할 수 있는 사람은 익화군과 이지란 단 두 사람뿐이었을 것이다. 공적이면서도 사적인 세자책봉 문제를 두 사람과 가장 먼저 내밀하게 의논했을 가능성은 농후하다. 그런데 말이 의견을 구하는 것이지, 이성계의 마음은 이미 강씨 소생 중의 한 명을 낙점하고 있었을 개연성이 높다. '임금이 강씨(康氏)를 존중하여'라는 실록의 기사가 이를 입증해 준다. 이성계의 그런 마음을 익화군이 포착하지 못했을 리만무하고, 이에 익화군은 그의 뜻을 그대로 받들어 세자책봉에서 이방원이나 이방우를 배제하고 세자 책봉을 추진했을 가능성이 있다. 물론 정황판단에 의한 역사적 상상이다. 이방원의 입장에서 세자책봉은 다가오고 상황은 불리하여 마음이 초조해졌을 것이다. 이런 상황에서 이방원 추대세력이 익화군을 죽음에 이르게 한 것이 아닐까 추측해 본다. 어쨌든 7월 28일 익화군으로 봉군된 김인찬이 7월 30일 승하하였다는 일련의 사건전개가 자연사보다는 의문사에 무게를 두게 한다. 이런 추측은 1392년 8월 20일 익화군을 개국공신 일등(一等)으로 책록할 때, 배극렴에 준한다면서 '중추원사 김인찬 불행신몰(中樞院使 金仁贊 不幸身沒)'이라 표현한 사실로도 방증된다. '불행신몰(不幸身沒)'을 불행한 사건으로 죽었다고 해석할 수 있기 때문이다.

개국일등공신에 책봉되다_1392년 8월 20일(57세)

개국공신의 책봉과 녹권의 하사받는 과정

개국공신(開國功臣)의 책봉(冊封)과 녹권(錄券)의 하사, 그리고 회맹(會盟)은 다음과 같은 과정으로 진행된다. 참고로 조선 개국공신을 책봉하는 일은 8월 2일 공신도감(功臣都鑑)을 설치하면서 본격적으로 진행되었다. 또한 이 8월 20일에는 개국공신에 44인에 대한 위차만 정하였고 1등, 2등, 3등으로 나누어 등차들 두지 않았다. 개국공신에 대한 등차는 9월 16일에 이루어진다.

200

태조가 개국에 실질적으로 공을 세운 14명에 대하여 봉군을 한 7월 28일로부터 22일이 지난 8월 20일, 그를 추대한 공로를 3등급으로 나누어 개국공신 44명을 결정하여 도평의사사에 내렸다. 9월 16일 공신도감에서는 태조의 명에 따라 3등급의 공신호와 그에 따른 특전의 규모를 정하여 왕에게 올려 윤허를 받았고 태조는 공신들에게 토지와 노비를 차등있게 내렸다. 그리고 9월 21일 태조는 개국공신들에게 잔치를 베풀고 공신교서와 녹권(錄券)을 각각 내려 주었다. 이 때 책봉된 개국공신에는 1등공신에 문하좌시중 배극렴·문하우시중 조준·문하시랑찬성사 김사형·정도전 등 16명, 2등공신에 판삼사사(判三司事) 윤호(尹虎) 등 11명, 3등공신에 도승지(都承旨) 안경모(安景恭) 등 16명이었고, **공신책봉 전에 죽은 김인찬은 특별히 1등공신에 넣어** 44명이 개국공신으로 결정되었다. 그런데 그 11일 후인 9월 27일에 태조는 상장군(上將軍) 조견(趙狷) (이상 2등), 한상경(韓尙敬)·임충언(任彦忠)·황거정(黃居正)·장사정(張思靖)·한충(韓忠)·민여익(閔汝翼) (이상 3등) 등 7명을 개국공신으로 추록하였고, 11월에 황희석(黃希碩)을 개국공신 2등으로 추록하였다. 이리하여 개국공신은 52명이 되었다. 태조 원년 9월 28일 개국공신들이 모여 국왕에게 충성하고 공신간에 화합·협력·단결할 것을 천지신명에 맹세하였다. 공신을 책봉하는 목적은 바로 여기에 있는 것이다. 태조로서는 그를 추대한 자들에 대하여 경제적 또는 경제외적 특전을 주어 충성스러운 신하로 묶어놓고, 공신들 간에는 서로 화합·단결하게 함으로써 왕권의 확립과 정치의 안정을 꾀할 수 있었던 것이다.

- 『한국사』 22 : 조선왕조의 성립과 대외관계

이런 일반적인 서술을 기초로 개국공신에 대하여 좀더 구체적 서술을 진행코자한다. 먼저 관련기사의 역문과 원문이다. 원문은 익화군과 관련된 부분만 전재한다.

城少尹咸傅霖等在前朝亂政之時注意寡躬以至今日固守
不變其功可賞將上項人等次次賜功臣之號其褒賞之典有
司舉行
中樞院使金仁贊不幸身沒賞於克廉等決疑定策推
戴寡躬之時同心相濟其功甚大弁於克廉例施行○司憲府
上疏曰臣等以謂安不忘危治不忘亂有國之常典殿下以
寬仁之量勇智之資應天順人奄有東國中外之人各安其業
然謂旣安且理而更無長慮則於乘統貽謀之計何如臣等竊
惟殿下天性好生令有罪之人各保性命洪恩至德昊天罔
極然王氏五百年間宗親巨室多聚奴婢或有至千餘口今有
罪被流之人其奴婢散在京外往來流所出入京城令雖國家
有備然及昇平日父積怨之輩寃繁乘機而動則患不小矣前
朝五道兩界驛子津尺部曲之人皆是太祖時逆命者倶當賤
役乙許量宜定給外餘皆屬公　上教前朝宗親及兩府以上
聖德寬洪遠邁王氏有罪之人雖免賤役其奴婢不可全
給奴婢二十口已下給奴婢十口其餘屬公○庚午　上幸平

『조선왕조실록』 태조 1년 8월 20일 기사

202

교지(敎旨)로 개국 공신(開國功臣)의 위차(位次)를 정하게 하였다. "…문하 좌시중(門下左侍中) 배극렴(裵克廉)·우시중(右侍中) 조준(趙浚)·문하시랑찬성사(門下侍郎贊成事) 김사형(金士衡)·정도전(鄭道傳)·흥안군(興安君) 이제(李濟)·의안백(義安伯) 이화(李和)·참찬문하부사(參贊門下府事) 정희계(鄭熙啓)·이지란(李之蘭)·판중추원사(判中樞院事) 남은(南誾)·지중추원사(知中樞院事) 장사길(張思吉)·첨서중추원사(僉書中樞院事) 정총(鄭摠)·중추원 부사(中樞院副使) 조인옥(趙仁沃)·중추원 학사(中樞院學士) 남재(南在)·예조 전서(禮曹典書) 조박(趙璞)·대장군(大將軍) 오몽을(吳蒙乙)·정탁(鄭擢) 등은 천명(天命)의 거취(去就)와 인심(人心)의 향배(向背)를 알고, 백성과 사직(社稷)의 대의(大義)로써 의심을 판단하고 계책을 결정하여, 과궁(寡躬)을 추대하여 대업(大業)을 함께 이루어 그 공이 매우 컸으니, 황하(黃河)가 띠와 같이 좁아지고 태산(泰山)이 숫돌과 같이 작게 되어도 잊기가 어렵도다! 판삼사사(判三司事) 윤호(尹虎)·공조 전서(工曹典書) 이민도(李敏道)·대장군(大將軍) 박포(朴苞)·예조 전서(禮曹典書) 조영규(趙英珪)·지중추원사 조반(趙胖)·평양 윤(平壤尹) 조온(趙溫)·동지중추원사(同知中樞院事) 조기(趙琦)·좌부승지(左副承旨) 홍길민(洪吉旼)·성균 대사성(成均大司成) 유경(劉敬)·판사복시사(判司僕寺事) 정용수(鄭龍壽)·판군자감사(判軍資監事) 장담(張湛) 등은 모의(謀議)에 참여하여 과궁을 추대하였으니, 그 공이 또한 크며, 도승지 안경공(安景恭)·중추원부사(中樞院副使) 김균(金稛)·전 한양 윤(漢陽尹) 유원정(柳爰廷)·전 지신사(知申事) 이직(李稷)·좌승지 이근(李懃)·호조 전서(戶曹典書) 오사충(吳思忠)·형조 전서(刑曹典書) 이서(李舒)·판전중시사(判殿中寺事) 조영무(趙英茂)·전 예조 판서 이백유(李伯由)·판봉상시사(判奉常寺事) 이부(李敷)와 상장군(上將軍) 김노(金輅)·손흥종(孫興宗)과 사헌중승(司憲中丞) 심효생(沈孝生)·전의감(典醫監) 고여(高呂)·교서감(校書監) 장지화(張至和)·개성 소윤(開城少尹) 함부림(咸傅霖) 등은 고려 왕조의 정치가 문란할 때를 당하여 과궁에게 뜻을 두고 오늘날까지 이르도록 지조를 굳게 지키고 변하지 않았으니, 그 공이 칭찬할 만하다! 위에 말한 사람들에게는 차례대로 공신(功臣)의 칭호를 내리고, 그 포상(褒賞)의 전례(典禮)는 유사(有司)에서 거행할 것이다. 중추원사(中樞院使) 김인찬(金仁贊)은 불행히 죽었지마는, 일찍이 극렴 등이 의심을 판단하고 계책을 결정하여 과궁을 추대할 때에 마음을 같이하여 서로 도왔으니, 그 공이 매우 크다. 아울러 극렴의 예(例)에 의거하여 시행하라.

- 『조선왕조실록』 태조 1년 임신(1392) / 8월 20일(기사)

門下左侍中裵克廉、右侍中趙浚、門下侍郎贊成事金士衡·鄭道傳 … 天命之去就、人心之向背, 以民社大義, 決疑定策, 推戴寡躬, 共成大業, 其功甚大, 帶礪難忘 … 中樞院使金仁贊, 不幸身沒, 嘗於克廉等, 決疑定策, 推戴寡躬之時, 同心相濟, 其功甚大, 幷於克廉例施行。

위의 원문과 개설을 바탕으로 익화군의 책봉과 관련하여 개국공신 관련 기사를 정리하면 다음과 같다. 우선, 익화군은 "중추원사(中樞院使) 김인찬(金仁贊)은 불행히 죽었지만은, 일찍이 배극렴 등이 의심을 판단하고 계책을 결정하여 과궁(寡躬, 임금이 자신을 낮춘 말)을 추대할 때에 마음을 같이하여 서로 도왔으니, 그 공이 매우 크다. 아울러 배극렴의 예(例)에 의거하여 시행하라."라 하여 사후임에도 개국공신에 책봉하고 있다. 이성계가 이 개국공신 책봉을 직접 지시하고 그 대상을 결정한 사실(최승희, 1987)을 감안하면 익화군에 대한 이성계의 특별한 배려를 느낄 수 있다.

둘째로, 익화군은 8월 20일 1차로 44명의 위차를 정할 때 책봉되었으며, 그것도 일등공신으로 책봉되었다. 사후인 까닭에 일등공신 중에서 17번째이지만, 7월 28일 조선개국의 실질적인 공훈자 14명에 포함되지 않았던 조박(趙璞)·오몽을(吳蒙乙)·정탁(鄭擢)을 제외하고, 또 익화군보다 하위 차수인 장사길(張思吉), 정총(鄭摠), 조인옥(趙仁沃) 등 3인을 제외하고, 그리고 별로 큰 공훈이 없지만 68세라는 원로라서 태조가 배려한 배극렴(裵克廉)을 제외하고, 마지막으로 무진회군공신에 포함되지 않고 7월 28일의 14명 소위 개국특등공신에도 해당되지 않은 이제(李濟)를 제외하면 익화군은 개국공신 10걸에 해당된다. 이에 익화군이 생존했다면 개국공신의 위차를 정할 때 상위의 위차를 받았을 것이 분명하다.

셋째로, 익화군이 개국공신으로 책봉된 이유는 '천명(天命)의 거취(去就)와 인심(人心)의 향배(向背)를 알고, 백성과 사직(社稷)의 대의(大義)로써 의심을 판단하고 계책을 결정하여, 과궁(寡躬)을 추대하여 대업(大業)을 함께 이루게 한 공' 때문이다. 원문으로는 '천명지거취 인심지향배 이민사대의 결의정책 추대과궁 기성대업(天命之去就、人心之向背, 以民社大義, 決疑定策, 推戴寡躬, 共成大業)"이다. 결국 천심과 민심을 읽고 이성계를 추대하여 조선의 건국을 이룩한 큰 업적을 세웠던 것이 개국일등공신에 책봉된 이유임을 알 수 있다. 이에 익화군은 '좌명개국공신(佐命開國功臣)'이란 공신호를 받게 되었다.

넷째로, 이들 개국공신은 그 공훈에 따라 크게 3유형으로 분류할 수 있다. 1유형은 정쟁에서 협력한 자로 조준(趙浚), 정도전(鄭道傳), 남은(南誾), 남재(南在), 조박(趙璞), 조인옥(趙仁沃), 오사충(吳思忠), 함부림(咸傅霖), 이직(李稷), 홍길민(洪吉旼), 윤호(尹虎) 등이며, 2유형은 태조의 인척인 이화(李和, 태조의 이복동생)와 이제(李濟, 태조의 사위)이고, 3유형은 태조 휘하에서 시종한 자들로 이지란(李之蘭), 김인찬(金仁贊), 한충(韓忠), 민여익(閔汝翼), 황희석(黃希碩), 조기(趙琦), 조온(趙溫), 조영규(趙英珪), 육려(陸麗), 장사길(張思吉) 등이다.(박천식, 1977, 181쪽) 여기서 익화군은 제3유형에 속한다. 이 3유형에 속하는 인물 중에서 무장세력은 지방의 토호이거나 혹은 한미한 군인출신들로 전공을 통하여 고려말기 신흥세력으로 부상한 인물들로서(정두희, 1977, 135쪽)로서 이지란과 함께 이성계 휘하친병의 수장 구실을 했던 무신들이다. 이성계의 집권은 기본적으로 무력을 앞세운 것이었고, 그것도 동북면의 군사력에 바탕을 두고 있는 점을 다시 상기하면, 익화군이야말로 개국의 초석을 마련한 인물, 개국을 무력으로 떠받들고 지킨 인물이라 평할 수 있다. 위화도회군에서 조선의 개국까지 그 모든 과정에서 힘의 우위가 정치적 판세를 결정하였던 사실을 감안하면, 이성계의 오른팔 구실을 한 익화군의 무훈은 그 어떤 이의 공훈보다도 돋보이는 것이라 할 수 있다.

참고로 개국공신(開國功臣) 책봉은 다음과 같은 절차를 거쳤다. "첫단계는 교지를 통하여 공신의 수와 공훈의 내용을 명기하고 도평의사사(都評議使司)에 하문(下問)하는 명이 있게 되고, 둘째단계에서는 도평의사사(都評議使司)에서 구체적인 논의가 있게 되는데 이 경우 수봉대상(受封對象) 개개인의 적정(適正) 여부에 대해서는 사헌부(司憲府) 등 유관기관에서도 의견을 제시하기도 하였다. 최종단계에서는 공신도감에서 포상의 등급과 구체적인 규정을 확정하고 왕의 재가(裁可)를 얻게 된다. 이렇게 선정된 공신에 대해서는 개인별 교서와 녹권이 지급되어진 것이다."(박천식, 1977, 174쪽)

다음의 인용문은 조선시대 공신책봉에 대한 아주 개략적인 정리이다. "조선에서 공신 책봉은 28번 시행되었고, 그중 5회는 책훈(策勳)이 취소되었다. 나머지 공신의 녹훈(錄勳)도 일부 대상자를 추록한 경우가 있지만, 대개는 추후에 삭훈하는 조처가 있었다. 그 결과 최초 녹훈자 965명이었던 공신 인원이 조선 후기에 작성된 『국조공신록(國朝功臣錄)』에서는 705명으로 감소되었다. 조선 전 시기를 통괄하여 정식 공신은 1,000명이 넘지 않고 있으며, 그러한 칭호를 왕조가 종료될 때까지 유지한 경우는 700여 명으로 한정된다. 따라서 공신이라는 것은 다른 설명이 필요 없이 그자체로 해당 인물이 조선에서 특별한 존재라는 결정적인 증거가 된다."(강제훈, 2014, 13쪽) 이렇듯 조선의 역사에서 공신으로 책봉되었다는 사실 그 자체만으로도 영광스러운 일인 바, 익화군은 개국공신 그것도 일등공신으로 책봉되었다. 이 사실만으로도 익화군(益和君)이 조선 개국에 남긴 족적(足跡)은 지대(至大)하다고 단정할 수 있다.

이화공신녹권

개국일등공신 17인 중에 6위(位次)에 자리한 인물이 이화(李和)인데, 1392
년 발행한 그의 공신녹권을 옮겨 적은 필사본이 발견되어 1975년 5월 1일에
국보 232호로 지정되었다. 이 이화공신녹권(李和功臣錄券)에 익화군의 공신
책봉에 관한 내용이 들어있는데, 그 내용의 일부가 '조선왕조실록'의 그것과
다른 부분도 있고, 조선왕조실록에 기록되지 않은 내용도 있어 소개코자한다.
먼저 이화공신녹권에 대한 사전적 설명이다.

1392년(태조 1) 8월 왕지(王旨)에 의하여 공신도감(功臣都監)이 의안백 이화(李
和)에게 발행한 공신녹권으로 1975년 5월 1일 국보 제232호로 지정되었다. 필
사본이며 크기는 9절 1첩이고, 길이 604.9cm, 너비 35.3cm이다. 재료는 닥지이
다. 전라북도 정읍시 연지동 이종섭(李鍾燮)이 소장하고 있다. 위화도(威化島) 회
군과 정몽주(鄭夢周) 등 반대파 제거에 기여하여 조선 건국에 공을 세운 이성계
(李成桂)의 이모제(異母弟) 이화를 배극렴(裵克廉)·조준(趙浚) 등 다른 16명의

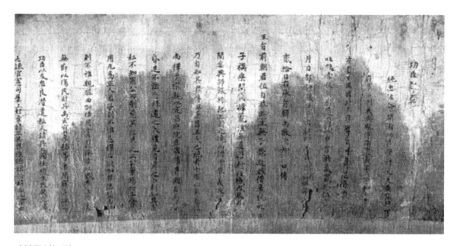

이화공신녹권

건국공로자와 함께 1등 순충분의 좌명개국공신(純忠奮義佐命開國功臣)에 올린다는 내용으로 되어 있다. 또, 공신전(功臣田)의 사급(賜給)과 자손들의 음직(蔭職), 범죄의 사면 등 그 특전이 본인은 물론 부모·처자·자손에까지 이르고, 아들이 없을 경우 사위·생질이 이를 계승한다는 것을 명시하고 있다. 조선의 개국과 관계되는 공신녹권은 개국원종공신녹권(開國原從功臣錄券, 국보 69호)을 비롯하여 7종이 전하지만, 이보다 상위인 정공신녹권(正功臣錄券)으로는 이것이 최초로 발견된 유일의 실물이다. 이 문서도 개국원종공신녹권과 마찬가지로 조선 개국원년의 고문서로서뿐만 아니라 공신도감 연구와 이두문이 많이 사용되어 그 문체(文體)와 내용이 귀중한 사료가 되고 있다.

　　　　　－『두산백과』 '이안백이화개국공신녹권(義安伯李和開國功臣錄卷)'

　이 자료는 이화(李和)에게 발행된 개국공신녹권을 필사한 것으로, 그 사료적 가치가 실록의 그것보다 더 높은 것이다. 그 이유는 첨삭(添削)과 개필(改筆)이 가미되지 않은 원래 그대로의 사실을 전하는 최고의 1차 사료이기 때문이다. 이에 개국공신 연구에 있어서 가장 정확하고 가장 진실되며 가장 신뢰성 있는 자료라 할 수 있다. 이런 이화공신녹권 중에서 익화군에 관한 내용만 발췌해 보면 다음과 같다. 원문과 독해는 박성종(朴盛鍾)의 논문「李和 開國功臣錄券의 吏讀와 그 解讀」(『고문서연구』 4, 1993)을 일단 따랐다. 다만 '中樞院事仁賛段犯斤由爲置有亦'에 대해서는 다른 쪽의 해석을 취신(取信)코자 한다. 괄호 속의 숫자는 원문의 행(行)을 표기한 것이다.

　　　　是齊同日右承旨韓尚敬次知 口傳 (042)
　　王旨中樞院使仁賛段犯斤由爲置有亦門下左 (043)
　　　　侍中克廉等以民社大義決疑定策推戴 (044)
　　　　寡躬以成大業之時同心使內乎所其功甚大帶礪難 (045)

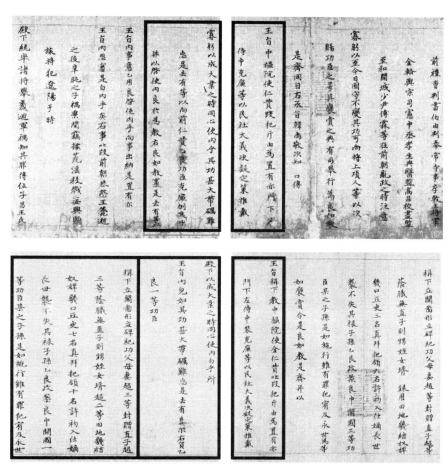

'이화공신녹권'의 익화군 관련 부분

忘是去有等以向前仁賛乙良功臣克廉例良中 (046)

幷以啓使內良於爲敎右良如敎事是去有等以 (047)

같은 날(8월 20일) 우승지 한상경에게 (임금께서) 구전(口傳)하신 왕지는 다음과 같다. 중추원사 인찬은 잠시 말미를 얻어 (떠나) 있으나, 문하좌시중 극렴 등이 민사(民社)와 대의로써 의심을 떨치고 임금을 옹립하기로 하고 짐의 몸을 추대하여 대업을 이룰 때 마음을 같이하여 행사(行使)한 그 공(功)이 매우 커서 공신에 대한 약속을 잊기 어려움이 있으므로 앞의 인찬은 공신 극렴의 例에 아울러 啓를 행하도록 (한다 라고) 하심이다.

王旨稱下敎中樞院使金仁贊叱段犯斤由爲置有亦 (108)

　　門下左侍中裵克廉等以民社大義決疑定策推戴 (109)

殿下以成大業之時同心使內白乎所 (110)

王旨內兒如其功甚大帶礪難忘是去有良爾右員乙 (111)

　　良 一等功臣 (112)

稱下立閣圖形立碑紀功父母妻超三等封贈直子超 (113)

　　三等蔭職無直子者則甥姪女壻超二等田地幾結 (114)

奴婢幾口丘史七名眞拜把領十名許初入仕嫡 (115)

長世襲不失其祿子孫乙良政案良中開國一等功臣某之子孫是如雖有罪犯宥及

永世 (116)

아울러 왕지(王旨) 중에 칭하(稱下)라 하신 중추원사(中樞院使) 김인찬(金仁贊)은 잠시 말미하여 (떠나) 있으나, 문하좌시중(門下左侍中) 극렴(克廉) 등이 민사(民社)와 대의(大義)로써 의심(疑心)을 떨치고 임금을 옹립하기로 하고 전하(殿下)의 몸을 추대(推戴)하여 대업(大業)을 이룰 때 마음을 같이하여 행(行)하여 온 바, 왕지(王旨) 안과 같이 그 공이 매우 커서 공신(功臣)에 대한 약속을 잊기 어렵기에 위 사람을 일등공신(一等功臣)으로 칭하(稱下)하여 각(閣)을 세워 그 영정(影幀)을 그리고 비(碑)를 세워 공(功)을 기록(記錄)하며 부모와 처는 초삼등(超三等)으로 추증하고 직자(直子)는 음직(蔭職)하며 직자(直子)가 없으면 생질(甥姪)과 사위에게 초이등(超二等)으로 하되 몇 결

(結)의 전지(田地), 몇 구(口)의 노비(奴婢), 구사(丘史) 7명, 진파배령(眞拜把領) 10명을 주고 초입사(初入仕)하는 일을 허락하며 적장(嫡長)은 세습(世襲)하여 그 녹(祿)을 잃지 않도록 하고, 자손은 정안(政案)에 개국일등공신(開國一等功臣) 아무개의 자손이라 시행하고, 비록 죄를 범함이 있다 하여도 영구히 사하여 주는 등 모두 포상시키어라 하심이다.

> ⋯鄭摠吳蒙乙金仁贊等乙良 田壹栢伍拾結 (136)
> 奴婢拾伍口式 以 (137)
> 賜給爲齊⋯ (138)

정총(鄭摠), 오몽을(吳蒙乙), 김인찬(金仁贊) 등은 전(田) 150결(結), 노비(奴婢) 15 구(口) 씩으로 사급(賜給)한다.

이 이화공신녹권(李和功臣錄券)의 전체적인 내용은 '조선왕조실록'의 그것과 대동소이하나 다음의 사실에서 약간의 차이가 보인다. 우선 하나는 실록에서는 익화군에 대한 공신책봉을 다른 공신들과 함께 일괄로 처리한 것으로 되었으나, 이화공신녹권에서는 태조가 우승지(右承旨) 한상경(韓尙敬)에게 구두 지시를 따로 내려 공신에 책봉한 것으로 특기하고 있다. 익화군에 대한 태조의 각별한 배려를 감지할 수 있다. 다른 나머지 하나는 익화군이 이미 승하했다는 사실을 실록에서는 '불행신몰(不幸身沒)'이라 했으나, 이화공신녹권(李和功臣錄券)에서는 익화군의 죽음에 대한 구체적인 언급은 없다.

한편 이화공신녹권 중 익화군 관련 기사에서 가장 논란이 되는 부분은 108행에 있는 '왕지칭하교중추원사김인찬질단범근유위치유역(王旨稱下敎中樞院使金仁贊叱段犯斤由爲置有亦)'에 대한 해석이다. 먼저 박성종은 "왕지(王旨) 중에 칭하(稱下)라 하신 중추원사(中樞院使) 김인찬(金仁贊)은 잠시 말미하여 (떠나) 있으나"로 해석했다. 이두문에 속하는 '질단(叱段)', '범근(犯斤)', '유위(由爲)', '치유역(置有亦)'에서 '질단(叱段)'은 주격조사, '범근(犯斤)'은 잠시, '유위(由爲)'는 '수유(受由)' 즉 휴가를 받아서, '치유역(置有亦)'은 '~에 있어서' 정도로 풀이했다.(박성종, 1993, 10-11쪽) 즉 익화군의 죽음을 실록의 '불행신몰(不幸身沒)'과 태조가 3일간 조회를 철회한 사실과 연결하여 '잠시 휴가(休暇)를 떠났다'고 풀이했다. 여기서 박성종은 '질단(叱段)'에 대하여 "'질(叱)'은 15세기 국어의 속격조사 '-ㅅ'에 대응하는데 이는 무정물체언(無情物體言)과 존칭의 유정물체언(有情物體言)에 쓰인다. 이 녹권에서는 대상이 되는 공신등을 모두 높여 표현하고 있음이 드러난다. 제81행과 제97행에 나오는 복수접미사 '등(等)'에서도 역시 이 '질(叱)'이 사용되고 있다. … 동일 인물임에도 불구하고 제43행에서는 '仁贄段'으로 표현하고 있는데, 이것은 말하는 이가 왕이기 때문이다."(박성종, 1993, 20쪽)라고 설명하면서 질단(叱段)은 주격조사의 존칭임을 상세하게 설명하였다.

이런 박성종의 해석에서 무엇보다도 부자연스러운 부분은 '유위(由爲)'를 '수유(受由)'로 보면서 '휴가를 받아서'로 해석했다. 필자는 이 부분이 석연치 않아서 한국고전번역원에 자문을 요청했고, 한국고전번역원에서는 필자의 자문요청(2015년 7월 30일)에 대하여 다음과 같은 답변을 보내왔다.

안녕하세요. 위 내용에서 이두에 해당하는 용어들의 의미를 〈이두사전〉을 참고하여 알려드리겠습니다.

稱下 : 말씀

敎 : 이시, 이신, 하신, 하시다.

叱段 : 딴 -딴은

犯斤/犯近 : 버금

爲置有亦 : 하두이신이여 -한다고 하였으므로

이를 해석해보면

"왕지에서 말씀하신 중추원사 김인찬은 버금(두 번째)으로 한다고 하였으므로" 라고 해석이 가능해 보이며 由는 이두인지 아닌지 확실치 않습니다만 문맥상 '으로' '으로써'와 유사하게 쓰인 것이 아닌가 합니다. 해석이 확실하다고 장담하기 어려우니 대략 이러한 의미라는 정도로 참고만 하시기 바랍니다.

기본적으로 박성종의 해석과 일치하지만 '由'에 대해서는 '으로' 혹은 '으로써' 정도로 보면서 해석을 유보했다. 어쨌든 박성종의 해석 즉 "잠시 말미암아(떠나) 있으나"는 전체적인 문맥에도 어긋나고, 공신녹권의 기본적인 표현방식에도 어긋나 있다. 또한 '죽음'을 잠시 떠나 있다고 표현한 방식 자체도 '불행신몰(不幸身沒)'에 짜맞춘 듯한 억지를 느낄 수 있다.

이에 좀더 정확한 해석을 위하여 필자는 이두전공자인 제주국제대학교 오창명 교수에게 문제의 '王旨稱下敎中樞院使金仁贊叱段犯斤由爲置有亦'에 대한 해석을 요청했고 다음은 오창명 교수가 보내온 서신의 내용이다.

1) 어휘 의미

　　왕지(王旨) : 교지(敎旨). 왕의 사령. / 漢字語

　　칭하(稱下) : 일컬어서 말함. / 漢字語

　　敎【이샨】 하신 / 吏讀

　　叱段【쁜〉똔〉똰】 1) ~은, 2) ~의 경우에는 / 吏讀

　　犯斤【벅움〉버굼〉버금】 "으뜸의 바로 아래. 또는 그런 지위에 있는 사람이나 물건"을 뜻하는 '버굼〉버금'의 차자표기 / 吏讀

　　由(유) : 1) 말미. 일정한 직업이나 일 따위에 매인 사람이 다른 일로 말미암아 얻는 겨를. 2) 연유(緣由). / 한자어

　　爲置有亦【ᄒ두이신이여】 1) 하여 둔 것이다. 한 것이다. 한다고 하였다.

2) 한다고 했는데. 한다고 하였지만. 爲置有而亦을 달리 쓴 것. / 吏讀

2) 분석

王旨 + 稱下 + 敎 + 中樞院使 + 金仁贊 + 叱段 + 犯斤 + 由 + 爲置有亦

3) 해석

왕지(王旨)로써 일컬어 말씀하시기를, "중추원사 김인찬의 경우에는 버금(다
음) 말미로 한다."라고 했지만(했는데)

전체적으로 박성종과 한국고전번역원의 해석과 크게 다르지 않으며, 다만
'유(由)'를 말미 즉 휴가 정도로 파악하고 더 이상의 확대 해석을 피했다.

이들 전문가의 해석을 참고하고, 전체적인 문맥을 고려할 때, '王旨稱下敎
中樞院使金仁贊叱段犯斤由爲置有亦'이란 문장은 '왕지로 칭하하신 김인찬
은 (배극렴 등에) 버금간다고 하였으므로'로 해석하는 것이 전체적인 문맥에도
맞고 조선왕조실록의 기록과도 크게 벗어나지 않으므로 가장 무난한 해석이
될 듯하다.

어쨌든 『조선왕조실록』보다 문헌으로서의 가치가 더 높은 이화공신녹권을
통하여, 익화군이 태조 이성계의 각별한 배려를 받아 사후임에도 일등공신으
로 책봉되었던 사실을 분명히 할 수 있다. 더불어 조선왕조실록에 기록된 '불
행신몰(不幸身沒)'이란 내용이 이화공신녹권에는 전혀 언급되어 있지 않으므
로, 익화군이 불미(不美)스러운 일로 인하여 죽음에 이르렀을 것이라는 일각
의 억측은 잘못된 것임을 분명히 할 수 있다. 더 나아가 『지봉유설』의 잘못된
기사와 익화군의 승하를 연결한 '채단 옷 사건'도 역사적 사실과는 무관한 허
구임을 다시 확인할 수 있다.

개국공신으로 공신녹권 등을 하사받다

_1392년 9월 21일(사후)

개국공신의 녹권을 하사받음

8월 20일의 공신 책봉에 의거하여, 9월 16일 공신도감에서 공신의 등급에 따른 포상 내용을 상언(上言)한다. 임금이 이를 윤허(允許)하고, 일등공신(一等功臣)에 대해서는 다시 등급을 매기고, 이등공신과 삼등공신에게는 균등하게, 위의 포상 내용 외에 추가로 상급(賞給)할 토지와 노비수를 하명한다. 그리고 9월 21일 태조는 개국공신을 불러 연회를 베풀고 포상 내용에 따라 공신녹권과 금대 등을 하사한다. 다음은 9월 16일 내린 개국공신 포상 규정이다. 역문은 전문을 그대로 소개하나 원문은 익화군 관련 내용만 전재한다.

> 공신 도감(功臣都監)에서 상언(上言)하였다. "문하 좌시중(門下左侍中) 배극렴(裵克廉)과 우시중(右侍中) 조준(趙浚) 등 16인은 천명(天命)과 인심(人心)의 소재(所在)를 환하게 알고서 의논과 계책을 결정하여 전하를 추대하여 왕업을 이루었으니, 이것은 비록 전하의 성덕(聖德)과 신공(神功)이 하늘의 뜻에 응하고 사람의 마음에 따른 것이겠지마는, 역시 일세(一世)에 뛰어난 신하들이 충성을 다하고 대의에 힘써서 천명을 도와 나라를 세운 것이니, 진실로 성상의 교서(敎書)에 이른 바 그 공이 매우 커서 황하(黃河)가 띠와 같이 좁아지고 태산(泰山)이 숫돌과 같이 작게 되도록 길이 공을 잊기 어렵다는 것과 같습니다. 마땅히 '일등공신(一等功臣)'의 칭호를 내리고 전각(殿閣)을 세워서 형상을 그리고 비(碑)를 세워 공을 기록하고, 작위(爵位)를 봉하고 토지를 주며, 그 아버지·어머니·아내에게는 3등을 뛰어 올려서 봉작(封爵)을 증직(贈職)하며, 직계 아들에게는 3등을 뛰어 올려서 음직(蔭職)을 주고, 직계 아들이 없는 사람은 생질(甥姪)과 사위에게 2등을 뛰어 올려서 음직을 주고, 전지 몇 결(結), 노비 몇 구, 구사(丘史) 7명, 진배파령(眞

拜把領) 10명을 주고 처음 입사(入仕)함을 허락하고, 적장(嫡長)은 대대로 이어받아 그 녹(祿)을 잃지 않게 하고, 자손은 정안(政案) 내에 일등 공신 아무개의 자손이라고 자세히 써서, 비록 범죄가 있더라도 사면(赦免)이 영구한 세대(世代)에까지 미치게 할 것입니다. 판삼사사(判三司事) 윤호(尹虎) 등 11인은 위의 항목이 공신들이 천명을 도와 나라를 세우는 즈음에 모의에 참예하여 전하를 추대했으니, 진실로 성상의 교서에 이른 바 그 공이 또한 크다는 것과 같습니다. 마땅히 '이등 공신(二等功臣)'의 칭호를 내리고 전각을 세워서 형상을 그리고 비를 세워 공을 기록하며, 그 아버지·어머니·아내에게는 2등을 뛰어 올려서 봉작을 증직하며, 직계 아들에게는 2등을 뛰어 올려서 음직을 주고, 직계 아들이 없으면 생질과 사위에게 1등을 뛰어 올려서 음직을 주고, 전지 몇 결, 노비 몇 구, 구사 5명, 진배파령 8명을 주고, 처음 입사함을 허락하고, 적장(嫡長)은 대대로 이어받아 그 녹을 잃지 않게 하고, 자손은 정안(政案) 내에 개국 이등 공신 아무개의 자손이라고 자세히 써서, 비록 범죄가 있더라도 사면이 영구한 세대에까지 미치게 할 것입니다. 도승지 안경공(安景恭) 등 16인은 고려 왕조의 정치가 문란한 때에 전하에게 뜻을 두고 오늘날에 이르기까지 지조를 굳게 지켜 변하지 않았으니, 진실로 성상의 교서에 이른 바 그 공이 칭찬할 만하다는 것과 같습니다. 마땅히 '삼등 공신(三等功臣)'의 칭호를 내리고 전각을 세워서 형상을 그리고 비를 세워 공을 기록하며, 아버지·어머니·아내에게는 한 등을 뛰어 올려서 봉작을 증직하며, 직계 아들에게는 1등을 뛰어 올려서 음직을 주고, 직계 아들이 없으면 생질과 사위를 녹용(錄用)하고, 전지 몇 결, 노비 몇 구, 구사 3명, 진배파령 6명을 주고, 처음 입사함을 허락하고, 적장은 대대로 이어받아 그 녹을 잃지 않게 하고, 자손은 정안(政案) 내에 개국 삼등 공신 아무개의 자손이라고 자세히 써서, 비록 범죄가 있더라도 사면이 영구한 세대에까지 미치게 할 것입니다. 중추원사(中樞院使) 김인찬(金仁贊)은 지금 그 몸은 죽었지마는, 배극렴 등이 전하를 추대할 때에 마음을 같이하여 추대하였으니, 진실로 성상의 교서에 이른 바 그 공이 매우 크다는 것과 같습니다.

마땅히 '일등 공신'의 칭호를 내리고 그 포상(褒賞)의 은전(恩典)을 한결같이 배극렴의 예와 같이 하소서." 임금이 이를 윤허(允許)하고, 또 명하여 일등 공신 배극렴과 조준에게 식읍(食邑) 1천 호(戶), 식실봉(食實封) 3백 호, 전지 2백 20결, 노비 30구를 내려 주고, 김사형(金士衡)·정도전(鄭道傳)·남은(南誾)에게는 전지 2백 결, 노비 25구를 내려 주고, 이제(李濟)·이화(李和)·정희계(鄭熙啓)·이지란(李之蘭)·장사길(張思吉)·조인옥(趙仁沃)·남재(南在)·조박(趙璞)·정탁(鄭擢)에게는 전지 1백 70결, 노비 20구를 내려 주고, 정총(鄭摠)·오몽을(吳蒙乙)·김인찬(金仁贊)에게는 전지 1백 50결, 노비 15구를 내려 주고, 이등 공신에게는 전지 1백 결, 노비 10구를 내려 주고, 삼등 공신에게는 전지 70결, 노비 7구를 내려 주었다.   - 태조 1년(1392) 9월 16일 2번째 기사

中樞院使金仁贊, 今其身雖死, 裵克廉等推戴殿下之時, 同心推戴, 誠如聖教所謂其功甚大者矣。宜賜一等功臣之號, 其褒賞之典, 一如克廉之例。上允之。… 鄭摠、吳蒙乙、金仁贊, 田一百五十結、奴婢十五口。二等功臣, 田一百結、奴婢十口, 三等功臣, 田七十結、奴婢七口。

위의 기사와 이화공신녹권의 내용을 종합해서 익화군 관련 사항을 간단히 정리하면 다음과 같다. 익화군은 공훈으로 볼 때 7월 28일 추대세력으로 봉군된 14인에 포함되었으나, 개국일등공신 중에서 맨뒤 순차인 17번째 위차가 되었다. 생전이면 이지란(李之蘭) 등과 동일한 전지(田地) 1백 70결, 노비 20구를 받아 마땅했으나, 사후인지라 한 등급 낮은 전지와 노비를 하사받는다. 그것은 기록에 보이듯이 전지 150 결(結)과 노비 15구(口)이다.

그러나 전지와 노비에 대한 차별 이외에는 배극렴, 이지란 등과 같은 특전을 받게 된다. 익화군이 받은 특전과 혜택을 정리해 보면 다음과 같다. 우선 개국공신을 책봉하는 교서와 녹권을 받았다. 아울러 좌명개국공신(佐命開國功臣)

이라는 공신호(功臣號)를 얻게 되었다. 그리고 그의 초상이 공신전(功臣殿)에 걸리고, 그의 무덤에 신도비가 건립되었을 것이다. 익화군의 아버지, 어머니, 아내는 각각 3등급 오른 봉작(封爵)을 증직(贈職) 받았을 것이며, 직계 아들 10명에게도 3등이나 올려진 음직(蔭職)이 주어졌을 것이다. 한편 경제적으로는 전지 150 결(結), 노비 15구를 하사받고, 그를 따랐던 구사(丘史, 관료에게 주어진 관노) 7명과 진배파령(眞拜把領, 공신이 임금으로부터 받은 병사) 10명이 처음 벼슬길에 나아가는 영광을 누렸다. 이뿐만 아니라 적장자는 토지를 자손대대로 세습할 수 있었고, 그 자손들은 죄를 지어도 사면을 받았을 터이다. 또한 정안(政案, 인사기록카드) 내에 일등 공신 익화군의 자손이라고 자세히 적혀 있기에 부역(負役) 면제 등 여러 가지 특전을 누릴 수 있었다.

제3부

보훈과 숭조

母金議門丁亥事義興親軍衛僉□役義安伐丹虎判三司
事僉士衛佐命功臣門下侍郞贊成事判八衛事上洛君鄭道
傳佐命功臣門下侍郞贊成事義興親軍衛節制使奉化君鄭
熙啓佐命功臣門下府事八衛上將軍雞林君李之蘭補命
功臣判中樞院事義興親軍衛節制使青海君南誾佐命
祚功臣僉贊門下府事義興親軍衛節制使宜寧君金仁贊補
祚功臣判中樞院使義興親軍衛同知節制使益和君張思吉補
祚功臣知中樞院事義興親軍衛同知節制使和寧君鄭摠補
祚功臣金書中樞院事西原君趙琦補
義興親軍衛同知節制使銀川君趙仁沃補祚功臣中樞院副
使龍城君黃希碩商議中樞院事南在佐命功臣中樞院副
□酉都評議使司請前日
無司憲府大司憲宜城君□巳酉都評議使司請前日
所藏漲放避方者分徙武陵楸子島濟州荖慶 上曰教書既曰
予尙閡之今又分徙諸島是失信也且徙諸人之地衣食何
得必皆飢寒而死此輩錐居畿内更何爲謀遂令分配諸州於
既而從稿長興之 命出道傳之謀竟不得行○中樞院事金
仁贊卒 上輟朝三日贈門下侍郞贊成事 命有司禮葬仁
贊楊根人有武才從 上潛邸有侍衛之勞及當開國與於推
戴無子○八月庚戌朔 上立受羣臣朝○辛亥置功臣都監○
命擧賢良臺諫六曹每一負各薦官四品巳下六品巳上三
人○定入官補吏法凡初入流品作七科曰文蔭曰文科曰吏
科曰譯科曰陰陽科曰醫科吏曹主之曰武科兵曹主之其出
身文字如前朝切入士也月寫羊甲本員三戈曙 奎軍不出

開
國
一
等
功
臣

　　익화군은 개국일등공신이다. 개국공신의 책봉 이전에 별
세함으로써 스스로는 부귀와 영달을 누리지는 못했지만, 그의 후손들은
가문(家門)의 정치적·사회적 지위를 보장받을 수 있었고 국가에 의한
보훈도 조선 말기까지 줄곧 이어졌다. 한편 이런 익화군의 음덕(蔭德)
에 대하여 그의 후손들은 익화군에 대한 추숭(追崇) 사업으로 보답하게
된다. 여기서는 이런 국가적 보훈과 후손들의 추숭사업에 대하여 다룬
다. 익화군 후예들이 편찬한 『익화군 후예 김씨문중 대동보』와 김한석
(金漢錫)의 『김인찬과 조선개국의 단초』를 기본으로 관련 문헌자료와 각
종 해설문을 인용하고 그에 대한 필자의 견해를 보태는 방식으로 서술
코자 한다.

태조 이성계의 건원릉 신도비에
개국공신으로 명기(銘記)되다_1409년

경기도 구리시 동구릉 내에는 태조 이성계의 신도비, 일명 '태조건원릉신도비(太祖健元陵神道碑)'가 있다. 태종 9년(1409)에 건립된 것으로 비문은 권근(權近), 비음(碑陰, 비신의 뒷면)은 변계량(卞季良)이 썼다. 비문에는 이성계가 개국을 하게 된 동기, 창업의 성취 및 공로, 그리고 그를 기리는 송(頌)과 개국공신·정사공신(定社功臣)·좌명공신(佐命功臣)의 명단 등을 적었다. 이 공신 명단에 익화군의 관직과 이름이 명기되어있다. 우선 역문을 소개한다.

전하(태종)께서 또 말씀하기를, "개국공신(開國功臣)의 성명은 마땅히 비석의 뒷면에 새겨야 할 것이다. 그리고 정사공신(定社功臣)이나 좌명공신(佐命功臣)들도 또한 모두 일의 기미에 따라 책략을 정하여 우리 태조께서 창건하여 물려주신 왕업(王業)을 널리 확대시켰으니만큼, 그들의 성명도 아울러 새겨 그 공이 없어지지 않도록 드러내어야 할 것이다." 하고, 신 계량(季良)에게 사실을 기록하라고 명하셨다.

신이 삼가 생각건대, 하늘이 커다란 덕을 지닌 사람을 탄생시킨 것은 백성의 주인으로 삼기 위한 것이다. 그러므로 반드시 손발이 되어 보필하는 신하가 앞과 뒤에서 부지런히 움직여서 앞에서는 열고 뒤에서는 지킨 연후에야 커다란 공훈이 이루어지고 대업(大業)이 오래 지속되는 것이다. 우리 태조께서 창업할 적에는, 문무 대신(文武大臣)들이 천명(天命)의 귀추(歸趨)를 분명히 알고 실지로 좌우에서 이끌었던 것이다. 그리고 무인년(태조 7, 1398년)의 정사공신이나 경진년(정종 2, 1400년)의 좌명공신에서 보듯이 모두 왕실의 훈신과 친족들이 잘 보필하지 않음이 없었다. 서로가 더불어 재상을 도와 공적을 이룩함으로써 왕업이 유구하게 된 것이다. 그러므로 이는 마땅히 비석에 새기어 후세에 이르기까지 광채를

태조 건원릉 신도비

드리워야 할 것이다. 그리고 우리 전하께서 선왕의 공렬(功烈)을 현양하고 왕실에 공훈이 있는 신하들을 포상한 미덕 또한 마땅히 아울러 전하여 영원히 남겨야 할 것이다.

통정대부(通政大夫) 예조좌참의 수문전직제학 지제교 지문서응봉사사 세자좌보덕(禮曹左參議修文殿直提學知製教知文書應奉司事世子左輔德) 신(臣) 변계량(卞季良)은 삼가 머리 조아려 절하고 씁니다.

개국공신(開國功臣)

의안대군(義安大君) 이화(李和)·문하좌시중(門下左侍中) 배극렴(裴克廉)·영의정부사(領議政府事) 조준(趙浚)·상락부원군(上洛府院君) 김사형(金士衡)·안평부원군(安平府院君) 이서(李舒)·한산부원군(漢山府院君) 조영무(趙英茂)·봉화백(奉化伯) 정도전(鄭道傳)·판삼사사(判三司事) 윤호(尹虎)·흥안군(興安君) 이제(李濟)·청해군(靑海君) 이지란(李之蘭)·성산군(星山君) 이직(李稷)·한천군(漢川君) 조온(趙溫)·의정부찬성사(議政府贊成事) 남재(南在)·영성군(寧城君) 오사충(吳思忠)·판한성부사(判漢城府事) 정희계(鄭熙啓)·호조판서(戶曹判書) 조박(趙璞)·흥령군(興寧君) 안경공(安景恭)·참찬의정부사(參贊議政府事) 장사길(張思吉)·의성군(宜城君) 남은(南誾)·예문관대학사(藝文舘大學士) 정총(鄭摠)·지의부사(知議府事) 김로(金輅)·이성군(伊城君) 손흥종(孫興宗)·옥천군(玉川君) 유창(劉敞)·평성군(平城君) 조견(趙狷)·청성군(淸城君) 정탁(鄭擢)·서천군(西川君) 한상경(韓尙敬)·예문관대학사(藝文舘大學士) 침효생(沈孝生)·계림군(雞林君) 김곤(金稇)·판중추원사(判中樞院事) 이근(李懃)·복흥군(復興君) 조반(趙胖)·한산군(漢山君) 조인원(趙仁湲)·평해군(平海君) 황희고(黃希顧)·지중추원사(知中樞院事) 조기(趙琦)·지중추원사(知中樞院事) 김인찬(金仁贊)·장성군(長城君) 정룡수(鄭龍壽)·지중추원사(知中樞院事) 장담(張湛)·보성군(寶城君) 오몽을(吳蒙乙)·남양군(南陽君) 홍길민(洪吉旼)·동원군(東原君) 함부림(咸傅霖)·참지

의정부사(叅知議政府事) 황거정(黃居正)·홍성군(興城君) 장지화(張至和)·홍원
군(興原君) 이부(李敷)·참지의정부사(叅知議政府事) 민여익(閔汝翼)·화성군(花
城君) 장사정(張思靖)·서성군(瑞城君) 유원정(柳爰廷)·완성군(完城君) 이백유
(李伯由)·고성군(高城君) 고려(高呂)·상산군(商山君) 이민도(李敏道)·호조전서
(戶曹典書) 조영규(趙英珪)·판선공감사(判繕工監事) 임언충(任彦忠)·상장군(上
將軍) 한충(韓忠)」

이 신도비는 태종 9년에 건립된 것이다. 한마디로 태종대 집권세력의 입김
들어간, 그들의 입맛에 맞게 만들어진 신도비라 할 수 있다. 이는 개국공신과
더불어 왕자의 난에 적극 가담한 정사공신(定社功臣)·좌명공신(佐命功臣)들
을 굳이 새겨 넣은 사실로 입증된다. 특히 개국공신의 경우에는 책봉 당시의
위차에 따르지 않고 있어, 당시 집권세력의 호불호(好不好), 또는 친소(親疎)
에 따라 명단이 나열되어 있다.

그런 까닭에 익화군의 위차가 총 52명 중에서 34번째이다. 그에 비하여 이
지란(李之蘭)은 10번째로 기록되어 있다. 개국공신 책봉 시 이지란은 8번째 익
화군은 사후임에도 17번째였으며, 만일 그가 생존했다면 10번째였을 가능성
이 짙다. 그런 그를 건원릉신도비에서는 34번째에 두고 있다. 이런 부당한 차
별은 익화군의 생전 직위를 지중추원사(知中樞院事)로 기록한 점으로도 분명
히 드러난다. 전술했듯이, 익화군은 1392년 7월 28일 중추원사(中樞院使)에
임명되었다. 그럼에도 이 건원릉신도비에는 한 등급 아래의 지중추원사(知中
樞院事)로 새겼다. 이런 사실은 익화군의 생전, 그와 이방원 세력이 대립적이
었다는 본고의 가정과, 익화군의 죽음에 대하여 의문을 제시한 본고의 주장을
또 다시 뒷받침해 준다.

이성계의 입장에서 볼 때 '왕자의 난'은 그의 인생 최대의 오욕(汚辱)이었
다. 그런데 다른 사람의 신도비도 아닌 자신의 신도비에 왕자의 난에 적극 가

담한 인물들을 새기고, 태종은 그들의 위훈을 찬양하고 있다. 이성계의 입장에서 볼 때 실로 통탄할 일이다. 그리고 제3자의 입장에서 볼 때, 부도덕한 처사이다. 또한 이를 통하여 익화군 후손에게 가한 당시 집권세력의 핍박의 정도가 얼마나 심했을까 미루어 짐작할 수 있다.

태종헌릉신도비에 개국공신으로 명기되다_1422년

태종헌릉신도비(太宗獻陵神道碑)는 세종 4년(1422)에 만들어진 태종 이방원(1367-1422)의 생애와 업적을 기록한 비문이다. 전면의 비문은 변계량(卞季良)이, 뒷면은 음기(陰記)는 윤회(尹淮)가 지었다. 개국공신을 명기한 음기의 일부분을 소개하면 다음과 같다.

전하(殿下, 세종대왕)께서는 손방(巽方, 동남쪽) 63보에 나아가 큰 비를 세워서 덕의 아름다움을 기록하여 빛을 지금 세대와 오는 세대에 드리우라 명하시었다. 또한 개국공신(開國功臣) 좌명공신(佐命功臣) 정사공신(定社功臣)들의 이름을 차례로 비 뒤에 새기도록 명하시었다. 신이 그윽히 생각하건대, 옛부터 제왕(帝王)이 일어남에 반드시 세상에 이름난 신하가 있어 때에 응하여 나서 대업(大業)을 도와서 이루었습니다. 이에 종명이정(鐘銘彝鼎)에 공을 기록하는 법이 있는 것은 썩어 없어지지 않을 공을 보여서 영구히 전하려는 것입니다. 우리 조정이 임신년에 개창되고 무인년과 경진년의 내란을 평정한 것은 실로 하늘이 태종에게 열어준 바입니다. 이로써 조선왕조가 억만년 무궁한 복을 누릴 기초를 잡은 것입니다. 그렇지만 또한 장상(將相)들과 대신들이 몸을 잊고 명을 바쳐 보좌한 것이 많았습니다. 이것을 마땅히 비석에 새겨 영원히 세상에 보여줌으로써 뒤에 보는 사람이 오히려 능히 우리 전하께서 선대의 빛나는 공을 현양(顯揚)하고 원훈(元

태종헌릉신도비

勳)을 포장(褒獎)하신 지극한 뜻을 알았다고 할 것입니다. 가선대부 예문관제학 집현전제학 동지경연춘추관사(嘉善大夫藝文館提學集賢殿提學同知經筵春秋館事) 신(臣) 윤회(尹淮) 절하고 머리를 조아려 삼가 기록하다.

개국공신(開國功臣)

익안대군(益安大君) 방의(芳毅)·의안대군(義安大君) 이화(李和)·문하시중(門下侍中) 배극렴(裵克廉)·영의정부사(領議政府事) 조준(趙浚)·상락부원군(上洛府院君) 김사형(金士衡)·안평부원군(安平府院君) 이서(李舒)·한산부원군(漢山府院君) 조영무(趙英茂)·의녕부원군(宜寧府院君) 남재(南在)·서원부원군(西原府院君) 한상경(韓尙敬)·성산부원군(星山府院君) 이직(李稷)·의정부우의정(議政府右議政) 정탁(鄭擢)·한천부원군(漢川府院君) 조온(趙溫)·옥천부원군(玉川府院君) 유창(劉敞)·화산부원군(花山府院君) 장사길(張思吉)·흥녕부원군(興寧府院君) 안경공(安景恭)·여천부원군(驪川府院君) 민여익(閔汝翼)·평성부원군(平城府院君) 조견(趙狷)·흥안군(興安君) 이제(李濟)·영성(寧城) 오사충(吳思忠)·판삼사(判三司) 윤호(尹虎)·계림군(鷄林君) 김곤(金稇)·청해군(靑海君) 이지란(李之蘭)·판한성부사(判漢城府事) 정희계(鄭熙啓)·연성군(延城君) 김로(金輅)·의성군(宜城君) 남은(南誾)·정당문학(政堂文學) 정총(鄭摠)·부흥군(復興君) 조반(趙胖)·흥원군(興原君) 이부(李敷)·동원군(東原君) 함부림(咸傅霖)·한산군(漢山君) 조인옥(趙仁沃)·남양군(南陽君) 홍길민(洪吉旼)·서성군(瑞城君) 유원정(柳爰廷)·완성군(完城君) 이백유(李伯由)·상산군(常山君) 이민도(李敏道)·지중추원사(知中樞院事) 황희석(黃希碩)(黃希碩)·<u>지중추원사(知中樞院事) 김인찬(金仁贊)</u>·지중추원사(知中樞院事) 조기(趙琦)·고성군(高城君) 고려(高呂)·호조전서(戶曹典書) 조영규(趙英珪)·상장군(上將軍) 한충(韓忠)

전체적인 내용은 전술한 건원릉신도비와 엇비슷하다. 익화군을 지중추원사

(知中樞院事)로 여전히 격하(格下)시켜 적고 있다. 한편 이 신도비에서 개국 공신을 비석에 새겨 명기한 이유에 대하여 군왕을 도와 대업을 이룬 공훈을 길이 기록하기 위한 것임을 명시하였다. 즉 불후의 공적을 영원불변의 돌에 새겨서 영원히 후세에 전하고자 하는 것임을 밝히고 있다.

익화군 후예의 족보편찬 사업_1625년-1996년

익화군의 후예들은 태종의 핍박과 여타 이유로 북으로는 함경남도 북청, 남으로는 제주도로 뿔뿔이 흩어져 살아왔다. 그리하여 한 뿌리에서 갈라진 여러 갈래의 줄기들이 각기 본관을 달리하면서 수백 년을 뻗어왔다. 이로 인하여 여러 파보가 생겨났고, 후대가 되면서 이런 모순을 극복코자 하는 합보사업이 줄기차게 이루어졌다. 다음의 표는 그런 지난한 노력의 일면을 보여준다.

이들 구보(舊譜)의 서문에는 한 뿌리에 나고서도 본관을 달리하고 있는 현실에 대한 안타까움이 녹아있고, 파보(派譜)를 합쳐서 합보(合譜)하는 데에 따르는 어려움과 노고가 절절히 기록되어 있다. 이런 노력들이 모여서 '익화군(益和君) 후예(後裔) 김씨(金氏) 대종회(大宗會)'가 만들어지고 명실상부한 대동보(大同譜)가 편찬되었으며 정신적 의례적 중심지로서 사우와 묘역이 조성된 것은, 위대한 숭조애족(崇祖愛族)의 대동단심(大同團心)이라 할 수 있다. 여러 갈래로 갈라진 물줄기가 다시 하나의 대해로 합류하는 길고 힘겨운 과정이라 평가된다.

표에서 익화군 후예 김씨 가운데, 김해김씨(金海金氏) 문중에서 1625년 처음으로 족보를 편찬한 사실, 1932년에 익화군 후예 김녕김씨(金寧金氏), 김해김씨(金海金氏), 양근김씨(楊根金氏)의 족보가 합보(合譜)되어 대동보 발간의 단초가 마련된 사실, 1959년 상기 3개 문중에 경주김씨(慶州金氏) 문중

연대	보명	서문, 발문 찬자	비고
1625 (인조 3년)	金海金氏天啓甲子譜	後孫 德義	1523년 嘉靖譜의 규모로 편찬
1684 (숙종 10년)	金海金氏康熙甲子譜	後孫 萬一	
1791 (정조 15년)	楊根金氏辛亥譜	宗孫 應斗	익화군 始貫에 관한 석왕 사 문적 사실이 기록
1924	金海金氏甲子譜	後孫 義坤	
1911	慶州金氏 益和君派 辛亥譜	後孫 國樞	제주에 세거한 김씨문중이 1846년에 김해에서 경주 로 본향을 修譜함을 기록
1927	楊根金氏丁卯譜	後孫 應奎	
1932	楊根金氏壬申譜	충민공 16세손 廷錫 익화군 17세손 眞極	익화군 후예 김녕김씨, 김 해김씨, 양근김씨의 족보 가 이 임신보에서 합보됨
1959	楊根金氏己亥譜	後孫 秉常 後孫 慶烈	익화군 후예 경주김씨가 이 기해보에 합본되어 명 실상부 '익화군 후예 대동 보'의 완결을 위한 초석이 마련됨
1970	경주김씨대동보	後孫 世基	경주김씨 중시조 永芬公 과 大安君의 7개 분파(익 화군 후예 문중이 그 중 하나)의 대동보 편찬에 대 한 내용이 언급
1975	익화김씨대동보	益和君 18世孫 容模 外	차후 장에서 상론
1996	익화군 후예 대동보 (전5권 1질)	益和君 19世孫 聲烈 外	차후 장에서 상론

이 합류하여 명실상부 '익화군 후예 김씨문중 대동보'의 완결을 위한 초석이
마련된 사실, 1975년에 본관통일운동(本貫統一運動)이 본격적으로 전개되어
여러 문중을 '익화김씨(益和金氏)'로 통일하자는 결의가 있었으나 1996년 대
동보의 이름이 '익화군 후예 김씨문중 대동보'인 점으로 미루어 본관통일운동
이 아직도 문중 전체의 합의에 이르지 못한 상태임을 알 수 있다.

참고로 『익화군 후예 김씨문중 대동보』 77쪽에 실린 종파별 원적 본거지 일

람표를 게재한다.

여기서 몇 가지 눈에 띄는 사실은 다음과 같다. 우선, 익화군의 선향인 양평

자별	종파	원적, 본거지
1자	세마공파	경기 양주군 은현면 하패리
	시정공파	충남 서천군 종천면. 판교면
	첨정공파	경기 화성군 팔탄면 덕우리
	도정공파	강원 평강군 고삽면 세포리
	의제공파	충남 예산군 고덕면 상가리
	도사공파	서울 봉래동. 화성군 팔탄면, 고양군
	통예공파	경북 안동시 일직면. 의성군
	장군공파	강원 철원군 김화읍 도창리
	선전관공파	경기 가평군 설악면 이천리
	대부공파	전남 고흥군 고흥읍 호동리
	입남공파	경남 남해군 운천면 용강리
	진사공파	경북 김천시 부항면 파천리
2자	참판공파	충남 당진군 당진읍 용연리
	판교공파	경기 안성군 보개면 불현리
	호의공파	전북 완주군 동상면 거인리
3자	도감공파	제주 북제주군. 순천시 서면
4자	영상공파	함남 북청군, 안변군
	대수공파	부산시 수영구 강암동
	송암공파	전남 구례군 토지면 용두리
	감사공파	강원 춘천시 후평동
5자	목사공파	경남 마산시 합포구
6자	통덕랑파	부산시 사상구 모라동
8자	선전관공파	전남 순천시 외서면 월암
	현감공파	경북 봉화군. 영양군
	군수공파	경북 영양군 천기면 여미리
	첨사공파	전남 고흥군 점암면 방내리
	남해공파	전남 고흥군 점암면 방내리
	부사공파	경기 의왕시 학의동
9자	충의위공파	경남 창녕군 부곡면 청암리
10자	수필공파	경남 밀양시 산내면 봉의리

(楊平) 옥천(玉泉) 일대에 그 후예들의 세거지(世居地)가 없는 점이다. 이는 익화군(益和君) 선조가 고려 말 양평을 떠날 때 일가(一家)가 거의 이주하였을 개연성을 보여준다. 또한 다른 가문과는 달리 선향(先鄕)인 양근이 그 후손들이 세력기반으로 작용하지 않았음을 알 수 있다. 물론 계하사목문(啓下事目文)에서 그의 후손들이 군역(軍役) 등의 특전(特典)을 누리는 것으로 보아 일부 후손은 남아있었던 것으로 추측된다. 둘째로, 본거지(本據地)가 대부분 해안가에 분포하고 있는 반면에, 충청북도 등 내륙 깊숙한 곳에는 거의 확인되지 않는 점이다. 이는 태종 집권기 익화군의 후예들이 함경남도를 떠나 동해안 연안을 따라 해로나 수로를 통하여 이주하였을 가능성을 제시한다. 셋째로, 북한에서는 거의 유일하게 함경남도 북청(北靑)과 안변(安邊)에 세거지가 있는 점이다. 이는 익화군이 함경남도 일대를 정치적·경제적 기반으로 삼았다는 학계의 주장과 일치하며, 또한 익화군 관련 유적이 가장 밀집한 사실과도 연결된다.

성종조 김이갱 개국공신의 적장자로 익성군에 봉군되다

태조는 1392년 8월 20일에 개국공신 44명을 책봉한 다음, 공신호·토지·노비 등을 하사하고, 이어서 개국공신들에게 잔치를 베풀고 공신교서와 녹권(錄券)을 각각 내려 주었다. 그리고 9월 27일에 다시 장군 조견(將軍 趙狷) 등 7명을 개국공신으로 추록한다. 이런 절차를 거쳐 개국공신의 책봉이 마무리되자, 그는 그해 9월 28일 개국공신들과 함께 모여 서로간의 화합·협력·단결할 것을 천지신명에게 맹세하였다. 이처럼 그는 자신을 추대한 자들에 대하여 경제적 또는 경제외적 특전을 주어 충성스러운 신하로 묶어놓고, 공신들 간에는 서로 화합·단결하게 함으로써 왕권의 확립과 정치의 안정을 꾀하였다. 이런 공신회맹(功臣會盟)의 전통은 조선시대 전 기간을 통하여 유지되는데, 익화군 후손들의 공신회맹 참가 기사를 이해하기 위하여 공신회맹의 사전적 의미를 일단 알아보자.

조선에서 이 제도가 최초로 실시된 것은 1398년(정종 즉위년)이다. 제1차 왕자의 난에 공을 세운 익안군 방의(益安君芳毅) 등 29인을 정사공신(定社功臣)으로 책록하고, 회맹제를 지낸 뒤 경복궁 근정전에서 연회를 베풀었다. 그 뒤 1453년(단종 1) 앞의 구공신인 개국·정사·좌명(佐命) 공신 및 그 적장친자(嫡長親子)와 그해 책록된 정난공신(靖難功臣) 수양대군(首陽大君) 등 43인 및 그 적장친자를 모두 합쳐 147인이 경복궁 성북단(城北壇)에서 서로간에 의리를 지키며, 왕실에 충성을 다짐하는 맹세를 한 뒤, 음복연(飲福宴)을 행하고 참석자 모두에게 가자(加資)하였다. 또한, 특별한 일로 가자를 받지 못하는 자는 아들·사위·동생·조카·손자 중에서 대신 가자를 받도록 하였다. 이로부터 공신책록이 있을 때마다 구공신 적장과 신공신 및 그 적장이 회맹제를 행하였다. 이때 참석자는 모두 회맹록에 올리고 가자·대가의 은전(恩典)을 받거나, 금잔·은병·비단·호록피(虎鹿皮)·명주·표리(表裏)·은·면포 또는 마필 등을 상으로 받은 다음, 음복연을 행하는 것이 일반적인 관례가 되었다.   - 『한국민족문화대백과사전』 '공신회맹제'

이런 공신회맹에 대한 기본적 지식을 토대로 익화군(益和君) 후손 김이갱(金以鏗)이 인조조 조선왕조실록에 언급된 기사를 살펴보자.

훈부가 회계하기를, "사간원의 계사에서 논한 역대의 관작을 하사하거나 가자하거나 물품을 하사하거나 하여 시대마다 각기 달랐다는 일은 문적이 산실되어 그때의 일정한 규정을 모르겠습니다. 선조조 경인년의 양공신(兩功臣) 회맹 때에는 구공신은 한 사람도 생존한 이가 없었고 단지 적장자만이 있어 준직(準職)인 사람은 품계가 올랐다고 합니다. … 그리고 구공신의 적장자로서 부친이 살아 있는데도 자급이 오른 자에 대해서는 옛 규례를 아직 상고해내지 못했습니다. 다만 박미(朴瀰)가 을축년에 친공신 동량(東亮)의 적장자로서 우연히 한 자급이 올랐는데, 이것은 원용하여 준례로 삼을 수는 없을 듯합니다. 그리고 산질로 있는 등록의 전서(傳書) 가운데에는 공신연과 중삭연 때에 개국 공신 이민도(李敏道)의 적장자 이공무(李公茂)와 김인찬(金仁贊)의 적장자 김이갱(金以鏗) 및 좌익 공신 이계전(李季甸)의 적장자 이질(李秩) 등이 봉군되고 적개 공신 오자경(吳子慶)의 장손 오찬(吳濬)이 가선 대부에 오른 것이 있는데, 이 사람들이 실직을 역임했는지의 여부는 신들이 잘 모르겠습니다만 갑진년에 승품한 일은 이러한 규례를 원용하여 행한 것이 아닐까 싶습니다. 그밖에도 나이가 70세에 차고 4품 이상의 실직을 지낸 자를 당상에 올렸다고 하는데 적장자가 이와 같다면 친공신에 대해선 알 만합니다. … 대개 역대의 논상한 은전을 단지 산질된 문서 가운데 상고해 보건대 태종조에 정사(定社)와 좌명(佐命), 세조조에 정난(靖難)·좌익(佐翼)·적개(敵愾), 예종조에 익대(翊戴), 성종조에 좌리(佐理), 중종조에 정국(靖國), 선조조에 광국(光國)·평난(平難)·호성(扈聖)·선무(宣武)·청난(淸難) 등의 공신이 있었습니다. 이때 다 회맹연과 중삭연이 있었는데 회맹은 하늘에 제사하고 희생의 피를 각자 입술에 바르는 등 행사가 막중하여 중삭연과는 동일하게 논할 수는 없을 것 같으니, 논상의 은전도 경중의 구별이 있었을 것입니다. 그러나 역대의 이미 행한 일의 문적이 병화에 다 산실되었기에 본부에는 수습된 문서만이 있는데 간혹 듣고 본 일로 써넣기도 하여, 막중한 논상의 등급 매김을 이것으로 하나하나 증명할 수는 없습니다. 역대의 실록을 상고하여 행할 규정을 만드소서."하니, 상이 정경세 등을 보내어 정사 공신 이후의 공신 논상 등에 관한 일을 상고하여 오도록 명하였다.   - 인조 6년(1628) 10월 5일

위의 기사는 공신회맹제(功臣會盟祭)에 수반되는 가자(加資)와 대가(代加)

의 은전을 구공신(舊功臣)을 대상으로 어떻게 시행할 것인가에 대한 인조(仁祖)의 물음에 대하여 충훈부(忠勳府)에서 심의하여 올린 내용, 즉 회계문(回啓文)이다. 이 회계문에 김이갱(金以鏗)이 김인찬의 적장자로 등장한다. 그는 안동(安東)의 근성서원(芹城書院)에 익화군과 함께 제향(祭享)된 인물로 성종조(成宗朝)에 좌리공신(佐理功臣)에 책록(冊錄)되고 음보(蔭補)로 호조참판(戶曹參判)을 지냈으며 익성군(益城君)에 습봉(襲封)된 인물이다. 어쨌든 위의 회계문에서 김이갱(金以鏗)의 봉군(封君)과 관직(官職)이 익화군(益和君)의 적장자이기 때문에 받은 은전(恩典)이었던 사실, 그런 은전(恩典)이 이미 성종(成宗) 조에 베풀어졌던 것이라는 사실, 그런 내용을 인조(仁祖) 조에 충훈부(忠勳府)에서 산질(散秩)되어 전해오는 문서를 통하여 확인하였던 사실 등을 알 수 있다.

한편, 『익화군 후예 김씨문중 대동보』의 '익성군 휘이갱공 사적(益城君 諱以鏗公 事績)'에는 그의 고조가 익화군임을 명기한 후 "증조(曾祖) 휘(諱) 귀룡공(貴龍公)은 상장군 의금부사 세습영화군(上將軍 義禁府事 世襲寧和君)하고 조고(祖考) 휘(諱) 영수공(永壽公)은 가선대부 호조참판(嘉善大夫 戶曹參判)이요, 고(考) 휘(諱) 효충공(孝忠公)은 호조참판 의금부사(戶曹參判 義禁府事)이다"라고 기록하고 있다. 이 내용을 통해서도 익화군의 손자, 증손자, 고손자들이 개국공신의 적장자로 국가의 은전을 받아 봉군이나 음직을 하사받았음을 알 수 있다. 3대에 걸쳐 호조참판과 의금부사를 역임한 사실이 위의 추측에 신빙성을 더한다.

이 짧지만 공신력 있는 기사를 통하여 우리는 익화군이 10명의 아들을 두었음에도 '무자(無子)'라고 기록한 '조선왕조실록'의 기록은, 당시 집권세력의 입장에서 조작된 것임을 다시 한 번 확인할 수 있다. 또한 성종조에 이르러 익화군의 적장자가 개국공신의 특혜를 받고 공신회맹에 참석한 사실로 미루어 태종 사후 어느 시점엔가 익화군이 신원(伸冤)되었을 가능성도 충분히 유추할 수 있다.

제3자 검룡공의 후손 김만일이
오위도총부 부총관에 제수되다_1620년 8월 15일

제주도는 '말'의 고장이다. 그리고 제주마를 대표하는 역사적 인물이 김만일 (金萬鎰)이다. 그는 제주마의 사육을 대표하는 유일한 인물이다. 이런 단정은 2013년 10월 23일「제주마와 헌마공신 '김만일의 공적'에 대한 역사적 고찰」 이라는 학술심포지엄이 열리고, 현재 제주 지역에서 김만일(金萬鎰) 현양 사업이 대대적으로 전개하고 있는 점으로 뒷받침된다. 결국 '제주=말=김만일'이 라는 등식이 성립된다. 이에 익화군의 후손 중에서 김만일(金萬鎰)은 특기할 만하다. 일단 그에 관한 문헌 기록과 사전(事典)적 정리를 소개한다.

1) 김만일(金萬鎰)의 생몰연대는 1550년(명종 5)~1632년(인조 10)이다. 조선 중기 목장주·말사육가·공신이다. 자는 중림(重臨)이다. 본관은 경주(慶州)이 고, 제주도 남원읍(南元邑) 의귀리(衣貴里) 출신이다. 노복(奴僕)을 많이 거느 렸고, 개인 목장을 두어 1만 필이나 되는 말을 길렀으며 땅은 한라산 일대의 거의 절반을 차지하였다. 임진왜란 후 전마(戰馬)의 수급을 돕기 위해 1594년 (선조 27)에 말 2백 필을 헌납하였으므로 논상(論賞)되어 그의 3대조까지 참 의(參議), 참판(參判)에 추증(追贈)되었다. 1620년(광해군 12)에는 다시 5백 필을 진헌(進獻)하여 지중추부사(知中樞府事) 오위도총부총관(五衛都摠府摠 管)직에 제수(除授)되었다. 이후 1627년(인조 5)에도 다시 4~5백 필의 말을 헌납하였다. 이러한 여러 차례의 공적으로 1628(인조 6)에 종1품 숭정대부(崇 政大夫) 헌마공신(獻馬功臣)에 올랐으며, 그 후손들에게 대대로 산마감목관 (山馬監牧官)의 벼슬이 주어지는 특혜를 받았다.

- 『한국역대인물 종합정보시스템』 '김만일'

2) 김만일(金萬鎰)의 말은 많게는 수 천 필에 이르러서 셀 수가 없었다. 매번 신

한국마사회 2014년 7월의 인물에 선정된 김만일 포스터

임관이 오고 갈 때, 먼저 만일(萬鎰)에게서 체임(遞任) 시의 진상마를 먼저 징발하여 3년 동안 기르고 훈련시켰다가 교체될 때를 당하면 진헌(進獻)하였다. 만일에게 비록 말이 많이 있었지만, 혹 진상에 합당한 말이 없을 때는 관가(官家)에서 아이를 가두고 수색하기도 하였다. 이렇게 해도 얻지 못할 때는 매질이 이어져서 처를 가두고 자식을 매질하는 등 하지 않는 바가 없었으니 이를 매우 고통스럽게 생각했다. 부패한 관리의 경우에는 진상을 빙자하여 징발하는데 이유가 없고 모조리 사용(私用)을 삼아버렸다. 혹이라도 준수한 말이 있는 경우에는 세 고을의 수령이 다투어 뺏는 바가 되어 남아나질 않았다. 만일은 씨가 마를 것을 염려하여 준마(駿馬)로 종마(種馬)가 될 만한 말은 가려서 장님을 만들기도 하고 가죽과 귀를 찢은 연후에야 겨우 그 말을 보존하여 종마로 삼을 수 있었다. 지금 만일(萬鎰)은 이미 죽었는데, 그 손자인 여(礪)가 대신하여 말을 돌본다고 한다. 만일은 이 섬의 정병(正兵)이었다. 어렸을 때 암말 두 필을 얻어 정의현 경계에서 길렀다. 이 말들이 암말을 많이 낳았고, 2년쯤 지나서 망아지를 낳았는데 태어난 것이 모두 평범한 말이 아니었다. 수 년 내로 번식을 많이 하여 수백 마리가 되었고, 점차 지금에까지 이르렀다. 말을 바치는데 공이 있어 관직이 부총관에 이르렀고 나이가 80이 되어 죽었다.

- 「제주풍토기(濟州風土記)」

3) 비변사가 아뢰기를, "제주 사람 김만일(金萬鎰)이 1만 필이나 되는 많은 말을 기르면서 한라산 일대의 거의 절반을 차지하고 있다는 것입니다. 나라 땅에 살면서 그 지방 생산품을 먹고 사는 것이 모두가 국가의 혜택일진대 설사 10분의 9를 내놓더라도 안 될 것이 없을 터인데 1만에서 1천 정도야 아무 것도 아니지 않겠습니까. 본주(本州)로 하여금 우선 성숙한 말 1천 필을 올려보내게 하여 군용에 보태도록 하소서." - 『국조보감(國朝寶鑑)』 권35 인조 2년

4) 상이 이르기를, "공마는 몇 군데에서 봉진하며, 상납은 몇 필이나 하는가?" 하니 조희순이 아뢰기를, "마장 10곳 이외에 또한 산장이 있어 제주(濟州)와 정

의(旌義)의 경계에 끼어 있는데, 그곳에서 생산되는 말이 다소 큽니다. 제주 감목관(監牧官)이 주관하는데, 매 식년(式年)에는 산장마 300필을 추가하여 봉진합니다. 그래서 평년에는 288필을, 식년에는 588필을 봉진하고, 또한 1년 간격으로 말 2필을 봉진하고 있습니다. 이것이 산장마 및 공마의 실제 숫자입니다. 제주 감목관은 바로 헌마공신(獻馬功臣) 김만일(金萬鎰)의 후손 가운데에서 본목(本牧)이 자벽(自辟)하고 있습니다" 하였다.

- 『승정원일기』 고종 9년 7월 1일

5) 제주도 각지에 분포하여 벌족을 형성하고 있는 경주 김씨의 주류는 은열공파의 분파인 익화군파가 차지하고 있다. 익화군은 조선 개국 1등공신으로 의정부 좌찬성 벼슬에 올랐던 김인찬으로 익화군의 3남 김검룡이 조선 초 정의현 오조리에 거주함에 따라 이를 첫 입도 낙향조(落鄕祖)로 삼는다. … 명가의 후예로 영달이 보장된 김검룡이 어떤 연유로 낙향했는지에 대해서는 여러 설이 있으나, 조선 초기인 정종 말기, 아니면 태종 초에 감목사로 입도했다는 기록이 있고, 1402년(태종 3), 양마 여섯 필을 생향인 경기도 양근현(오늘날 양평군)에 마유봉에 보내 헌마한 후 같은 해에 제주도 지관이 되었다는 기록이 가문에 전승되는 점으로 미루어 경주 김씨 입도조 김검룡은 처음부터 감목사라는 벼슬로 제주도와 인연을 맺었다는 관측이 유력하다. … 김검룡의 7세손 김만일이 양마를 헌마한 공으로 오위도총관의 벼슬에 올랐으며 숭정대부의 작을 받은 것이 경주 김씨 가문을 중흥시키는 결정적 계기가 된다. 특히 김만일의 후손들이 전국에서는 오직 제주도에만 존재했던 산마장을 감독하기 위한 관직인 산마 감목관직을 맡아 경주 김씨 가문의 위상을 높였다. 조선 후기 김만일 후손들로 대표되는 경주 김씨 가문은 목장 운영을 통해 부를 축적하여 제주도 지배 세력의 한 축을 이루었다. 2000년 11월 현재 경주 김씨는 제주도에 7,434가구에 23,836명이 거주하여 전체 5위이며, 서귀포시 지역에서는 2,866가구에 8,876명이 거주하여 전체 3위를 차지하고 있다.　　　- 『한국향토문화전자대전』 '경주 김씨'

이상에서 제주 지역의 정병(正兵, 조선시대 군사 제도의 기간을 이루었던 일반 양인 농민 출신의 병종(兵種))이었던 김만일(金萬鎰)이 말 수요가 국가적으로 절실했던 선조-인조 연간의 국난기에 개인적으로 사육했던 전마(戰馬)를 국가에 바침으로서 지충추원사(知中樞院事), 오위도총부총관(五衛都摠府摠管), 종1품 숭정대부(崇政大夫)라는 고위직에 제수되었을 뿐만 아니라 '헌마공신(獻馬功臣)'이라는 칭호를 받았음을 일단 확인할 수 있다. 그리고 이런 파격적인 관직 제수는 그에게만 그치지 않고 그의 후손들이 효종 9년(1658)부터 고종 32년(1895)까지 김만일의 말 목장을 비롯한 제주도의 산마장(山馬場)의 감목관(監牧官)을 세습하는 특혜를 얻었다는 사실도 알수 있다. 또한 김만일 선조들이 제주도에 입도(入島)할 당시부터 명문(名門)으로 인정받았고, 일찍부터 감목사라는 지위로 목마사업에 전념했으며, 김만일의 고위직 제수와 산마감목관(山馬監牧官)의 세습으로 제주도의 명문거족(名門巨族)으로 자리 잡게 되었던 사실도 분명히 알 수 있다. 아울러 김만일이 한라산 땅의 절반에 해당되는 대목장을 소유하고, 그곳에서 사육하는 말이 무려 1만 필로 국둔(國屯)의 3, 4배나 되었으며, 그중 양마를 진상마(進上馬)나 전마(戰馬)로 국가에 헌납하였던 사실을 확인할 수 있다. 특히 임진왜란 당시 전국에 약 159개소의 국립목마장이 있었음에도 불구하고 조선 정부가 전마에 대한 수요를 김만일의 산둔마(私屯馬)에 절대적으로 의존할 수밖에 없었다는 사실로 미루어 김만일 일가가 조선시대 마정사(馬政史)에서 차지하는 비중을 엿볼 수 있다. 한편 역사 인물로서 김만일은 말을 감식(鑑識)·개량(改良)·번식(繁殖)하고 우수한 말을 종마로 만들 수 있는 탁월한 전문가적 지식을 갖추고 있었을 뿐만 아니라 부당한 공출과 가혹한 수탈에 현명하게 대처하는 슬기로운 인물이었고, 제주에 입도한 익화군(益和君) 경주김씨(慶州金氏) 가문을 크게 번창(繁昌)하게 하는 데에 결정적인 역할을 한 인물이라는 것도 분명히 알 수 있다. 덧붙여 조선시대 역사 전체를 통틀어 특정 직책을 한 가문이 세습적으로 독점한 경우도 전무후무하며, '헌마공신(獻馬功臣)'이란 공신호(功臣號)를 얻은 인물도 김만일(金萬鎰)이 유일하다.

이십공신회맹제에 익화군의 적장자 김만석이 참석_1680년(숙종 6년)

서울대 규장각(奎章閣)이 소장하고 있는 숙종 6년(1680)에 간행된 이십공신회맹록(二十功臣會盟錄)에는 익화군의 10세 적장손(嫡長孫)인 어모장군(禦侮將軍) 김만석(金萬碩)이 회맹에 참석한 사실을 기록하고 있다.

開國功臣金仁贊嫡長孫禦侮將軍行忠
佐衛副司勇臣金萬碩

　전술한 공신회맹제(功臣會盟祭)를 기록으로 남긴 문서가 공신회맹문(功臣會盟文)이다. 우선 그 사전적 의미는 "왕세자(王世子)·왕자(王子)·공신(功臣)·공신자(功臣子) 및 적장손(嫡長孫) 등이 모여서 동맹(同盟)을 서약할 때 작성하는 글이다. 회맹문(會盟文) 뒤에는 회맹(會盟)에 참가한 사람의 군호(君號)·공신호(功臣號)·직함(職銜)·성명(姓名)·수결(手決)이 있다. 이 회맹문은 회맹에 참가한 사람들에게 1부씩 배포(配布)하였다."라고 설명되어 있다.(『기록학용어사전』'공신회맹문')
　익화군의 10세손 김만석이 참석한 이십공신회맹을 기록한 서울대규장각 소장의 '이십공신회맹록축(二十功臣會盟錄軸)'의 해제는 다음과 같다.

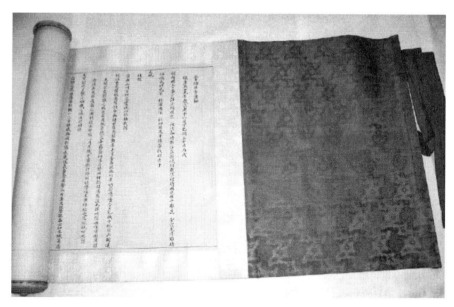

이십공신회맹축(보물 제1512호)

1680년(숙종 6) 경신대출척(庚申大黜陟) 후 보사공신(保社功臣)의 녹훈(錄勳)을 계기로 그 해 8월 30일에 보사공신(保社功臣)을 중심으로 개국공신(開國功臣) 이하 각 공신(功臣)의 적장자손(嫡長子孫)이 회맹(會盟)하였을 때의 기록으로, 1694년 6월의 「(복훈시고종묘제축문)復勳時告宗廟祭祝文」과 「(교중외대소신료 기로군민한량등서)敎中外大小臣僚耆老軍民閑良等書」 등이 부록되어 있다. 편자(編者)는 녹훈도감(錄勳都監)으로 짐작된다. 간년(刊年)은 부록된 글들이 갑술 옥사(甲戌獄事) 후 서인(西人)이 재집권한 뒤에 쓰여진 점으로 보아 1694년 6월 이후로 추측된다. 여기의 20공신(功臣)은 개국(開國) 정사(定社) 좌명(佐命) 정난 (靖難) 좌익(佐翼) 적개(敵愾) 좌리(佐理) 정국(靖國) 광국평난(光國平難) 호성선 무(扈聖宣武) 청난(淸難) 정사(靖社) 진무(振武) 소무(昭武) 영사(寧社) 영국(寧 國) 그리고 보사공신(保社功臣)이다. 보사공신(保社功臣)이라 함은 1680년 당시 영의정 허적(許積)의 유악남용사건(油幄濫用事件) 등을 계기로 김석주(金錫胄) 김익훈(金益勳)등이 허적의 서자인 허견(許堅)이 복창(福昌)·복선(福善)·복평군(福平君)의 삼복(三福)과 함께 역모(逆謀) 한다고 고변(告變)하여 소위 '경신대출척(庚申大黜陟)'이 일어났는데 그 처리의 공(功)으로 녹훈(錄勳)된 공신(功臣)을 이른다. 1등에 김만기(金萬基) 김석주(金錫胄), 2등에 이입신(李立身), 3등에 남두북(南斗北) 정원로(鄭元老) 박빈(朴斌)이 녹훈(錄勳)되었는데, 추록이 있었으며, 1689년 기사환국(己巳換局)으로 폐적(廢籍)되었다가 1694년 갑술옥사(甲戌獄事) 이후 복작(復爵)되었다. 내용은 회맹문(會盟文)과 회맹록(會盟錄) 순이다. 「이십공신회맹문(二十功臣會盟文)」에는 1680년 8월 30일 숙종(肅宗)이 제공신(諸功臣)·공신적장자손(功臣嫡長子孫)과 함께 회맹(會盟)하여 보사공신(保社功臣)의 녹훈(錄勳) 등을 사직(社稷)·종묘(宗廟)에 고(告)한 내용이 실려있다. 「이십공신회맹록(二十功臣會盟錄)」에는 국왕(國王) 이하 회맹(會盟)에 참석한 제공신(諸功臣)·공신적장자손(功臣嫡長子孫)의 명단이 실려 있으며, 미참(未參)의 경우는 「신병미참질(身病未參秩)」·「재상미참질(在喪未參秩)」·「발병미참질(廢病未參秩)」·「연유미참질(年幼未參秩)」·「변장재외미참질(邊將在外未參秩)」·「피적미참질(被謫未參秩)」로 구분되어 그 명단이 부록되어 있다. 이어 1694년(甲戌) 6월 20일의 「복훈시종묘제축문(復勳時宗廟祭祝文)」, 「교중외대소신료기로군민한량등서(敎中外大小臣僚耆老軍民閑良人等書)」, 「복훈도감계하별단(復勳都監啓下別單)」이 실려 있다. 보사공신(保社功臣) 녹훈(錄勳) 전후 경신대출척(庚申大黜陟)에서 갑술옥사(甲戌獄事)에 이르는 정변(政變)을 살피는 데 참고자료가 된다.

　여기서 공신회맹문(功臣會盟文)은 공신 책봉이 새롭게 이루어질 경우 군왕이 당대에 살아있는 공신(功臣)과 선대의 공신(功臣) 적장자(嫡長子) 등을 거느리고 군신(君臣) 간의 충성과 의리를 천지(天地)에 맹약하는 제사를 지낸 후

242

그것을 기록한 한 문서이라는 사실, 개국공신(開國功臣)으로부터 20번째 보사공신(保社功臣)까지 20공신의 본인(本人)이나 후손(後孫)들이 참석한 사실, 참석자의 명단을 작성하였으며 불참자에 대해서는 그 이유를 사유(事由)별로 구분하여 기록한 점 등을 알 수 있다.

어쨌든 본 기사는 익화군(益和君)의 적장자(嫡長子)가 보사공신의 책봉 후 이루어진 1680년의 이십공신회맹제에 참석하였음을 입증하는 자료로, 또 다시 익화군이 '무자(無子)'라는 기록을 반증(反證)하는 자료라 할 수 있다. 아울러 익화군의 후손들이 개국공신의 후손으로 국가적 예우와 은전을 받았다는 사실을 직접적으로 증명해 주는 최초의 자료이기도 하다.

경화사 창건_1797년

선조(先祖) 혹은 선현의 신주(神主)나 영정(影幀)을 모셔 두고 연 수차에 걸쳐 제향을 행하는 장소가 사우(祠宇)이고, 사우의 제향 기능에 강학(講學)과 인재 양성의 기능이 더해지면 서원(書院)이 된다. 사우과 서원의 건립은 그들이 제향하는 인물과 혈연·지연·학연 등으로 밀접하게 연결된 자들에 의해 이루어지며, 이런 건립 주체의 대부분은 향촌사회에 강력한 재지기반(在地基盤)을 가진 사족집단이었다. 한편 사우나 서원이 건립 주체가 제향자(祭享者)의 후손들인 경우, 그 관념은 선조 숭배에서 비롯되었음은 물론이다. 또한 그 제향 대상은 동족(同族) 중의 저명인인 경우가 일반적이며, 건립 기금은 여러 문중이 합심하여 공동 출자의 형식으로 마련하였다. 이와 같은 서원과 사우에 대한 이해를 바탕으로 익화군을 모신 경화사(景和祠)에 대한 간단한 소개를 하면 다음과 같다.

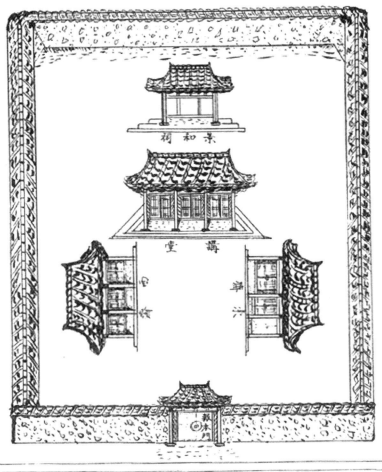

景和祠略圖

咸鏡南道北靑郡泥谷面仁洞里屹立峒

경화사 약도(익화김씨대동보 권1)

1) 니곡면(泥谷面) 인동리(仁洞里) 홀립동(屹立洞) 동오산록(東塢山麓)에 있는 이 서원은 일명 경화재(景和齋)라고도 하며 경내 충현사(忠賢祠)에는 조선조 개국일등공신인 익화군 김인찬을 주신(主神)으로 판한성부사(判漢城府事)이며 증영의정(贈領議政) 김종남(金從南)을 좌소(左昭) 상호군(上護軍) 김중보(金重寶)를 우목(右穆)으로 3세(世)를 합향하며 매년 3월 중정과 10월 1일에 봉사한다. 이 서원은 대원군의 서원철폐령으로 폐지되었다."

- 『북청군지(北靑郡誌)』 '경화사서원(景和祠書院)'

2) 대개 국가를 창건(創建)할 때에는 반드시 석보(碩輔)와 명경(名卿)의 높은 공훈(功勳)과 굳은 절개(節槪) 등 사적(事績)을 기록하고 정부(政府)가 종묘(宗廟)에 배향(配享)하여 오래 모시고 없어지지 않게 하고 또 고향이나 지나던 곳에 반드시 사당(祠堂)을 지어 봉사(奉祀)하는 것은 아름다운 풍속(風俗)이다. 북청(北靑)을 보면 동쪽에는 청해백 이지란(靑海伯 李之蘭)의 사당이 있고 북에는 익화군 김인찬(益和君 金仁贊)의 사당이 있어 서로 바라보며 빛나고 무궁하게 전하리라. 익화군은 조선 개국 공신(朝鮮 開國功臣)이요 판경조공 종남(判京兆公 從南)은 익화군 제4자로 태조를 보좌(補佐)한 사적이 소상(昭祥)히 서책(書冊)에 오르고 오래 송전(誦傳)되어 왔다. 판한성부사(判漢城府事) 공이 살던 북청 이곡의 옛터에는 아직도 그 사적(事蹟)이 남아있다. 목재(木材)를 사고 목수임금(木手賃金)을 주어 높은 사당(祠堂)을 세웠는데 나무를 끊어도 다듬지 않고 담장에 흙을 바르지 않았으나 감실(龕室)은 깊숙하여 엄연(儼然)하고 재실(齋室)은 조석으로 깨끗하게 청소(淸掃)하고 조상을 사모하여 춘추로 제사한다. 봉향(奉享)이란 대개 집에서 제사지내는 것으로 여러 선비들이 사모(思慕)와 흥감(興感)하기 때문이다. 또 재실(齋室)을 강학장소(講學場所)로 하니 청청(靑靑)한 도포(道袍)와 양양(洋洋)한 강독(講讀)은 왕성(旺盛)하여 한 마을의 표식(表式) 즉 모범(模範)이 되었으니 실로 양렬(襄烈)공의 사당과 더불어 아름답다. 나는 이 고을 원으로써 공경하는 바이다. 재생(齋生) 김항

순(金恒淳)이 나에게 글을 청하니 무졸(蕪拙)하다고 사양할 수 없어 글을 쓰고 이어 영시(咏詩)한다. 통정대부 북청군수 신림기(通政大夫 北靑郡守 申林記)

－『익화군 후예 김씨문중 대동보』'경화사기(景和祠記)', 257쪽

3) 그후 4백여년뒤 정사(丁巳)에 경화사(景和祠)를 창건하고 다음해 무오(戊午)년 1798년 여름에 여기 처음 봉안유식(奉安侑食)하였다. 또 재제실(齋祭室) 독서당(讀書當) 휴식처(休息處) 주방(廚房) 욕실(浴室) 창고(倉庫) 마구간(馬廐間) 정문(正門) 담장(墙垣) 등 다 완비(完備)하고 장래(將來)를 도모(圖謀)하여 오직 영원(永遠)히 보존(保存)하리라. 진실(眞實)로 근본(根本)을 숭상(崇尙)하고 덕(德)을 경모(景慕)하는 고충(苦衷)과 지성(至誠)이 아니면 또 어찌 이같이 하랴? 대개 김씨는 우리나라 큰성이며 그 예는 많으나 김해씨족을 지나지 못하고 또 김해씨족은 판한성공 후손보다 성하지 못하며 관북(關北)에 퍼져 사는 자손들이 무려(無慮) 수십만이다.

－『익화군 후예 김씨문중 대동보』'경화사창건(景和祠刱建)', 260쪽

이상의 자료를 토대로 경화사(景和祠)에 대한 연혁, 목적, 성격 등을 정리해 보자. 우선, 경화사(景和祠)가 창건된 시점은 1798년이다. 익화군을 제향하는 사우 중에서 가장 이른 시기에 창건된 것이라 할 수 있다. 둘째로, 익화군을 비롯하여 그의 4자인 종남(從南), 손자인 중보(重寶) 등 3세를 모신 점으로 미루어 그 창건주체는 익화군 후예 김해김씨 문중일 가능성이 매우 높다. 셋째로, 북청의 익화군 후예들이 이 경화사(景和祠)를 건립할 정도였다면, 고려후기 북청군 일대의 토호세력이었던 익화군 가계가 여전히 그곳의 유력한 사족세력으로 존재하고 있었음도 알 수 있다. 넷째로, 경화사(景和祠)는 제향(祭享)의 기능뿐만 아니라 강학(講學)의 기능까지 갖추고 있는 엄격히 말하자면 '경화서원(景和書院)'이라 할 수 있다. 다섯째로, 자료 3)의 김종남(金從南)의 후손들이 관북(關北)에 수십만 퍼져 있다는 '경화사창건(景和祠刱建)'의 기록은 매우 주

목되는 바로, 1798년 당시 익화군 후예들이 함경도 일대에 대성(大姓)을 이루고 살았음을 알 수 있다. 여섯째로, 역시 자료 3)의 '경화사창건(景和祠刱建)'의 내용을 통해 경화서원에는 강학당(講學堂), 동재(東齋)와 서재(西齋), 전사청(典祀廳, 제수를 준비하던 공간), 제기고(祭器庫), 고직사(庫直舍, 서원의 제반 업무를 보는 건물) 등을 갖춘 적지 않은 규모였음도 확인할 수 있다. 그러나 자료 2)의 '경화사기(景和祠記)'의 내용으로 미루어 그 외장과 장식은 매우 검박하였음을 알 수 있다. 마지막으로, 자료 2)의 '경화사기(景和祠記)'에서 북청의 동쪽에 이지란을 모신 사당이 있고, 북쪽에는 익화군을 모신 사당이 자리한다고 언급하고 있는데, 이를 통하여 익화군의 김해김씨 문중들이 북청군 북부에 세거하였을 개연성을 엿볼 수 있다. 더 나아가 익화군 선조들이 이주하여 정착하고 그들의 세력기반이 된 곳도 북청 북부였을 가능성도 제시할 수 있다. 즉 이지란 가계는 해안가를 그들의 거점으로 삼는 반면에, 익화군 가계는 북쪽 산록지대를 거점으로 경제활동을 하였을 것으로 추측된다.

순조, 의성 이곡 원당에 치제문을 내리다_1812년

조선시대 고위 관원이 죽으면 왕이 신하를 보내 제사를 지내게 하였는데, 이때에 쓰는 제문을 치제문(致祭文)이라고 한다. 순조 12년(1812) 충훈부(忠勳府, 조선시대 공신에 관한 사무를 관장하였던 관서)가 익화군의 사우에 내린 치제문을 소개하면 다음과 같다.

　致祭文
　一八一二년(嘉慶十七年, 純廟朝十二年 壬申) 七월 二十八일
　국왕(國王)이 신(臣) 예조좌랑(禮曹佐郞) 한석륜(韓錫倫)을 보내어 개국공신(開

國功臣) 익화군 김인찬(益和君 金仁贊)의 영전사(靈前)에 유지(有旨, 임금의 명령서)로 제사를 지내게 하노라. 성조(聖祖)가 성덕(聖德)이 있어 하늘에 응(應)하고 사람을 순종(順從)하게 하였네. 군영(群英, 여러영웅)이 때를 만나 영주(英主)를 섬겨 공명(功名)을 세웠네. 만년(萬年)의 홍업(洪業)이요 일대(一代)의 기훈(奇勳)이로다. 맹세는 영원토록 굳게 지키고 경회(慶會)는 풍운(風雲)과 같네. 황황(煌煌)한 인각(麟閣)이며 경명(卿名)이 十五로다. 진애(塵埃)는 옛날에 합하였고 신호(新號)가 더욱 화(和)하도다. 난(亂)을 두루한 동덕(同德)이요 한걸(漢傑)의 찬모(贊謀)로다. 본관(本貫)을 주어 장례(葬禮)를 비호하였으니 길이길이 아름다움을 도모하라. 아름답도다 이날이여 구갑(舊甲)이 팔회(八回)로다. 공경하는 생각 처음 드리우니 때로 어루만져 생각을 일으켜라. 남전(南殿, 南別殿 朝鮮朝 太祖 世祖 肅宗 英祖 純祖의 影幀을 모신 殿閣)을 사모함이 남았으니 맹부(盟府, 忠勳府)에 마음을 쓰네. 이정(彛鼎, 옛날 功臣의 이름을 제기에 새겨서 오래도록 傳하게 했음)의 새김이 지금도 있으니 종묘(宗廟)의 제사 때마다 잊지 않겠네. 세상에서도 그대의 공로(功勞)를 뽑았거늘 하물며 이해를 다함이랴. 예관(禮官)을 보내어 술을 권하니 융성(隆盛)할 때를 생각할지어다.

致祭文
純廟十二年中壬申七月二十八日
忠愍公 祠宇
維嘉慶十七年歲次壬申七月二十八日
國王遣臣禮曹佐郎韓錫倫諭祭于開國一等功臣益和君金仁贊之靈
聖祖龍興應天順人群英爲時附翼攀鱗萬年洪業一代奇勳盟堅帶礪慶會風雲煌
煌麟猗閣卿名十五塵埃舊契益和新號周亂同德漢傑贊謀 賜貫庇葬永圖爾休
猗歟是日舊甲八回恭惟叙垂拊時興懷南殿餘慕盟府馳想彛銘尙存彎鹵不忘世
選爾勞況當是歲俜官侑酌緬言盛際

익화군과 참판공을 배향하기 위한 이곡별사를 창건하다_1812년

익화군은 조선의 개국공신으로 10명의 아들을 두었고, 그리고 그 후손들은 조선 팔도에 산거(散居)하였다. 이에 그를 배향하고 그의 위훈(偉勳)을 기리는 사우가 여기저기에 건립되었다. 이들 중에서 가장 대표적인 사우가 익화군의 세거지에 건립된 경화사(景和祠)와 안동에 있는 근성서원(芹城書院)의 원훈사(元勳祠)이다. 이 원훈사의 전신이 이곡별사(尼谷別祠)인 바, 여기서는 이곡별사에 대하여 간단히 정리해보고자 한다. 우선 이곡별사와 관련된 자료이다.

1) 병산군(屛山洊)의 동쪽 해영(解寧)의 마을에 예전에 이곡별사(尼谷別祠)가 있었으니 익화군 충민 김공(益和君忠愍金公)과 고손 익성군 참판 김공의 신주를 섬겨 모(妥靈)신 곳이다. 대저 충민공(忠愍公)은 태조(聖祖)께서 왕위에 오르시(龍興)는 날에 임기응변하는 지모(機謀)로 협력하고 보좌(協贊)하여 능히 큰 공훈(大勳)을 이루고 나라의 큰 기초(鴻基)를 태산과 반석(盤泰)과 같이 굳건하게 정하고 훌륭한 명예(令名)를 역사(竹帛)에 드리었으니 어질지 못(不賢)하고서야 능히 잘 할 수가 있겠는가. 참판공(參判公)은 하늘이 빼어(天挺)낸 효성이 있어 잘 순종(孝順)하는 자질로써 가정(家庭)의 충성과 의리(忠義)의 가르침을 이어 받아 청명한 조정(淸朝)의 정치를 도와 다스리(佐理)어 공로를 이미 이루었으며 조정에 나아가서는 재상의 반열(台班)에 있어 지위가 이미 융숭하였다. 이에 태부(太傅)가 만족함을 아(知足)는 뜻을 상소한 방덕공(龐德公)이 편안하고 한가함을 남(遺安)긴 계략을 위하여 아들에게 명하여 "남쪽을 향하여 내려 가(南下)"라 하여 마침내 시골 선비(鄕儒)가 되게 하였으니 대개 또한 사람들이 하기 어려운 일(所難)이었다. 이로써 뛰어난 세상(曠世)의 아래에서 공변된 의론(公議)이 없어지지 않(不泯)고 뒤 서너칸(數架)의

사당(明宮)을 경영하여 세(營立)워서 제사를 지내(羹牆)어 사모(寓慕)하는 자리를 삼어 봄 가을(春秋)로 올리는 제사(裸將)가 아름다우며 하늘을 오르고 내리(陟降)는 영령이 성하고 아름다워(洋洋) 속세(塵利)의 보답 되기를 바랐(庶幾)거늘 운수가 말세(百六)를 만나 문적의 훼손(毁籍)이 빠르게 미치(旋及)고 창고의 기둥(倉楹)과 깎은 서까래(斲桷)가 쓰러지(顚倒)고 황폐(榛莽)하여 폐허(邱墟)를 한번 바라보(一望)면 기상(氣像)이 구슬프고 참혹(悽慘)하다. 모든 인사(人士)들의 동네 입구(洞門)를 지나 가(行過)는 자가 누가 깜짝 놀라서 방황(彷徨)하지 않겠는가. 이에 본손(本孫) 모모(某某) 등이 먼 곳과 가까운 곳(遠通)의 선비(章甫)로 더불어 의논하고 하나의 계(一稧)를 닦고 제 힘에 알맞(隨力)게 열심히 노력(拮据)하여서 하늘(昊天)이 회복되기를 기다렸음은 진실로 변하지 않는 충심(彝衷)을 그냥 말수가 없(不可已)었다. 80노인(老耋)으로써 듣고 가상하여 한마디 말(一言)을 책 머리(卷空)에 쓰노라. 정미년(丁未) 三월(暮春)에 전 금오랑(前金吾郎) 김도화(金道和)는 쓰노라.

- 『익화군 후예 김씨문중 대동보』 '이곡수계서(尼谷修稧序)'(1847년)

2) … (익화군의) 손자 익성군(益城君) 참판(參判) 휘(諱) 이갱(以鏗)이 뒤를 이어 개국공신의 기틀을 다지고 집안에는 효도로서 전하고 국가에는 충성으로 보답해서 높은 벼슬자리를 두루 거쳤다. 그러나 벼슬자리에 오래 있는 것을 좋아하지 않아 정승의 반열에 올랐으되 항상 벼슬자리에 오르기는 어렵고 물러나기는 쉽다는 생각을 품었다. 이에 자식과 더불어 먼 시골 안동(安東)으로 내려가 살았다. 은자(隱者)의 취향(趣向)을 시골 풍경에 마음부치고 농사일에 힘써가며 이를 흔쾌히 여기며 자연을 즐겼다. 공(公)과 같은 사람은 편안히 살면서도 위태로울 때를 생각하고 풍족함을 알아서 그칠 줄 아는 사람이 아니겠는가? 자손들이 멀리 고향에서 떨어져 타향에 붙어살며 매번 정처 없이 떠다니며 그리워하던 고향땅을 밟으며 조상 산소에 성묘하는 것을 생각하였으나 까마득히 천리 먼 곳이 되어 찾아가기가 어려웠다. 그리하여 몇 칸되는 사당을

병산(屛山, 안동 지방의 지명)의 이곡(尼谷)에다 세우고 양현(익화군과 익성군을 말함)의 신위를 모시는 장소로 만들었다. 제향을 올린 지 얼마 안되어 서기 1866년 병인(丙寅)에 대원군이 서원 철폐령을 내려서 제향을 올리던 곳이 곡식을 심는 땅이 되고 말았다.

- 『익화군 후예 김씨문중 대동보』 '근성서원중건기(芹城書院重建記), 1927년'

3) 전해오는 말을 들으니 영가(永嘉, 안동의 옛지명)의 남쪽 이곡은 옛날에 원훈사(元勳祠)가 있었으며 그곳은 익화군(益和君) 충민(忠愍) 김공(金公)과 익성군(益城君) 참판(參判) 김공(金公)을 제사지내던 곳이다. … 불행히 액운을 만나 이곡의 쓸쓸한 터에는 초목만 처참하니 길가는 사람이 슬퍼하지 않은 사람이 없고 눈물을 흘리니 ….

- 『익화군 후예 김씨문중 대동보』 '전조유림통고문(全朝儒林通告文), 1927년'

4) 원래 서원(書院)은 순조 12년(1812) 7월 28일 경북 비안군 외북면 계령리(慶北比安郡 外北面 階寧里, 지금의 慶北 義城郡 安平面 河寧里 麥尾谷)에 창건하여 미곡서원(尾谷書院)이라 하였으나 대원군 서원 철폐령에 따라 1868년에 폐원되었다.

- 『익화군 후예 김씨문중 대동보』, '근성서원(芹城書院) 복원(復元) 및 중수록(重修錄), 1995년'

이상의 자료를 정리하면 다음과 같다. 우선, 근성서원(芹城書院)의 전신인 미곡서원(尾谷書院)은 1812년에 창건되었음을 알 수 있다. 바로 앞의 장에서 다룬 '익화군 치제문'이 미곡서원의 창건과 동일한 1812년에 내려진 점은 위의 시점을 미곡서원의 개원 시기로 보는 본고의 입장을 더욱 입증해 준다. 다음으로 원래 미곡서원(尾谷書院)으로 시작한 것이 아니라 이곡(尼谷)지방에 설립한 별사(別祠)인 '원훈사(元勳祠)'란 사호(祠號)로 출발했음도 알 수 있으며, 이 원훈사는 경화사(景和祠)와 마찬가지로 강학 기능이 갖추어진 서원이었고, 그 이름이 미곡서원(尾谷書院)이었던 점도 확인할 수 있다. 마지막으로 미곡서원이 자리했던 곳은 지금의 경북 의성군 안평면 하녕리 맥미곡(慶北 義城郡 安平面 河寧里 麥尾谷)이었으며, 미곡서원의 훼철은 1866년 대원군의 서원철폐령에 따른 것이고 그 시기는 1868년일 가능성이 높다.

양근에 세거하는 익화군 후손에게 계하사목문이 등급되다_1843년

계하사목(啓下事目)이란 임금의 재가를 받은 공문서를 말하며, 계하공문(啓下公文) 혹은 계하문서(啓下文書)라고도 한다. 아래의 계하사목은 헌종 9년(1843) 충훈부(忠勳府)에서 왕의 윤허를 받아 양근(楊根)에 사는 개국공신 김인찬(金仁贊)의 후손들에게 내린 것이다.

> 충훈부(忠勳府)에서 등본(謄本)하여 준 사절(事節)
> 왕이 충훈부에 하교(下敎)하신 사목에 조선개국(朝鮮開國)부터 양무(楊武) 22공신에 이르기까지 정훈(正勳) 자손은 각각 2년마다 단자(單子)를 받아 세계(世系)를 수정(修正) 하여 두고 종부시(宗簿寺)의 선원록(璿源錄)을 수정하고 돈녕부(敦寧府)의 족보를 수정함은 물론 대수원근 선파훈예(璿派勳裔) 모든 단자를 받아 세계를 수정하고 비록 천백 대라도 폐지 못하는 것은 태산과 황하가 숫돌과 띠가 되도록 자손이 복을 오래 이어받아 같이 누리고 국조(國朝)와 더불어 같이 시종(始終) 할 뜻으로 서문(誓文)을 작성하여 천지에 제고(祭告)하고 기린각(麒麟閣)에 안장(安藏)하니 이에 조종조(祖宗朝)의 법이 금석(金石)같이 굳거늘 외읍향소 색리배(外邑鄉所 色吏輩)가 법례(法例)의 중함을 모르고 정훈(正勳) 자손이 적은 혐의만 있으면 크게 탈잡아 본관(本官)을 속여 고하고 수단할 수 없는

뜻으로 본부(本府)에 논보(論報)하여 선음(先蔭)을 끊게하고 천역(賤役)에 빠져들게 하니 법의 본뜻이 아니다. 이후 만약에 전과 같은 폐단이 있거든 당해(當該) 수령(守令)을 파직하고 향소색리는 형벌로 다스려 징계(懲戒)하라 하시다.

一. 외읍(外邑) 공신자손의 세계단자는 그 지방관부터 서명날인하고 3향소가 서명하여 상송하는 것은 법과 사실이 아니고 우연(偶然)한 것이다. 근래(近來) 본읍에서 수단상소시 그 정훈자손임을 똑똑하게 알면서 당읍 색배가 국법을 준수하지 않고 군역을 맡기고 심지어 일찍이 국가의 덕을 입은 전관(前官)이 재주부려 탈역자로 돌려 타역에 충정하니 남은 훈예(勳裔)들은 안도(安堵)하지 못하고 경상(景像)이 불쌍하다.

본부는 사목을 낱낱이 들어 행관(行關)이 침역(侵役)하지 말라 한즉 해당 읍수령이 무심코 거행하였으나 이후부터는 더 엄히 다스릴 것이니 그 관수령이 수단 상송한 것이 신역을 혼침(混侵)하거든 당해 지방관은 사목에 의하여 파직하고 본부행관이 이를 지키지 않고 거행하드라도 본도수신(帥臣)도 또한 불능검칙(不能檢飭)한 책임(責任)을 면하기 어렵고 종중추고(從重推考)하고 그 읍 좌수색리는 각별히 중치(重治)하라.

一. 충의위(忠義衛)에 구전인(口傳人)이 "전(前)에 신역(身役)을 정하면 관(官)이 대정(代定)하고 탈하(頉下)한다."고 하오며 연호잡역(烟戶雜役)은 물침(勿侵)하라는 사실은 전후사목과 신칙에 지극히 엄중하옵거늘 이행하지 않고 국가우휼(國家優恤)의 뜻을 지켜 거행하지 못한 사실은 지극히 미안하다.

임술년(壬戌年) 1802년 겨울 정탈시(定頉時) 순조대왕께서 우휼훈공 자손은 특별히 후중(厚重)하게 하라고 하교하시고 조목들어 신칙하시옵고 정묘(丁卯)년 1807년 충훈부에 거동하신때 대신으로 진달하니 정훈자손은 법에 의해 군역에 참역못하게 하되 태만하여 법령을 지키지 않는 수령은 나문정죄(拿問定罪) 하라고 탑전하교(榻前下敎) 하셨다. 하교신칙이 다른 사목사실과 같이 더욱 중하니 이후 각 읍이 전습(前習)을 다시 그대로 하고 전역을 그대로 두거나 군역을 갱침

(更侵)하거든 도신(道臣)수신(帥臣)은 사목에 의하여 중하게 추고(推考)하고 수령은 판하사의(判下辭意)에 의하여 나문정죄하고 향소색리는 형벌로 다스려 정배하라.

헌종(憲宗) 9년(一八四三) 1월 1일

도광(道光) 23年 正月初 1日

행도승지(行都承旨) 신(臣) 성수묵(成遂默) 차지(次知) 헌종윤허 판하후(判下後) 경외(京外) 각 읍에 반포(頒布)하였다. 금차(今此) 경기(京畿) 양근거(楊根居) 충의위(忠義衛) 김돌금(金乭金) 등은 곧 태조 좌명공신 익화군(益和君) 김인찬(金仁贊)의 자손이다. 그 선조의 많은 공훈과 위대한 충열은 기린각에 소상히 기재하고 그 자손은 세세 수록하고 유서(宥恕)와 영세교지가 아롱아롱 빛나 단서철권(丹書鐵券) 즉 녹권(錄券)에 나타나고 있다. 그 어떤 읍은 법뜻을 모르고 군관교원생(軍官校院生), 기패관(旗牌官), 군보(軍保), 천역(賤役) 및 연호잡역(烟戶雜役)에 혼침(混侵)한 폐단도 있었다.

계하사목(啓下事目)을 이같이 등급(謄給)하는 것이니 이로써 지방관(地方官)에 증빙참고(證憑參考)케 하며 본관(本官) 만이라도 이같이 알고 받들어 심사(審査)하여 시행할 의당자(宜當者)는 우하충의위(右下忠義衛)

김돌금(金乭金) 김장손(金長孫) 김여손(金汝孫) 김필손(金必孫) 김재손(金再孫) 김차손(金次孫) 김천손(金千孫) 김운손(金雲孫) 김장손(金將孫) 김인득(金仁得) 김와달(金臥達) 김종문(金宗文) 김순옥(金順玉) 김오지(金惡只) 등차준(等此准)

도광(道光) 23년 정월(正月)   일

등급(謄給) 충훈부(忠勳府)

위 사목(事目)을 통하여 양근 지방에 익화군의 후손들이 여전히 세거(世居)하고 있었음을 알 수 있다. 또한 그들이 군역(軍役)이나 잡역(雜役)에 부당(不

當)하게 동원되어 고역(苦役)을 치루었던 사실과 그것을 시정(是正)하려는 국가적 조치가 이루어지고 있음도 알 수 있다. 아울러 김돌금(金乬金) 등 익화군의 후손들은 음직(蔭職)으로 충의위(忠義衛) 소속이었음도 알 수 있다.

참고로 충의위(忠義衛)에 대해서는 "조선 시대의 중앙군인 5위(衛)의 충좌위(忠佐衛)에 소속되었던 양반 특수 병종으로, 세종 즉위년(1418)에 설치되어 개국(開國)·정사(定社)·좌명(佐命)의 3공신의 자손들이 주로 입속 대상이 되었으며 뒤에 그 범위가 넓혀져 중자(衆子)·중손(衆孫)과 적자손(嫡子孫)이 없을 경우에는 첩(妾) 자손도 포함될 수 있었다. 그리고 그 정액(定額)은 규정되지 않았고, 이들을 위하여 종4품 이하의 체아직(遞兒職) 53과(窠)가 마련되어 있었으며 거관(去官)은 종4품이었는데 계속 복무하고자 하는 자는 정3품에 그치도록 되어있었고 보(保)는 없었다."라고 사전적 정리가 되어있다.(『한국고전용어사전』 '충의위(忠義衛)')

회양에 거주하는 익화군의 후손에게
계하사목문이 등급되다_1885년

고종 11년(1885년)에도 익화군 후손에 대한 부당한 군역과 부역을 면제하라는 충훈부(忠勳府)의 계하사목(啓下事目)이 내려지는데 그 역문은 다음과 같다.

충훈부(忠勳府)에서 등급(謄及)한 사실 개국공신 익화군손
왕이 충훈부에 하교(下教)하신 사목에 조선개국(朝鮮開國)부터 양무(揚武) 22공신에 이르기까지 정훈(正勳) 자손은 각각 2년마다 단자(單子)를 받아 세계(世系)를 수정하여 두고 종친부(宗親府)의 선록(璿錄)과 돈녕부(敦寧府)의 족보(族譜)를 수정(修正)함은 물론 대수원근(代數遠近)과 선파훈예(璿派勳裔) 모든 단자를

받아 세계를 수정하고 비록 천백대라도 폐지 못하는 것은 태산과 황하가 숫돌과 띠가 되도록 자손들이 복을 오래 이어 받아 국조(國祖)와 더불어 같이 시종(始終)할 뜻으로 서문(誓文)을 지어 천지에 고제(告祭)하고 기린각(麒麟閣)에 안장(安藏)하니 이에 조종(祖宗) 법령이 금석(金石) 같이 굳거늘 외읍향소 색리배(外邑鄕所 色吏輩)가 법례(法例)의 중함을 모르고 정훈(正勳) 자손이 조그마한 혐의(嫌疑)만 있어도 크게 탈(頉)을 잡아 본관(本官)을 속여 고하고 수단할 수 없는 뜻으로 본부(本府)에 논보(論報)하여 그 선음(先蔭)을 끊게 하고 천역(賤役)에 빠져들게 하니 법의 본 뜻과 다르다. 이후 만약에 전과 같은 폐단이 있거든 해당(該當) 수령(守令)을 파직(罷職)하고 향소색리는 법으로 다스려 징계(懲戒)하라.

一, 외읍(外邑) 공신자손의 세계단자는 그 지방관부터 서명날인 하고 3향소가 서명하여 상송하는 것은 법의 본 뜻이 아니고 우연(偶然)한 것이다. 근래(近來) 본읍에서 수단상송은 그 정훈 자손임을 똑똑하게 알면서 당급 색리배가 국법을 지키지 않고 군역을 맡기고 심지어 일찍이 국가의 덕을 입은 전관(前官)이 재주를 부려 탈역자로 돌려 다시 타역에 충당하니 훈예(勳裔)들은 안도(安堵)하지 못하고 그 처지가 불쌍하다.

본부는 사목을 낱낱이 들어 행관(行關)이 침역(侵役)하지 말라 한즉 해당읍 수령이 무심코 거행하나 이후부터는 더 엄칙(嚴飭)하니 그 수령이 수단상송한 것이 신역을 혼침(渾侵)하였거든 해당 수령은 사목에 의하여 파직하고 본부행관이 지키지 않고 거행한 즉 본도 수신(帥臣)도 불능검칙(不能檢飭)한 책임을 면하기 어렵고 종중(從重)하여 추고(推考)하고 그 읍 좌수(座首)와 색리(色吏)는 엄치(嚴治)하라.

一, 충의위(忠義衛)에 구전인(口傳人)이 "전(前)에 신역(身役)을 정하면 관(官)이 대정(代定)하고 탈하(頉下)한다"고 하오면 연호잡역(烟戶雜役)은 물침(勿侵)하라는 사실은 전후 사목과 신칙에 지극히 엄중하거늘 이행하지 않고 국가우휼(國家優恤)의 뜻을 지켜 거행하지 못한 사실은 지극히 미안하다.

임술년(壬戌年) 1802년 겨울 정탈시(定奪時)

왕께서 우휼훈공(優恤勳功) 자손은 특별히 후중(厚重)하게 하라고 조목들어 신칙하시옵고 정묘(丁卯)년 1807년 충훈부(忠勳府)에 거동하시었을 때 대신이 진달하니 정훈자손은 법에 의해 군역에 침역못하게 하되 태만하여 법령을 지키지 않는 수령은 나문정죄(拿問定罪) 하라고 탑전하교(榻前下敎) 하셨다. 하교신칙이 다른 사목 사실과 같이 더욱 중하니 이후 각 읍이 전습(前習)을 다시 그대로 하고 전역을 그대로 두거나 군역을 침역하거든 도신(道臣) 수신(帥臣)은 사목에 의하여 중하게 추고(推考)하고 수령은 판하(判下)하신 말씀에 의하여 나문정죄하고 향소와 색리는 형벌로 다스려 정배하라 하셨다.

고종 22년(1885년) 12월 1일

광서(光緒) 11年 12月 1日

좌승지(左承旨) 신(臣) 이정래(李正來)

고종윤사(高宗允事) 판하후(判下後) 경외각읍(京外各邑)에 반포(頒布) 하였다.

현재(現在) 강원도 회양(淮陽) 수입면(水入面) 거주(居住) 김기엽(金基燁)은 곧 익화군(益和君)의 후손이다. 익화군의 많은 훈공(勳功)과 위대한 충열(忠烈)은 기린각에 소상히 기재하고 그 자손은 세세 수록하고 유서(宥恕)와 영세교지(永世敎旨)가 아롱아롱 빛나는 단서철권(丹書鐵券) 즉 녹권(錄券)에 나타나고 있다. 그 어떤 읍은 법의 본 뜻을 모르고 군관교 원생(軍官校 院生), 기패관(旗牌官), 군보(軍保), 천역(賤役) 및 연호잡역(烟戶雜役)에 혼침(混侵)한 폐단(弊端)이라도 있었다.

계하사목(啓下事目)을 이같이 등급(謄給)하는 것이니 이것으로써 지방관(地方官)에게 증빙참고케 하며 본관만이라도 이같이 알고 봉심시행(奉審施行) 할 의당자(宜當者)는

우하훈예(右下勳裔) 김기엽(金基燁)

등급4촌등(謄給四寸等) 차준(此准)

고종(高宗) 22년(1885년) 12월 1일

광서(光緒) 11年 12月 1日

堂 上

이 문서에서 계하사목의 기본적인 내용은 1843년에 양근 거주 김돌금(金乭金) 등 익화군 후손들에게 내려진 것과 거의 동일하다. 그러나 이번의 대상은 강원도 회양군(淮陽郡) 수입면(水入面)에 거주하는 김기엽(金基燁)과 그의 사촌(四寸)들이라는 차이가 있다. 아울러 김기엽의 관위(官位)가 적혀 있지 않는 점에서도 차이를 보인다.

이성계, 이지란, 김인찬을 배향할 수 있는 사우 건립을 청원_1901년

1901년 익화군(益和君)의 후손들이 중심이 되어 소도원결의(小桃園結義)로 조선개국을 이끈 주역 3인 즉 이성계, 이지란, 김인찬을 추모할 수 있는 사우(祠宇) 건립을 왕실 재산을 관리하던 내장원(內藏院)에 청원한 기록이 현재 서울대 규장각에 남아있다. 그 원문은 다음과 같다. 번역은 생략하고 그 대의(大義)만 원문 다음에 정리한다.

請願書

咸鏡南道北靑郡居前正言李在祐等

欽惟我(삼가 생각하건대)

太祖高皇帝 創業時에 靑海 李之蘭과 益和君 金仁賛으로 結義兄弟하샤 契合風雲하야 密勿際遇가 逈出千古이온바 時則有若完豊君하야 以藝祖同氣之親

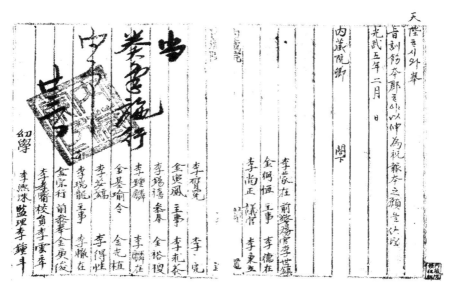

삼의사 건립 청원서

으로 迭唱壎篪하고 翊贊謨猷하야 化家爲國하야 垂裕後昆하시니 此乃三姓之

中始祖 而惟玆北靑은 爲子孫世居之鄕이라 洽爲四千餘人이 仰慕其先祖忠君

之誼하야 合設一禊가 歷有年所矣러니 甲子以後로 每歲 萬壽聖節과 千秋慶

節에 三姓子孫이 會于本郡 璿源閣修契하고 仰祝千萬世壽하오니 盖其追慕

先祖之義와 祈祝皇上之誠이 亶出於秉彛之所同得 而設壇爲祝之地建祀合祀

之所을 尙無定處하와 未得與一郡齊會而適 玆郡城之東에 舊有澄心亭하니 卽

是多士居棲之所 而山明地靈하고 堂宇尙存하니 若於此地에 設壇爲祝則可獻

岡陵之壽하고 庶仰葵藿之忱 而衆議僉同이온바 敢此請願하오니 將此轉 禀

天陛하시와 奉旨訓飭하야 以伸爲祝報本之願을 伏望

光武五年(1901년) 二月 日

內藏院卿 閣下

이 청원서에서는 북청에 세거하는 전주이씨(全州李氏), 청해이씨(淸海李氏), 김해김씨(金海金氏) 3성(姓)의 후손들이 이성계, 이지란, 김인찬 3인의 형제결의를 추모하고 그들을 배향하여 왔으나, 많은 사람을 수용할 수 있는 사우가 없어 곤란한 지경인 바, 이에 군의 동쪽에 있는 징심정(澄心亭)의 당우(堂宇)를 세 분을 모시는 사우로 이용할 수 있도록 청원하고 있다. 한편 이 청원서를 통하여 이성계를 대신하여 전주이씨들은 이성계의 이복형인 원풍대군(完豊大君) 이원계(李元桂)를 배향한 사실, 1901년 청원(請願) 이전의 갑자(甲子)년부터 북청군의 선원각수계(璿源閣修契)를 계기로 세 분에 대한 추모와 배향을 고종 황제의 생일인 만수성절(萬壽聖節. 음력 7월 25일)과 황태자의 생일인 천추경절(千秋慶節, 음력 2월 8일)에 매년 실시한 사실, 후술할 삼의사(三義祠)는 징심정(澄心亭)과 그 당우를 사우로 고친 것이라는 사실 등을 확인할 수 있다.

북청에 삼의사 건립_1901년

1901년 삼의사가 건립된다. 1901년 소도원결의를 맺은 이성계, 이지란, 김인찬의 후손들이 사우 건립을 내장원(內藏院)에 청원한 사실을 감안할 때, 삼의사(三義祠)의 창건은 상기 청원에 따른 결과라고 판단된다. 삼의사에 대한 개략적 설명은 다음과 같다.

삼의사(三義祠)는 1901년(光武 5) 고종황제의 황명으로 북청읍(北青邑) 동리(東里) 동덕산(同德山) 기슭에 창건되었다. 이 삼의사는 이성계(1335-1408), 이지란(1331-1402), 김인찬(1336-1392)의 도원결의(桃園結義) 3형제를 추모하는 사우(祠宇)로 전주이씨(全州李氏), 청해이씨(清海李氏), 김해김씨(金海金氏) 3성(姓)의 선조 위패를 봉안하고 북청에 입북한 3(姓)의 후손들이 매년 춘추 3월과 9월 초정(初丁, 첫 번째 丁日)에 향사(享祀)하며 도원결의한 선조의 의리를 추모하고 친목을 도모한다. 고려말 이성계가 개강(价江, 穩城의 두만강 강변)의 정장(亭長, 향촌의 우두머리)으로 있을 때 우연히 동여진 건주(建州)의 천호(千戶)였던 이지란(李之蘭)을 상봉하여 의기상통(意氣相通)하여 두 사람이 결의형제를 맺었다. 그후 이성계, 이지란이 1383년 8월 여진장(女眞將) 호발도(胡拔都)의 내침(來侵)을 격퇴하고 동북면에서 개선도중 안변(安邊)에 이르니 들비둘기 두 마리가 밭 가운데 뽕나무에 모여 있는지라 태조가 활을 쏘니 한번에 비둘기 두 마리가 함께 떨어졌다. 길가에서 김을 매다가 이 광경을 본 안변부사 김존일의 아들 김인찬이 이를 격찬한 동기로 서로 알게 되어 세 사람은 마침내 석왕사(釋王寺) 앞에서 도원결의하여 의형제를 맺기에 이르렀다. 이리하여 이 삼의사에는 다음 3위의 위패를 봉안하고 있다. 그것은 전주이씨 원풍대군 이원계(完豊大君 李元桂), 청해이씨(清海李氏) 청해백 이지란(青海伯 李之蘭), 김해김씨(金海金氏) 익화군 김인찬(益和君 金仁贊)이 3인이다. 다만 이원계는 결의형제한 이성계가 군왕이 되었으므로 군신君臣을 동열(同列)로 배열할 수 없기에 이성계의 백씨(伯氏, 이복형)를 태조 대신 배향하였다. 삼의사에는 이 사우의 건립에 공(功)이 컸던 남병사(南兵使) 이용익(李容翊)의 영정도 봉안되어 있다.

- 『북청군지(北靑郡誌)』 '삼의사(三義祠)' / 『익화김씨 대동보』 1975, 155쪽

여기서 삼의사(三義祠)가 1901년(光武 5) 고종황제의 황명(皇命)으로 건립되었고, 그 위치가 북청읍(北靑邑) 동리(東里) 동덕산(同德山) 기슭이라는 언급은, 청원서가 1901년에 내장원에 접수되었다는 사실과 삼의사의 전신인 징심정(澄心亭)의 위치가 '자군성지동(玆郡城之東)에 구유징심정(舊有澄心亭)하니…'라는 기록과 일치함을 확인할 수 있다. 또한 군왕인 이성계와 신하인 이지란, 김인찬을 동열로 배향할 수 없다는 이유로 이성계 대신에 그의 이복형인 원풍대군 이원계(完豊大君 李元桂)를 태조 대신으로 모시게 되었다는 기록은 흥미롭다. 아울러 사우의 건립에 큰 도움을 준 남병사(南兵使, 원명은 南道兵馬節度使로 함경도의 北靑 南兵營에 주재함) 이용익(李容翊)의 영정도 봉안한 사실은 새롭다. 어쨌든 삼의사에 대한 설명을 통하여 이성계, 이지란, 김인찬이 의형제를 맺은 사실, 형제결의의 장소가 석왕사라는 사실, 이 시점이 1383년이라는 사실을 재차 확인할 수 있다.

그런데 『북청군지』 등에서 이지란이 고려에 내투(來投)하기 이전 동여진 건주(建州)의 천호(千戶)였다고 말하고 있으나, 이지란은 충혜왕 원년(1331년) 북청에서 출생하여 공민왕 20년(1371년)에 내투(來投)하기까지 근 40년간을 줄곧 북청에서 살았고, 내투할 당시 천호(千戶)의 직을 가졌던 것도 아니었다.(서병국, 1971, 148쪽)

근성서원·원훈사 복원과 중수_1926년, 1994년

전술했듯이 1812년 익화군과 익성군을 봉사하기 위한 '이곡별사'가 경북 의성군 안평면 하녕리 맥미곡에 최초로 세워졌고, 1847년 미곡서원으로 개칭되어 강학과 배향의 기능을 유지하다 1866년 대원군의 서원철폐령에 의하여 훼철된다. 그 뒤 1926년 현재의 경북 안동시 일직면 조탑리 361번지에 새롭게 창건한 것이 여기서 소개할 근성서원이다. 이곳에서는 김인찬(金仁贊)과 김이갱(金以鏗)을 배향하며 매년 3월과 9월 초정일에 향사하고 있다.

원훈사에 고조이신 익화군과 함께 배향된 김이갱은 성종조(成宗朝)에 좌리공신(佐理功臣)에 책록(冊錄)되었던 인물로 그에 대한 사적은 『익화군 후예 김씨문중 대동보』 315-316쪽에 정리되어 있다.

> 공(公)의 휘(諱)는 이갱(以鏗)이요 자(字)는 달문(達聞)이다. 고조(高祖) 휘(諱) 인찬공(仁贊公)은 … 증조(曾祖) 휘(諱) 귀룡공(貴龍公)은 상장군(上將軍) 의금부사(義禁府事) 세습(世襲) 영화군(寧和君)하고 조고(祖考) 휘(諱) 영수공(永壽公)은 가선대부(嘉善大夫) 호조참판(戶曹參判)이요 고(考) 휘(諱) 효충공(孝忠公)은 호조참판(戶曹參判) 의금부사(義禁府事)이다. 공(公)은 천성(天性)이 총명(聰明)하고 면학(勉學)하여 문과급제(文科及第)하고 출사(出仕)하여 호조참판(戶曹參判) 의금부사(義禁府事)에 오르고 세습(世襲)익화군(益城君)하시니 종문(宗門)이 빛났다. 배(配)는 달성서씨(達成徐氏) 묘(墓)는 선영하(先塋下) 합부(合祔)이나 실전(失傳)하다.

또한 근성서원(芹城書院) 중건기(重建記)에는 다음과 같은 언급도 있다.

> (익화군의) 어진손자 익성군(益城君) 참판(參判) 휘(諱) 이갱(以鏗) 공(公)이 뒤를

근성서원 원경

근성서원 강당

근성성원 원훈사

근성서원 원훈사 제단과 진설

이어 개국조선(開國朝鮮)의 기틀을 다지고 집안에는 효도로서 전하고 국가에는 충성으로 보답해서 높은 벼슬자리를 두루 거쳤다. 그러나 벼슬자리에 오래 있는 것을 좋아하지 않아 정승의 반열에 올랐으나 항상 벼슬 자리에 오르기는 어렵고 물러나기 쉽다는 생각을 품었다. 이에 자식과 더불어 먼 시골 안동(安東)으로 내려가서 살았다. 은자(隱者)의 취향(趣向)을 시골 풍경(風景)에 마음 부치고 농사일에 힘써가며 이를 흔쾌(欣快)히 여기며 자연을 즐겼다. 공과 같은 사람은 편안히 살면서도 위태로울 때를 생각하고 족(足)함을 알아서 그칠 줄을 아는 사람이 아니겠는가?　　　　　　　　　　　　－『익화군 후예 김씨문중 대동보』, 242쪽

　근성서원(芹城書院)의 건물은 크게 강당과 사우로 이루어져 있으며, 담장 밖에 전사청(典祀廳)이 따로 마련되어 있다. 외삼문(外三門)에 해당되는 정문은 1칸으로 이루어진 평대문으로 '구도문(求道門)'이란 현판이 걸려 있다. 강당은 정면 4칸 측면 2칸의 홑처마 팔작지붕건물이다. 중앙의 대청마루는 강학공간으로 좌우의 방은 동재와 서재의 기능을 하였다. 정면에는 '근성서원(芹城書院)', 대청마루 북쪽에는 '숭의당(崇義堂)', 동쪽방에는 '낙선재(樂善齋)', 서쪽방에는 '양직재(養直齋)'라는 현판이 걸려있다. 건물 정면의 좌우방 앞쪽으로 아궁이가 노출되어 있는 점이 특이하다. 사당은 상당한 고저차를 두고 강당 뒤편에 위치한다. 사당으로 통하는 문은 강당의 정문과는 달리 삼문이나 솟을삼문이 아니라 평삼문이다. 사당건물은 맞배지붕의 정면 3칸 측면 1칸의 규모로 퇴칸은 별도로 두지 않았으나, 겹처마이며 방풍판을 설치했다. 혼령이 머무는 곳인 까닭에 정면창호를 판문(板門)으로 하였다. 다만 통풍을 위하여 측면에 작은 창호를 두었다. 사당의 현판은 원훈사(元勳祠)이다. 사당 측면에 불을 밝힐 수 있는 등료대(燈燎臺)가 있어 주목된다.
　근성서원에는 중건기 등 관련자료가 남아있다. 주요 내용만 간추려 소개하

면 다음과 같다.

1) … 서기 1922년 봄에 후손들과 원근(遠近)의 유학자(儒學者)들이 약간의 재
물을 모으고 힘을 다하여 열심히 일하여 복구(復舊)를 도모하였는데 3년 뒤
1924년에 이르러 다시 여러 문중 사람들이 모여 의논하기를 "진실로 계(契)의
자금을 오랫동안 이자(利子) 주기를 기다린다면 이것은 황하(黃河)가 맑기를
기다리는 것과 같으니 사람들이 이를 도모(圖謀)하는 데는 재물이 없음을 근
심하지 말고 오직 정성이 없음을 걱정할 것이니 정성이 지극하다면 가히 쇠와
돌도 뚫을 수 있다고 하는데 어찌 토목공사가 어렵다고 할 것인가?" 하니 모두
말하기를 "그렇다" 하였다. 이리하여 저축하고 재목을 모으며 기와를 굽고 땅
을 닦아 날을 잡아 계획을 세워 바로 현재의 일직면(一直面) 조탑리(造塔里)
에 옮겨지었다. 먼저 사당을 짓고 강당(講堂)을 후일에 지으니 사당은 여섯 칸
이요 그밖에 부속 건물을 지어서 절하고 읍하며 주선(周旋)하는 자리를 넉넉
하게 하였다. 재실은 여덟 칸으로 그 안에 마루를 놓아서 재계(齋戒)하게 하고
편히 쉬도록 하였다. 그 후손으로 남쪽에 흩어져 산 사람이 얼마 되지 않고
대다수가 가난하게 농사를 지으며 살았다. 그러나 돈과 곡식을 모으는 데 양
(量)과 힘을 다하여 한정(限定)을 두지 않고 흙을 지고 부역을 하는 데 오직
일을 마치기만 기약하니 손과 발에 못이 박혔으나 그 고생을 알지 못하였고
피땀을 흘리며 일하였으나 조그마한 사심도 없었다. 한마음으로 어깨를 나란
히 하여 3년 이상에 걸려 공사를 완성하니 이에 1926년 10월과 11월 사이에
날을 가려 낙성을 고(告)하였다.
- 『익화군 후예 김씨문중 대동보』 '근성서원중건기(芹城書院重建記)', 244-245쪽
2) 이곡(尼谷)의 쓸쓸한 터에는 초목(草木)만 처참(悽慘)하니 길가는 사람이 슬
퍼하지 않는 사람이 없고 눈물 흘리니 이에 본손(本孫)과 원근(遠近) 선비들의
논의(論議)하여 자금(資金)과 정성을 들여 길지(吉地)로 옮겨 지음에 수동(數

棟)의 사옥(祠屋)을 경영하여 완성하고 다시 양공(兩公, 익화군과 익성군)을 제사 지내게 되었으니 원호(院號)는 근성(芹城)이고 사액(祠額)은 원훈(元勳)이며 낙선(樂善) 양직(養直)은 동서의 두 재실(齋室)이라 당(堂)은 숭의(崇義)이고 문(門)은 구도(求道)라고 하니…

- 『익화군 후예 김씨문중 대동보』, '조선전국유림(朝鮮全國儒林)에게 보내는 통지문(通知文)', 251-252쪽

3) 서원은 점차 노후화 되어 사당협문과 답장은 무너지고 강당은 비가 샐 정도였으나 재원이 많이 들어 자손들이 보수할 엄두를 내지 못하고 애태우던 중 19대손 이섭(理燮)이가 1991년 12월 안동군에 문화재신청(文化財申請)을 냈으나 1992년 4월 28일 문화재지정(文化財指定) 부결(否決) 통보(通報)를 받았다. 1992년 5월에 93년도 예산에 서원(書院) 보수비(補修費)를 책정해 주도록 안동군에 요청한바 1992년 11월 20일 군부담(郡負擔) 2000만원 자부담(自負擔) 200만원 문화재 보수비 예산확정을 통보해 왔으며 1993년 9월 15일 '사당협문개축 사당후면담장 57m 보수 현존과 동일 규격 구조 양식으로 개보수한다'라고 보수(補修) 사업내용을 통보해 왔으며 94년 4월에 협문 및 담장 개보수를 완료했다. 1994년 6월경 강당 기와 개체(改替) 등을 경상북도에 협의하여 94년도 추가예산에 보수비 5천만원 책정해 주기를 요청한바 추가예산(追加豫算)에 반영되어 1994년 6월 강당기와 개체, 벽체 완전 개체(改替), 원훈사에서부터의 수로공사(水路工事) 등을 완료했다.

- 『익화군 후예 김씨문중 대동보』, '근성서원 복원 및 중수록', 254-255쪽

이상에서 근성서원(芹城書院)에 대한 중건은 1922년부터 기금을 모으기 시작하여 1924년부터 본격적으로 사업이 추진되어 1926년에 낙성식을 거행한 사실, 사당의 규모가 6칸이며 이와는 별도로 8칸 규모의 재실이 있었던 점, 후손들이 뜻을 모으고 힘을 합해서 준공에 이르게 된 점, 현재 강당, 사당 등의

이름이 1926년의 당시 그대로인 점 등을 알 수 있다. 아울러 1990년대 초반 건물이 노후화되자, 19대손 김이섭을 중심으로 안동군에 보수를 요청하여 1994년에 사당 협문의 개축, 사당후면의 담장 보수, 강당 기와의 보수 등이 이루어졌음도 알 수 있다. 그 이후 개보수에 대해서는 여기서는 생략한다. 어쨌든 이 근성서원은 익화군을 배향하는 서원으로 현존 유일하다. 앞으로 보존 방안과 활용방안을 강구해야 할 듯하다.

『익화김씨대동보(을묘보)』 발간_1975년 12월 31일

익화군 후손의 종중이 개별적으로 편찬해 온 각각의 구보(舊譜)들을 종합하고, 불완전한 부분을 최대한 보완한 대동보인 『익화김씨대동보』가 1975년에 발간된다. 이 대동보는 종문(宗門) 역사의 새 장을 연 성과물이라 할 수 있으며, 종친통합의 계기를 마련한 결과물이라 할 수 있다. 또한 이 대동보에서는 정사(正史)는 물론 야사(野史)나 아직 향간(鄕間)에 남아있는 고담(古譚)들까지 최대한 수집(蒐集)하고 그것들을 면밀히 검토했을 뿐만 아니라 문헌의 왜곡된 부분을 시정코자 노력한 흔적이 확인된다. 이에 익화군 후예 김씨문중의 역사를 정선하여 종합적으로 수록한 최초의 기록물이라 할 수 있다.

　이 대동보의 발간 배경에 대해서는 익화군 18세손 김용모(金容模)의 서문 (序文, 36쪽)에 개략적으로 정리되어 있다.

　　일월(日月)같이 뚜렷한 그 어른의 성혈(聖血)을 이어받은 우리 후손들은 이조당 파(李朝黨派)의 암운(暗雲) 속에서 헤어져 살아온지 오십여년이 되나 이제 다시 만나고 보니 그 수효(數爻)는 수십만이 넘지만 서로가 본관(本貫)을 달리하고 있으니 이 어찌 슬픈 일이 아니겠는가. 이제 각기(各己) 쓰고 있는 본관 네

가지, 즉 김해(金海) 경주(慶州) 김녕(金寧) 양근(楊根)을 통합(統合)하여 익화
김씨(益和金氏)로 시관(始貫)하고 이 대동보(大同譜)를 편찬(編纂)하게 됨은 실
로 선조의 신우(神佑)로써 다행한 일이라 아니할 수 없다. 이 한질(一帙)의 족
보(族譜)를 발간함에 있어 당초(當初)부터 세가지가 결여되었으니 첫째는 조직
이 없었던 것이고 둘째는 자금이 없었고 셋째는 사료(史料)가 없는 일이었다.
이같은 여건(與件) 아래서 오랫동안 암중모색(暗中摸索)하면서 기회(機會)를
만들어 오던중 1974年 5月부터는 전국의 각 문중(各門中)을 순방(巡訪)하면서
종친들의 실태(實態)를 거의 정확하게 파악(把握)하였고 동년(同年) 6月 8日에
는 익화김씨(益和金氏) 전국 종친회를 조직(組織) 하기에 이르렀다. 다시 7月
8日에는 본관통일연구위원회(本貫統一硏究委員會)를 구성(構成)하고 본격적
(本格的)인 대동보 편찬에 착수(着手)하였으나 미비불완전(未備不完全)하고도
각양각색(各樣各色)한 구보(舊譜)들을 종합(綜合)하여 검토(檢討)하고 삼국사기
(三國史記), 고려사(高麗史), 이조실록(李朝實錄), 한국사대계(韓國史大系), 문
헌비고(文獻備考) 등의 정사(正史)에서 해당되는 부분(部分)을 발췌(拔萃)하여
비교(比較)하며 취사선택(取捨選擇)하여 편집에 박차(拍車)를 가(加)하기 해를
거듭하였다.

이를 통하여 본관통일(本貫統一)을 이 대동보 편찬을 계기로 야심차게 시도
한 사실, 조직·자금·사료가 부족함에도 집필위원들의 노력으로 그런 한계를
극복한 점, 정사(正史)에 기록된 익화군 관련 사료를 최대한 수집코자 노력한
사실들을 확인할 수 있다. 이외에도 익화군의 후손이지만 양근김씨(楊根金
氏), 김녕김씨(金寧金氏), 김해김씨(金海金氏), 경주김씨(慶州金氏) 등으로
각기 행관(行貫)하던 모순을 바로잡아 '익화김씨(益和金氏)'로 본관통일을 제
안한 내용(245-246쪽), 경주군계(慶州君系) 김해김씨, 경주김씨, 김녕김씨,
양근김씨 등의 간단한 역사를 정리해둔 부분도 이 대동보의 특기할 점이다. 아

울러 함경북도 북청군 니곡면 인동리 흘립동에 건립된 경화사(景和祠)의 약도를 소개한 점, '천계갑자보(天啓甲子譜)' 등 6종류의 구보(舊譜)의 서문에 대한 원문(原文)과 역문(譯文)을 실은 점 등도 자료적 가치를 더한다.

여기서 1975년에 이루어진 대동보의 발간 목적은 크게 본관통일과 각보통합이라 할 수 있다. 그런데 통합본관을 '익화김씨'로 행관한 것을 1996년 발간 『익화군 후예 김씨문중 대동보』(전5권)에서는 혼란을 야기시킨 유감스러운 일이라 평가하고 있다.(99쪽 참조) 그럼에도 이 1975년 대동보의 발간은 익화군 후예들의 전국(全國) 대종회(大宗會)를 결성케 한 점, 이후 대동보 증보·익화군 사우 건립·묘역 조성 등 익화군 일족의 역사에 길이 남을 대역사를 추진할 수 있는 단초를 마련했다는 점에서 그 의미가 크고 높다.

가평군 설악면 이천리에
익화군 제단 및 묘비 건립_1983년

익화군의 사후, 그의 후손들은 재추(宰樞)라는 직위에 걸맞는 묘역(墓域)을 조성하고 묘역의 진입부에는 그의 생애와 공적을 새긴 신도비가 세워졌을 것이다. 그러나 남북분단 등으로 그의 승하 당시 조성되었을 묘역은 물론 신도비를 현재 확인할 길 없다. 이런 실정에서 후손들은 1980년대부터 추모(追慕)와 배향(配享)을 위한 공간을 마련하고, 아울러 신도비 또는 제단비를 건립하였다. 이런 묘비 건립의 선구가 되는 것이 가평군 설악면 이천리에 조성된 제단비이다. 묘비(墓碑)

가평 설악면 익화군 제단비

가평 설악면 익화군 제단 및 제단비

로서 처음 소개하는 것인 만큼 독자들의 편의를 위하여 한자의 음(音)을 첨자
(添字)로 덧붙인다.

朝鮮國補助功臣益和君 贈崇祿大夫議政府左贊成開國一等功臣謚忠愍金公
諱仁贊祭壇碑

祭壇碑文, 公의 諱는 仁贊이요 字는 義之 號는 毅菴이며 姓은 金氏니 受貫
楊根하고 其先은 慶州人이다. 新羅大輔 諱 閼智는 其上祖요 敬順大王 諱 傅
의 四男인 大安君 諱 殷說은 十五世祖요 高祖의 諱는 文齊니 全羅道觀察使
요 曾祖의 諱는 鎰成이니 牧使요 祖 諱는 天益이니 和寧道上元帥로 開寧君을
受封하고 考 諱는 存一이니 文科典書요 妣는 貞夫人 海州吳氏니 高麗忠肅王
五年丙子(1336) 十一日十二日 益和縣 現楊平地方에서 生公하니 天資偉重하
고 氣宇英邁하여 文武兼全한 濟世之才이었다. 朝鮮 太祖 潛邸時 安邊에서 晢

射할새 田中桑木 二鳶을 一發俱落하니 公과 韓忠이 目擊激讚한 因緣으로
三人이 親交했고 又 與太祖 靑海伯 李之蘭으로 더불어 三人이 釋王寺에서 小
桃園結義를 맺고 公이 會盟時를 撰한 바 '一體三人一世同하니 一生苦樂一心
中이라 才疎敢望三千弟랴 身老願從八十翁이라하고 又는 濟世安民其孰任고
關張之誼皆知己라하며 又는 存君立紀有吾躬하니 豈爲他年竹帛功이랴'라고
그 盟誓한 事實이 장차 朝鮮建國에 貢獻한 動機가 되었다. 高麗恭愍王朝에
進士하고 禑王朝에 北靑千戶로 在任하여 白金五十兩으로 饑民을 救恤하니
百姓들은 報恩의 뜻으로 海東靑 一名 보라매를 바쳤다. 이 매를 王께 獻納하니
王은 白金五十兩을 下賜하자 公은 그것으로 다시 窮民을 救恤하니 朝廷과
百姓들은 牧民官의 善行을 稱頌하였다. 恭讓王二年庚午(1390)一月에
密直副使로 恭讓王擁立功臣號를 받고 同四月에 密直司使로 太祖와 같이
威化島回軍을 斷行하였다. 當時高麗 國政은 紀綱이 混亂하고 百姓들이 流散
하여 社稷이 累卵의 危機에 直面하자 壬申年(1392)七月七日에 裵克廉 等 重
臣들과 謀議하여 松都 壽昌宮에서 李太祖를 推戴하니 그 功勳으로 同七月
二十八日에 補助功臣 中樞院使 義興親軍衛同知節制事 盆和君에 封하고
同年七月三十日에 下世하니 享年이 僅五十七이다. 太祖는 聞訃驚悼하여 輟
朝三日하고 命有司禮葬하며 贈崇祿大夫 議政府左贊成 諡忠愍하고 同九月十
六日에 開國一等功臣으로 策錄하고 田百五十結과 奴婢十五口를 下賜하니 그
豐功偉烈이 麒麟閣과 丹書鐵券에 昭載하였다. 配貞敬夫人密陽朴氏 繼配
貞敬夫人坡平尹氏로 生十男하였다. 長 貴龍은 上將軍이요 次 起龍은
嘉善大夫 吏曹參判이요 次 儉龍은 訓練院都監이요 次 從南은 贈領議政이요
次 世慶은 牧使요 次 公達은 通德郞이요 次 從震은 司憲府持平이요 次 豊은
主簿요 次 謙은 五衛司直이요 次 壽蒴은 牧使이니 孫曾以下는 多不盡錄한다.
自後로 子孫이 蕃衍軒赫하였으니 莫非公의 盛德遺蔭이라 朝廷에선 不祧廟를
命하야 安東 芹城書院 北靑 景和祠 三義祠 忠翊齋 定平 慕賢祠에 享祀하고

있다. 遍滿國中한 數十萬後孫들은 悠久한 歲月에 屢經大亂하고 子孫散在하여 一邱의 墓域이 保存치 못함을 飮恨不已하였다. 考諸譜牒하면 楊根白鼠洞丑良坐 又는 楊州左基洞酉坐로 墓所가 記錄되어 其後孫들이 屢屢히 遍觀山麓하였으나 未得奉審함으로 이에 將軍公 玄孫인 宣傳官公 諱 秀達의 裔孫들이 合謀鳩財하여 舊楊平地域 現可平郡雪岳面檜谷里 宣傳官公墓所近處인 同面梨泉里吉地에 公의 祭壇을 築造하여 開天節日에 祭享을 奉行키로하고 金雅 弘植 學善 甫가 碑文을 請하니 成勳이 亦是 開國功臣漢川府院君 諱 溫公의 後孫임으로 公의 事功에 對하여 加一層 감개무량하도다. 自古로 國家를 세워 君主에게 政權을 맡기는 것은 一個人의 榮貴만을 享有케 함이 아니요 百姓을 救濟하여 太平聖代를 이룩하는데 그 意義가 있는 것이다. 만약 이런 意義를 忘却하고 叱煬한 行樂만을 일삼아 國民을 塗炭에 陷溺하여 是日害傷之歎이 있게 된다면 이는 天命人心을 拒逆하는 庸君暗主이다. 庸君暗主를 除去하고 救國安民의 革新的 風化를 造成하는 것이 正義正導에 立脚한 應天順人의 革命이다. 如斯한 革命은 東西古今의 歷史가 名正言順함을 明確히 證言하고 있다. 嗚呼라 朝鮮 太祖는 堂堂한 大義名分으로 麗末의 頹風敗俗을 完全淨化하여 倫理文明의 立國으로 참다운 人類社會를 建設한 君主이다. 이처럼 大革新事業을 實現키 爲하여 始終翊戴獻忠한 開國功臣의 偉大한 業績을 길이 推仰하기 위한 公의 諸後孫의 爲先事業에 誠力을 傾注하는 考思에 감동하여 辭讓치 못하고 위와 같이 大略 敍述하여 碑에 刻하게 하니 人微言淺하여 자못 悚愧을 禁치 못하노라

檀紀紀元四三一百六年癸亥(1983) 流頭節
漢陽 趙成勳 謹撰
月城 李性雨 謹書

274

이 제단비(祭壇碑)의 비문은 1975년 발간된 대동보를 바탕으로 제작된 것으로 판단된다. 전체 내용 중에서 익화군의 자가 의지(義之)이며 호가 의암(毅菴)이라는 언급, 근성서원(芹城書院)이 부조묘(不祧廟)였다는 언급 등은 새롭다. 아울러 조선건국을 백성을 도탄에 빠뜨린 어리석은 군주를 몰아내고 천명을 받아 보국안민(輔國安民)의 새로운 시대를 개창한 혁명적 사건으로 보면서, 익화군의 공적을 태조를 도와 참다운 문명사회를 개창한 데에 있다고 본 관점은 높이 평가된다. 한편 누차(屢次)의 전란을 겪으면서 후손들이 산재함에 따라 익화군의 묘역이 보존되지 못했던 사실과, 이런 묘역을 찾기 위하여 백방(百方)으로 노력했으나 결국 성과를 거두지 못했고, 그리하여 가평군 설악면 이천리에 제단(祭壇)을 마련하게 되었다는 제단 설립의 동기에 대한 설명은 특기할 만하다. 사족(蛇足)으로 이 제단비에서는 익화군이 1390년 밀직사사(密直司使)의 직위로 위화도회군에 참전했다고 기록하고 있는데, 위화도회군은 1388년에 단행되었고, 그 당시 익화군의 직위는 밀직사사가 아니었다.

익화군의 원래 묘역이 현존하지 않는 현실에서 후손들이 궁여지책으로 제단비(祭壇碑)를 설립하였던 바, 이런 제단비의 건립이 유교적 예의법도에 적합한 것인가에 대한 논의가 있을 수 있다. 아래의 인용문은 그런 논의에 대한 정당한 답변이라 할 수 있다. 이점을 염두에 두고 익화군 후손들의 숭조사업을 평가했으면 한다.

옛 지례현(知禮縣 現金陵郡) 춘천리(春川里)에 사는 (익화군) 후손 홍채(泓彩)와 홍목(泓穆)이 울먹이면서 나에게 "혹시 실묘(失墓)되어 단을 만든 예(例)가 예법(禮法)에도 있습니까?"하고 묻거늘 "일찍이 들어보지 못했습니까? 공자(孔子)께서 증자(曾子)의 물음에 답하기를 '묘를 생각하며 단을 만든다'고 하였고 예기(禮記)에는 '먼 조상을 위하여 위패(位牌)를 버리고 제단(祭壇)을 세운다는 글이 있습니다. 우암 문정공 송시열(尤庵 文正公 宋時烈)도 그 9대조를 위하여 신단(神

壇)에 쓰기를 예법(禮法)에 없는 것이라 말할 수 없다'고 하였고 또 농암 문간공 김창협(農巖 文簡公 金昌協)도 그 시조를 위하여 묘단(墓壇)에 쓰기를 '예법에 괜찮다'고 하였습니다. 이것은 다만 한 시대 한 집안의 예(禮)가 되는 것이 아니고 실로 천하고금(天下古今)에 통하는 예(禮)입니다."라고 하니 홍채(泓彩)가 말뜻을 깨닫고 밝은 빛으로 말하기를 "지금에야 알았습니다"고 하였다.

- 『익화군 후예 김씨문중 대동보』 320-321쪽

양주에 익화사를 건립하다_1987년

익화군을 모시는 사우의 건립은 북청, 안동, 양주 등에서 이루어졌다. 북청(北靑)의 경화사(景和祠)와 삼의사(三義祠), 안동(安東) 미곡서원(尾谷書院)의 원훈사(元勳祠), 그리고 양주(楊州)의 익화사(益和祠)가 그것이다. 다음의 내용은 양주 익화사 건립에 대한 약사이다.

一, 익화군 서거 후 조정(朝廷)의 명에 의하여 불천신주(不遷神主)를 부조묘(不祧廟)에 봉안(奉安)하고 역대(歷代) 종군(宗君)이 봉사하여 오다가 이곳 종가에 모시고 봉사하여 왔다.

一, 1932년 종남(從南)공 문중(門中)의 진극(眞極)공이 종가(宗家)와 사우건립(祠宇建立) 등을 논의(論議)하였다.

一, 1951년 1월 6·25전화(戰禍)로 종가(宗家)가 소실(燒失)될 때 十九세(世)손 경열공(慶烈公)이 화염(火焰) 속에 뛰어들어 신주(神主)를 보전(保全)하였다.

一, 1953년 익화군의 651주(周) 기일(忌日)에 종친회의 의결(議決)로써 각파 문중의 헌성금(獻誠金)으로 신주봉안(神主奉安)을 위한 종가를 재건하고 제수(祭需) 마련을 위한 위토(位土)를 장만하였다. 이어서 종가차손(宗家次孫) 경열공

양주 익화사

(慶烈公), 귀룡공파 서울문중 병언공(秉言公), 검룡공파 제주문중 태능공(泰能
公), 풍공파 시흥문중 낙원공(洛遠公) 등이 감실(龕室) 협소(狹小) 등으로 사우건
립을 주선(周旋)하여 오던 중 세 종친은 작고(作故) 하셨으나 낙원종친(洛遠宗
親)은 근친(近親)을 설득(說得)하여 시흥(始興) 학의리(鶴儀里) 문중으로부터 사
우부지(祠宇敷地)로 임야(林野)를 공여(供與) 받았다.

一, 1982년 시흥(始興) 학의리(鶴儀里)에 사우 건립을 착공(着工) 진행중 녹지대
(綠地帶) 관계 등 사유(事由)로 중단(中斷)하게 되어 1984년 그 미완성 건물을
그곳 종친에게 양도(讓渡)하고 대금을 수령(受領)하였다.

一, 1984년 양주(楊州) 하패리(下牌里)에 사우부지를 매입하고 건축비 부족액을
각 문중의 헌성금(獻誠金)으로 충당(充當)키로 하였다.

一, 1986년 9월 5일 관계당국으로부터 건축허가를 취득(取得)하고 동년 10월 3
일 가평 이천리(加平 梨川里)에서 익화군 시향(時享)때 사우건립위원회(祠宇建

立委員會)를 결성하였다.

一, 1987년 4월 12일 종가 동편(宗家 東便)에 사우신축 기공식(起工式)을 성대히 거행하고 동년 9월 21일에 준공하였다.

一, 본 사우는 철근 콘크리트 연와조(煉瓦造) 와즙(瓦葺)으로 사내(祠內)에는 감실(龕室)을 설치하고 개국공신녹권(錄券) 계하사목(啓下事目) 및 익화군약사(益和君略史)와 사우건립연혁(祠宇建立沿革)을 게시(揭示)하였으며 주련(柱聯)은 전기 3인결의(三人結義) 회맹문(會盟文)이다. 사우공사(祠宇工事)에 있어 설계(設計)는 검룡(儉龍)공 문중(門中)에서 시공감리(施工監理)는 귀룡(貴龍)공과 기룡(起龍)공 문중에서 그리고 모든 현판(懸板)과 주련(柱聯)의 제작(製作)은 종남(從南)공 문중(門中)이 담당(擔當)하였다.

－『익화군 후예 김씨문중 대동보』, 235쪽

경기도 일대에 거주하는 익화군 후예들이 익화군 사우 건립의 필요성을 절감하고 노력한 흔적을 실감할 수 있다. 또한 원래 의왕시 학의동에 건립코자 하였으나 부지가 녹지대인 까닭에 무산된 안타까운 일도 확인할 수 있다. 아울러 사우 건립에 앞서 종가(宗家)를 건립하여 위패를 모셨던 사실도 파악할 수 있다. 뿐만 아니라 익화군의 위패가 그의 사후 조정(朝廷)의 명에 의하여 불천위(不遷位, 나라에 큰 공훈이 있거나 도덕성과 학문이 높으신 분에 대해 신주를 땅에 묻지 않고 사당에 영구히 두면서 제사를 지내는 것이 허락된 신위를 말한다)로 지정되어 부조묘(不祧廟, 불천위 제사의 대상이 되는 신주를 둔 사당)에 봉안(奉安)되고 역대(歷代) 종군(宗君)이 봉사한 사실도 알 수 있다.

이렇게 종가(宗家)에 의해 보존되어 오던 신주(神主)가 소실될 위험에 처한 적도 있는데, 19세손 경열(慶烈)공이 살신성인의 정신으로 화염 속에서 신주를 구한 미담도 전하고 있다.

6·25 한국동란 때 1951년 1月 북진시(北進時) 맹열(猛烈)한 폭격으로 양주군 은현면(楊洲郡隱縣面) 지방은 순식간에 불바다로 변하였다. 하패리(下牌里)의 종군댁(宗君宅)도 예외(例外)없이 온 동네(洞內)에 불꽃이 하늘에 솟아오르고 우리 성조 익화군(益和君)의 불천신주(不遷神主)도 소실(燒失)될 위기(危機)에 이르렀다. 이 참경(慘景)을 바라보던 익화군 19세 차종손(次宗孫) 경열(慶烈)공은 자기 집 소실(燒失)이나 자신(自身)의 생명(生命)까지도 돌보지 않고 화염(火焰)속에 뛰어들어 불천신주(不遷神主)를 모시고 나오는 그 모습은 자타(自他)가 가장 신성(神聖)스럽게 느끼고 신(神)의 가호(加護)라 여겼다. 옛터 잿더미 위에 가건물을 세워 신주(神主)를 뫼시고 풍한서습(風寒暑濕)속에서 2개성상(二個星霜)이 흘러가도 도저히 재건(再建)할 희망(希望)이 없기에 전국에 흩어져 사는 성의있는 종친 중 안동종문(安東宗門)을 비롯하여 각처 종친이 회의(會議)하여 1953年 하패리(下牌里)에 종가(宗家)를 재건(再建)하고 익화군의 불천신주를 봉안(奉安)하게 되었다.   – 『익화군 후예 김씨문중 대동보』 '화염(火焰)속에서 사수(死守)한 불천신주(不遷神主)' 343쪽

한편 양주 익화사에는 개국공신녹권을 복사하여 게시하였는데, 이 개국공신녹권은 전술한 '의안백이화개국공신녹권(義安伯李和開國功臣錄券)'(국보 232호)을 참고하여 제작한 것으로 판단된다. 독자의 이해를 돕기 위하여 개국공신녹권의 입수 경위를 소개하면 다음과 같다.

조선태조(太祖) 원년 1392년 9월 16일 도승지(都承旨) 한상경(韓尙敬) 공이 개국공신녹권(開國功臣錄券)을 작성(作成)하여 태조에게 봉고(奉告)하니 공신에게 사급(賜給)케 하셨다. 그러나 이 녹권은 수백년후 실전(失傳)되어 왔는데 전라북도 정주(井州)시 연지동(蓮池洞) 28번지3 이종섭(李鍾燮) 공이 녹권진본(錄券眞本)을 보관(保管)하고 있는 사실이 밝혀져서 문공부(文公部)에서 국보(國寶) 제

232호로 지정(指定)하고 진본(眞本)은 이종섭(李鍾燮) 공이 사본(寫本)은 문공부에서 각각 보관하고 있다. 익화군 19세손이며 귀룡(貴龍)공 7세손 선전관 수달(宣傳官 秀達)공 후손 학선(學善)공이 이종섭 공이 보관한 진본을 복사하여 익화군(益和君)의 녹권(錄券)으로 제본(製本)하고 선전관 수달(宣傳官 秀達) 공의 손자 김돌금(金乭金)이 상소(上訴)하여 내려진 계하사목(啓下事目)과 더불어 보존(保存)하고 있다.

『익화군 후예 김씨문중 대동보(병자보)』(전5권)가 발간되다_1996년

우리나라에서 조상에 대한 추모(追慕)와 숭조(崇祖) 사업은 크게 족보편찬, 사우건립, 묘역조성, 영정제작 등으로 이루어진다. 그중에서도 족보(族譜)의 편찬은 숭조사업의 백미(白眉)라 할 수 있다. 왜냐하면 족보는 후손들이 받드는 선조의 정신 그 자체이자, 혈육의 수평적·수직적 위계를 정리한 것이기 때문이다. 현재 자신의 정체성을 알고, 자신의 DNA가 어떤 것인가를 가늠케 해주기 때문이다. 익화군 후예들의 족보 편찬사업도 조선후기부터 줄기차게 진행되어 왔는데, 그 완결판이 1996년에 발간된 병자보(丙子譜)라 할 수 있다. 먼저 그 발간의 배경과 의미를 들어보자

… 조선조 개국 초에 익화군께서는 홀연(忽然)히 서거(逝去)하시게 되고 성조(聖祖)의 십형제 후손은 난세의 와중에서 유리(遊離)산거(散居)하게 되는 사세(斯世)를 만나 소식조차 돈절(頓絶)된 채 누백년(累百年)을 내려왔고 그 후예(後裔)는 번연(蕃衍)하고 융성(隆盛)하여 명문거족(名門巨族)으로 혁혁(赫赫)함이 타성(他姓)에 유비(類比)를 허(許)하는바 아니나 다만 적관(籍貫)의 혼착(混錯)을 빚

어 분명 익화군 한 몸에서 나뉘인 성손(姓孫)이면서도 각 문중별로 양근(楊根), 김녕(金寧), 경주(慶州), 김해(金海)로 관향(貫鄉)을 수칭(隨稱)하는 안타까운 현실(現實)인즉 이러한 본관(本貫)의 천궤(舛軌)를 광정(匡正)하는 종중(宗中) 대사(大事)야말로 대동보(大同譜) 발간(發刊)과 더불어 우리 세대(世代)가 이루어야 할 당연한 소명(召命)일 것이기에 우선 행관(行貫)에 구애없이 전(全) 익화군(益和君) 후예(後裔)를 한 질(帙)의 보(譜)에 올려 종족(宗族)의 일체감과 총화(總和)를 기(企)함과 아울러 본관통일(本貫統一)의 시기도 앞당기고자함이니 금번 대동보의 수찬(修撰)은 일반적으로 보편(譜編)이 갖는 의의(意義) 외(外)에 또 하나의 큰 뜻이 있다 할 것이다.

돌아보건대 조선조 정조(正祖) 15년에 전(前) 의금부도사(義禁府都事) 휘(諱) 응두(應斗) 조(祖)가 도선발섭(徒跣跋涉)의 노고와 지성으로 조각난 글을 모아 신해보(辛亥譜)를 반포하신 이래 선대(先代)에서도 재수보(再修譜=楊根譜)의 계기마다 흐터진 종족을 찾아 합하려는 기운은 거듭되었을 터이나 늘 부분에 머물렀고 근대에 이르러서는 더욱 대동보 수찬의 염원이 전국 종친 간에 지속적으로 확산되더니 서기 1992년 말경 중앙종친회임원회 결의로 수권편찬(首卷編纂)에 착수하여 삼국사기(三國史記)와 고려사(高麗史) 조선왕조실록(朝鮮王朝實錄) 등 정사(正史)를 근간으로 하고 유적의 답사와 수많은 참고문헌을 연계(連繫)하여 연구 검토하는 노력으로 수권(首卷)의 초고(草稿)를 이루었고 연이어 서기 1994년 5월 초순(初旬)에 기해보(己亥譜)의 재수보(再修譜)를 계기로 익화군후예 대동보편찬위원회를 구상하여 보편(譜編)에 박차를 가하게 된 것이다.

이로써 선대로부터 전승되는 구보(舊譜, 신해보·정묘보·기해보·각 파보)를 기거(基據)로 하여 전국 각처에 산거하는 첨종(僉宗)으로부터 첩단(牒單)을 모으기 시작한즉 수보(修譜)할 인재와 자금이 부족하였음은 물론이요, 각 문중별(門中別)로 행관(行貫)을 달리함과 아울러 수년전 파보(派譜)를 수보(修譜)한바 있으니 필연적으로 수단(收單)의 지연과 추가입보(追加入譜) 등 각가지 연유로 야기되는 제반 애로는 필(筆)로 가려 쓸 수 없는 고뇌와 또한 보람의 연속이었다고 할 것이다.

　본보찬(本譜撰)에 있어 익화군 십자 후손이 고루 입보(入譜)한 것은 대동보의 기틀을 닦아 크게 이룬 것이나 두서너 파(派)에서 허다한 누보(漏譜)가 있음은 실로 아쉽고 몽매간(夢寐間) 마음에 걸리며 일가를 찾아 수단(收單)을 넓히려는 탐방의 행보가 산야를 누비기 수십회를 거듭하여 구례의 송암공파(松菴公派), 춘천의 감사공파(監司公派), 순천의 선전관공파(宣傳官公派), 남해의 입남공파(入南公派), 김화의 어모장군공파(禦侮將軍公派), 마산의 휘(諱) 세경공파(世慶公派), 부산의 휘(諱) 공달공파(公達公派), 창녕의 휘(諱) 겸공파(謙公派) 등의 문중에서 사천 수백의 잃었던 친족을 눈물로 해후하여 종의(宗誼)를 나누며 같이 보(譜)를 하게 된 것은 성조(聖祖)의 음덕(蔭德)이요 종문(宗門)의 경사(慶事)라 할 것이다.

　다만 불초(不肖)는 뜻은 있었으되 비덕박재(菲德薄才)하여 모야무지(暮夜無知)로 수공도일(垂拱渡日)하였는데 드디어 오권일질(五卷一帙)의 보편(譜編)이 상재(上梓)를 고성(告成)하게 되었으니 보책(譜冊)을 모시고 읽을 때 마다 효제(孝悌)의 마음이 유연(油然)히 일어나 조상을 높이고 화목을 이루어 가문의 훤혁(暄赫)함이 날로 더하여 간다면 이것이 보람된 일이라 아니 할 수 있겠는가.”

– 『익화군 후예 김씨문중 대동보』, 14쪽

이 대동보의 제목에서 알 수 있듯이 본관통일은 아직도 미해결의 상태로 남아있다. 그리고 해결의 실마리도 보이지 않고 있다. 이런 실정에서 본관에 대해 잠시 생각해 봄도 필요하다. 필자의 짧은 소견임은 물론이다. 우리 인간은 척추동물이면서, 포유동물이고, 영장류이면서 인류과에 속한다. 생물의 분류 단위인 ‘종속과목강문계’에 대입할 때, 포유동물문·포유강·영장목·인류과·호모 사피엔스종이다. 즉 우리 인간은 호모 사피엔스 종에 속하면서도 영장류이고, 포유동물이고, 척추동물이다. 생명체는 진화하고, 인간은 누대에 걸쳐 자손을 퍼뜨린다. 이에 발전단계에 따른 새로운 분류명(分類名)이 생겨날 수 있고, 이런 일반적인 현상을 고려할 때, 익화군의 후예들이 본관을 달리하는 것을 통탄할 일로만 보지 않아도 좋을 듯하다. 한편, 우리가 특정 지역을 일컫는 지명의 경우, 별칭이 늘 존재한다. 전라도를 호남(湖南)으로, 경상도를 영남(嶺南)으로 경기도와 충청도를 기호(畿湖)라 부른다. 이에 만약 제주도를 본관으로 삼는 성씨가 있다면 제주 ○씨, 탐라 ○씨가 될 수 있다. 이런 일반적인 사실을 염두에 둘 때, 익화군의 후예들이 양근김씨, 경주김씨, 김녕김씨, 김해김씨로 본관을 달리했던 것은 얼마든지 발생할 수 있는 일이다. 익화군의 10자손이 이산하여 전국 각지에 산거하여 살았고, 서로 교류하지 못했음은 전통시대의 교통과 통신의 열악함으로 미루어 당연하다. 다시 말해서 익화군 후예 문중마다 본관을 달리하는 것은 역사적으로 볼 때 자연스러운 현상이고, 충분히 생겨날 수 있는 일이다. 이에 익화군 후예들이 문중별로 본관을 달리하는 지금의 현실을 너무 교정(矯正)코자 하는 작위적 노력은 당분간 내려놓을 필요가 있다. 이 대동보에서처럼 '익화군 후예 경주, 김녕, 김해, 양근 김씨'이라 함도 그렇게 나쁘지 않다. 무리한 본관통일은 대동화합을 해칠 수 있다. 또한 모두가 합일할 수 있는 묘안이 당장 제시될 여건도 아니다. 이에 '익화군 후예' 라는 범칭을 사용하면서 개별문중의 역사성도 인정함이 좋을 듯하다.

이와 관련하여 익화군 후예의 대동단결을 위하여 역사적 상식 몇 가지를 소개한다. 익화군은 정경부인(貞敬夫人) 밀양박씨(密陽朴氏)와 정경부인(貞敬夫人) 파평윤씨(坡平尹氏) 두 분의 부인이 있었고, 그들에게서 10분의 자제를 두었다. 그런데 여말선초에는 후실(後室)이라는 개념이 없었다. 이에 둘째부인의 자손이라 할지라도 서자(庶子)가 아니었고, 어떤 관습적, 제도적 차별도 없었다. 이는 태조 이성계가 지금으로 보자면 첩(妾)이라 할 수 있는 강씨(康氏) 소생의 이방석(李芳碩)을 세자로 책봉한 사실로도 입증된다. 다시 말해 이방석은 결코 서자가 아니었다. 이에 익화군 10자의 후손들은 당시 동등한 자격과 대우를 받았다고 볼 수 있다. 둘째로 당시 무장들은 대부분 여럿의 아내를 두었다고 한다. 그리고 지방 출신의 관료는 지방의 본처 즉 향처(鄕妻)와는 별도로 개경에 경처(京妻)를 두는 것이 일반적이었다고 전한다. 이런 역사적 사실을 감안할 때 익화군의 밀양박씨 정경부인은 향처(鄕妻), 파평윤씨 정경부인은 경처(京妻)일 가능성이 있다. 셋째로 조선시대 문·무관(文武官)의 처에게는 그 남편의 품계(品階)에 따라 작위를 봉하였다. 익화군의 부인에 주어진 정경부인은 정(正)·종(從) 1품 문·무관의 처에게 주던 칭호로서, 공주(公主)·옹주(翁主)·부부인(府夫人)·봉보부인(奉保夫人, 임금의 유모)과 동격의 대우를 받았다. 여기서 익화군의 부인이 모두 정경부인이 된 것은, 익화군이 사후 종1품의 숭록대부(崇祿大夫) 의정부좌찬성(議政府左贊成)에 추증됨에 따라, 부인도 남편의 품계에 따라 종1품의 벼슬에 걸맞는 정경부인에 추증되었기 때문이다. 이와 관련하여 익화군의 선고(先考)는 문과전서(文科典書)이었기에 비(妣)인 해주오씨(海州吳氏)는 정부인(貞夫人)으로 불렸다. 참고로 일반 백성이 그의 선친을 제사지낼 때, 남자는 '학생부군신위(學生府君神位)' 여자는 '유인○○○씨신위(孺人○○○氏神位)'라고 흔히 지방(紙榜)에 적는데, 여기서 학생(學生)은 아무런 품계(品階)가 없는 남자를 뜻한다. 이 경우 그의 부인에게는 남편이 무품직(無品職)이기에 유인(孺人)이란 칭호가 붙게 된다.

익화군 묘소 이장 복원과 묘제 봉향, 신도비 건립_1997년

익화군 후손들은 1997년 경기 화성시 장안면 금의리 산110번지에 익화군 묘소를 조성하고 신도비와 묘비를 건립한다. 이때에 세워진 신도비와 묘비는 익

익화군 신도비

화군의 일생(一生)과 사적(事蹟)을 집약한 것이다. 이에 익화군에 대한 가장
자세한 정보이며 후손들의 입장이 천명(闡明)된 사료라 할 수 있다. 이들 신도
비와 묘비에 대한 소개에 앞서, 우선 신도비와 묘비에 대한 사전적 의미를 간
단히 알아보자

비는 보통 묘표와 묘갈 그리고 신도비로 구분한다. 먼저 묘표는 왕실과 관료층
그리고 일반 사대부를 비롯하여 중인이나 서민들까지도 입석할 수 있었다. 서민
의 경우 그 크기가 두 자로 한정되어 있어 만약 이를 어기거나 허위 사실을 기재
할 경우 강력한 처벌을 받았다. 반면에 양반 사족의 경우에는 어떤 제한이 있었다
는 기록을 찾을 수가 없다. 묘표의 특징은 비부에 있어 귀부를 사용하지 않고 방
부를 사용하였다는 점이다. 정조 대 이후의 비좌는 거의 문양을 새기지 않았으며,
모양도 장방형에서 사다리꼴로 변모하였다. 조선 시대에는 갈(碣)이라는 말을 묘

갈(墓碣)에만 사용하였는데, 묘갈은 사대부 층이 주로 입석하였지만 공주와 후궁 등 왕실에서도 사용하였고, 서민층에서도 세운 기록이 보인다. 묘갈의 규모나 양식은 묘표와 거의 같은 것으로 보면 된다. 신도비는 죽은 사람의 평생사적(平生事蹟)을 기록하여 묘 앞에 세운 비 가운데 하나로서, … 신도비를 묘의 동남쪽에 세우게 된 것은 풍수지리상 묘의 동남쪽을 귀신이 다니는 길, 즉 신도(神道)라고 하였기 때문이다. 조선 시대에는 신도비가 태조의 건원릉신도비와 세종의 영릉신도비 등 초기 왕릉에만 있으며, 이후 국왕의 사적은 실록에 기록된다는 주장에 따라 신도비를 세우지 않았다. 반면 많은 사대부들은 신도비를 세웠는데, 실제 관직이나 사후에 추증된 관직 즉 증직(贈職)으로 정2품 이상인 경우에 세울 수 있었다. 비의 크기를 보면 높이가 네 척 정도부터 일고여덟 척되는 큰 비까지 있어 웅장한 자태를 보이고 있다.   - 박태호, 『장례의 역사』, 서해문집, 2006

익화군은 정2품의 현직을 지냈고 사후에는 종1품의 관직을 추증받았다. 이에 법제상 신도비(神道碑)를 묘역의 전방에 세웠고 묘비를 묘소에 둘 수 있다. 현재 익화군의 묘역에 세워져 있는 신도비의 양식은 비신을 거북이 받들고 용이 비신 위에 올려진 이른바 귀부이수형(龜趺螭首形)이다. 비신이 재료는 오석(烏石)이며 전액(篆額)을 비신 사면(四面)에 둘렀고, 측면과 뒷면에까지 비문을 새겼다. 아울러 피장자의 생애와 공훈을 시로 찬미한 명(銘)을 지어 새겼다. 이른바 익화군의 신도비는 가장 화려하고 가장 웅장하며 조선시대 사대부 신도비의 격식을 제대로 갖춘 형태로 만들어졌다. 그 원문과 역문은 다음과 같다.

朝鮮開國一等功臣益和君金仁贊先生神道碑(篆額)

伊昔帝王이 創邦之時에 天必逆英傑之才하여 輔佐拯濟하니 麗末鮮初에 益和君金先生이 是耳라. 先生의 諱는 仁贊이오 子는 義之며 號는 毅庵이시고 謚는 忠愍이며 楊根人이니라 新羅代大輔公諱閼智로 爲鼻祖也라. 自後羅朝의 誕

三十八王而 至敬順王하여 第四男大安君諱殷說이 於公의 爲十四代祖也요. 至麗朝金寧君諱時興이 爲八代祖也라. 高祖諱文齊는 歷 全羅道 觀察使하고 曾祖諱鎰成은 官牧使요 祖 諱天益은 以和寧道 上元帥로 受封開寧君하고 考 諱存一은 文科典書요 妣는 貞夫人 海州 吳氏也라. 高麗忠肅王 五年丙子十一月 十二日에 生公於 益和懸하다. 公이 自 幼時로 天資偉重하고 氣宇軒昂하며 風威堂堂하여 英邁盖世하니 時人이 謂之不世出之奇男子러라. 年方弱冠에 文武兼全하여 登第於恭愍王朝에 任北靑千戶職하니 在任時에 北方이 凶荒하여 饑民이 續出하고 民心이 騷亂이라. 公이 捐私財白金 五拾兩하여 救濟飢民하니 民衆이 爲報活人之恩하여 呈 海東靑一尾而謝恩하니 公이 不以爲私物하고 獻納於禑王이러니 禑王이 嘉其誠하여 賜 白金五拾兩而褒賞矣라. 公이 以其錢으로 布散於飢民하니 由此而治績이 益隆하고 愛民聲名이 藉藉於朝野矣라. 當時聞此公의 義擧消息之廷臣中의 特李成桂將軍이 極口稱之以義人이러라. 同六年에 辭任北靑千戶職하고 助 其父親安邊牧使之務러니 同九年九月에 女眞族胡拔都가 以兵侵於端川할새 當時朝廷이 遣李成桂李之蘭하여 此賊擊退於吉州地하고 凱旋於東北面而 過安邊時에 忽見有二鴿이 集宇田中桑樹하니 太祖가 射之一發에 二鴿이 俱落이라. 路邊에 有二人이 耘이러니 一韓忠이요一金 益和君見之嘆曰善哉라 都領之射也여 太祖가 笑曰我已過都領矣라 하고 因命二人하여 取食之焉이러라. 此事가 載世宗實錄龍飛御天歌也니라. 於是에 三英傑이 意氣相通하여 效則後漢末 劉關張三人의 桃園結義事하여 李成桂 金仁贊 李之蘭이 結義於釋王寺하고 以仁贊公之文章으로 一筆作會盟文하니 卽四律一首也라. 禑王十四年四月에 王이 有遼東征伐之命하니 公이 以右軍都統使麾下將帥로 參於出征하다. 五月二十四日에 回軍於鴨綠江 威化島하여 同六月十七日에 有開城入城之功이러라. 昌王元年十一月에 廢昌王하고 擁立恭讓王時에 公이 以密直副使로 奉傳玉璽러라. 恭讓王元年에 受恭讓反正功臣號하고 同四月에 受威化島回軍功臣號하고 恭讓王三年四

月에 陞階同知密直司事하다. 噫라. 麗運이 已訖에 百姓이 陷於塗炭하니 天命이 歸於有德之人이라. 朝鮮國太祖大王이 應天順人하여 受禪於壽昌宮하고 錄公補祚功臣中樞院使義興親軍衛同知節制使 封 益和君하니라. 太祖元年七月 三十日에 不幸逝去하니 享年이 五十七이라. 上 撤朝三日하고 命 有司禮葬仁贊矣라. 贈大匡輔國崇祿大夫 門下侍郎贊成事하시고 諡 忠愍賜 開國一等功臣錄券하고 命不祧之典하니라. 嗚呼라 公이 以經天緯地之才로 當國家鼎革之期하여 明良相遇하고 魚水契合하여 濟斯民於塗炭水火之中하여 使聖主로 永保無强之休함이 公盖一世러니 奈之何로 天奪이 斯速하여 壽 未達耳順之年而逝하시니 其於命에 何哉오. 配貞敬夫人密陽朴氏요 配貞敬夫人波平尹氏也라. 有十男하니 長曰貴龍이니 封寧和君上將軍하고 次曰起龍이니 官吏曹參判이요 三曰儉龍이니 訓練都監이요 四曰從南이니 贈 領議政이요 五曰世慶은 牧使요 六曰公達은 通德郞이요 七曰從震이니 司憲府持平이요 八曰豊이니 吏曹參議요 九曰謙이니 五衛司直이요 十曰壽弼은 牧使라. 孫曾以後는 繁不可錄이라 自茲以後로 姓孫이 煊爀하여 散在八域이 猶有過於範氏 吳中宗族이라. 何莫非公之盛德遺蔭耶아 朝家가 下諭祭文하고 各處儒林及後孫이 建書院及祠宇하여 春秋俎豆焉하니 安東之芹城書院元勳祠와 楊州之益和祠北靑之忠賢祠三義祠忠翊齋와 定平之慕賢祠가 是也라. 嗚呼 公이 助太祖聖君하여 革舊鼎新하고 濟世安民하여 歷朝鮮國二十七王而國之運命이 傳之五百餘年之長久則 今雖國政이 以民政으로 改革矣나 山河는 不改舊色하고 氏族은 不改舊代民族也則是豈非如公功臣이 助聖主而承天命하고 立朝鮮國之大功耶아. 自公之世로 到今日에 兵火를 屢經而滄海가 桑田이라. 間指朝家優待之典則 純祖十二年七月二十八日에 有 致祭尼谷(書)院堂文하고 至於 憲宗高宗朝에 有優恤於益和君後孫之命啓下事目文하고 麒麟閣의 丹書鐵券則錄券에 昭詳爲記而百世後 歷代君王矣라. 於乎盛矣哉인저. 今距公之世가 六百有數十載矣라. 公之雲仍이 欲竪神道碑於墓邃計로 請銘於後孫하니 無似爽遠

이 安敢乎哉아, 牢辭不獲하여 乃按其狀而 如右爲之序하니 何能逃僭越之誅乎
아 不勝悚惶之至로라. 繼之銘曰

在昔先生이	天分甚異라
自少雄志가	絶出等夷라
年方弱冠에	文武兼全이라
一躍登第하여	出守北邊이라
專心爲民에	政略甚明이라
安邊路傍에	結義三英이라
身參征伐에	獻猷皆成이라
威化回軍은	順天安民이라
天心歸德에	革舊鼎新이라
功垂竹帛하고	名登麟閣이라
後裔濟誠하여	竪玆貞石하니
於千萬年에	永傳不泐이더라

一九九七年 丁丑 六月   日
後學 成均館耆修堂 堂司 密城 朴乘遠 謹撰
益和君崇祖事業推進委員會 謹竪

〈역문〉

옛날에 임금이 나라를 세울 때에는 하늘이 반드시 영특하고 걸출한 인재를 보내
어 크게 도웁나니, 고려말 조선초에 익화군(益和君) 김선생이 이런 분이시다. 선
생의 휘(諱)는 인찬(仁贊)이오 자는 의지(義之)이며 호는 의암(毅菴)이시고 그 시
호는 충민(忠愍)이시며 양근인(楊根人)이니라. 신라 김알지(金閼智) 대보공(大輔
公)을 시조로 모시었다. 이후 신라 경순왕까지 삼십팔왕을 이으셨으며, 경순왕의

넷째 아드님 대안군(大安君) 휘(諱) 은열(殷說)은 공(公)의 십사대조요. 고려 때 김녕군(金寧君) 휘(諱) 시흥(時興)이 팔대조라. 고조 휘(諱) 문제(文齊)는 전라도 관찰사(全羅道觀察使)를 역임하고 증조(曾祖) 휘(諱) 일성(鎰成)은 목사(牧使)요 조(祖) 휘(諱) 천익(天益)은 화령도 상원수(和寧道 上元帥)로 개령군(開寧君)을 받고, 고(考) 휘(諱) 존일(存一)은 문과전서(文科典書)요 어머니는 정부인(貞夫人) 해주오씨(海州吳氏)라. 고려 충숙왕 오년 병자 십일월 십이일에 경기도 양평(楊平)에서 태어나시었다. 공은 어려서부터 타고난 품성이 중후하고 인물됨이 훤칠하며 태도가 당당하여 영특함이 세상에 떨치니, 그 때의 사람들이 말하기를 세상에 뛰어난 인물이라 일컬었더라. 나이 겨우 약관에 문무를 겸하여 공민왕 때에 과거에 급제하여 북청 천호직에 계실 때에 북방이 흉작으로 농사가 결단나서 굶주린 백성이 속출하고 민심이 소란한지라. 공께서 사재 백금 오십량을 내어 기민을 구제하니 백성들이 그 은혜에 보답하여 송골매 한 마리를 보내어 사례하니 공이 이것을 사유로 삼지 아니하고 우왕께 진상하니 우왕이 그 정성을 아름답게 여겨 백금 오십량을 포상하였다. 공이 그 아름다운 정성으로 주린 백성을 구제하니 이와 같은 치적이 더욱 빛나고 백성을 사랑한다는 이름이 조야에 널리 알려졌다. 당시에 공의 이와 같은 의로운 소식을 들은 조정신하들 중에 특히 이성계 장군이 의인이라고 높이 칭찬하였더라. 우왕 육년에 북청 천호직을 사임하고 그 아버지 안변목사(安邊牧使)의 일을 돕더니, 동왕 구년 구월에 여진족의 장수 호발도(胡拔都)가 병력을 이끌고 함경도 단천까지 쳐들어 올 때에 이에 나라에서는 이성계와 이지란을 보내어 도적들을 길주까지 물리치고 동북면까지 개선하고 안변지방을 지날 때에 밭 가운데 뽕나무 위에 비둘기 두 마리가 앉아 있는 것을 보고 태조가 활로 쏘니 한발에 두 마리가 떨어지니라. 마침 길가 밭에서 이 광경을 본 두 사람이 김을 매고 있었는데 한 사람은 한충(韓忠)이요 또 한사람인 익화군(益和君)께서 이 광경을 보시고 감탄하여 말씀하시기를 "도령(都領) 참으로 활을 잘도 쏘십니다" 하니 태조가 웃으면서 말하기를 "나는 벌써 도령은 지났오" 하였다.

이 일로 인하여 두 사람과 더불어 조밥(粟飯)을 먹으며 하룻밤을 지냈다. 이와 같은 일이 세종실록 용비어천가에 실려 있다. 이때에 세 영웅이 서로 뜻이 통하여 중국 후한말의 고사에 나오는 유비 관우 장비 세 사람의 도원결의 한 사실을 본받아 이성계 익화군 이지란이 안변 석왕사 뜰에서 형제의 의를 맺고 익화군의 문장으로 회맹문을 지으니 사률일수라. 우왕 십사년 사월에 왕이 요동을 징벌하라는 명이 있었으니 공이 이에 우군도통사 휘하 장수로 출정하시었다. 동년 오월 이십사일에 압록강 위화도에서 회군하시어 동년유월 십칠일에 개성에 입성하는 공을 세우셨다. 창왕 원년 십일월에 창왕을 폐하고 공양왕을 추대 할 때에 공께서 밀직부사(密直副使)로 계시면서 옥쇄를 받들어 전하였다. 공양왕 원년에 공양왕반정 공신호를 받으시고, 동년사월엔 위화도 회군 공신호를 받으시고 공양왕 삼년 사월에 밀직사사(密直司使)로 승진하시었다. 아! 슬프다. 고려의 운명이 이미 다 함에 백성이 도탄에 빠지니, 하늘의 뜻이 덕있는 사람한테 돌아가는지라. 조선의 태조대왕이 하늘과 백성의 뜻에 따라 수창궁에서 선위를 받으시고 공께서는 보조공신 중추원사 의흥친군위동지절제사와 익화군에 봉함을 받으셨다. 태조 원년 칠월 삼십일에 불행히 돌아가시니 향년이 오십칠세이시었다. 나라에서는 삼일간 조회를 폐하고 예조에 명하여 예장을 지내게 하였으며, 대광보국 숭록대부 의정부 좌찬성을 받으시고, 시호 충민과 개국일등공신록권을 내리어 불천지위의 사당의 지위를 명하니라. 아아! 슬프다. 공이 경천위지(經天緯地)의 재주로 국가가 혁명이 일어날 때를 당하여, 어진 임금과 밝은 신하가 서로 만나 천하의 계책을 내어, 도탄에 빠진 백성을 구제하여, 훌륭한 임금으로 하여금 오래도록 아름다운 일들을 보전케함이 공께서 한 세상 일을 다 맡은 듯하더니, 어찌하여 하늘이 명을 재촉함이 이같이 빨리 육십을 못 사시고 돌아가시니, 그 운명이야 어찌하랴. 부인은 정경부인 밀양박씨요, 정경부인 파평윤씨라. 아들을 열명 두었는데, 첫째 귀룡이니 상장군으로 영화군에 봉하고, 둘째 기룡이니 이조참판이요, 셋째 검룡이니 훈련도감이요, 넷째 종남이니 증 영의정이요, 다섯째 세경은 목사요, 여섯째 공달은

통덕랑이요, 일곱째 종진이니 사헌부지평이요, 여덟째 풍이니 이조참의요, 아홉째 겸이니 오위사직이요, 열째 수필은 목사라. 손자 증손 이후는 자손이 번창하여 다 기록할 수 없도다. (익화군 이후로는 자손들이) 각처에 흩어져 사는 것이 오나라의 범씨종족 보다 오히려 빛났도다. 이 어찌 공의 성덕과 끼친 음덕이 아니랴, 나라에서는 제문을 내리고, 각처의 유림과 후손들이 서원과 사우를 세워, 춘추로 제사를 지내니, 안동 근성서원 원훈사와, 화성의 익화사 북청의 충현사 삼의사 충익재와 정평의 모현사가 이것이라. 아아! 공이 성군 태조를 도와 나라를 다시 세우고 세상을 구제하고 백성을 편안케하여 조선의 이십 칠왕으로 오백여년의 오랜세월이 흘러 이제 비록 나라의 정치가 민정으로 바뀌었으나 산천은 옛날과 다름없고, 대를 이어온 씨족은 바꿀 수 없느니라. 이 어찌 공과 같이 훌륭한 공신들이 성인과 같은 임금을 도와 하늘의 명을 받들고 조선국을 세운 큰 공이 아니랴. 공의 세대로부터, 오늘에 이르러 상전이 벽해가 되도록 수없이 변하였느니라. 그동안 나라에서 우대하였던 법칙을 헤아려본다면, 순조 십이년 칠월 이십팔일에, 미곡 원당에 치제문이 있고, 헌종과 고종대에 이르러서, 익화군 후손에게 두텁게 은혜를 베풀어 구휼하라는 계하사목문을 내리어 기린각의 단서철권에 소상히 기록하여 백세 이후 군왕들에게 이르심이라. 아아! 대단한 일이로다. 이제 공의 세대가 육백여년이 지났다. 공의 후손들이, 신도비를 묘 앞에 세우고저 하여, 적임이 아닌 사람에게 명문을 청하니 아무것도 모르는 석원이 어찌 감히 할 일인가, 굳이 사양하다 못하여 그 장문에 의거하여 이와 같이 비문을 쓰니, 어찌 능히 죽음을 피할 수 있으랴, 황송한 마음을 금할 길 없도다. 계속하여 명을 말할지니,

'전부터 선생께서 타고난 품성이 심히 남달랐었네.

소시부터 웅대한 뜻이 동류에서 뛰어났도다.

나이 이십시절에 문무를 겸하였도다.

일약 과거에 급제하여 북쪽변방에 직책을 갖었도다.

백성을 위하여 온갖 마음을 쓰고 정치의 도량이 심히 밝았도다.

안변 길가에서 세 영웅이 만나 결의형제를 하였노라.

친히 정벌에 참여하여 계책을 내놓음이 다 이루어졌노라.

위화도에서 회군 한 것은 하늘의 뜻에 따르고 백성을 편안케 하려함이라.

천심이 덕있는 이에게 돌아가 국정을 바꾸어 새 정치를 이루었네.

공로는 역사에 길이 전하고, 이름은 인각에 올랐고

후손들이 온갖 정성을 다하여 비석을 세우니,

천년만년에 영원히 변하지 않으리라.'

一九九七年 丁丑 六月　　日

後學 成均館耆修堂 堂司 密城 朴龏遠 謹撰

青南 金漢錫 謹譯

　　한편 신도비의 제4면에는 회맹시 원문과 그 해석문, 그리고 회맹의 내역에
대하여 새겼다.

　　一體三人一世同　一生苦樂一心中

　　才疎敢望三千弟　身老願從八十翁

　　濟世安民其孰任　尊君立紀有吾窮

　　關張之誼皆知己　豈爲他年竹帛功

　　한몸 같이된 삼인 한세대 동맹 맺으니

　　일생 고락은 오직 한마음 속에 새겼다

　　재주 없으니 감히 공자의 지덕 바랄고

　　몸은 늙어서 오직 강태공 선심 원한다

제세 안민은 누가 중대한 책임 맡을고
존군 입기는 내가 힘다해 몸소 하리라

관우 장비의 우의는 모두 이미 알았고
어찌 후년에 역사의 공신 되지 않으랴

會盟來歷

西紀 1383년 麗朝 禑王9年 咸鏡道 端川에 侵入한 女眞族을 吉州까지 擊退하
고 東北面에서 凱旋하던 李成桂와 李之蘭은 安邊에 이르러 지난날 李成桂의
一發二鵰俱落한 활솜씨로 알게 된 金仁賛 公과 같이 三人이 同年 9月에 釋王
寺 앞에 모여 中國後漢末 劉備 關羽 張飛가 桃園三人結義한 故事에 따라 金
仁賛 公이 會盟時를 지어 서로 盟誓하였다. 이후 三人은 서로 도와서 朝鮮開國
에 貢獻하는 支柱가 되었다.

이 신도비문에서 익화군이 북청의 천호로 재직하면서 선정과 구휼을 널리
펼치니, 그의 명성이 조정에까지 자자하게 되었고, 이에 이성계 공이 익화군의
선정을 듣고 의인(義人)이라고 칭했다는 내용은 당시 역사적 정황을 제대로
파악한 탁견이라 할 수 있다. 무엇보다도 이성계와 익화군의 관계가 1383년
안변에서의 만남보다 훨씬 이전에 맺어져 있었던 것은 분명한데, 신도비문에
서 그런 역사적 사실을 적시(摘示)하고 있다. 어쨌든 이 신도비는 일반적인 신
도비의 형식을 따르고 있는데, 이런 전형 양식에 덧붙여 회맹문 원문과 해석
문, 그리고 회맹내역 등을 말미에 새겨 넣어 이채롭다.

다음은 원래 묘소 앞에 세워졌던 묘비에 대한 소개이다. 현재 묘소 좌측에
조성된 비각 내에 보호되어 있다. 후면 3면에 김남석 작사의 '익화군찬가'를
새기고 익화군의 약사를 나열한 점은 묘비의 내용으로는 새롭다.

西紀 一三三六年 丙子 忠肅王 五年 十一月 十二日 益和縣 現楊平에서 誕生하시어 恭愍王朝에 進士入格하시다

西紀 一三七六年 丙辰 禑王 二年 北靑千戶在任時 凶年에 饑民을 救恤하니 善德을 베푸시는 牧民官이라 稱頌받으시다

西紀 一三八三年 癸亥 禑王 九年 公과 李成桂 李之蘭 三人이 結義兄弟會盟하고 公이 敦睦의 會盟文을 作詩하시다

西紀 一三八八年 戊辰 禑王 十四年 公은 右軍都統使 李成桂 麾下將帥로 遼東征伐에 出師後 威化島回軍에 參與하시다

西紀 一三九十年 庚午 一月 密直副使 時節 恭讓王 擁立功臣號와 田籍을 四月에는 威化島回軍功臣號를 下賜받으시다

西紀 一三九二年 壬申 恭讓王 四年 公은 李彬 張思吉과 함께 同知密直司事로 昇階되시다

西紀 一三九二年 壬申 恭讓王 禪位後 公은 裵克廉 鄭道傳 李之蘭 등 여러 臣僚들과 같이 監錄國事 李成桂를 朝鮮太祖로 推戴한 功으로 公께서는 補祚功臣 中樞院使 義興親軍衛 同知節制使로 昇階되시고 益和君에 封君받으시다

西紀 一三九二年 壬申 太祖朝 七月 己酉 三十日에 公께서 五十七歲를 一期로 逝去하시니 나라에서는 朝鮮創業의 功績을 기려 三日間 朝會를 撤廢하고 禮葬으로 行하게하였고 大匡輔國崇祿大夫門下侍郎贊成事로 贈職하였다

西紀 一三九二年 壬申 九月 朝鮮開國 功勳으로 開國一等功臣 錄券과 田地 一百五十結奴婢十五口를 賜給받으시다

以上 聖祖의 豊功偉勳이 靑史에 燦然히 빛나도다 聖血을 이어받은 우리 後裔들은 敬慕追仰精神을 길이 繼承할지어다

(측면, 4면)

一 풍운에 기우는 고려 말 나라 앞길
  새로 세워 다져온 조선창업에
  일등공신 되시어 이겨레 밝히신
  장하신 익화군 어지신 김인찬
  영생에 빛나올 그 높으신 은혜
  자손만대에 키워갈 거룩한 핏줄

二 삼천리 방방곡곡 남기신 그 충절
  결의형제 굳은맹세 온누리 펼치어
  일등공신 되시어 이나라 밝히신
  장하신 익화군 어지신 김인찬
  영생에 빛나올 그 높으신 은혜를
  무궁토록 꽃 피우리 거룩한 핏줄

이 묘비는 원래 묘소 앞에 세워진 것이기에 정좌계향(丁坐癸向)이라는 무덤의 방위가 적혀 있다.

익화군 묘비 개수와 수립_2004년

2004년 '익화군 후예 김씨 대종회'는 새로운 묘비를 만들어 묘소에 세운다. 그 비문의 내용은 다음과 같다.

(전면, 1면)

大匡輔國崇祿大夫 朝鮮開國一等功臣

益和君金仁贊先生墓 碑銘

(측면, 2면)

興亡이 有數하여 麗末鮮初의 즈음에 朝鮮開國의 元勳으로 鴻基를 盤泰위에 定하시고 令名을 靑史에 남기신 분이 益和君이시다. 公께서는 高麗 忠肅王 五年 丙子(一三三六) 十一月 十二日에 益和縣에서 誕生하시니 諱는 仁贊이요 字는 義之이고 號는 義庵이며 諡는 忠愨이시다. 公은 楊根 金氏의 貫祖이시며 后孫들은 楊根 慶州 金寧 金海로 行貫하고 있다. 先系를 謹按컨대 上祖는 新羅 大輔公이요 敬順大王을 再起一世祖로 삼으니 王의 第四子 大安君 殷說의 七世孫 文烈公 諱 時興이 中祖가 되고 高祖의 諱는 文濟니 全羅道 觀察使요 曾祖의 諱는 鎰成이니 牧使요 祖의 諱는 天益이니 和寧道 上元帥 開寧君이요 考의 諱는 存一이니 文科典書와 安邊牧使로 贈 崇政大夫 議政府 左贊成이요 妣는 貞夫人 海州 吳氏이다. 公은 天稟이 英敏聰惠하여 輔國安民의 赫功이 泰斗를 이루어 萬世에 빛나니라. 高麗史 朝鮮太祖實錄等에서 그 槪要를 略擧하면 恭愍王朝에 進士에 及第出仕하여 北靑 千戶長時에 牧民施惠로 百姓이 준 海東靑을 나라에 바치니 禑王이 白金 五十兩을 下賜하여

(후면, 3면)

公은 그 白金으로 다시 飢民을 救恤하니 朝野에 稱頌이 높았고 李成桂도 義人이라 하였다. 一三八八年 戊辰 遼東征伐時에 右軍都統使 李成桂의 副將으로 參與하였으며 一三九0年 庚午에는 威化島 回軍功臣 錄券을 받았으며 一三九二年 壬申 四月에는 同知密直司事에 오르셨다. 일찍이 太祖 潛邸時 一三八三年에 咸鏡道 端川에 侵入한 女眞將 胡拔都를 擊退하고 凱旋途中 李成桂와

익화군 묘역

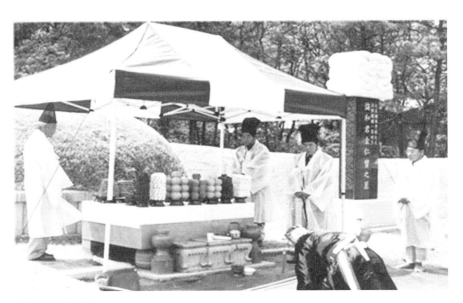

익화군 묘제 진설

298

李之蘭이 安邊에 이르러 公을 만나 어지러운 時局을 개탄하고 三人이 뜻을 같이하여 同年 九月 釋王寺에서 結義兄弟의 誼를 맺었다. 天命은 麗運을 訖케하니 公等은 李成桂를 推戴하여 朝鮮太祖로 登極케 하였다. 이에 公은 補祚功臣 中樞院使 義興親軍衛同知節制使와 益和君을 받으셨다. 公이 一三九二年 壬申 七月 三十日에 逝하시니 太祖는 甚히 哀悼하여 三日間 朝會를 폐하고 禮葬토록 有司에 命하였다. 大匡輔國 崇祿大夫 開國一等功臣의 錄券과 議政府 左贊成 爵位와 田 百五十結 奴婢十五口의 恩典을 베풀었다. 公께서는 濟世安民의 抱負로 麗末의 風雲을 슬기롭게 克服하시고 天命 人心의 順氣로 朝鮮 開國의 一等勳에 오르시었으나 雄志를 다 펼치지 못하셨으니 어찌 後孫의 齎恨이 없으랴. 配位는 貞敬夫人 密陽朴氏와 貞敬夫人 坡平尹氏로 열아들을 낳으니 長子 諱 貴龍은 上將軍兼 義禁府事 靖難功臣 寧和君이요 次의 諱 起龍은 嘉善大夫 吏曹參判이요 次三에 諱 儉龍은 修義副尉 虎翊巡衛司 右領 散員이며 訓練院都監으로 濟州에 入島하셨고 次四에 諱 從南은 成均館祭酒와 禮曹典書 資憲大夫 判漢城府事로 贈 領議政인데 入北靑하고 次五에 諱 世慶은 牧使요 次六에 諱 公達은 通德郎이요 次七에 從震인대 無后하고 次八에 偉 豊은 嘉善大夫 龍驤衛副護君 吏曹參議요 次九에 諱 謙은 忠義衛 五衛司直이다. 孫 曾 以下는 繁不記한다. 참으로 盛하도다 全國에 繁華를 이루고 살아가는 後孫이 莫非 益和君의 蔭德일진데 어찌 追遠感慕의 精誠을 疎忽히하랴. 後孫들은 이곳 聖地 求心으로 굳게 뭉쳐 歲一 大祭를 泰享하여 至親의 精華를 이룰지어다.

二00四年 五月　日
潭陽 後人 田在桓 謹撰
益和君 崇祖事業推進委員會 謹竪

(측면, 4면)

配貞敬夫人密陽朴氏

配貞敬夫人坡平尹氏　丁坐癸向 合祔

묘비의 전체적인 내용은 신도비의 그것과 크게 다르지 않다. 다만, 선고(先考)의 추증관직이 의정부좌찬성(議政府左贊成)이었다고 명기하고 있는 점은 특기할 만하다. 사족으로 익화군의 호인 의암(毅菴)을 의암(義菴)으로 오기하였다.

한편 익화군 묘역에는 7자와 10자의 제외한 귀룡공(貴龍公) 등 자제들의 제단비(祭壇碑)를 비각 앞에 세웠는데 기존의 대동보(大同譜)에 비문의 내용이 게재되지 않았기에 모두 소개한다.

제1자 上將軍 兼 義禁府事 貴龍 配 貞夫人全州李氏 合壇

公의 諱는 貴龍이시며 字는 雲興이시니 1352년 壬辰 益和縣에서 先考 楊根貫始祖이신 益和君 諱 仁贊公과 貞敬夫人 密陽朴氏 사이에 長者로 誕生하셨다. 上系는 先塋 碑文에 기록돼 있어 생략한다. 公은 忠義情神을 承繼하고 知德을 兼備하신 上將軍 義禁府事 靖難功臣이며 寧和君에 世襲하셨다. 配 貞夫人 全州李氏 사이에 永壽 永佑 兄弟를 낳으셨으니 墓는 京畿道 廣州郡 麻斤洞 酉坐에 合祔되어 있다. 公의 長子 永壽는 佐命原從功臣 贈 嘉善大夫兵曹參判 兼 同知義禁府事이며 次子 永佑는 世宗朝 牧使이다. 長孫 孝忠은 贈嘉善大夫 戶曹參判이며 次 五孫 述億이 南海로 入南하고 次子 永佑의 玄孫 五運은 成均館 進士로 金泉에 입향하였다. 公의 曾孫 以鏗은 文科及第 佐理功臣 益城君에 世襲하고 戶曹參判 兼 同知義禁府事로 安東 芹城書院 內 元勳祠에 益和君 神位와 合享되었다. 次 曾孫 以堅은 長孫 億이 禦侮將軍으로 鐵原 金化에 입향하였고 次 曾孫 秀達이 內

8자손 제단비

禁衛宣傳官으로 可平에 입향하고 셋째 曾孫 聖東은 通政大夫로 端宗難에
高興으로 입향하였다. 公의 7세손 希福은 資憲大夫 漢城判尹 吏曹判書에
이르렀다. 이 지역은 公의 7세손 義禁府都事 復興의 賜牌地로서 오랜 숙원
끝에 益和君 여덟 자제의 祭壇을 선영하단에 設壇하였으니 어찌 追遠感慕
의 報本이 아니랴 이 후 손들은 화합 돈목하여 대대손손 追慕奉享을 계승하
기 바란다.

2004년 5월 일

上將軍貴龍公 18世孫 聲烈 謹撰

益和君 崇祖事業 推進委員會 謹竪

제2자 嘉善大夫 吏曹參判 起龍 配貞夫人隨城崔氏 合檀

吾呼라 日加月曾하여 於焉進期六百이 年久歲深이라 天道人原故로 理順
之本이 家系本歷이니 公은 新羅金氏始祖 大輔公 諱 金閼智의 28世孫 敬

順大王의 17世孫이며 大安君 諱 殷說公의 16世孫이고 光祿大夫 平章事 諱 時興의 10世孫이며 朝鮮朝 佐命開國 一等功臣 大匡輔國 崇祿大夫 議政府 左贊成 益和君 諱 仁贊이 先考이시다 公의 諱는 起龍이며 자는 運德으로 1354년(恭愍王3년)에 妣貞敬夫人 密陽朴氏의 次子로 益和縣에서 誕生하셨다 公은 天稟이 出頭하시고 聰明하여 學文에 多才多能하고 心性 또한 至極誠孝하며 鄕隣의 稱頌이 자자하였으며 在職時에는 淸廉自慧로 風盡氣盡하였으니 官은 嘉善大夫 吏曹參判이며 配는 隨姓崔氏로서 參判 應道之女이다 公與生于 卒識은 考 未詳故로 禮不敢忘이요 訟功罔極이러니 魂蹟을 살피건데 燦爛陸離하니 到處에 明文世家의 傳記遺稿는 如積成山하여 楊根本歷은 悠久하리니 二子 生男하니 長房은 永信이니 三傳之節 曾孫 碩貞 碩光은 兄弟인지라 兄 碩貞은 本據地로 唐津邑 龍淵里에 參判公系로서 公의 十世孫 聲玉 聲鐸 聲和 聲敏 聲璣로 文科 不絶하여 高官大爵으로 盡忠報國하여 繼代 承世하고 있으며 弟 錫光은 公의 十世孫 義成이 判校公系로서 安城 보개와 미양에 본거지로 家系하는지라 勢道 衝天하며 孝友不絶하여 子孫萬代에 人才登用 뉘 堪或하지 않으리요 次房은 永慶이요 孫은 鉉이고 曾孫은 道昌 成福이며 玄孫은 希瑞 世綱 彦鳳이나 不幸이 贈 戶曹參議 世綱의 後裔가 全州 完州 一圓을 本據地로 戶議公派系라 傳來하는지라 以下 孫錄은 國土分斷等으로 因하여 不盡錄하고 行蹟만 考察하니 雙孝烈婦 多出하여 文科不絶한다네 坊坊曲曲 散在 흔흔은 뉘 거두어 주리요

第3子 虎翊順衛司右領 散員訓練院都監 儉龍 配淑夫人福城文氏 合檀

公의 諱는 儉龍이니 朝鮮開國一等功臣議政府左贊成益和君 諱 仁贊公의 第3子이시다 公은 虎翊順衛司右領 散員訓練院都監으로 太宗朝에 濟州에 入島하시어 進上馬를 京畿道 楊根 馬遊峯에 보내시고 旌義縣 吾照里에

定住하시면서 後學養成에 餘生을 바치셨다. 配淑夫人福城文氏와의 사이에 三男을 두셨으니 長男 用信은 修義副尉右軍 副司正 次男 良은 千戶 三男 光은 修義校尉이시다 孫 孟粹는 順天府使 仲粹는 承義副尉 季粹는 秉節 校尉 龍虎衛副司直 增固 中軍副司直 得山은 千戶 曾孫 自愼은 建功將軍 戶曹參議 自謹은 建功將軍 自重은 迪順副尉 玄孫 譜는 禦侮將軍 刑曹參 判 謙은 禦侮將軍 熙는 通政大夫 良弼은 成均館進士濟州敎授 六世孫 利 弘은 資憲大夫吏曹判書 彦弘은 禦侮將軍刑曹參判 運秋는 禦侮將軍 克 秋는 昭義敎尉 得靖은 修義敎尉 謹仁은 通政大夫 瑞義는 振威將軍 仁範 은 秉節校尉 七世孫 獻馬功臣 萬鎰에게 王은 五衛都摠府都摠管 兼 崇政 大夫를 除授하시고 不祧를 命하시다 孝宗10年(1659) 上監의 允許로 宗門 世襲品職 山場監牧官職制를 特設하여 220餘年間 83名의 監牧官 在任에 3年마다 203匹씩의 戰馬를 獻上하여 國土防衛에 기여하였다 鏡은 軍資監 主簿 鎰은 訓練院奉事 縣은 訓練院奉事 琅은 秉節校尉副司正 琛은 禮賓 寺副司正 賓은 修義校尉 자호는 顯信校尉 琛은 禦侮將軍 挺明은 展力校 尉 麟孫은 禦侮將軍 鼎孫은 勵節校尉 龜孫은 忠毅校尉 位堅은 敦勇校尉 名山은 通政大夫이시다 欽仰컨대 公께서 入島하신後 輔國濟民하시어 後孫 으로하여금 文武를 兼備케하시고 爀官華閥로 名聲이 京鄕에 높았으니 어찌 永世不滅의 功績이 아니리요

第4子 贈 大匡輔國崇祿大夫 議政府 領議政 從南 配貞敬夫人光州李氏 合檀
公의 諱는 從南이며 號는 癡齊로 大輔 金閼智公의 44世孫이시고 考의 諱
는 仁贊인데 朝鮮太祖 李成桂와 結義兄弟를 맺고 서로 도와 朝鮮朝를 創
業한 功으로 益和君으로 封君되셨으며 忠愍의 諡號와 大匡輔國崇祿大夫
議政府左贊成을 받으셨다. 그 功績은 麒麟閣과 錄券에 燦爛하게 記錄되어
빛나고 있다. 公은 益和君 열 아들 중 넷째로 1358년에 誕生하였고 妣는 貞

敬夫人 坡平尹氏이다. 公은 일찍이 高麗朝 文科에 及第하여 成均館祭酒와 禮曹典書를 歷任하시었고 判漢城府事로 咸興行宮에서 忠誠을 다하고 太祖還宮後 1401年에 北靑郡 泥谷面 仁洞里 九檀山下에서 甘露水와 새소리를 즐겨 隱居하였다. 朝廷에서는 使臣을 보내 불렀으나 公은 이미 逝去한 후라 太宗은 公을 生前의 功勞를 嘉尙히 여겨 大匡輔國崇祿大夫 議政府 領議政을 贈職하였다 公의 配位는 貞敬夫人 光州李氏이며 墓는 泥谷面 흘립동 東塢山下에 合祔하였다. 아드님 三兄弟중 長男 重寶公은 孝誠이 至極하셨고 墓는 靑龍外山의 先塋下에 合祔하였고 後孫들은 咸鏡道 一帶에 萬餘戶가 살고 있다. 次男 龍寶公은 配位 李氏로 利原郡 동면 渭溪里에 合祔하고 산호재에서 奉祭祀하며 後孫들은 利原 吉州 明川 北靑 求禮 等地에서 散居한다. 三男 信寶公은 아들 두 형제와 같이 吉州에 移居하여 後孫들이 살고 있다. 이제 이곳에 公의 檀享碑를 세워 그 偉德을 기리고자 한다.

第5子 牧使 世慶 配淑夫人 密陽朴氏 合檀

이곳 華城郡 長安面 錦衣里는 山明水麗한 名區인데 朝鮮開國功臣 益和君 忠愍公 諱 仁賛의 尊靈이 陟降徜徉하시며 無疆한 鴻福을 萬孫에 享有한 聖地이다. 君의 子 十兄弟는 官爵과 德行 忠義와 隱遜으로 去就를 달리하여 그 後孫이 全國에 繁衍을 이루었으니 北으로는 北靑과 南으로 濟州에 集姓大昌함이 그 例다 600년 긴 歲月에 文獻이 散逸되고 先壟을 不守하여 仰慕의 精誠 부칠곳 없음을 切感하고 凡後孫金氏宗會에서는 祖先의 懿蹟을 宣揚하고 同族의 親和를 다짐하면서 先塋下에 八位雁行에 祭壇을 設檀이니 公은 序居第五子로서 諱世慶이요 官이 牧使인데 生卒 業績과 幽宮이 不傳하니 어찌 齎恨이 아니랴 配는 淑夫人 密陽朴氏인데 二男을 生하니 長子에 漢範은 文科及第하였고 月城李氏에 娶하여 子君傑과 武傑을 낳으니

禦侮將軍이시다. 曾孫以下는 不記한다. 後孫分布의 大略은 釜山 馬山 金海 등지와 平南成川으로 綿綿히 世業을 이어가며 정성을 다하고 大同總和에 寄與하고 있으니 어찌 조상의 蔭德이 아니겠는가 !

第6子 通德郎公達之壇

公의 諱는 公達이요 官이 通德郎인데 益和君의 第6子이다. 先系는 先君의 큰 碑에 記錄되어 있기로 省略하거니와 麗末에 태어나 易姓革命에 즈음하여 學問의 機會와 官職의 進路가 順坦치 못한 國初混亂期였기에 世居가 不同하고 詳略이 不合이나 累千年歷史 속에 後裔가 繁華를 이룸은 莫非 大輔公의 發祥과 敬順大王의 知機順天의 遜位와 益和君의 佐命開國의 無限한 蔭德이라 하겠으니 오늘날 살아가는 千脈萬孫이 어찌 培本深遠의 事業에 疏忽할 수 있으랴 이곳 長安面 錦衣里에 益和君聖祖의 墓碑를 높이 세우고 歲一大祭를 奉行할세 君의 子 10兄弟中 8位의 壇所를 同所에 共封奉祀하니 어찌 嘉尙하지 않으리 配位는 不傳하고 子는 雲翼이니 縣監이요 孫長에 碩俊은 察訪이요 次孫은 碩孫인데 監司요 次三孫은 好仁인데 成宗朝에 濟州牧使를 지냈다 曾孫以下는 不記한다 아 ! 兄弟湛樂의 時代가 五百年이 지난 오늘에 壇所의 雁行이 다시 顯揚되었으니 顯晦가 때 있음이 아닌가 德門諸宗의 追遠感慕의 至誠은 정녕 오늘의 社會에 龜鑑이 아닐 수 없다. 後孫들은 釜山 康津 寶城 等地에 散居한다

第8子 嘉善大夫吏曹參議 豊 配貞夫人 延日鄭氏 合壇

公의 諱는 豊이요 新羅金氏 始祖 大輔公 閼智公의 44世孫이요 敬順大王의 4子 大安君 諱 殷說公의 16世孫이며 麗末鮮初에 큰 功을 세워 朝鮮開國一等功臣이며 補祚功臣中樞院使義興親軍衛同知節制事를 지내신 益和君 諱 仁贊公이 先考이시다 公은 1368년 戊申年에 益和君 第8子로 誕生

하시었으며 諱 仁贊公의 英敏知德과 忠義精神을 이어받아 官職으로는 漢
城主簿 通政大夫 副護軍과 嘉善大夫 吏曹參議 大護軍 江原監司를 지내
시며 나라에 공이 크시었다 配 延日鄭氏는 婦德을 兼備하여 公과 사이에 論
憲 雲憲 富憲등 세 아드님을 두시었으며 1子 論憲은 文科에 及第하여 戶曹
參議에 이르렀으며 2子 雲憲은 文章에 能通하여 主簿를 除授하였으나 不
仕隱居하였고 3자 富憲은 無后이다 公은 1448년 戊辰年에 돌아가시었으며
墓는 先塋下 甲坐이며 配位는 貞夫人 延日鄭氏의 묘소도 公과 同原이다
公의 後裔들은 先祖님들의 厚德으로 文武科에 及第한 碩學顯官으로 忠節
과 孝行으로 玄孫들이 代代로 子子孫孫 繼承하고 있으며 現在는 全南 順
天 高興 慶北 英陽 奉化 豊基 京畿 儀旺等에 散在하여 살고 있다.

第9子 忠義衛 五衛司直 謙之檀

뿌리 굳건한 나무는 그 枝葉이 盛茂하고 源泉이 깊은 물은 그 流派가 長遠
하다 하였으니 靈芝醴泉으로 비롯한 德門은 新羅大輔公 金閼智의 神聖한
發祥으로 千年의 金枝玉葉을 꽃피우고 敬順大王에 이르러선 高麗建國의
順應하신 德化로 千派萬孫의 繁華를 이룩하였고 朝鮮開國에는 益和君 諱
仁贊 諡 忠愍公이 中興祖가 되시니 진정 華冑의 淵源이요 國中의 巨閥이
다 先王과 名祖의 光榮을 등에지고 자손 앞날의 希望을 가슴에 안고 報本에
힘쓰는 益和君 後孫 凡 金氏의 總和爲先에 讚美를 아낄 수 없다 益和君의
偉業을 기리는 崇祖事業이 활발히 展開되어 君의 歷史的인 祭壇을 奉設하
니 公은 곧 益和君의 第9子이다 公의 諱는 謙이요 官은 忠義衛 五衛司直
인데 生卒등은 傳하지 아니하고 2男을 生하니 長子는 善鳴인데 同知中樞
府事요 次는 永堅이니 吏曹參判이요 孫에 純은 宣教郎이니 長房生이요 世
炫은 生員이니 次房生이다 曾孫以下는 不記한다 後孫의 分布는 全南 長
城 高敞과 慶南 昌寧 등지에 安居樂士로 矜持를 갖고 살아가며 이곳을 求

306

心으로 追遠感慕에 精誠을 다하고 있지 않은가 이에 銘을 쓰노라

2004년 5월

主簿公18世孫 台煥 謹撰

益和君崇祖事業推進會 謹竪

화성에 익화사를 창건하다_2006년

2006년 '익화군 후예 김씨 대종회'의 숙원사업인 익화군 사우(益和君 祠宇)가 건립되어, 이로써 익화군 숭조사업이 완결된다. 이 화성 익화사(益和祠)는 정면 3칸 측면 2칸의 단층사우이다. 일반적인 사우의 경우 전면 1칸을 개방형 퇴칸으로 두는데, 본 익화사는 개방형 퇴칸을 따로 두지 않고 출입문을 전면에 바로 두었다. 지붕은 맞배 형식이며 양 박공 면에는 풍판(風板)을 설치했다. 단순 질박을 강조하는 성리학의 이념을 따라 가장 단순한 지붕형태인 맞배형식을 따랐고, 선령이 머무는 사당이기에 측면과 후면에 창호를 두지 않았다. 당호는 '익화사(益和祠)'이며 솟을삼문의 이름은 '충인문(忠仁門)'이다. 사우

익화사 원경

익화사 근경

내부에는 개국공신녹권을 목판으로 제작하여 걸었다. 이 익화사 건립의 과정
은 다음의 글이 참고된다.

> 성조(聖祖) 익화군의 묘소(墓所)와 사우(祠宇)는 너무 퇴락하고 협소하여 늘 죄스
> 러운 마음 금할 길 없었기에 지난 팔월 하순 중앙종친회총회에서 숭조(崇祖)사업
> 추진의 뜻을 모았으니 이번 보편(寶篇)의 반질(頒帙)이 여의(如意)로 이루어져서
> 보사(譜事)의 예상잉여재금(豫想剩餘財金)을 기재(起財)로 하여 성조(聖祖)의
> 묘소(墓所)를 화성(華城)으로 이전(移轉) 봉설(奉設)함과 아울러 계속되는 봉축
> (奉築)된 실수(失守)의 조역(兆域)의 중소화(重所化) 사업을 본격화함으로서 전
> 익화군후예의 구심처(求心處)이며 추원보본(追遠報本)과 총화(總和)의 요람지
> (搖籃地)로 이루게 될 것을 날자헤아려 기대하고 있으니 이것이 어찌 불초한사람
> 의 소망(所望)으로 그칠일인가.   - 『익화군 후예 김씨문중 대동보』 17쪽

『용의 형제들』(유현종 지음, 김영사 발행) 발간_2012년

2012년 익화군의 사적과 공훈을 일반대중이 흥미롭게 읽을 수 있는 역사소설 『용의 형제들』이 저명한 역사소설가인 유현종에 의해 저술되어 우리나라를 대표하는 출판사인 '김영사'에서 발간된다. 우선 이 책에 대한 소개를 인터넷서점의 소개 글을 인용하여 대신하면 다음과 같다.

> 부패한 고려를 무너뜨리고 조선을 개국한 영웅 이성계. 하지만 그의 곁에 김인찬 장군이 없었다면 조선의 개국은 없었다. 백성을 아낀 청렴한 목민관이자 비범한 장군 김인찬은 어렵고 급박한 결정의 순간마다 이성계에게 충심어린 직언을 아끼지 않았다. 소설 『용의 형제들』은 북방의 장군 이성계를 도와 조선을 건국한 김인찬 장군의 파란만장한 삶을 정교하고 치밀하게 그린 팩션이다. 김인찬과 이성계가 만나고 결의형제를 맺고 조선을 건국하기까지의 일들이 한 호흡에 펼쳐진다. 『대조영』 『연개소문』 등을 쓴 작가 유현종이 새로운 감각과 극적인 필치로 역사 속에 묻혀 있던 김인찬이라는 인물을 발굴하여 우리 앞에 생생하고 흥미진진하게 그려냈다. 조선 건국의 소용돌이를 온몸으로 돌파한 김인찬의 삶을 통해 우리 시대 지도자가 가져야 할 위용을 생각하게 하는 역작이다.

소설 『용의 형제들』

책의 구성은 다음과 같이 이루어져 있다. 영웅들의 만남 | 쌍성 탈환 | 적과 내통하는 자 | 윗물이 더러운 이유 | 권력자의 말로 | 잔인무도한 홍건적 | 후치령의 남장 여인

마지막으로 책의 내용 일부분을 인용하면 다음과 같다.

> 한충이 일어나더니 이성계 앞에 부복했다. 놀란 이지란과 김인찬도 일어나 무릎을 꿇었다. "김인찬 장군의 결심에 존경을 표하며 김 장군의 주장대로 반정을 하든 혁명을 하든 나서야 할 분은 이성계 장군밖에 없다고 봅니다. 허락해 주십시오." "고맙소만 그런 일은 하늘이 점지해 주어야 할 수 있는 거 아니오? 하늘이 낸 사람 말이오. 하지만 난 일개 무장에 불과하오." "중국 패현(沛縣)의 농사꾼이요 정장(停長)이 무슨 자격이 있어 진나라를 멸하고 한나라를 세운 고조(高祖) 유방(劉邦)이 되었겠습니까? 일개 무장이라니요? 장군은 다가올 새 시대의 영웅이니 그 자격 차고 넘칩니다. 대임(大任)을 맡겠다 승낙하시지요."(233쪽)

이 책은 익화군의 일대기를 문학적 상상력을 동원하여 입체적으로 그렸다는 점, 우리나라를 대표하는 역사소설가에 의해 저술되고 우리나라 최고의 출판사인 김영사에서 출판되었다는 점, 역사적 사실에 소설적 기법을 가미한 팩션(faction)의 모범을 보여준 점 등에서 긍정적 평가를 받을 만하다. 다만, 전체적으로 볼 때, 익화군 관련 역사적 자료수집이 부족하고 이성계와 조선건국, 그리고 여말선초의 정세 등에 대한 역사적 천착이 철저하게 이루어지지 않았다는 비판을 피할 수 없다.

한편 이 소설에서 작가는 익화군이 이성계와 함께 홍건적의 난과 나하추 침략군을 물리치는데 공을 세웠으며, 그런 전공 덕분에 공민왕 대에 대궐 정용위 중장량으로 근무했던 것으로 그리고 있다. 또한 1383년 이성계와의 해후에서 역성혁명론을 이성계에게 제시했던 것으로 가정하였다. 그런 가정하에서 익화군을 이성계를 왕으로 만든 킹메이커로 단정했다. '채단 옷 사건'과 관련해서는 명나라 사신이 가져온 세 필의 비단을 이지란과 익화군에게 각각 1필씩 나누어 주었고, 그 비단으로 세자 책봉일에 맞추어 새 조복을 지어입고 조정에 나갔는데 하필이면 이성계도 그 비단으로 용포를 지어입고 나왔고, 그것이 화근이 되어 투옥되어 승하에 이르렀다고 보았다. 아울러 투옥된 김인찬의 구명운동에 이방원이 협조하지 않았고, 이방원이 그렇게 비협조적이었던 이유는 익화군이 세자책봉에서 이방원 편을 적극적으로 들어주지 않았던 데에 대한 앙갚음으로 해석했다. 어쨌든 세자책봉을 둘러싼 이방원 세력과의 대립이 익화군의 죽음을 불러왔다고 보았다. 한편으로 '채단 옷 사건'을 인정하고 이야기를 전개하고 있다. '채단 옷 사건'을 전면 부정한 필자의 견해와는 상치(相馳)한다.

익화군 영정 봉안_2014년

2014년 10월 익화군(益和君) 영정(影幀)이 제작되어 화성 익화사에 봉안된다. 영정의 제작은 미술학 박사이자 화가인 김민규(金珉奎, 익화군 23세손)가 맡았다. 김화백은 홍익대학교 미술대학 예술학·회화과를 졸업하고 동대학원에서 석사와 박사학위를 받았다. 그는 『도상학과 기호학을 활용한 미술작품의 해석에 관한 연구』(홍익대박사학위논문, 2102)를 비롯하여 『태조 이성계 어진의 구도와 인물의 자세에 대한 조형 연구』(기초조형학연구, 2013) 등의 논문을 발표한 학자일 뿐만 아니라, 7회 이상의 개인전과 수십 차례의 단체전에 출품한 유능한 화가이기도 하다. 그야말로 이론과 실기를 겸비한 이른바 양수겸장(兩手兼將)의 실력파라 할 수 있다.

익화군 영정

익화군 영정은 여러 종친들의 사진을 수집·통합하고 조선 초기의 인물인 정도전, 이색, 정몽주 등 20여 명의 초상화를 참조하여 만들어졌다. 또한 영정의 인물, 자세유형, 복식, 색상, 신발, 물감의 품질, 예술성, 작품성, 크기 등에 대한 토론과 자문을 거쳤음은 물론이다. 공식적으로는 4차례의 자문과 토의를 거쳐 영정 제작이 이루어졌다.

앞으로의 과제 - 글을 맺으면서 -

'익화군 후예 김씨 대종회(益和君後裔大宗會)'는 숭조사업의 4대 사업인 사당건립, 묘역조성, 대동보발간, 영정제작 등을 지속적으로 추진하였고, 전 후손들의 성원과 노력으로 좋은 결실을 맺었다. 그렇다고 숭조사업이 종료된 것은 아니다. 지금까지의 숭조사업은 하드웨어(hardware)를 갖추고 기본 자료를 체계적으로 정리한 것이라 평가할 수 있다. 앞으로는 이런 기본적인 토대를 중심으로 익화군의 공훈을 전파하고 기본 자료를 활용하는 방안이 강구되어야 하겠다. 또한 묘역과 사당을 관리할 수 있는 근본적인 대책도 필요하다. 이런 숙제를 감안하여 앞으로의 대종회(大宗會)가 추진해야 할 사업들을 제시하면 다음과 같다.

우선, 익화군의 묘역과 사당을 '화성시 향토유적'으로 지정코자하는 노력이 꾸준히 이루어져야 하겠다. 경기도에서 향토유적으로 사당이 지정된 대표적인 사례로는 평택의 최유림(崔有臨) 사당과 정도전(鄭道傳) 사당, 양주의 윤근수(尹根壽) 사당 등이 있다. 문화재의 지정은 역사성, 예술성, 희귀성에 따른다. 이중에서 익화군의 역사성만큼은 그 누구에게도 뒤지지 않는다. 개국일등공신이라는 그 자체만으로 현양(顯揚)의 대상이 될 수 있다. 이에 화성시의 향토유적으로 지정하여 익화군 묘역과 사당이 근본적으로 관리될 수 있도록 대종회의 의지를 결집해야 할 것이다.

둘째로, 익화군의 생애와 공훈을 영상으로 제작하는 과제이다. 모바일(mobile) 시대를 맞이하여 익화군 관련 다큐멘터리(documentary)를 제작하거나 애니메이션(animation)으로 만들어 자라나는 후손들에게 우선적으로 보급·홍보하고, 더 나아가서는 각종 영상매체로 전파시키는 일도 필요하다. 조선개국이라는 드라마틱(dramatic)한 사건과, 이성계라는 역사적 인물과 연계하여 익화군의 존재를 부각시키면, 대중적 관심을 끌 수 있으리라 판단된다.

셋째로, 여말선초를 다루는 사극 제작에 익화군을 등장시켜 국민적 주목을 이끄는 노력도 필요하겠다. 그간의 노력과 본서의 역사적 복원으로 익화군에 대한 기본 자료는 확보되었고, 그를 통한 익화군의 역사적 평가도 어느 정도 완결된 상태이다. 이제는 후손들의 자긍심 고양을 위해서라도, 공훈에 비하여 외면 받은 존재, 망각된 존재인 익화군을 역사의 전면에 내세워야 할 시점이다. 이를 위해서는 국민적 관심을 불러일으킬 수 있는 사극에 익화군이 주연급 조연으로 선정되었으면 한다.

넷째로, 근성서원(芹城書院)을 단순한 유적지로만 보존해 나갈 것이 아니라 공간 자체를 활용하는 방안도 시도되어야 할 것이다. 후손들을 대상으로 한 예절교육, 역사교육, 소양교육 등을 위한 공간으로 활용되었으면 한다. 또한 후손들의 한옥체험 공간, 또는 힐링(healing) 공간으로 이용케 하는 것도 생각해볼만하다. 근성서원은 익화군을 느낄 수 있는 현장이다. 이 공간을 후손들을 위한 공간으로 되돌려 줌도 좋을 듯하다.

양평 김사형묘역

다섯째로, 익화군 묘역의 재단장이다. 현재 묘역은 조선전기 양식에서 크게 벗어나 있다. 향후 문화재 지정 등을 고려할 때 조선전기 양식으로 원형 복원할 필요가 있다. 이럴 경우, 그 모델은 양평의 김사형(金士衡) 무덤이 단연 일순위이다. 그의 묘역은 봉분에 둘러진 3단의 둘레돌이나 창이 넓은 장명등(長明燈), 홀(笏)을 들고 있는 문인석 등 조선 전기의 양식을 충실히 반영하고 있다. 아울러 그는 익화군과 함께 개국일등공신으로 책봉되었기에, 익화군의 무덤은 그와 동격(同格)이었을 가능성이 짙다. 더 욕심을 내자면 묘비 또한 당시의 양식으로 바꾸는 것도 권한다. 현재 양식은 조선전기의 그것과 크게 어긋나 있다.

여섯째로, 익화군 후예에 대한 구술(口述) 기록사업이다. 익화군의 후예들은 전국으로 이산하여 그곳을 제2의 고향으로 삼아 세거(世居)하였다. 문중의 대표적인 세거지와 그곳의 최(最) 연장자(年長者)를 중심으로 세거지로의 정착 과정과 그 이후의 삶을 기록해 둠은 후손들을 위하여 필요하다. 한 개인의 삶을 통하여 문중(門中)의 역사, 마을의 역사를 재구성할 수 있기 때문이다. 역사는 산 역사(歷史)여야하고 가슴으로 전해지고 머리로 남겨지는 역사여야 한다. 그리고 현재 자신의 근원을 들여다 볼 수 있는 기록이어야 한다. 그래야만 가까이는 부모의 삶, 멀리는 조부·증조·고조와 친인척의 삶이 나에게 유의미할 수 있다. 알아야 느낄 수 있고, 공감해야 존중하고 아낄 수 있기 때문이다. 박제화된 효도를 되풀이할 것이 아니라, 후손에게 마음으로 숭조하고 일깨워 줄 수 있는 시도가 있어야 한다면, 선조들의 삶을 진솔하게 기록하는 것보다 더 나은 방법이 없을 듯하다.

감사의 글

우리 대종회는 성조 익화군 인찬공의 현양을 위하여 대동보의 발간, 묘역의 조성, 영정 제작, 역사소설의 편찬 등의 숭조사업을 꾸준히 추진해왔다. 그러나 이런 성과에도 불구하고 성조 익화군을 누구나 쉽게 만날 수 있는 대중역사서가 없었기에 늘 아쉬움을 가져왔는데, 이런 시점에서 성조 익화군의 자료를 종합정리하고 학술적 평가를 더한 이 책이 발간되어, 무거운 짐 하나를 내려놓은 듯한 홀가분한 기분이다.

이 책이 탄생하는 데에는 편저자인 김성태 박사의 몫이 가장 크다고 할 수 있다. 그는 부족한 사료에도 불구하고 짧은 기간에 익화군의 일대기를 짜임새 있게 정리하였고, 새로운 시각으로 익화군에 대한 역사적 평가를 하여 우리 모두에게 자긍심을 갖게 해 주었다. 또한 기존 대동보 등에서 누락된 사실들을 새롭게 발견하고 기존 자료의 오류도 수정하여 익화군 관련 사료를 더욱 풍부하게 해주었다. 특히 우리 성조의 최대의 오점이었던 '채단 옷 사건'에 대해, 무려 10가지의 역사적 사실을 근거로 오명에서 벗어나게 해 준 점에 대해서는 감사할 따름이다.

이 책은 쉽사리 세상에 나오지 않았다. 많은 우여곡절을 겪었고 부족한 부분

316

도 적지 않게 있다. 그럼에도 익화군의 모든 것을 이 한 권의 책에 담았다는 사실만으로도 그 가치를 인정받을 수 있다고 자평해 본다. 끝으로 이 책의 편저자를 비롯하여 익화군 연구의 단초를 마련해 준 김한석 종친어른, 대종회의 고문님과 회장단, 그리고 관계자 여러분에게 심심한 감사의 뜻을 전한다. 아무쪼록 이 책이 익화군 후예를 비롯한 많은 이들에게 읽혀, 우리 성조 익화군이 널리 현양되고 그의 치적이 재조명되길 바라마지 않는다.

익화군후예 김씨 대종회　회장 김재현
(전 한국토지공사 사장)

익화군 김인찬 가계

익화군 후예 김씨문중 대종회에서 제공했다.

시조 김알지 始祖 金閼智(탈해왕 9년, 65~?)

새벽도 아닌데 한 밤중에 금성(경주) 서쪽 시림始林의 숲 속에서 닭 울음소리가 들려 탈해왕이 신하에게 가보게 하니 나뭇가지 위에 작은 금빛함函이 걸려 있고 그 아래에서 흰 닭이 울고 있었다. 그 함을 가져다가 열어보니 잘생긴 사내아이가 나왔다. 이때부터 시림을 계림鷄林이라 부르고, 아이가 장성하니 '알지'라 이름하고 금함에서 나왔다 하여 김씨金氏라 하였다.『삼국유사三國遺事』

1世 김알지(金閼智) - 大輔公

11世 지증왕(智證王)

19世 원성왕(元聖王)

22世 신무왕(神武王)

23世 문성왕(文聖王)

28世 경순왕(敬順王)(재위 927~935)

휘諱는 부傅. 신라 56대 마지막 왕. 문성왕의 6대손이며 이찬(伊湌 효종(孝宗)의 아들. 어머니는 계아태후桂娥太后(헌강왕의 딸). 후백제 견훤에 의하여 경애왕(景哀王)이 피살되자 보위를 이어받았다. 그러나 나라가 쇠약해져 왕건에게 양국讓國했다.

29世 김은열(金殷說) 경주인慶州人

경순왕과 낙랑공주(태조 왕건의 따님) 사이에 낳은 장자로 대안군大安

君에 봉군되었고, 태자소부太子小傅, 내사시랑內史侍郎 평장사平章事를 지냈다.

35世 김시흥(金時興, 1090~1177) 문열공文烈公 김녕군金寧君

문무겸전의 무장으로 병부시랑 동북병마사를 역임. 광록대부光祿大夫 평장사에 올랐다. 1135년 승려인 묘청妙清이 유담과 조광을 데리고 서경(평양)에서 반란을 일으키자 도원수가 되어 斧鉞을 받고 김부식金富軾 등과 더불어 진압하여 이 전공으로 김주군金州君, 金寧에 봉함을 받고 이어서 상락군에 피봉되었다. 시호는 문열공

39世 김문제(金文齊) 익화군益和君 김인찬의 고조高祖

고려 충숙왕 시 문과 급제. 전라관찰사 全羅觀察使를 지냈다.

40世 김일성(金鎰成) 김인찬의 증조曾祖

고려 충목왕 시 개경부윤開京府尹과 지방 牧使를 지냈다.

41世 김천익(金天益) 김인찬의 조고祖考

고려 충정왕 시 문과 급제. 도승지都承旨를 지내고, 화령도和寧道 상원수上元帥가 되고 개령군開寧君에 봉함을 받았다.

42世 김존일(金存一) 김인찬의 고考

공민왕 시 문과전서文科典書와 안변목사安邊牧使를 지냈다.

43世 김인찬(金仁贊) 익화군益和君

조선국朝鮮國 개국일등공신開國一等功臣 楊根人

北青千戶 북청천호

威化島回軍功臣 위화도회군공신

恭讓王推戴功臣 공양왕추대공신

密直副使, 密直司使 밀직부사, 밀직사사

義興親軍衛同知節制事 의흥친군위 동지절제사

都摠制親軍衛司使 도총제 친군위사사

三軍節制使 上將軍 삼군 절제사 상장군

中樞院使 중추원사

純忠奮義佐命開國一等功臣 순충분의좌명개국일등공신

大匡輔國 崇祿大夫 대광보국 숭록대부

議政府左贊成 의정부좌찬성

나라에서 3일간 조회를 폐하고 예조에서 예장을 거행

익화군 시호 충민

子 貴龍, 起龍, 儉龍, 從南, 世慶, 公達, 從震, 豊, 謙, 壽弼

44世 김인찬의 子

一字 귀룡貴龍

: 자字 운흥雲興 1352壬辰 상장군上將軍 겸兼 의금부사義禁府使 靖難功臣

1393癸酉 9月17日세습世襲 영화군寧和君

二子 기룡起龍

: 자字 운덕雲德 1354甲午 가선대부嘉善大夫 吏曹參判을 지냈다.

三子 검룡儉龍

: 호익순위사虎翊巡衛司 우영산원右領散員 훈련도감訓鍊都監을 지냈으며 조선 초에 입도入島하여 그의 후손들이 김씨집성도金氏集成島를 이루어 흥왕興旺하였다.

四子 종남從南

: 예조전서禮曹典書를 지내고 태조 말기에 자헌대부資憲大夫 판한성부사判漢城府使를 배명하였다. 왕자의 난이 일어나 태조가 선위하고 함흥으로 갈 때 충성을 다하며 호종하였고, 난을 일으키고 골육상쟁을 한 태종이 미워 환궁을 거부하며 결코 돌아가지 않겠다던 태조의 마음을 돌려 환궁케 한 공을 인정받아 대광보국 숭록대부 의정부 영의정에

증직되었다.

五子 세경世慶

: 牧使

六子 공달公達

: 通德郎

七子 종진從震

八子 풍 豊

: 1368戊申 주박主薄 가선대부嘉善大夫 용양위龍讓衛 副護軍 이조 참의吏曹參議를 지냈다.

九子 겸 謙

: 충의위忠義衛 오위사직五衛司直

十子 수필壽弼

: 통훈대부通訓大夫 목사牧使

47世 김이갱(金以鏗)

자字 원문遠聞 문과급제 좌리공신佐理功臣 세습世襲 익성군益成君 가선대부嘉善大夫 호조참판戶曹參判 겸兼 동지의금부사同知義禁府事 안동시 일직면 조탑리 근성서원芹城書院 내內 원훈사元勳祠에 익화군益和君과 합향合享

51世 김만일(金萬鎰)

제주도에 입도한 김인찬의 삼남인 훈련도감 김검룡의 7대손. 선대유업인 양마養馬에 전념하여 개량번식에 성공, 만여 필을 소유하게 되었다. 1592년(선조52)에 임진왜란이 일어나자 조정은 군마軍馬가 없어 연전 연패하였고, 백성들은 우마가 없어 생필품을 운반할 수 없었다. 이에 김만일은 국난을 극복하고자 선조 30년 양마 오백 필을 조정에 헌상하였다. 이후 삼백 년간 매해 양마 이백에서 오백 필을 조정에 헌상하였으며, 조정에서는 이를 치하하기 위해 김만일의 후손들에게 감목관이라는 벼슬을 내렸다. 이 벼슬은 이 집안에서 삼백 년간 유지되었다. 김만일의 우국충정에 감동한 조정은 그에게 가선대부嘉善大夫 오위도총부五衛都摠府 도총관都摠管이란 높은 벼슬을 제수했다. 연이어 자헌대부資憲大夫 중추부지사中樞府知事를 증직받았고, 광해군 13년에는 정헌대부正憲大夫를, 인조 6년에는 종일품從一品 숭정대부崇政大夫를 제수 받았다. 여든셋에 졸하니 국가에서는 영구히 제사하도록 명하였다.

■ 참고문헌

〈고전번역문〉

「제주풍토기」

『고려사』

『고려사절요』

『국조보감』

『대동여지도』

『대동지지』

『동각잡기』

『두산백과사전』, http://www.doopedia.co.kr/

『삼국사기』

『연려실기술』

『용비어천가』

『전고대방』

『조선경국전』

『조선왕조실록』

『지봉유설』

『한국민족문화대백과사전』, http://encykorea.aks.ac.kr/ 한국학중앙연구원.

〈개론서, 논문, 사전〉

강제훈, 「조선 중엽 金萬鎰의 獻馬 업적과 관직 제수」『역사와 담론』 7, 호서
　　사학회, 2014.

姜芝嫣, 「威化島 回軍과 그 推進 勢力에 대한 검토」『이화사학』 20·21합,

　　　이화사학연구소, 1993.

국사편찬위원회, 『신편 한국사』 15(고려 전기의 사회와 대외관계), 2002.

국사편찬위원회, 『신편 한국사』 22(조선왕조의 성립과 대외관계), 2013.

국사편찬위원회, 『한국사』 6(고려귀족사회의 문화), 1974.

국사편찬위원회, 『한국사』 9(양반관료사회의 성립), 1974.

국사편찬위원회, 『한국사론』 7(朝鮮前期 國防體制의 諸問題), 1980.

김당택, 「고려말 이성계의 정적」 『한국중세사연구』 31, 한국중세사연구회,
　　　2011.

김당택, 「李成桂의 威化島回軍과 制度改革」 『全南史學』 24, 全南史學會,
　　　2005.

金塘澤, 「『高麗史』 列傳의 編纂을 통해 본 朝鮮의 建國」 『한국중세사연구』
　　　23, 한국중세사연구회, 2007.

김순자, 『고려말 동북면의 지방세력연구』, 연세대 대학원 석사학위 논문,
　　　1987.

金永壽, 「위화도 회군의 정치」 『韓國政治學會報』 33-1, 한국정치학회, 1999.

김한석, 『김인찬과 조선개국의 단초』, 아트 21, 2011.(비매품)

노혁진, 「환동해 문화전파망과 봉의산동굴-동로의 관점에서 본 봉의산동굴」,
　　　『동북아문화연구』 25, 동북아시아문화학회, 2010.

도현철, 「위화도 회군, 역사의 순리인가 반역인가-전근대 권력변동의 이중성」
　　　『역사비평』 32, 역사문제연구소, 1996.

柳昌圭, 「李成桂의 軍事的 基盤; 東北面을 중심으로」 『震檀學報』 58, 진단
　　　학회, 1984.

柳昌圭, 『李成桂勢力과 朝鮮建國』, 서강대학교 대학원 박사학위 논문, 1995.

문재윤, 「조선 건국과 이성계 설화의 정치적 함의」 『동양정치사상사』 10-1,
　　　한국동양정치사상사학회, 2011.

민현구, 「고려에서 조선으로의 왕조교체를 어떻게 평가할 것인가」『한국사시
　　민강좌』 40, 일조각, 2007.

朴龍雲, 「高麗의 中樞院 研究」『韓國史研究』 12, 한국사연구회, 1976.

朴盛鍾, 「李和 開國功臣錄券의 吏讀와 그 解讀」『고문서연구』 4, 한국고문
　　서학회, 1993.

박영규, 『(한권으로 읽는)조선왕조실록』(개정증보판), 웅진닷컴, 2004.

朴天植, 「戊辰回軍功臣의 冊封顚末과 그 性格」『全北史學』 3, 전북대학교
　　사학회, 1979.

朴天植, 「朝鮮 開國功臣에 對한 一考察-冊封過程과 待遇를 中心으로-」
　　『全北史學』 1, 전북대학교 사학회. 1977,

朴天植, 「朝鮮建國의 政治勢力 研究; 開國功臣 李和錄券을 中心으로」『全
　　北史學』 8, 전북대학교 사학회, 1984.

박태호, 『장례의 역사』, 서해문집, 2006.

徐炳國, 「李之蘭 研究」『白山學報』 10, 백산학회, 1971.

宋基中, 「朝鮮初 建國을 後援한 勢力의 地域的 基盤」『震檀學報』 78, 震
　　檀學會, 1994.

梁元錫, 「麗末의 流民問題」『李丙燾博士 華甲記念論叢』, 刊行委員會, 一
　　潮閣, 1956.

韓永愚, 「朝鮮 開國功臣의 出身에 대한 研究」『朝鮮前期 社會經濟研究』,
　　乙酉文化社, 1983.

吳宗祿, 「高麗後期의 軍事 指揮體系」『國史館論叢』 24, 국사편찬위원회,
　　1991.

오종록, 「이성계, 변방 출신 장수로서 새 왕조를 세운 인물」『내일을 여는 역
　　사』 15, 내일을 여는 역사, 2004.

柳昌圭, 「朝鮮初 親軍衛의 甲士」『歷史學報』 106, 역사학회, 1985.

유현종, 『용의 형제들』, 김영사, 2012.

尹薰杓, 「高麗末 國防財源 調達體系의 改編」 『실학사상연구』 13, 역사실학회, 1999.

이덕일, 『부자의 길, 이성계와 이방원』, 옥당(북커스베르겐), 2014.

이상훈, 「이성계의 위화도 회군과 개경 전투」 『국학연구』 20, 한국국학진흥원, 2012.

이이화, 『한국사 이야기』 8(개혁의 실패와 역성혁명), 한길사, 1999.

이이화, 『한국사 이야기』 9(조선의 건국), 한길사, 2000.

이형우, 「李成桂의 경제적 기반에 대한 연구」 『韓國史學報』 16, 高麗史學會, 2004.

張在盛, 『高麗 雙城摠管府에 관한 研究』, 전북대 교육대학원 석사논문, 1985.

鄭杜熙, 「朝鮮初期 三功臣 研究-그 社會的 背景과 政治的 役割을 중심으로-」 『歷史學報』 75·76합, 역사학회, 1977.

崔承熙, 「朝鮮 太祖의 王權과 政治運營」 『震檀學報』 64, 진단학회, 1987.

최종택, 「麗末鮮初 生員·進士」 『史學研究』 54, 한국사학회, 1997.

편집부, 『국어국문학자료사전』 한국사전연구사, 1994.

편찬위원회, 『북청군지』(개정증보판), 1994.

편찬위원회, 『익화군 후예 김씨문중 대동보』(권1), 1996.

편찬위원회, 『익화김씨대동보』(권1), 1975.

편찬위원회, 『한국고전용어사전』, 세종대왕기념사업회, 2001.

한국기록학회, 『기록학용어사전』, 2008.

韓永愚, 「李相伯先生과 李朝建國史 研究」 『東亞文化』 14, 서울대 동아문화연구소, 1977.

許興植, 「高麗末 李成桂(1335~1408)의 세력기반」 『歷史와 人間의 對應-高柄翊先生 回甲紀念 史學論叢』, 간행위원회, 1984.

■ 찾아보기